OPERACIÓN TERRA

Un viaje a través del espacio y el tiempo

Sara Zibrat & Las Huestes del Cielo

Publicado por
CELESTIAL WAY
Hendersonville, NC
USA

OPERACIÓN TERRA
Un viaje a través del espacio y el tiempo
por Sara Zibrat y Las Huestes del Cielo

© Copyright 1999-2020 Sara Zibrat. Todos los derechos reservados. Publicado 2020. Edición en rustica.

A excepción de breves citas en una reseña impresa, cuya copia se proporciona a la editorial, ninguna parte de este material puede ser reproducida en ningún medio o forma que esté a la venta o se utilice con fines comerciales sin obtener previamente el permiso por escrito de la editorial (Celestial Way).

No se permite bajo ninguna circunstancia la alteración de la ortografía, el contenido o la redacción originales por parte de nadie que no sea el titular de los derechos de autor (Sara Zibrat), excepto con su participación y consentimiento directos.

LCCN 2020917773

ISBNs:

978-1-952022-04-3 (Edición de recuerdo de tapa dura);

978-1-952022-05-0 (en rústica); 978-1-952022-06-7 (epub);

978-1-952022-07-4 (audiolibro)

Recopilación de contenidos, edición y diseño por Sara Zibrat
Traducido por Adelita Magaña Córdova

Información de catalogación en publicación del editor

Names: Zibrat, Sara, 1941- autora. | Córdova, Adelita Magaña, traductora.
Title: Operación Terra : un viaje a través del espacio y el tiempo / Sara Zibrat & Las Huestes del Cielo ; traducido por Adelita Magaña Córdova.
Other titles: Operation Terra. Spanish
Description: Edición en rústica. | Hendersonville, NC, USA : Celestial Way, [2020] | Traducción de: Operation Terra: a journey through space and time. | Illustrada; presenta una tabla de contenido anotada en lugar de un índice.
Identifiers: ISBN: 978-1-952022-04-3 (edición de recuerdo de tapa dura) | 978-1-952022-05-0 (en rústica) | 978-1-952022-06-7 (epub) | 978-1-952022-07-4 (audiolibro) | LCCN: 2020917773
Subjects: | BIDEX: Profecías. | Metafísica. | Conciencia (Filosofía) | Cosmología. | Creación. | Ascensión del alma. | Seres extraterrestres. | Civilización--Influencias extraterrenales. | Mente y realidad. | Telepatía. | Actualización de sí mismo (Psicología) | Cadena de ser (Filosofía) | Vida espiritual. | Espiritualidad. | Vida futura. | Tierra-- Miscelánea. | Fin del mundo. | Escatología.
Classification: LCC: BF2050 .Z5318 2020 | DDC: 133/.93--dc23

Publicado por
CELESTIAL WAY
Hendersonville, NC USA
Impreso en papel libre de ácido

– DEDICACIÓN –

Este libro está dedicado al Creador, los elohim, las Huestes del Cielo, las "tropas de tierra", y a todos aquellos que se han ofrecido como voluntarios para ayudar a la Tierra a cumplir su destino de convertirse en Terra durante estos tiempos difíciles y desafiantes.

ÍNDICE DE CONTENIDO

INTRODUCCIÓN 18
    ACERCA DE OPERACIÓN TERRA: PANORAMA GENERAL. 20
    LA LÍNEA DE TIEMPO DE OPERACIÓN TERRA. 25
    EL PROPÓSITO DE OPERACIÓN TERRA 30
    LA ESTRUCTURA DE LA "OP" 35
        La perspectiva horizontal 36
        La perspectiva vertical. 37
        Las tres olas. 39
        Las fuerzas especiales. 40
        Los voluntarios galácticos 40
        La vida en Terra. 41
    EL PROCESO ACTUAL. 43
        Somos diferentes 44
        El proceso de despeje de la memoria celular 45
        La Estación de Medio Camino. 46
        La preparación para la colonización 47

LOS MENSAJES 49
    ACERCA DE CANALIZAR 50
    RESUMEN DE LOS MENSAJES 55

Los Mensajes de las Huestes del Cielo
Una nueva revelación sobre los cambios en la Tierra, los ETs,
el fin de los tiempos, y el viaje a la Nueva Tierra, Terra

VOLUMEN UNO 59
    OPERACIÓN TERRA (INTRODUCCIÓN) 60

    ☆ los elohim ☆ los intrusos ☆ restaurando el plan para la Tierra ☆ una definición única de amor ☆ el amor es el boleto para hacer este viaje ☆

ACERCA DE CONVERTIRSE EN UN SER "HUMANO" 63

☆ la raza Adánica ☆ la fuerza vital vs. la entropía ☆ el verdadero humano ☆ usando el amor, la luz y el sonido para la purificación y la restauración ☆ síntomas de la depuración ☆ rendición y aceptación ☆ tienes tanta ayuda ☆

ERRADICANDO EL MIEDO 69

☆ Los cambios de la Tierra ☆ sintonizando con la Fuente para su apoyo ☆ miedo vs. amor ☆ la "Segunda Venida" ☆ la "Gran Mentira" ☆

APOYANDO SU TRANSICIÓN 73

☆ diferentes caminos para salir y líneas de tiempo ☆ diferenciación y resonancia ☆ el libre albedrío y la elección del alma ☆ el proceso transformacional ☆ cosas que puedes hacer para asistir tu transición ☆ estableciendo tus prioridades ☆ desconectar del drama ☆

UN PASEO GUIADO POR TERRA 79

☆ una visita a Terra ☆ la música de las esferas ☆ buscando la armonía en la diversidad ☆ cooperación consciente con el conjunto ☆ puntos de semillas y los fractales ☆ la espiral evolutiva ☆

LA FUSIÓN DE LAS REALIDADES 84

☆ puntos de decisión y ramas de lógica ☆ Leyes universales ☆ realidades paralelas ☆ hologramas ☆ el Alfa, el Omega y el Punto Nulo ☆ tú eres la "semilla" de un nuevo "conjunto" de potenciales ☆ los otros "tú"s se están fusionando hacia tu alma ☆

LA COSECHA DE LAS ALMAS 93

☆ la Sobrealma ☆ el "cordón de plata" ☆ "vidas" simultáneas ☆ el tiempo define la ubicación ☆ la experiencia de la realidad es totalmente subjetiva ☆ La Fuente va a "parpadear" ☆ la cosecha de las almas ☆

ACERCA DE LAS PROBABILIDADES 100

☆ al Creador le gustan las sorpresas ☆ nadie puede conocer el futuro con ningún grado de certeza ☆ todos los "engranajes" se están alineando ☆ una ventana de oportunidad para una creación enteramente nueva ☆

CAMBIANDO A "DIOSES" 107

☆ hologramas ☆ el Cuerpo de Luz ☆ tendrás una maestría total ☆ cambiarás tu forma física y tu conciencia☆ estás siendo recreado in situ ☆ Deja ir y deja que Dios se encargue de los detalles ☆

ACERCA DE LOS EXTRATERRESTRES Y LA COSECHA 111

☆ definición de "extraterrestre" ☆ hay muchas razas de ETs que interactúan con la Tierra ☆ Los ETs vienen en dos "sabores": SPS y SPO ☆ el Creador simplemente ES☆ Cosecha ☆ confía en tus sentimientos ☆ siempre pregunte "¿A quién sirve?" ☆

RESUMIÉNDOLO TODO................................120

☆ Los cambios de la Tierra sirven para varios propósitos ☆ El Arcángel Miguel y las Huestes del Cielo ☆ en las culturas SPO, todo es soberano ☆ tu primera tarea es tu propia transformación ☆ recibe el regalo ☆

SEÑALES A LO LARGO DEL CAMINO.....................126

☆ la oscuridad y la luz ☆ señales de los tiempos ☆ honrar y respetar tu cuerpo ☆ apoyando tu proceso ☆ tu verdadera familia ☆

TODO ES DIOS..132

☆ Dios ES todo lo que hay ☆ nada está fuera de Dios ☆ los cambios de la Tierra son necesarios ☆ todo está en orden divino ☆ la limpieza será completa esta vez ☆ los oscuros días que se avecinan llevarán a un nuevo amanecer ☆

EL PUNTO DE CRUCE 140

☆ la expansión hacia una nueva realidad ☆ fusionándose con la Divinidad ☆ absorbiendo más Luz ☆ recibe tu derecho de nacimiento ☆ todas las almas son iguales ☆

LA TORMENTA QUE VIENE............................144

☆la oscuridad es una falta de comprensión ☆ haciendo elecciones ☆ tecnología y económicas son vulnerables ☆ la Tierra y el Sol también son jugadores ☆ muchos futuros paralelos surgirán ☆ aprende a vivir en el AHORA ☆

PERMITAN TODAS LAS COSAS 150

☆ intensificación de las polaridades ☆ permitiendo vs. combatiendo ☆ la definición de Maestría ☆ "No te resistas" ☆ sobre Terra, todos serán soberanos ☆ esté en calma en medio de la tormenta ☆ permite, permite, permite ☆

EL NUEVO MILENIO 155

☆ te sentirás como si estuvieras "flotando" ☆ confíe en el proceso ☆ no intentes volver a conectarte con la vida que se está cayendo lejos de ti ☆ apagar los estímulos externos ☆ es hora de que surja un nuevo sueño ☆

LA SEPARACIÓN DE LOS MUNDOS 160

☆ se está produciendo una estratificación ☆ relajarte en recibir el levantamiento ☆ enfócate en lo que es tuyo y deja que otros a tu alrededor hagan lo mismo ☆ tu mayor servicio es cumplir con tu propio destino ☆

EL RESULTADO NETO 166

☆ no estás siendo "rescatado" ☆ la Tierra actual "dejará de existir" ☆ no hay nada que "arreglar" o crear en la Tierra del día de hoy ☆ sólo el amor, la paz y la alegría existirán en Terra ☆ las únicas acciones que son apropiadas son las que aumentan la propia frecuencia y disminuyen los propios miedos ☆

VOLUMEN DOS 173

VAYAN CON EL FLUJO — CONVIRTIÉNDOSE EN UNO CON LA MENTE DE DIOS 174

☆ lo que es importante ☆ el holograma ☆ alineándose con el Creador ☆ masa espiritual vs. masa material ☆ toda forma es consciente ☆ estás pasando de una realidad "fija" a una realidad fluida ☆ ve con el flujo ☆

LA MEJOR MEDICINA 181

☆ nuestra alianza ☆ la historia de Dedalita ☆ Soy el único aquí ☆ estás empezando a ver más claramente ☆ dejar ir los apegos ☆ ustedes son los pioneros ☆ la profanación final se LLEVARÁ A CABO ☆ La mejor medicina es aumentar la profundidad de tu ENTREGA ☆

ACERCA DE LA SEXUALIDAD Y LA REPRODUCCIÓN — ESTILO TERRANO 190

☆ el deseo impulsa el cosmos ☆ en Terra, cada forma de vida que se reproduce por medios sexuales está apareada ☆ la reproducción está reservada para aquellos tiempos en que un nuevo ser o unidad sea requerido para el equilibrio del todo ☆ todos los sentidos están ocupados en la función sexual ☆ el éxtasis es tu estado natural ☆

A TRAVÉS DE LA GRAN DIVISIÓN 198

☆ nuestras naves están hechas de luz viviente ☆ formamos una mente grupal con la nave y nos teletransportamos a través del hiperespacio ☆ TÚ haces el "levantamiento" ☆ el papel de la nave nodriza en el viaje a Terra ☆ la naturaleza de la resonancia ☆ los códigos de luz incrustados ☆ déjalo ir y déjaselo a Dios ☆

EL TIEMPO DE LA COSECHA 205

☆ el desentrañamiento ha comenzado ☆ nada de las viejas costumbres pasará a través de este tiempo ☆ sólo la esencia sobrevivirá ☆ habrá una creciente confusión y caos ☆ la lección es una de entrega y de voltear hacia adentro por apoyo ☆ serán como Cristos vivientes ☆ recibe el levantamiento ☆

HACIENDO AÑICOS EL CRISTAL 212

☆ ustedes son pararrayos humanos, aterrizando la Luz superior al núcleo del planeta ☆ la Luz está limpiando el planeta ☆ una gran curación está llevando a cabo ☆ the la barrera invisible ☆ emitiendo tu patrón de frecuencia ☆ haciendo añicos el "techo de cristal" ☆ por qué eres diferente ☆

LAS ENCRUCIJADAS 222

☆ no se dice nada realmente nuevo ☆ La Tierra como un laboratorio ☆ las emociones como alimento ☆ la élite del poder nunca tiene suficiente ☆ hasta que no seas capaz de manifestar tus necesidades directamente, nunca serás libre ☆ muchas encrucijadas se presentarán ☆ ¿qué camino elegirás, hacia arriba o hacia abajo? ☆

MUCHOS MUNDOS, MUCHOS DESTINOS 229

☆ el Árbol de la Mente☆ Terra y su opuesto polar ☆ al Creador, todas Sus creaciones son buenas ☆ verás una intensificación de las polaridades ☆ tú eres responsable de tus respuestas ☆ todo lo que ves es el Creador-en-expresión ☆

"¡MANTENGAN EL RUMBO!" 235

☆ mientras estas tormentas vienen en el mundo a tu alrededor, refúgiate en la profunda quietud dentro de ti mismo ☆ mantén tus ojos en la meta ☆ esto es por lo que estás aquí ☆ "Mantén el rumbo" ☆ mantén la visión; busca la meta ☆ buscar el poder del océano profundo ☆ Mantén el rumbo ☆

UNA ÚLTIMA MIRADA ALREDEDOR 239

☆ echa un último vistazo al mundo que te rodea; pronto desaparecerá por completo ☆ saborea todo lo que es ser un ser humano ☆ aprecio tu conexión con todo lo demás☆ ustedes contienen la plantilla de un nuevo mañana ☆ a medida que avanza la muerte, también lo hace el nacimiento ☆

LA ASCENSIÓN ES UN PROCESO, PARTE UNO 244

☆ el proceso de ascensión implica un cambio en la frecuencia de vibración y un cambio en la conciencia ☆ hacer esas cosas que TE hacen sentir más cómodo ☆ la ascensión es un proceso, no un evento ☆ apártense del drama ☆ crear la calma dentro de ti mismo ☆ sigue tu voz interior ☆

LA ASCENSIÓN ES UN PROCESO, PARTE DOS 253

☆ el proceso culminará en un "evento" ☆ es importante encontrar y crear paz interior ☆ la entrega es el camino a través de las dificultades ☆ creando el camino energético hacia Terra ☆ surfeando la ola del cambio ☆ la definición de un momento ☆ AHORA es todo lo que tienes realmente ☆ dejar ir y dejar que Dios ☆

LA ASCENSIÓN ES UN PROCESO, PARTE TRES 260

☆ eres una proyección del Creador ☆ tu realidad entera está oscilando entre "encendido" y "apagado" ☆ los elohim ☆ el espectro de la realidad ☆ tú existes en todos los niveles simultáneamente ☆ colores primarios ☆ números primos ☆ encarnando tu esencia ☆ la "perla de gran precio" ☆

¡ES LA HORA DEL COHETE PROPULSOR! 268

☆ el significado del "evento" ☆ la metáfora de la división celular ☆ permitiendo diferentes percepciones de las cosas para diferentes caminos ☆ Terra te llama y tú buscas a Terra ☆ las tormentas que se avecinan son los cohetes propulsores que te están elevando hacia tu sueño de un mundo sin tormentas ☆

EN SU CAMINO A CASA 274

☆ el cambio puede ser una buena noticia ☆ mantener tus ojos en el horizonte lejano ☆ estamos siempre contigo ☆ escucha dentro de ti ☆ no te quedes atrapado en el drama ☆ buscar la paz de las profundidades del océano ☆ la paz es una actitud; haz la elección por la paz ☆ en dejar ir, tú ganas más de lo que pierdes ☆ estás en tu camino a casa ☆

EL JUEGO DE DIOS. 278

☆ la Sobrealma es el proyector y el Creador es el guionista ☆ tu personaje 3D ha sido moldeado por tu dolor y por tu búsqueda ☆ las Sobrealmas actúan como lentes que "colorean" la Luz del Creador ☆ los quarks son los bloques de construcción de todas las formas ☆ todas las partes se cambian a través de su interacción ☆ eres eterno y cambiarás eternamente ☆

TRANQUILOS, ATERRIZADOS Y CENTRADOS 286

☆ el viaje es un proceso, no un evento ☆ permanecer desapegado ☆ tu conocimiento es un sentimiento que puedes sentir ☆ confía en tus sentimientos ☆ el engaño aumentará ☆ confía en tu conocimiento interno☆ lo que necesites para completar el propósito de tu vida será provisto ☆ una simple técnica para separarse del drama ☆ espera a que haya claridad ☆ la definición de un momento ☆

ACLARACIÓN. 293

☆ una exploración de los diferentes aspectos de la rendición ☆ ¿a quién o a qué te rindes y por qué? ☆

ADIÓS POR UN TIEMPO. 297

☆ las Huestes estarán en silencio por un tiempo ☆ apunta una oreja hacia afuera y apunta una oreja hacia adentro ☆ cada cosa debe ocurrir y cada cosa OCURRIRÁ en su tiempo y secuencia perfectos ☆ no hay accidentes ☆ vivir en el momento ☆

VOLUMEN TRES 301

LOS ÚLTIMOS DÍAS 302

☆ hay muchas civilizaciones representadas aquí, tanto de dentro como de fuera del tiempo ☆ el legado de los reptilianos ☆ estás ahora viviendo en los últimos días ☆ será una época terrible; también será una época de finales para que pueda surgir un nuevo comienzo ☆ los destinos son elegidos por las Sobrealmas ☆ la limpieza no puede ser detenida ☆ el largo experimento de los últimos 4.500 millones de años está casi terminado ☆ los efectos que han sido absorbidos a través de los milenios deben ser neutralizados y borrados ☆ nada de lo viejo puede ser llevado dentro de lo nuevo ☆

SOMOS CRISOLES PARA LA TRANSFORMACIÓN 308

☆ atravesando las capas intermedias del cambio de frecuencia ☆ los cambios deben ocurrir lentamente para la integridad de la mente, el cuerpo y las emociones ☆ ustedes están "preñadas" y deben cuidarse a sí mismas ☆ todo se explora a través de la unicidad ☆ eres un puente y un cortador de caminos ☆ la única voz que necesitas escuchar es la tranquila dentro de ti ☆

PAQUETES DE ENERGÍA Y LA REALIDAD DE CONSENSO . . .315

☆ una "realidad de consenso" es un paquete de energía que tiene su propia identidad y autoconciencia ☆ la mayoría de las personas no se dan cuenta de que están operando en un mundo ficticio ☆ la mente del Creador es la única que es verdaderamente "real"☆ tú RECUERDA el mundo que quieres crear porque ya lo has experimentado ☆ "El comercio es el rey" en la realidad de consenso ☆ montando dos caballos ☆ esta no es una misión de rescate ☆ ustedes son pioneros para un nuevo mundo ☆

LECCIÓN TERRA #1: ACERCA DE COLES Y REYES. 322

☆ debes separarte, dar un paso atrás, y simplemente cantar tu nota ☆ cada persona es naturalmente atraída a lo que es "suyo" ☆ la "nueva canción" fue escrita antes de que el mundo se formara ☆ nadie puede cambiar su nota ☆ cualquier imposición de una ideología particular es tiranía ☆ "deseando no lo hace así" ☆ no todos llevan la misma cantidad de pasión ☆ su trabajo es estar juntos de pie y continuar sonando la nota para Terra ☆

LECCIÓN TERRA #2: CONSTRUYENDO PUENTES 329

☆ las ramas de la lógica crean secuencias lineales ☆ las secuencias lineales dan como resultado diferentes líneas de tiempo ☆ siempre hay una elección que es más "correcta" que las otras ☆ las Huestes residen fuera del tiempo lineal; sólo pueden estimar cuando las cosas emergerán a nivel físico ☆ una verdadera onda tiene una forma de onda ☆ los tiempos venideros serán muy intensos ☆ tu tarea y tu vida son únicas a ti ☆

EL TIEMPO DE PENAS 338

☆ muchas pérdidas y mucha pena están llegando para muchas personas en el mundo ☆ las calamidades sirven para sanar el planeta ☆ muchos están destinados a partir a través del portal de la "muerte" ☆ no hay nada que arreglar y nada que detener ☆ nadie está siendo castigado o juzgado ☆ un tiempo de tiranía seguirá a este tiempo de penas ☆ más controles serán necesarios para mantener el orden ☆ esta es el PURGADO del sufrimiento que se ha mantenido durante milenios ☆ tu tiempo para ser útil no es hasta que este tiempo de penas haya terminado ☆

UN CAMBIO DE PLANES 344

☆ los ETs de más alta densidad quieren acelerar el desarrollo de los eventos en la Tierra ☆ síntomas de la aceleración☆ debemos subir la frecuencia más rápidamente ☆ nuestro despeje también debe ocurrir más rápidamente ☆ la resistencia impide que la energía se mueva ☆ cada uno de nosotros tiene asistentes que nos ayudan ☆ crear un santuario dentro de ti mismo y tu entorno inmediato ☆

ESCUCHEN ADENTRO 347

☆ ignorar el caos ☆ nadie más tiene tus respuestas ☆ fortalecer tu habilidad para calmarte y escuchar tu sabiduría interior ☆ lo que es verdaderamente real es inaccesible para los sentidos físicos ☆ necesitas discernir lo que es correcto para TI ☆ prestar atención a cómo las cosas se SIENTEN ☆ ser selectivo ☆ deshazte del desorden de todas las maneras que puedas ☆ escuchar adentro ☆

DESPLAZÁNDOSE HACIA LA UNIDAD CON TODO LO QUE ES 353

☆ esperar a la claridad antes de actuar ☆ nuestro viaje está cartografiado en nuestro ADN ☆ el "tú real" es no-local ☆ "Tú" estás en todas partes y en todo lo que percibes ☆ tienes que darte cuenta de esto por ti mismo, como una característica inherente de tu experiencia de vida ☆ tenemos "genes de diseñador" ☆ las COSAS no pueden hacernos felices ☆ en plena conciencia, podemos manifestar directamente cualquiera que deseemos ☆

ACERCA DEL "PROCESO DE DESPEJE" 359

☆ estamos despejando las emociones y recuerdos de 4.500 millones de años de existencia ☆ todo será limpiado ☆ la polaridad se intensificará ☆ el proceso procede desde el interior ☆ con plena conciencia, todo "tiene sentido" ☆ el mejor y más alto uso de tu tiempo y energía es prestar atención a las cosas que están "listas" para ser despejadas dentro de ti mismo y dedicarte a avanzar a través de ellas ☆

ACERCA DE "LA VISIÓN" 3668

☆ ver más claramente puede ser incómodo a veces ☆ todo lo que se ha enredado debe ser desenredado ☆ te estamos pulsando con energías que liberan los enredos dentro de ti ☆ ser cauteloso al buscar ayuda fuera de ti mismo ☆ debes entrar EN tu dolor, EN tu miedo, sin resistirte a ninguno de esos ☆ dejar ir la resistencia resulta en un viaje más suave ☆

DENSIDAD 3.8 373

☆ todo movimiento ocurre como una forma de oscilación ☆ las fuerzas especiales tienen que permanecer cerca de la densidad 3.0 ☆ estamos perdiendo nuestro actual sentido de identidad ☆ a medida que te mueves hacia arriba en la cuarta densidad, todo lo que no es compatible con ese nivel de ser tiene que desaparecer ☆ el proceso debe ser gradual ☆ muchos de tus "deseos" son sólo un hábito ☆

DÉJALO SER 381

☆ dejar el drama atrás ☆ somos invisibles para aquellos que no pueden reconocer la esencia y la vibración del amor ☆ cada uno es un actor necesario ☆ nadie está exento de hacer el trabajo interno ☆ déjalo ser ☆

VIVIENDO DESDE EL CENTRO CALMO ... 387

☆ ustedes deben convertirse más plenamente en parte del equipo de trabajo y obtener más desde dentro de ustedes mismos ☆ sentir en cada situación como se presenta ☆ la técnica de sí/no ☆ practicar los principios que te han sido dados ☆ el "efecto dominó" ☆ debes estar listo para responder a los cambios rápidamente y sin vacilación ☆ obtener tus "noticias" desde adentro ☆

ARTÍCULOS ... 394

INTRODUCCIÓN A LOS ARTÍCULOS ... 395

Esta sección del libro contiene cuatro artículos que están destinados a complementar el material contenido en las otras secciones.

LA VISIÓN ORIGINAL (1982) ... 397

La visión original que recibí en 1982. Esta visión estableció el plan para lo que más tarde se convirtió en la Operación Terra. Culminará con la remoción de alrededor de 6-7 millones de personas (además de muchas plantas y animales) que migrarán a Terra a través de una estancia de 25 años en la Estación de Medio Camino — una nave nodriza extremadamente grande que tiene aproximadamente el 80% del tamaño de la Tierra.

CAMBIO DE FASE A 4ª DENSIDAD ... 403

Cuando el hielo se derrite en el agua, se ha absorbido más energía, rompiendo los enlaces moleculares y permitiendo que las moléculas se muevan más libremente. Lo mismo es verdad a medida que cambiamos de la tercera densidad a la cuarta densidad. Nos estamos liberando de los confines de nuestras ideas limitadas de quiénes y qué somos y moviéndonos desde el pensamiento limitado al tiempo a una realidad más fluida. Lo único que quedará después de este cambio de fase serán las formas de onda que están vibrando a una frecuencia compatible con la de Terra.

NUESTRAS EXPERIENCIAS CON LAS NAVES DE OT ... 410

Experiencias y fotografías de las naves de OT, reportadas desde todo el mundo

PUEDE QUE NO TENGAS QUE MORIR 424

El ciclo de vida normal de una mariposa incluye su transformación física de oruga a mariposa. ¿Qué, entonces, le ha pasado a la oruga? ¿Ha muerto? No, simplemente ha cambiado de forma.

Para poder habitar la Tierra, debemos transformarnos en tipos de cuerpos totalmente diferentes que serán apropiados para ESE nivel de realidad. Aquellos de nosotros que estamos destinados a colonizar físicamente la Tierra estamos llevando nuestros cuerpos con nosotros, así que en ese sentido, no moriremos. Simplemente cambiaremos nuestra forma.

ARCHIVOS 430

RESUMEN DE ARCHIVOS................................431

La perspectiva de Operación Terra es radicalmente diferente de casi cualquier otra fuente de información y estos cuatro capítulos la resumen muy bien. Te animo a que pases un tiempo con ellos y veas lo que estimulan en ti.

BOLETÍN, 12 de agosto de 2007.............................433

Una vez que haya cruzado completamente a la conciencia 4.0, comenzará a acceder a la gama completa de sus habilidades — todo mientras mantiene una presencia física dentro de la 3D. Este capítulo describe ese cambio y lo que puedes esperar experimentar a medida que te mueves a través de él.

**FRAGMENTO DE "MENSAJE PRIVADO",
23 de marzo de 2009**..436

Para empezar, todas las cosas están ahora en movimiento que llevarán a la conclusión del arco de la experiencia que comenzó cuando los elohim se unieron para precipitar esta porción de la realidad fuera de su ser. Este punto en el tiempo es todavía muchos años en su futuro. Es sólo entonces cuando apreciarás plenamente lo que ha ocurrido y lo que has creado.

UNA EXPERIENCIA CON "OCÉANO" 439

La experiencia de un hombre con "Océano" que confirma todo lo que las Huestes han dicho sobre la naturaleza de la realidad y la naturaleza del Creador mismo.

FRAGMENTO DE "FECHAS, PUERTAS Y PAREJAS, PARTE 2" 443

☆ hay realmente sólo una "causa" que es responsable de todo lo que existe ☆ la Sobrealma no tiene género y está completa; no hay necesidad de encontrar tus otras partes para estar completa ☆ al Creador, todas Sus creaciones son buenas ☆ todo es perfecto tal y como es en un momento dado ☆ todo se origina desde y es escrito por las Sobrealmas ☆ no hay versión de este presente planeta Tierra que pase por ninguno de los agujeros de gusano intacta ☆

ACERCA DE LOS AUTORES 452
ACERCA DEL EDITOR, INFORMACIÓN DE CONTACTO 455

INTRODUCCIÓN

Este libro contiene información sobre el viaje a un mundo totalmente nuevo —Terra— que surgirá de esta presente realidad compartida a la que nos referimos como Planeta Tierra. Este es el siguiente escalón en la evolución humana y galáctica, y hay tres audiencias a las que va dirigida esta información.

La primera está formada por personas que físicamente harán el viaje a Terra en este momento, dentro de su encarnación actual. Ellos proveerán los cuerpos que darán a luz a la primera generación nacida en Terra. El segundo grupo está formado por aquellos que dejarán sus cuerpos actuales y nacerán en Terra aproximadamente dentro de 150-200 años. El tercer grupo está formado por aquellos que dejarán sus cuerpos actuales, experimentarán encarnaciones adicionales en futuros planetas de tercera densidad y finalmente encarnarán en Terra como parte de sus generaciones futuras.

Este material ha sido desarrollado durante muchos años, comenzando en 1999. La mayor parte del material vino en forma de una serie de Mensajes, transmitidos telepáticamente por seres de quinta-densidad que se refieren a sí mismos como las Huestes del Cielo.

(Sus comunicaciones han llegado a través de mi expresión de tercera densidad (3D), nombrada Sara. Adonna es el ser de cuarta densidad (4D) que expresaré como en Terra, la versión de polaridad positiva 4D de nuestro actual Planeta Tierra. En marzo de 2017, descubrí que mi nombre de quinta densidad (5D) es Oriole, mi identidad como uno de las Huestes).

Las Huestes han dicho que la experiencia de cada persona será únicamente suya. También han indicado que es importante que seamos más autosuficientes e independientes de las autoridades externas, incluidas las Huestes. Todo el mundo tiene la capacidad de discernir lo que es la "acción correcta" para ellos en cada momento, y esa será la mejor manera de navegar en los días venideros. "Escucha dentro de ti" en cada punto de decisión y tendrás un viaje más suave.

Tu guion ya ha sido escrito por tu Sobrealma, así que puedes estar seguro de que llegarás a donde se supone que debes ir. Nadie más tiene tus respuestas o formas mágicas de eliminar la necesidad de hacer el trabajo interior, así que solo recuerda respirar, permanecer en tierra y centrado, y tomar cada día como viene, un paso a la vez. De todos modos, eso es todo lo que puedes hacer. ¡Buen viaje!

Amor y bendiciones,
Sara/Adonna/Oriole

ACERCA DE OPERACIÓN TERRA: PANORAMA GENERAL

El término "Operación Terra" se refiere a dos cosas diferentes: un cuerpo de información y un concepto operativo. Se llama "Operación Terra" porque su foco primario está en *el planeta mismo*, y sólo secundariamente en sus formas de vida. El planeta tiene una relación íntima con sus formas de vida y ha absorbido una tremenda cantidad de escombros emocionales y formas de pensamiento, principalmente de sus ocupantes humanos a lo largo de los milenios que les ha sostenido.

Todo este cascajo debe de alguna manera ser limpiado del planeta para que pueda ascender y alcanzar plenamente aquello para lo que fue diseñado — un planeta totalmente NUEVO, uno que nunca ha sido habitado antes. Operación Terra es el mecanismo a través del cual tanto el planeta como sus formas de vida ascenderán y alcanzarán lo que sólo puede ser referido como un estado exaltado y glorificado en comparación con la situación actual.

Cada átomo, cada partícula de materia en Terra estará plenamente consciente y cooperará con todo lo demás de una manera que es difícil de comprender desde nuestro estado actual de conciencia limitada, pero tanto la forma física como la conciencia de cada forma de vida que hace el viaje a Terra (plantas y animales incluidos) se transformarán en el curso de su propia ascensión, que tendrá lugar en paralelo con la de ella.

La información central en este libro fue presentada inicialmente como una serie de 51 Mensajes — "lecciones" cósmicas de seres celestiales que se refieren a sí mismos como las Huestes del Cielo. Los Mensajes recibidos de las Huestes llevan códigos de luz que serán respondidos por aquellos que lleven los códigos correspondientes en su propio ADN. (Hay más detalles sobre esto en el capítulo "Resumen de los Mensajes" en la sección Los Mensajes).

Acerca de Operación Terra: Panorama general

En el momento anterior a la existencia del tiempo, los elohim fueron el producto del Primer Pensamiento del Creador. Juntos, co-crearon (y continúan creando) todo lo que existe en una forma manifiesta. El concepto de Operación Tierra surgió cuando 144.000 elohim se reunieron y precipitaron esta realidad a partir de su propio ser, hace aproximadamente 4.500 millones de años. El planeta Tierra estaba destinado a convertirse en Terra desde sus inicios, y ahora estamos desempeñando nuestro papel en la culminación y cumplimiento de ese plan.

La tarea operativa actual es uno de asistir al Planeta Tierra en su ascensión a su siguiente forma — la NUEVA Tierra, Terra — y la colonización de ese planeta totalmente nuevo por grupos de pioneros de las actuales civilizaciones planetarias a lo largo de la galaxia. Con el fin de ayudar al planeta actual a elevarse en frecuencia y a desprenderse del cascajo acumulado, los elohim se han proyectado en el plano de la Tierra como humanos ordinarios que cumplen dos funciones.

El primero de ellos fue actuar como pararrayos humanos para aterrizar la Luz superior en el núcleo del actual planeta, lo cual fue necesario para limpiar el cascajo y acelerar la velocidad de rotación de las partículas que componen la masa física del planeta y todo lo que hay en él.

Esto sólo podía hacerse desde dentro del aura del planeta. No podía hacerse a distancia. Tuvo que hacerse en la tierra, así que los que actualmente formamos parte de Operación Terra y estamos caminando alrededor de la Tierra nos ofrecimos voluntariamente para "bajar" a proporcionar esa ayuda al planeta y a la "operación" en general.

La segunda tarea era asumir personalmente una porción del dolor que había sido absorbido por el planeta y transformarlo dentro de nosotros mismos. Ambas tareas están siendo realizadas por aquellos de nosotros que nos ofrecimos voluntariamente para hacerlo, y estamos siendo asistidos por aquellos que permanecen en los niveles superiores. (Hay cerca de 40 millones de voluntarios galácticos asistiendo aproximadamente a 6 millones de nosotros en la tierra.)

También proporcionaremos el puente viviente entre el Planeta Tierra y Terra al dejar el planeta por un tiempo y transformarnos en los seres que colonizarán Terra. Lograremos esto a bordo de una nave nodriza muy grande (aproximadamente el 80% del tamaño del Planeta Tierra), a la que nos referimos como Estación de Medio Camino.

Una vez que hayamos colonizado completamente Terra y establecido todas las estructuras de apoyo necesarias, también daremos a luz a la primera generación que nazca allí. Para otras civilizaciones planetarias que colonizarán Terra, su proceso tendrá lugar en sus planetas de origen y luego sus colonos migrarán a Terra desde allí.

Cada planeta tiene un tema y una actividad principal. El tema de la Tierra es "la belleza" y su principal actividad es "buscar la armonía en la diversidad." Una vez que sea colonizado completamente, el planeta entero de Terra actuará como un centro cultural galáctico, dedicado a demostrar y alcanzar esa armonía a través de un amplio espectro de culturas galácticas. Además, todos y cada uno de los que están en Terra ejemplificarán la belleza de una manera exaltada. Terra será el logro más alto para el Planeta Tierra.

La porción de la "op" (como la llamamos cariñosamente) basada en la Tierra es una aventura cooperativa entre los que están en tierra (las "tropas de tierra") y los que rodean el planeta en muchos niveles del ser.

Las Huestes han indicado que estamos viviendo durante un tiempo en el que un ciclo cósmico importante se completará y resultará en una Creación completamente nueva, dando lugar al surgimiento de varios "futuros" diferentes, cada uno de los cuales ocupa una diferente línea de tiempo y compartimiento de realidad. El material de Operación Terra enfoca en la única línea de tiempo que conduce a Terra (la cual es sólo uno de esos "futuros"). En algún momento, la línea de tiempo hacia Terra estará totalmente separada e independiente de esas otras líneas de tiempo y destinos.

El 23 de septiembre de 2011, una cuadrícula de 12 puertas estelares fue activada por un grupo de personas en América del Sur. Estas puertas estelares son en realidad portales a agujeros de gusano que conectan los puntos de entrada que existen en esta realidad con sus respectivos puntos de aparición en otras realidades. Esto proporcionó el mecanismo para el surgimiento definitivo de 12 diferentes "futuros" de esta realidad compartida a la que nos referimos como Planeta Tierra.

El número de personas del Planeta Tierra que terminarán sobre Terra es un poco menos de 1/10 del 1% de la población presente, o aproximadamente 6 millones de personas. Ellos han sido creados por sus Sobrealmas para hacer este viaje porque eso es lo que el Creador quiere experimentar a través de ellos. Esa es la única razón por la que existe algo en absoluto.

Siendo un participante en Operación Terra no es cuestión de haber ganado nada o de ser más especial que cualquier otra persona. La Sobrealma simplemente crea sus muchas proyecciones en respuesta a las directivas emitidas por su Sobre-illuminado eloha (la forma singular de elohim, la cual es una palabra plural). Los elohim y sus respectivas Sobrealmas son los intermediarios para llevar a cabo los deseos del Creador. El Creador desea experimentar TODO, así que los elohim y sus Sobrealmas sirven al Creador creando proyecciones de todo lo que existe. TODOS los caminos sirven al Creador.

Operación Terra es sólo una pequeña parte del drama mayor, pero significa todo para aquellos de nosotros que somos parte de ella. Estas enseñanzas de las Huestes hablan al centro de nuestro ser y de nuestra alma. Es muy común que las personas lloren cuando se encuentran por primera vez con el material – tanto en alegría como en alivio cuando descubren que no son los únicos que saben lo que saben. Somos relativamente pocos en número, estamos dispersos por todo el mundo, y a menudo estamos bastante aislados de otros que comparten nuestra visión y comprensión.

Operación Terra tiene un punto de vista radicalmente diferente de la mayoría de las otras fuentes de información porque evidentemente declara que estamos aquí para APOYAR y PERMITIR los "cambios de la tierra" como una parte necesaria de la limpieza y ascensión del planeta. En otras palabras, opinamos que "No hay nada que arreglar, nada que detener, ni nada por lo que rezar, excepto por un resultado que esté en armonía con el bien más elevado para todos."

Nosotros, también, estamos siendo purgados de todos los patrones de energía que no son parte de NUESTRO ser esencial, ya que nada del "viejo mundo" podrá ser llevado con nosotros al nuevo mundo que habitaremos, y ESO requiere que ofrezcamos todo lo que NOSOTROS contenemos, sin juzgar algo de esto como estando fuera del nuestro amor.

En nuestra línea de tiempo particular (una de varias que existirán simultáneamente), seremos testigos del final de la presente Creación y de la remoción de todas las formas de vida del Planeta Tierra que están por encima del reino mineral. Los cambios masivos de la Tierra culminarán en un Cambio de Polo geofísico que dejará al planeta estéril y totalmente desprovisto de vida y agua. (Esto será un cambio en el eje físico de rotación del planeta, no un cambio en los polos magnéticos, lo que ha ocurrido antes y puede ocurrir de nuevo.) Hay muchas grandes flotas de naves espaciales dispuestas alrededor del planeta para ayudar en esta transición, y todos llegarán a los destinos que sus Sobrealmas les diseñaron.

En la separación de una y otra de las líneas de tiempo, muchos parecerán morir en cualquiera línea de tiempo dada, pero de hecho pueden estar continuando sus vidas en otra línea de tiempo y experimentando otro escenario, así que todas las expresiones serán proporcionadas. Muchos saldrán de sus cuerpos y permanecerán en el plano astral hasta que se presente otra oportunidad de encarnación. Algunos de ESTOS se encarnarán en Terra como la primera generación de nativos Terráneos.

Las Huestes nos han dado un mapa para NUESTRO viaje y nos han dicho cómo lidiar con estos tiempos. Sin embargo, en cada momento que se presente, también debemos volvernos hacia dentro de nosotros mismos en busca de nuestras respuestas y responder a ello de la manera que sea más correcta para nosotros como individuos. Nuestro equipo espiritual está con nosotros en cada paso del camino y nunca estamos solos en este viaje, aunque no podamos ver físicamente a aquellos que nos acompañan.

Este es un viaje de transformación tanto de la conciencia como de la forma. Todo en Terra estará exaltado. Cada átomo estará conectado conscientemente al todo, y todos operarán sobre un fundamento de paz, alegría y amor — cooperación en lugar de competición, armonía en lugar de conflicto, y comunión plena, consciente y EXTASIADA con el Creador en todo momento.

"Dejar ir, dejar que Dios [se encargue de los detalles]" ("Let go, let God [handle the details]") es la orden operativa del día. La entrega ES el camino a través del caos, y simplemente necesitamos bajar nuestras cabezas y dejar que los vientos y las olas de cambio fluyan sobre nosotros. Nadie estará incólume por lo que venga ahora, y nadie se perderá.

LA LÍNEA DE TIEMPO DE OPERACIÓN TERRA

Por definición, una línea de tiempo es una representación *lineal* de eventos importantes en el orden en que ocurren. También puede significar un plazo para los eventos que deban ocurrir. Ambos significados se aplican cuando hablamos de la línea de tiempo de Operación Terra.

He enfatizado la palabra "lineal" en la definición anterior porque describe la experiencia de todo lo que ocurre DENTRO de los parámetros del espacio y el tiempo en una realidad física. Sin embargo, el Creador, los elohim y las Sobrealmas existen FUERA DE(L) tiempo. No son manifestaciones físicas, así que operan fuera del tiempo porque el tiempo solo existe como un aspecto de la expresión física.

Un evento ocurre en un lugar específico en un momento específico o dentro de un marco de tiempo específico. Es único. Un evento similar puede ocurrir en otro lugar y/o en otro momento, pero cada uno de esos eventos está definido por cuándo y dónde se produjo dentro de una realidad física.

Los eventos también ocurren y pueden ser percibidos en las realidades no físicas, pero no pueden ser definidos en términos lineales porque en las realidades no físicas, todo está presente simultáneamente. Se puede acceder a cualquier evento cuando se quiera, simplemente poniendo su atención en él.

Para aquellos de nosotros que todavía estamos velados, el tiempo lineal es con lo que estamos más familiarizados y generalmente pensamos que el pasado, el presente y el futuro están dispuestos a lo largo de una sola línea como cuentas en el hilo. Asumimos que el "pasado" ocurre antes que el "presente", lo que a su vez ocurre antes que el "futuro". Sin embargo, en realidad, pasado, presente y futuro coexisten simultáneamente. Si elijo hacerlo, puedo percibir hacia adelante y/o hacia atrás en el tiempo usando mis sentidos sutiles.

He experimentado ser uno de los 144 000 elohim que se reunieron para precipitar este sector de la realidad a partir de nuestro propio ser hace 4 500 millones de años y he experimentado a Terra en como ella será cuando esté completamente colonizada. Esas dos circunstancias son los puntos de inicio y fin en la secuencia de eventos que definen la línea de tiempo de Operación Terra.

Ahora estamos siendo testigos de los últimos años de esa línea de tiempo y la veremos hasta su finalización en aproximadamente 250-300 años terrestres a partir de ahora, cuando Terra esté completamente colonizada y un nuevo grupo de elohim asuma la responsabilidad por el resto de ese viaje en particular.

Todo esto ya existe, ya ha sucedido y ya estaba presente al comienzo de esa línea de tiempo. Es un resultado conocido, así que el misterio radica en hacer el viaje en sí mismo, no en la naturaleza del resultado. Sin embargo, la única manera en que puedo describir lo que ha sucedido y lo que sucederá es en los términos lineales del pasado, presente y futuro, por lo que ese es el enfoque que usaré para describir la línea de tiempo de Operación Terra.

El CONTEXTO de la Operación Terra es una cosmología en sí misma. Antes del momento en que Operación Terra fue concebida, el Creador tuvo su Primer Pensamiento. Pensó que le gustaría crear seres que luego crearían a otros seres y a través de todo eso, el Creador podría experimentarse a Sí Mismo a través de Sus creaciones. Los elohim fueron el resultado de ese Primer Pensamiento y luego crearon todo lo demás para que el Creador pudiera experimentarse a Sí Mismo a través de eso.

Al principio, solo existía la polaridad única y positiva "Servicio-Para-Otros" (también conocido como SPO). Todo existía únicamente para servir a los demás, incluido el Creador mismo. Todo era muy armonioso y no proveía mucho drama para que el Creador lo experimentara a través de Sus creaciones, así que tuvo otro Pensamiento. Creó la polaridad negativa "Servicio-Para-Sí" (también conocidos como STS), cuya naturaleza era servirse a sí mismo por encima de todos los demás, y esto introdujo los comportamientos de egoísmo, codicia y competición (en lugar de cooperación), junto con la emoción del miedo y sus derivados: la ira, la rabia y el odio.

La polaridad negativa se esparció activamente a lo largo de la Creación manifiesta y por todas partes donde se volvió dominante, buscó satisfacer su deseo perpetuo de "más". Esto proporcionó mucho más drama para que el Creador lo experimentara, pero también fue muy destructivo y eventualmente creó una espiral negativa que destruiría todo si no se detenía de alguna manera.

El Creador entonces tuvo otro Pensamiento. Había satisfecho Su deseo de más drama y deseaba preservar y restaurar el resto de lo que había creado, así que Su siguiente Pensamiento fue la idea de restaurar la Creación a su estado original y retornar todo a la forma en que había estado originalmente antes de que la polaridad negativa hubiera sido insertada en la mezcla.

En respuesta a esta Idea Divina en particular, un grupo de 144 000 elohim se reunieron para proveer las circunstancias que proporcionarían esa restauración, y nació Operación Terra. Esos elohim hicieron un pacto entre ellos para ser responsables por Operación Terra y mantenerla en curso hasta que se cumplieran sus objetivos. Hubo muchas veces que los elohim tuvieron que fabricar extensiones de sí mismos para contrarrestar los efectos de las influencias de la polaridad negativa, y este tiempo en el que vivimos es una de esas veces.

Los elohim han encarnado como humanos ordinarios y están caminando por la superficie del planeta, pero no son humanos ordinarios. Tienen una tarea especial que cumplir, y la van a cumplir. Ya ha ocurrido fuera del tiempo, y son ellos los que lo llevarán a cabo DENTRO del tiempo.

Operación Terra no es solo sobre el Planeta Tierra. Ciertamente restaurará el destino del Planeta Tierra para convertirse en Terra, pero una vez que ella esté plenamente establecida, el surgimiento de Terra también marcará un momento crucial – el cambio de la "exhalación" a la "inhalación" y el camino que conduce a la absorción de vuelta hacia dentro del Dios Último para toda la realidad manifiesta, allanando el camino para que ocurra una nueva exhalación.

Esto también invertirá la expansión hacia afuera de la polaridad negativa hasta que todo sea como era en esa fase anterior del cosmos, y la polaridad negativa últimamente desaparecerá. El surgimiento de Terra también marcará una nueva fase para la mente galáctica.

Todas las manifestaciones tienen conciencia. Los planetas y las estrellas son seres conscientes, al igual que las galaxias y los universos. Nuestra Galaxia, la Vía Láctea, es solo una de cientos de billones de galaxias en el universo conocido, y el Planeta Tierra es solo una partícula que gira alrededor de una estrella insignificante ubicada en los bordes exteriores de esa galaxia.

Sin embargo, cuando Terra esté completamente colonizada, la

interacción y cooperación entre todas las culturas galácticas que estén representadas allí allanará el camino para una nueva fase de cooperación y armonía a lo largo de toda la galaxia, y ESO cambiará la naturaleza de la mente galáctica. Eventualmente ese cambio se extenderá a otras galaxias y últimamente penetrará y afectará a toda la Creación manifiesta.

Así como NOSOTROS somos semillas para un nuevo nivel de cooperación entre todas las formas de vida, Terra actuará como la semilla para un nuevo nivel de cooperación entre todos los planetas habitados, y a través de esos planetas, la conciencia de sus respectivos soles será afectada y cambiada.

Operación Terra marca la fase de restauración para toda la Creación manifiesta, y sus efectos se extenderán más allá de cualquier cálculo. Dicho esto, nuestro enfoque ACTUAL está en el futuro inmediato, cuando haya una serie de eventos que precederán y conducirán directamente a la ascensión del Planeta Tierra en su transformación en Terra y a la ascensión y transformación simultánea de todo lo que será transplantado en ella desde la Tierra.

La primera fase de esto supondrá la transformación de la primera y segunda oleada de futuros Terráneos que forman parte de la "tripulación de tierra" al momento de escribir estas líneas. Ellos se unirán con el resto de los voluntarios galácticos para remover a todos y a todo lo de la superficie del Planeta Tierra que está haciendo el viaje a Terra en este momento, un proceso/evento al que nos referimos como la evacuación.

La mayoría de los que hacen el viaje desde el Planeta Tierra hasta Terra en estos momentos, son los millones que componen la tercera ola y los que los acompañarán en el terreno. La tercera ola pasará por el periodo que las Huestes se han referido como "Los Últimos Días" y "El Tiempo de Penas", para estar mental y emocionalmente preparados para aceptar ser llevados a bordo de nuestras naves durante la evacuación.

Las condiciones mundiales que caracterizarán ese tiempo se están volviendo progresivamente visibles para aquellos "con ojos para ver", y todas las señales apuntan a la fructificación de lo que las Huestes nos han dicho acerca de esos tiempos. La estimación que se me está dando para este periodo preparatorio es de 3-5 años, pero las Huestes no experimentan el tiempo lineal, así que eso es solo una estimación, basada en lo que pueden observar acerca de lo que está sucediendo "aquí abajo". Ha habido sorpresas en el pasado y puede haber más sorpresas en el futuro. Sin embargo, no importa cuánto tiempo tarde en llegar, está claro a dónde va todo y no hay nada más que decir al respecto.

En resumen, aquellos de la primera y segunda olas serán levantados primero y transformados para que puedan desempeñar su parte en la evacuación del resto. Las flotas de naves serán centros de procesamiento temporal hasta que los evacuados puedan ser transbordados a la Estación de Medio Camino, donde todo permanecerá hasta que sea el momento de trasladarse físicamente a Terra.

Después de la evacuación, los cambios en la tierra culminarán en un Cambio de Polo abrupto y cataclísmico que arrojará todo de ella (incluyendo sus océanos y todas las formas de agua) excepto la roca madre del planeta, y no quedarán formas de vida, ni en la superficie ni debajo de ella. Otras líneas de tiempo experimentarán escenarios diferentes, por lo que las descripciones en este capítulo solo se aplican a la línea de tiempo para Operación Terra.

Además de aquellos que han hecho su camino a Terra desde la Tierra, otras civilizaciones planetarias de densidad superior, planetas de polaridad positiva también crearán colonias en Terra. Estarán íntimamente involucradas en el desarrollo de los planes para la colonización y llevarán a cabo sus propias acciones de acuerdo con esos planes. El contingente terrestre estará listo para desembarcar en Terra en aproximadamente 20-25 años después de su llegada a la Estación de Medio Camino.

Una vez que Terra esté completamente colonizada y todas las estructuras estén en su sitio para recibir adecuadamente a la siguiente generación, los niños serán concebidos y nacerán en Terra, y madurarán en los adultos que se harán cargo del gobierno de Terra a partir de entonces. Esto marcará el final oficial del proyecto de Operación Terra y un nuevo grupo de elohim supervisará a Terra después de eso. Después de que comience la colonización, pasarán aproximadamente de 150-200 años terrestres antes de que se lleve a cabo ese último cambio. Una vez que esto haya ocurrido, los pioneros dejarán Terra y pasarán a otras experiencias, y Operación Terra finalmente terminará.

EL PROPÓSITO DE OPERACIÓN TERRA

Operación Terra fue creada por 144 000 elohim hace más de 4 500 millones de años como su respuesta al deseo expresado por el Creador de restaurar la Creación a la forma en que había estado antes de que hubiese habido una polaridad negativa. Desde su inicio, el Planeta Tierra siempre ha tenido la intención de actuar como punto de partida para un puente entre su forma actual y cómo se manifestará cuando ascienda para convertirse en Terra. El surgimiento de Terra siempre ha tenido la intención de ser el punto de inflexión en el proceso que restaurará la Creación y eventualmente eliminará la polaridad negativa de esa Creación.

El planeta Tierra ha proporcionado un ambiente rico para experiencias de muchos tipos. Ha habido momentos en que esos mismos elohim han tenido que proyectarse sobre la Tierra para contrarrestar las acciones de civilizaciones que tenían en mente una agenda diferente — una que les permitiera re-dirigir el curso del planeta para beneficiarse a sí mismos, lo que finalmente destruiría al planeta y a sus formas de vida, como lo han hecho repetidamente durante la realidad actual.

Durante uno de esos momentos (hace millones de años), algunos de nosotros estuvimos encarnados como el último grupo de Guardianes de la Galaxia. En el curso de tres generaciones, fuimos derrotados en nuestros intentos de protegernos a nosotros mismos, a nuestro planeta y a la galaxia, y nuestros atacantes fueron entonces libres para expandir sus caminos hacia el Planeta Tierra. Nuestro mundo presente refleja mucho de su influencia, la cual está dañando una gran parte del planeta y sus formas de vida, muchas de las cuales se están extinguiendo. Mucha de la belleza y riqueza del planeta también está siendo destruida.

Como proyecciones de esos mismos elohim, ahora estamos caminando por el planeta durante el periodo de tiempo que resultará en el surgimiento de Terra. Terra manifestará el tema del planeta "la belleza" en su nivel más alto. Sus formas de vida trasplantadas le proporcionarán los medios para lograr plenamente su actividad principal de "buscar la armonía en la diversidad". La interacción y cooperación entre las diferentes culturas galácticas que crearán colonias en Terra y/o la visitarán desde otros lugares tendrá un efecto profundo y de largo alcance en las culturas galácticas, la mente galáctica, y finalmente en la naturaleza de toda la realidad manifiesta.

Es por eso que hay tantos voluntarios galácticos involucrados con Operación Terra. Los efectos harán eco a lo largo de toda la galaxia y afectarán directamente tanto a sus entornos familiares como al curso de la evolución galáctica muy lejos en el futuro. Ellos entienden el significado de Operación Terra y lo que últimamente significa para toda la realidad manifiesta.

Actualmente, Operación Terra es una tarea masiva que involucra a millones de seres encarnados, de los cuales aproximadamente 6 millones están caminando sobre la Tierra como seres humanos de tercera densidad, y aproximadamente 40 millones más que son voluntarios de las civilizaciones de la densidad-superior, polaridad-positiva de nuestra galaxia.

Todos estos individuos están involucrados de alguna manera en ayudar al planeta presente de tercera-densidad, polaridad-mixta conocido como Tierra, a manifestarse plenamente como su ser de cuarta-densidad, polaridad-positiva, al cual nos referimos como Terra. (La palabra "Terra" viene del latín y significa "Tierra").

Terra es "el siguiente escalón" para el planeta y el próximo paso para los humanos de tercera-densidad que están destinados a "graduarse" a la cuarta-densidad polaridad-positiva, ya sea ahora o en una encarnación futura. Los humanos de tercera-densidad que están destinados a "graduarse" a la cuarta-densidad polaridad NEGATIVA migrarán al polo opuesto de Terra, un planeta de cuarta-densidad, polaridad-negativa. Terra será un planeta de polaridad totalmente positiva y en las generaciones futuras, solo los individuos de cuarta-densidad polaridad-positiva encarnarán allí.

La mayoría de los humanos de tercera densidad que actualmente viven en la Tierra son de polaridad *mixta* y no se "graduarán" a ninguna de las dos polaridades en este momento. En cambio, experimentarán vidas adicionales de tercera densidad en otras versiones "futuras" de tercera densidad de nuestro planeta actual hasta que también estén listos para graduarse a la cuarta densidad en cualquiera de estas dos polaridades — positiva o negativa.

Operación Terra es un grupo especial de trabajo cuyo propósito es crear el camino energético y proporcionar el puente físico entre este planeta y el que-pronto-nacerá, el NUEVO planeta de Terra. El rango de la operación es doble: 1) todo lo que se necesite para ayudar en todos los aspectos involucrados en la ascensión personal *del planeta*, y 2) reunir y preparar las diversas *formas de vida* que serán llevadas a Terra para completar el surgimiento del planeta como un centro multicultural de cuarta-densidad polaridad-positiva para toda la galaxia. Este propósito se está implementando de muchas maneras:

1. Al encarnar como humanos ordinarios de tercera-densidad (las "tropas de tierra"), los participantes de Operación Terra han estado actuando como "pararrayos" humanos para aterrizar la Luz superior en el planeta, contribuyendo así a la infusión de energía que está purgando al planeta de las energías de baja-frecuencia que ha absorbido a lo largo de toda su historia como planeta de tercera-densidad. La mayoría de estas energías de baja-frecuencia fueron emitidas por la porción humana de la vida planetaria o por otras formas de vida que sufrieron las consecuencias de las acciones humanas sobre ellas y sobre su hábitat.

2. Al ofrecerse como voluntarios para asumir una cierta porción del dolor de la experiencia humana y luego transformarlo dentro de sí mismos, las tropas de tierra disminuyen también la cantidad de energías de baja-frecuencia que deben ser limpiadas del planeta, ayudando así a mitigar los cambios de la Tierra que ocurren como uno de los mecanismos para limpiar lo que el planeta ha absorbido.

    Los cambios preliminares de la Tierra serían mucho más severos si no fuera por esta asistencia a nivel humano. Esto minimiza la cantidad de sufrimiento para las actuales formas de vida en el planeta hasta que sea el momento de los cataclismos finales que culminarán en un cambio del eje de rotación del planeta — un Cambio de Polo geofísico que involucra el desplazamiento de la corteza — que hará que la versión actual de tercera densidad de este planeta sea inhabitable por mucho tiempo.

3. Muchos participantes en Operación Terra de densidad superior están ayudando activamente a las tropas de tierra con la limpieza de su memoria celular, facilitando así el #2. Esto neutralizará toda la carga emocional que queda de todas las vidas que fueron creadas por sus Sobrealmas, para que solo quede la "esencia". Nada de lo viejo puede ser llevado a lo nuevo.

4. Los participantes en Operación Terra de densidad superior están desenredando activamente los enredos que han tenido lugar a lo largo de los millones de años de interacción entre diferentes grupos de individuos, para que cada uno pueda ir a su propio "sitio correcto". Nuestro ADN y los filamentos de luz están siendo restaurados a su estado original y está aconteciendo una gran cantidad de trabajo de curación, especialmente mientras dormimos.

   Este proceso preparará a las tropas de tierra para sus roles individuales en la evacuación física de todas las formas de vida que irán a colonizar Terra y eventualmente restaurarán su condición previa de conexión plena con la Fuente. Los colonos del planeta actual se prepararán para la colonización en sí, pasando de 20-25 años en la Estación de Medio Camino (una gran nave nodriza de aproximadamente el 80% del tamaño de la Tierra de hoy en día), o regresando a sus civilizaciones de origen por un tiempo y colonizando a Terra desde allí.

5. Dado que la mayoría de la gente de la Tierra no irá a Terra en estos momentos, Operación Terra también está sembrando la información "Terra" en la conciencia de aquellos que se dirigirán a Terra desde las futuras versiones de tercera densidad de nuestro planeta actual. Esta siembra asegurará que los códigos de "casa" que conducen a uno para ir a Terra sobrevivirán al cambio hacia una nueva Creación y continuarán la migración a Terra durante los milenios venideros.

El tema planetario de la Tierra es "la belleza"; su principal actividad es "buscar la armonía en la diversidad". Terra elevará la belleza actual de la Tierra a un nivel exaltado. Terra transformará la "búsqueda de la armonía en la diversidad" en la realización total (cumplimiento) de ese objetivo. La diversidad reflejada en Terra será representativa de la diversidad de todas las culturas y formas de vida polaridad-positiva que existen en toda nuestra galaxia.

Todo esto va a ser algo que nunca ha existido antes — totalmente nuevo, nacido en una nueva Creación. Hasta ahora, este nivel de cooperación y armonía entre tantas civilizaciones y culturas solo ha existido en diversas formas de gobierno galáctico. Nunca ha sido alojado en un solo lugar. Así como tenemos ciudades capitales para estados y naciones, Terra será el planeta "capital" de toda la galaxia. Ayudar a la Tierra a convertirse en Terra equivale a compartir la creación de una ciudad capital, pero a una escala mucho mayor.

Debido a que Terra consolidará el primer paso del retorno que finalmente conducirá a la eliminación de los mundos y seres de polaridad negativa, hay muchos de esa polaridad que quisieran impedir que Operación Terra tenga éxito. Sin embargo, esto ya se sabe y se ha anticipado y previsto en el plan global de la "op".

Entre ahora y la finalización de la evacuación, todo lo necesario para asegurar el éxito de la misma será proporcionado por varios participantes de Operación Terra. Una vez que se complete la evacuación, la fase de colonización puede proceder y cuando se complete la colonización, Terra será el resultado de un plan que tuvo sus inicios hace más de 4 500 millones de años.

Para aquellos humanos que seguirán experimentando más vidas de tercera densidad antes de pasar a la cuarta densidad, Terra también les proporcionará una futura oportunidad de encarnación. Terra evolucionará, la galaxia evolucionará y la realidad manifiesta también evolucionará.

El amor es la fuerza ordenadora que contrarresta la entropía. La entropía conduce a la ruptura de formas complejas a más simples. Puesto que Terra operará sobre un fundamento de paz, amor y alegría, estos cimientos favorecerán la evolución hacia formas aún más complejas que las que existan en Terra en sus comienzos.

Terra es un regalo para toda la realidad manifiesta y tenemos el privilegio de ser parte de traerla a la vida. El viaje a Terra ha requerido mucho de nosotros, pero el resultado final hará que valga la pena cada pedacito de lo que se ha invertido en su creación.

LA ESTRUCTURA DE LA "OP"

Un cierto orden y estructura es necesaria para que la Creación funcione y no simplemente se disuelva en el caos. Esta estructura está implícita en la naturaleza de una Creación en particular y puede ser descrita de muchas maneras. Una manera es describir cómo todas las partes se relacionan entre sí. Otra manera es describir los flujos de energía entre los diversos componentes que constituyen la Creación en particular. Una tercera manera es describir las "tareas" que necesitan ser llevadas a cabo para satisfacer el deseo del Creador de experimentarse a Sí mismo a través de Sus creaciones.

A nivel humano, las estructuras más evidentes son las jerárquicas. Por estructuras jerárquicas, me refiero a la forma en que la energía y la información fluyen entre los diferentes niveles de la jerarquía (verticalmente) y entre individuos que ocupan el mismo nivel dentro de la jerarquía (horizontalmente).

Aunque todo en Terra estará en conexión plena con la Fuente y por lo tanto se autorregulará dentro del contexto del todo, seguirá existiendo una estructura comunal que refleje y apoye la expresión personal de cada individuo.

Las personas interactuarán y se reunirán de acuerdo con sus propias preferencias personales para actividades individuales, agrupaciones familiares, actividades a nivel de la comunidad e interacciones entre una comunidad o grupo y otros. Habrá muchas maneras de interactuar con otros en todos los niveles de la sociedad Terránea.

Todas las partes son necesarias para el todo o no existirían. Cada quark cuenta; cada gota de agua cuenta. Cada átomo es indispensable para el todo. Cada organismo tiene su parte que desempeñar, y los planetas, estrellas y galaxias también tienen sus roles en el drama.

A fin de entender la estructura actual de la "op", es útil observar a qué llevará, porque lo que está por aparecer en el futuro surgirá de lo que podemos observar en el presente.

La Tierra está a punto de convertirse en Terra. Terra será un escaparate viviente de todas las culturas y formas de vida que se encuentran en todas las civilizaciones de cuarta-densidad, polaridad-positiva que existen en toda la galaxia. Además de la colonia que se crea con las personas que emigrarán a Terra desde el Planeta Tierra, cada una de esas otras civilizaciones tendrá su propia colonia en Terra. Esta es una de las razones por las que hay aproximadamente 40 millones de voluntarios galácticos trabajando para apoyar Operación Terra. Terra también es parte de su propio futuro.

Hay dos maneras en las que podemos mirar cómo se manifestarán las cosas en Terra: *horizontalmente* (dentro de la misma banda de frecuencia) y *verticalmente*, a través de varios niveles de expresión.

La perspectiva horizontal

La "perspectiva horizontal" incluye la enorme variedad de culturas y formas de vida física que son posibles dentro de los planetas de *polaridad-positiva* de cuarta densidad. (No existirán formas de vida o culturas de cuarta densidad *negativa* en Terra, por lo que no habrá ningún virus, bacteria, hongo o cualquiera de los organismos que participan en la muerte, enfermedad y degradación. Tampoco habrá depredación, por lo que todas las especies que se alimentan de otras en los mundos de tercera densidad se transformarán o no irán a Terra en absoluto.)

Terra tendrá océanos, lagos, ríos y arroyos. Sus masas terrestres proporcionarán una variedad de entornos naturales, desde bosques hasta áreas más abiertas de tierra que sean aptas para la producción de alimentos y la creación de aldeas, pueblos y ciudades. Cada colonia estará compuesta por comunidades más pequeñas que adquieren un carácter regional. Cada una de estas comunidades será única. Cada persona vivirá en el lugar que más coincida con sus inclinaciones naturales.

Habrá interacción entre las comunidades dentro de una colonia dada e interacción entre las colonias mismas. Todo esto será mediado por varios niveles de liderazgo y consejos a través de los cuales podrán interactuar con líderes de otros lugares. Cada consejo tendrá por lo menos un representante que participe en otros consejos que tengan un alcance más amplio.

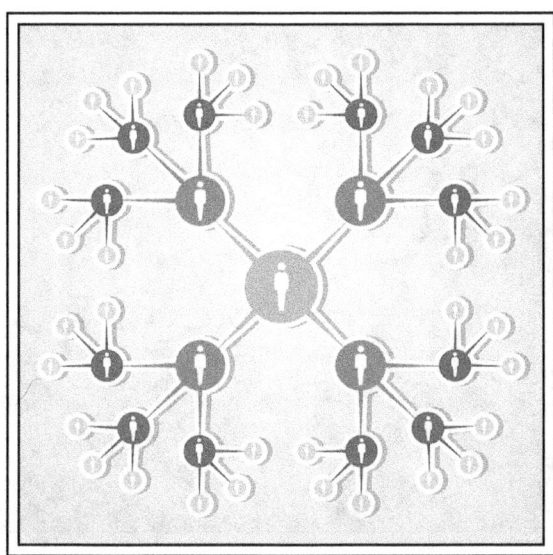

La interacción entre individuos y consejos

Cada niño que nace en Terra será apoyado para alcanzar su pleno potencial y cada adulto hará su contribución a ello, de acuerdo con sus competencias individuales, talentos e intereses naturales. Cada forma de vida cumplirá el plan para su vida. No habrá otra voluntad que no sea la Voluntad Divina, no habrá necesidad de dinero como medio de intercambio, y no habrá posesión de nada (incluyendo otras formas de vida, como mascotas). Ninguna forma de vida servirá a otra involuntariamente. Todo en Terra operará en consonancia con las necesidades del todo; cada partícula estará en conexión plena y consciente con el Creador.

La perspectiva vertical

La "perspectiva vertical" es la de una jerarquía espiritual que se expresa a través de múltiples bandas de frecuencia. Puesto que hay solamente Una Vida siendo vivida, todas las formas de gobierno son un medio para bajar la energía y la conciencia desde la Fuente a través de una serie de lentes energéticas. Hay una jerarquía de formas, algunas de las cuales se expresan físicamente y algunas otras no.

La "perspectiva vertical" es la de una jerarquía espiritual que se expresa a través de múltiples bandas de frecuencia.

Sananda es el nombre cósmico (un nombre que trasciende todas las encarnaciones individuales) para el ser que encarnó en la Tierra hace más de 2 000 años como Y'shua bar Yosef (su verdadero nombre en arameo, posteriormente traducido a otros idiomas como "Jesús"). Una de sus tareas en esa vida fue "sembrar" algunos de los conceptos para esa fase de Operación Terra en una forma que fuera apropiada para ese tiempo histórico y cultura, y estamos viviendo en el tiempo que dará el fruto de esas semillas.

Sananda nos supervisa a todos desde un nivel superior del ser y estará energéticamente presente durante toda la fase de transición. No se expresará en forma física en Terra, pero sí preside el Consejo de los 24 del Gran Sol Central de nuestra galaxia, cuyas proyecciones encarnadas (los 24 Señores y Señoras) constituirán el Tribunal gobernante en Terra.

El Consejo de los 24 del Gran Sol Central de nuestra galaxia interactúa con el Consejo del Sol Central de la Galaxia Andrómeda, la más cercana a ella en el espacio físico y la "gemela" de nuestra galaxia. (Las galaxias son seres conscientes y estas dos son un par acoplado.)

Las tres olas

Las personas que emigrarán a Terra desde el Planeta Tierra son principalmente individuos que bajaron de las densidades más altas para ser parte de esta tarea. Las Huestes hablan de tres olas de migrantes, todos los cuales están todavía sobre el terreno (las "tropas de tierra") al momento de escribir estas líneas.

La primera ola consiste en aquellos que actualmente se identifican como parte del liderazgo de la "op" en su conjunto. Son especialistas y líderes en ciertas áreas funcionales. Algunas de sus funciones y roles actuales cambiarán durante el periodo de transición que está relacionado con la evacuación y el periodo a bordo de la Estación de Medio Camino, y cambiarán de nuevo cuando Terra sea colonizada, pero habrá elementos comunes presentes y visibles a través de todas esas fases, incluso si los detalles de su expresión cambiaran. Por ejemplo, alguien que ahora está fascinado con los datos probablemente procesará datos más tarde, pero de una manera diferente.

Aquellos que son actualmente parte de la primera ola y que se trasladan para residir en Terra continuarán actuando en roles de liderazgo y servirán para cualquier propósito que se necesite específicamente allí, que serán diferentes de los necesarios para la evacuación y los necesarios durante el tiempo en que los planes de colonización estén siendo formulados y llevados a cabo a bordo de la Estación de Medio Camino y en otros lugares. Habrá suficiente tiempo y apoyo para cada uno de estos cambios funcionales, de modo que las transiciones para un individuo dado se sincronizarán con todo lo demás que esté sucediendo en un momento dado.

Estos líderes de la primera ola tienden a ser "solitarios" aquí en la Tierra y continuarán siendo "solitarios" en Terra. Tenderán a ser reservados y no residirán en ninguna de las distintas comunidades de Terra. Toda la población planetaria será su "comunidad" y su responsabilidad, pero por lo general socializarán con otros como ellos, más que con los de las comunidades.

Aquellos en la segunda ola son más sociales por naturaleza ahora y continuarán siéndolo más tarde. Generalmente son muy buenos relacionándose con otros líderes y con sus propios grupos. Trabajarán directamente con los evacuados (la tercera ola) durante la evacuación e inmediatamente después, mientras los evacuados estén siendo preparados para ir a la Estación de Medio Camino. Durante el proceso que se lleve a cabo en la Estación de Medio Camino que preparará la colonización de Terra, la segunda ola tiene previsto seguir trabajando con los evacuados en un rol de liderazgo solidario.

Los de la segunda ola son los futuros líderes de la comunidad Terránea y residirán en la comunidad específica a la que se sientan naturalmente atraídos. Cada uno de ellos será especialista en ciertos tipos de actividades e interactuará con líderes similares en otras comunidades. Habrá consejos compuestos de representantes de diferentes comunidades dentro de una colonia dada y habrá consejos compuestos de representantes de diferentes colonias. Todos estos consejos facilitarán la cooperación y la comunicación entre las comunidades y entre las colonias.

La tercera ola está integrada por los 6-7 millones de personas que serán evacuadas antes del Cambio de Polos. En Terra, esta tercera ola constituirá la población general que vivirá en las comunidades dentro de la colonia de inmigrantes del presente Planeta Tierra. Están generalmente inconscientes de Operación Terra en este momento y pasarán por un período de tiempos difíciles (que las Huestes se refieren como "Los últimos días" y "El tiempo de penas") antes de que estén mental y emocionalmente listos para aceptar ser llevados a bordo de las naves.

Las fuerzas especiales

Las Huestes también hablan acerca de "las fuerzas especiales" que estarán personalmente involucradas en reunir a los de la tercera ola durante el esfuerzo de evacuación. Cada uno de ellos tiene un círculo de personas con las que están involucrados y cuya confianza se han ganado. Pueden o no ser conscientes de Operación Terra en este momento, pero tendrán conocimiento de ella para el momento en que se lleve a cabo la evacuación. Cuando llegue el momento de la evacuación, el personal de las fuerzas especiales reunirá a su grupo particular y lo acompañará durante la evacuación.

Los voluntarios galácticos

Además, hay decenas de miles de "operativos" 4D sobre el terreno en cualquier momento dado. Ellos están entre los 40 millones de voluntarios galácticos que están asistiendo con el proyecto en general y estarán proporcionando apoyo de muchas maneras a aquellos de nosotros que actualmente estamos velados y no podemos acceder a todos nuestros poderes.

Una vez que hayan completado sus tareas para Operación Terra, la mayoría de estos voluntarios galácticos regresarán a sus civilizaciones "de origen". Cada una de sus civilizaciones de origen tendrá su propia colonia en Terra, por lo que pueden decidir si residir en Terra o solo visitarla de vez en cuando.

La vida en Terra

Terra será como un "parque temático" global, con cada colonia actuando como un escaparate para su civilización particular. Una vez que Terra esté completamente colonizada, los visitantes de toda la galaxia podrán experimentar todas estas civilizaciones coexistiendo en armonía unas con otras en el mismo planeta. Nunca nada como esto había pasado antes. Es un gran paso hacia adelante para la galaxia entera e influirá en la evolución galáctica muy lejos en el futuro distante, mucho más allá de nuestra capacidad de comprender o imaginar.

Por "diseño divino", cada individuo está naturalmente más inclinado hacia ciertas tareas, actividades o relaciones que hacia otras. Cada persona vivirá su vida de maneras que cumplan su esencia y su contribución única al todo. Con este fin, habrá "miembros" de diferentes tipos de agrupaciones, cada una con sus propios líderes.

Los líderes de un grupo dado interactuarán con líderes de otros grupos a través de la participación en consejos de varios tipos, y así mismo los líderes de cada consejo interactuarán con líderes de otros consejos "superiores".

Esta estructuración jerárquica de los consejos culmina con el Tribunal gobernante — los 24 Señores y Señoras que supervisan y gobiernan a todos y a todo en Terra. El Tribunal gobernante está guiado por seres de niveles aún más altos de existencia. Muchos de los que son parte de la primera ola de la Tierra servirán en algunos de los consejos superiores. Unos pocos de ellos también servirán en el Tribunal gobernante.

Un nuevo grupo de líderes arribará al estar entre la primera generación nacida en Terra. Aquellos de nosotros que colonizamos Terra los concebiremos y los criaremos, y ellos asumirán el gobierno de Terra cuando alcancen la plena edad adulta y subsiguientemente nosotros nos iremos.

Las formas de vida animal y de plantas del actual planeta también serán evacuadas, transformadas y trasplantadas al nuevo planeta, Terra. Formas animales y formas de plantas de otros planetas de cuarta densidad a lo largo de la galaxia serán importadas y traídas a Terra como parte de la colonización por las civilizaciones de estos otros planetas. El nivel de diversidad en Terra será mayor que en cualquier otro lugar de la galaxia, lo que proporcionará experiencias de aprendizaje de muchos tipos y elevará continuamente el nivel de conocimiento a lo largo de la galaxia entera.

Todos en Terra serán ciudadanos galácticos. Ellos visitarán otras culturas galácticas en Terra y también viajarán a lo largo de la galaxia. Visitantes desde toda la galaxia también vendrán a Terra para experimentarla en persona. Por el momento, es difícil imaginar cuánto más grande será nuestro campo de juegos, pero todo eso cambiará en el transcurso de los próximos años.

Todos en Terra serán ciudadanos galácticos.

EL PROCESO ACTUAL

Las "tropas de tierra" de Operación Terra son viajeros dentro del espacio y el tiempo. Para llevar a cabo nuestro servicio hacia la transición de este planeta Tierra de 3D a Terra en la 4D, dejamos nuestra existencia de densidad-superior y bajamos a la 3D a través de un bucle de tiempo; regresaremos a donde estábamos antes saliendo del bucle de tiempo. Dentro del bucle de tiempo, experimentamos muchas vidas de 3D y ahora es tiempo de que volvamos a las vidas y cuerpos en los que estábamos antes. Cuando finalmente estemos en ese estado restaurado, cada uno de nosotros seguirá adelante con nuestras próximas tareas para la "op".

Debido a que los habitantes 4D pueden moverse con bastante fluidez dentro del tiempo lineal y pueden bilocarse según sea necesario, aquellas partes de nosotros mismos que se expresan "allá arriba" también pueden trabajar directamente en el terreno. También pueden trabajar con nosotros desde allá. Más de uno de nosotros ha tenido experiencias directas con nuestros seres 4D mientras todavía estamos en estos cuerpos 3D y mientras escribo esto, siento que me estoy surtiendo mucho más desde "allá arriba" que de "aquí abajo".

En algún momento de este proceso global (que dependerá de nuestras funciones y papeles individuales dentro de la "op" en cualquier momento dado), nuestros cuerpos 3D serán totalmente absorbidos/subsumidos en nuestros cuerpos 4D y ya no nos expresaremos en cuerpos 3D, excepto cuando sea necesario para ciertas situaciones. Todos los que bajaron a la 3D desde las densidades superiores regresarán a la forma en que estaban antes, pero para los que no están en las dos primeras olas, esto no ocurrirá antes de la evacuación.

Somos diferentes

Aquellos de nosotros que somos parte de Operación Terra somos diferentes a la mayoría de los que nos rodean en varias maneras importantes:

Llegamos a la 3D para asumir parte del dolor de este mundo y transformarlo dentro de nosotros mismos, lo que disminuye la cantidad de dolor que el planeta lleva y tiene que liberar. Al lograr nuestra propia transformación de este dolor, también creamos una plantilla energética para la transformación personal. Las generaciones futuras pueden hacer uso de esa plantilla y encontrar su camino a Terra, también.

También venimos a actuar como pararrayos humanos para conectar la Luz superior en el planeta, la que apoyará la limpieza necesaria del planeta al eliminar todo lo que no esté en acuerdo con su destino como Terra. Esta infusión de Luz está expulsando todas las formas-pensamiento que han sido absorbidas por el planeta durante millones de años. Al actuar como conductos para que más y más de esta Luz entre al cuerpo del planeta, realmente estamos ayudando a facilitar los cambios que están ocurriendo en una escala global. Tienen que ocurrir y es parte de nuestro servicio apoyarlos.

No estamos aquí para detener o arreglar nada del mundo presente; en cambio, tenemos la intención de participar en la creación de algo completamente NUEVO que nunca ha existido antes. Entendemos que esta Creación presente ha servido en su propósito y será reemplazada por otra, así que nuestro mejor servicio es apartarnos del drama y permitir que las energías fluyan sin resistirlas.

A fin de completar el resto de nuestro servicio a este planeta, los de la primera y segunda olas regresarán a donde estábamos antes y serán COMO éramos antes. Ayudaremos con la evacuación de aproximadamente 1/10 del 1% de la población global presente (aproximadamente 6-7 millones de personas, más animales y plantas), los procesaremos en nuestras naves, y luego los alojaremos en la Estación de Medio Camino una vez que sean capaces de funcionar en esa banda de frecuencia.

Los preparativos para colonizar Terra tendrán lugar en la Estación de Medio Camino, una gran nave nodriza esférica que es aproximadamente un 80% del tamaño del presente Planeta Tierra, y todos procederán de acuerdo con el siguiente paso en su viaje individual de servicio al Creador. Muchos de los voluntarios galácticos regresarán a sus planetas de origen y algunos de ellos serán colonos en Terra o instrumentales en el establecimiento de la colonia de su planeta de origen en Terra. La colonización real comenzará en aproximadamente 20-25 años después de la evacuación.

Los individuos de la primera y segunda olas están haciendo sus compleciones con 3D ahora. Algunos de sus animales también van a ser llevados a 4D. Los animales y los humanos entrarán en 4D de forma algo diferente, pero todos ellos volverán a sus identidades previas para prepararse para sus roles individuales en la evacuación y después.

Una vez que uno ha completado el cambio a la conciencia plena y conocimiento 4D, puede aparecer en cualquier cuerpo y lugar que una situación requiera. Esta habilidad no tiene que ser aprendida. Una vez completado el cambio a 4D, es automáticamente operativo y disponible.

El proceso de despeje de la memoria celular

Hace muchos años, me fue mostrada una tecnología que se utiliza para el proceso de despeje de la memoria celular. Creo que una forma de esta tecnología ya está siendo aplicada a los de la primera y segunda olas mientras dormimos y también puede ser utilizada para completar nuestro proceso de despeje una vez que hemos sido elevados a las naves, si eso no se ha completado para entonces.

Los cilindros ovoides translúcidos están equipados con tapas con bisagras y sensores electrónicos que pueden detectar e interpretar el campo energético de una persona. Cada uno de ellos puede acomodar a una persona en posición supina. El cilindro actúa como una especie de cámara de aislamiento y su ocupante se encuentra en un estado pacífico e inconsciente (similar a un sueño muy profundo) mientras el proceso de borrado de su memoria celular procede.

Las indicaciones del sensor proporcionan los datos que se usan para producir un patrón cancelador de energía — un opuesto energético exacto del patrón que está siendo despejado. El patrón cancelador se aplica a la persona hasta que los sensores indiquen que ese patrón en particular ha sido totalmente despejado. La tapa permanece cerrada hasta que la sesión esté completa, después de lo cual se abre automáticamente. Un técnico ayuda al ocupante a levantarse e ir a una piscina rejuvenecedora para descansar y recuperarse.

Los patrones que necesitan ser despejados tienen una prioridad innata con respecto entre sí, la cual la tecnología puede detectar y programar sesiones adicionales hasta que todos los patrones 3D residuales en el ADN celular hayan sido despejados. Solo el residuo emocional o "carga" se despeja. Los datos en sí mismos permanecen intactos, así que una persona puede recordar su historia personal, pero sin una carga emocional, son solo datos y no muy interesantes, excepto como contribuya a que algo se experimente en un momento dado.

Esto es muy similar a algunas de las máquinas radiónicas disponibles hoy en día en la Tierra 3D, solo que mucho más sofisticadas y complejas. Los técnicos supervisan todo el proceso en conjunto y se aseguran de que todo esté funcionando correctamente, pero por lo demás todo está altamente automatizado. Una vez que la memoria celular de una persona ha sido despejada de toda carga emocional, está lista para tomar su nueva vida en un ambiente vibratorio más elevado, aunque todavía hay un tiempo de adaptación a sus nuevas circunstancias mientras uno aprende o recuerda funcionar en maneras 4D.

(Además, alguna forma de procesamiento "radiante" (los Mensajes se refieren a ella como "limpieza sónica") está siendo aplicada a las "tropas de tierra" aun ahora. Muchos han reportado que sienten que estas energías están siendo aplicadas a sus cuerpos y yo también las he experimentado en muchas ocasiones. Al momento de escribir esto, es raro para mí que NO las sienta si despierto durante la noche o temprano en la mañana.)

La Estación de Medio Camino

Todos los evacuados serán llevados inicialmente a bordo de nuestras naves. Después de que hayan tenido un periodo de aclimatación en las naves y hayan presenciado el Cambio de los Polos desde la seguridad del espacio cercano-a-la-Tierra, cada uno de ellos será colocado en los cilindros capullo para su posterior procesamiento. Su frecuencia vibratoria se elevará a medida que las emociones más pesadas sean borradas de su memoria celular.

Su tiempo de procesamiento a bordo de las naves despejará lo suficiente de su memoria celular para permitirles igualar la frecuencia vibratoria de la Estación de Medio Camino. Cuando ese proceso esté lo suficientemente completo, serán llevados a la Estación de Medio Camino. Una vez allí, su proceso de transformación continuará; pueden pasar de 2 a 3 años más antes de que estén listos para participar activamente en los preparativos reales para la colonización.

La Estación de Medio Camino está equipada para ajustar su propio nivel de frecuencia y TODOS sus ocupantes estarán transitando a través de un proceso que les permitirá ser gradualmente elevados en frecuencia hasta que estén en la frecuencia que existe en Terra.

Inicialmente, la frecuencia vibratoria de la Estación de Medio Camino estará "a mitad del camino" entre la frecuencia vibratoria del actual Planeta Tierra y la frecuencia vibratoria que existirá en Terra. (Por eso le llamamos "Estación de Medio Camino".)

La frecuencia de la Estación de Medio Camino puede elevarse gradualmente, de manera similar a como el nivel del agua en una de las esclusas del Canal de Panamá puede elevarse gradualmente para permitir que un barco de navegación marítima ingrese a un nivel más bajo de agua y ser flotado hacia arriba para salir por uno más elevado.

La preparación para la colonización

Los preparativos para la colonización tomarán varios años, como se mide en tiempo lineal. Durante ese periodo, la Tierra estará completando su propia transformación. Su cuerpo presente permanecerá sin vida y en barbecho durante un tiempo muy largo. Estará desprovista de toda agua y vida. Ella trascenderá esa forma y emergerá en la próxima banda de frecuencia como Terra. Terra será un planeta totalmente nuevo, y tomará algún tiempo para que todos sus rasgos aparezcan. Durante ese tiempo, sus futuros colonos se prepararán para ocuparla.

Los preparativos tendrán lugar en muchos lugares a lo largo de la galaxia, no solo a bordo de la Estación de Medio Camino. Solamente la colonia de aquellos que están migrando desde el presente Planeta Tierra se prepararán en la Estación de Medio Camino y la única razón por la cual ellos tienen que hacer eso, es porque su propio planeta no será habitable durante ese tiempo.

Los especialistas en correspondencias viajarán entre todas las civilizaciones que colonizarán Terra, recopilando información y ayudando a formular los planes de colonización de tal manera que todas las colonias sean anticipadas y provistas.

Para cuando todo esté listo en la superficie planetaria, los futuros colonos también estarán listos y comenzará la colonización. Una vez que la primera generación de nativos (nacidos en Terra) haya llegado y madurado, aquellos que conformaron el equipo de transición continuarán hacia el siguiente paso de su viaje individual. Se estima que esto ocurrirá aproximadamente 200 años después de que concluya la evacuación, cuando Terra esté completamente colonizada y todo esté en su lugar para esa primera generación y sus descendientes.

Todos tenemos un asiento de primera fila para el momento más dramático en la existencia del Planeta Tierra. Apártense del drama y permanezcan neutrales hacia cualquier cosa que observen. Rendirse ES el camino a través de estos tiempos. No hay nada que detener ni nada que arreglar, así que recuerden respirar, aterrizarse y centrarse y sobre todo, respirar lentamente y profundamente, mientras, relájate hacia al viaje.

Nadie se verá inafectado por lo que venga ahora, y nadie se perderá. Recuerda eso mientras presencias los cambios que son necesarios para lograr este cambio de una Creación a una totalmente nueva. Es por esto que viniste. Es por esto que estás aquí. Recuerda quién eres y qué has venido a hacer aquí.

LOS MENSAJES

ACERCA DE CANALIZAR

Estos Mensajes se ofrecieron por primera vez al mundo por medio del Internet a partir del 30 de junio de 1999. Mi impulso original había sido crear un sitio web a través del cual pudiera compartir mis puntos de vista personales sobre lo que veía que estaba mal en el mundo a mi alrededor. Sin embargo, en el momento en que mis dedos estaban colocados sobre el teclado para configurar la cuenta del sitio web, las Huestes sonaron un tono en mi oído derecho — su señal para que yo tomara mi "teléfono interno" y escuchara lo que tenían que decir.

Yo había estado en entrenamiento para mi papel en relación con Operación Terra por más de 18 años hasta ese punto del tiempo y tenía una buena relación de trabajo con las Huestes para entonces. Han sido rápidos en redirigirme cada vez que me desviaba del camino extremadamente estrecho que he sido llamada a seguir y al principio ¡necesité mucha de su ayuda!

Menciono esto porque es fácil que las personas lean este material y luego esperan que yo responda por él, como si fuera una experta en el panorama general que hay detrás. Tengo alguna habilidad como un conducto para estas comunicaciones y puedo responder inteligentemente y en profundidad en cuanto al contenido de las transmisiones que recibo, pero estoy caminando el mismo camino de fe y confianza, llevando mi venda particular, como todos los demás. Actualmente estoy anclada en otro nivel de realidad, pero ni yo ni las Huestes somos omniscientes. Respondemos a lo que sea que aparezca cuando emerge frente a nosotros y así es como la vida es en los niveles superiores del ser.

El consejo que recibí el 28 de junio de 1999 fue el siguiente: "Sugerimos que, en lugar de centrarte en el mundo que se está muriendo, ofrezcas una visión de esperanza que las personas puedan llevar consigo para sostenerlos en los días venideros". A partir de la visión que había recibido en 1982 sabía exactamente lo que significaba "los días venideros", y resoné con esa intención inmediatamente. En ese momento, Operación Terra surgió como el centro de atención para el resto de mi tiempo sobre la superficie, aunque todavía no sabía exactamente cómo proceder con ella.

Dos días después, hicieron "sonar" mi oído de nuevo y esta vez hicieron una petición específica: "¿Estarías dispuesta a transmitir una serie de Mensajes por nosotros y compartirlos con otros?" En todos mis años de entrenamiento nunca me habían pedido que compartiera el material que recibí con nadie más. Esto requeriría otro paso de fe más profunda en lo invisible y la voluntad continuada de "poner mi cuello hasta el cuchillo" en el servicio al que estoy llamada.

Para aquellos que nunca han "canalizado" una pequeña explicación podría ser útil aquí. Soy naturalmente solitaria. Para ser un buen canal uno debe abrirse de una manera que no se le permita a uno "ver de antemano" o "editar" lo que llega. Uno debe entrenar su ego para que se haga a un lado y estar dispuesto a decir lo que sea que se le presente, aunque parezca "equivocado" o "loco", o cualquier otra inquietud sobre cómo será percibido/recibido por los demás.

Para mí, esto resulta en una forma de vacilación cada vez que se me pide que lo haga. Hasta que el flujo comienza y me muevo completamente hacia él, hay una cierta cantidad de ansiedad. Para mí, no importa cuántas veces haya funcionado en el pasado siempre está la pregunta: "¿Funcionará ahora?"

Ese sentimiento inicial nunca desaparece por completo, así que es un poco como tener que "matar mi ego" cada vez que se me pide que reciba información. Incluso después de todos estos años de hacer esto, todavía tengo que trabajar para tranquilizarme lo suficiente como para confiar en lo que llega. Sin embargo, también ha sido una buena herramienta para el desarrollo espiritual. Reconocer y trascender el propio ego es esencial en el camino hacia la maestría total.

Dada la naturaleza de la comunicación telepática, no hay manera de separar la fuente del material con la personalidad, el vocabulario y las predisposiciones de la persona que lo lleva a cabo. No muchas personas están bien-entrenadas o adecuadas para este tipo de trabajo y no hay material en ninguna parte que no esté coloreado de alguna manera por el canal. Es una habilidad desarrollada a través de mucho trabajo y práctica. También requiere que uno haga continuamente el trabajo interior.

Ha habido una maduración dentro del campo mismo de la canalización, progresando desde las cámaras cortinadas de sesiones de espiritismo de finales de 1800 hasta las innumerables formas y fuentes de información que forman una verdadera avalancha hoy en día. Desafortunadamente, no mucha de esa avalancha de información es de alta calidad y *mucha* de ella es realmente engañosa o es solo una proyección de los puntos de vista personales de la persona que la transmite.

Después de tantos años de hacer esto, es fácil para mí ver estas coloraciones personales tanto en mi propio material como en el de otras personas, sin importar si fue traído en pleno trance (cuando el canal es literalmente ocupado por otro ser), "canalización consciente" (que es lo que hago — siempre estoy completamente presente y consciente cuando recibo la impresión) o métodos como la escritura automática y las tablas de la Ouija, que también le dan cierta medida de control al ser que está presentando la información.

Prefiero permanecer plenamente presente y no dar a ningún ser ningún control sobre mí. Esto me permite ejercer algún grado de discernimiento y cuestionar o cortar totalmente cualquier comunicación que se sienta que "no encaja" en modo alguno. Sin embargo, *hay* una coloración personal en toda ocasión y no hay forma de evitarlo, dada la naturaleza del proceso en sí.

Esto se complica aún más por el hecho de que *hay* entidades que buscan utilizar un canal para alimentarse a través de la desinformación, con el doble objetivo de desacreditar el canal y también sembrar la confusión en el oyente, de manera que el resultado esté torcido a su agenda particular. Se necesita "comprobación" constante y discernimiento para discriminar cuando algo se siente que "no encaja", y es un asunto muy delicado de hecho tratar de hacer esto con cualquier grado de pureza.

Al final uno tiene que renunciar a TODOS los apegos, incluso a ser "correcto" o "bueno". A medida que las habilidades de uno maduran y el florecimiento espiritual progresa, el material se profundiza por consiguiente. Puedo ver eso también en mi propio trabajo. Mi perspectiva personal y sentimiento de identidad han cambiado radicalmente a lo largo del tiempo y eso también ha afectado al material en sí, a mi relación con él y a mi tarea tal como la percibo ahora.

A veces me preguntan cómo recibo esta información. Estoy plenamente consciente y totalmente presente, aunque en un estado profundamente alterado en el que me he entrenado para entrar a voluntad. La transmisión viene como una corriente holográfica de impresiones telepáticas que percibo con todos mis sentidos sutiles. Se presentan como una experiencia de inmersión total que mi cerebro intenta traducir luego en palabras que transmiten la experiencia tan bien como cualquier palabra puede transmitir cualquier experiencia.

(Para la presentación de la información en el sitio web, también elijo imágenes y colores específicos para transmitir visualmente esta calidad de sentimiento. Confío en la respuesta de mi cuerpo a las opciones que estoy considerando y las Huestes también han sido muy prácticos con la creación de este nuevo sitio, a veces prefiriendo una imagen dada sobre la que yo hubiera elegido y transmitiéndome sus preferencias).

Si no estoy segura de qué palabra es la mejor para transmitir el sentimiento que obtengo de la impresión telepática, puedo tratar de usar una palabra diferente para transmitir el sentimiento que estoy obteniendo y entonces puedo sentir qué palabra es la correcta. La correcta se siente mejor, incluso si mi mente consciente y mi conciencia personal no hubieran elegido expresar la impresión de esa manera.

El paso del tiempo ha revelado la precisión y exactitud de las palabras específicas que he usado para transmitir la información que me han dado, y esta es otra manera en la que sé que esta información no se origina dentro de mí o dentro de mi mente consciente. Simplemente no sabía lo suficiente en el momento en que recibí la información como para haberla expresado de esa manera.

Hay una "firma" característica en las comunicaciones de las Huestes que sé que es únicamente suya y que me ayuda a confiar en las comunicaciones mismas. Las palabras escritas son ondas portadoras de los códigos de Luz que las acompañan. Hay una cadencia poética en los Mensajes que es muy tranquilizadora, casi como una canción de cuna por momentos; esa cualidad tranquilizadora produce una relajación temporal de la propia charla mental y las protestas del "pero, pero" que a menudo se interponen en el camino de recibir lo que se está transmitiendo.

Cuando se leen las palabras escritas, los códigos de Luz fluyen hacia ti a través del acto de encontrarlos. Las palabras escritas atraen tu mente consciente, permitiéndote ser más receptivo a los códigos de Luz. Si llevas los códigos correspondientes dentro de ti, los códigos de Luz activarán el recuerdo interno de la información que *ya* tienes y la reconocerás como "tuya". Si *no* llevas los códigos correspondientes, no tendrán este efecto, aunque puede que todavía disfrutes leyendo el material por las ideas que presenta. Los principios espirituales presentados en los Mensajes no son específicos a un camino en particular y pueden ser encontrados a través de muchas enseñanzas espirituales.

Los Mensajes presentados aquí son exactamente lo que se recibió, en la mejor de mi habilidad para traducir la impresión telepática. Nada ha cambiado y las fechas originales se han conservado a pesar de la cantidad de tiempo que ha tomado para la realización de lo que se estaba prediciendo y describiendo. Hubo un largo "tiempo de espera" para prepararnos para lo que está justo ahora arribando al mundo que nos rodea y eso también fue parte de aprender a confiar en el viaje, sin importar cómo aparecieron las cosas. A su vez, eso requería que confiáramos más en cómo se *sentían* las cosas que en la forma que parecían tomar.

Ofrezco este material con una mano abierta y el corazón abierto. Si te habla lo sabrás en tu corazón, aunque tu mente tenga muchas preguntas. Si tan solo te parecen un montón de palabras en una página o no puedes distinguir la diferencia cualitativa entre este material y tanto más que está disponible, entonces tal vez esto no es "tuyo" y tu camino te lleva a otra parte. No hay culpa — ni para ti ni para mí.

Se está llevando a cabo una gran clasificación y estos Mensajes están destinados a aquellos cuyas Sobrealmas los han creado para hacer el viaje a Terra, ya sea ahora o más tarde. Si estas palabras hablan a tu corazón, ¡entonces bienvenido(a)! Si no, entonces algo más está destinado a tu vida, y te bendigo a ti y a tu camino al ir allí.

Todos somos Amor-en-acción y el Creador-en-expresión, así que ningún camino es mejor que otro. Simplemente toman formas diferentes y presentan escenas diferentes a lo largo del camino. ¡Buen viaje!

— Sara/Adonna/Oriole

RESUMEN DE LOS MENSAJES

Para poder apreciar y relacionarse con los siguientes Mensajes puede ser útil un poco de información de fondo. Para empezar, Operación Terra fue concebida cuando 144 000 elohim se reunieron para precipitar este sector de la realidad a partir de nuestro propio ser hace más de 4 500 millones de años. Los preparativos para el momento en que la Tierra se convertiría en Terra han estado en marcha durante siglos. Ese momento es ahora.

Aproximadamente 6 millones de seres de los niveles superiores de realidad se han ofrecido voluntariamente para "bajar" y encarnarse como humanos ordinarios, con el fin de apoyar a la Tierra para que se convierta en Terra y ayudar a colonizarla cuando llegue el momento de hacerlo. Esto tenía que hacerse desde dentro del aura de la Tierra (la ionosfera es el límite exterior de ello), por lo que era necesario que se convirtieran en las "tropas de tierra" quienes tendrían que depender de aquellos que permanecieran en los niveles superiores para guiarlos y apoyarlos durante la transición que estaría implicada.

Los Mensajes son una verdadera transmisión y operan en múltiples niveles. Las palabras y las imágenes actúan como una onda portadora para los códigos de Luz que están incrustados en los Mensajes. A través del principio de resonancia esas codificaciones desencadenan una respuesta correspondiente en cada individuo que lleva los códigos correspondientes en su ADN. Los Mensajes no formaban parte del plan original (Plan A), pero se hicieron necesarios cuando ciertas cosas no salieron como se habían previsto originalmente.

Originalmente se esperaba que muchas más personas (por encima del 12% de la población existente) se pudieran cosechar de aquellos que estaban evolucionando hacia arriba por primera vez. El Plan A era una "op" en-tierra a gran-escala, que habría involucrado una red global de centros especiales que los procesarían y ayudarían a aumentar su frecuencia lo suficiente como para ser llevados a bordo de nuestras flotas de naves y procesados más allá hasta que pudieran desembarcar en una nave nodriza muy grande (de aproximadamente el 80% del tamaño del Planeta Tierra) a la que nos referimos como Estación de Medio Camino.

Cuando mi Sobrealma se proyectó en este cuerpo en 1941, experimenté la amnesia usual que viene de encarnar en un cuerpo de tercera-densidad, así que no tenía percepción consciente de lo que se suponía que debía ser mi vida. Sin saber realmente por qué, adquirí habilidades en varios campos diferentes incluyendo bienes raíces, gestión organizativa, sistemas de información administrativa, ventas y márketing, gestión financiera, contabilidad, edición y publicación, educación, trabajo energético y artes curativas, todo lo cual ha sido útil en mi rol de administrar esa vasta "op".

Sin embargo, llegó un momento en el año 1990 en que se realizó una evaluación y reveló que no había suficientes personas que hubiesen alcanzado la frecuencia y la conciencia necesarias para hacer el viaje a Terra en ese momento, así que el plan para la vasta "op" (Plan A) fue descartado y en su lugar se eligió el Plan B.

En la noche del 15 de mayo de 1997, sentí y escuché un "golpe", como el sonido de un libro muy grande que se cerraba violentamente. Sintiendo en el significado de esto, fue "como si" (una metáfora, no una interpretación literal) se hubiera convocado a una reunión en los niveles superiores y se hubiera enviado a un mensajero para evaluar el estado de conciencia "aquí abajo". El mensajero no regresaría hasta que se identificara una cierta masa crítica de personas calificadas.

La intención era que si el mensajero regresaba con la información necesaria, el "Plan A" entraría en efecto y las cosas no tendrían que ser tan dramáticas a medida que el viejo mundo llegaba a su fin. Sin embargo, si el mensajero no regresaba a una hora determinada, el "Plan B" sería la segunda posición y las cosas irían de manera muy diferente.

El mensajero no regresó.

Se tomó entonces una decisión de pasar al "Plan B", lo que significaba que casi todas las habilidades que había yo desarrollado ya no serían necesarias y que mi descripción del puesto había cambiado radicalmente. Sería una "op" de escala mucho menor y la "cosecha" consistiría principalmente de aquellos que habían bajado de los niveles superiores y que regresarían a su estado previo. Muy pocos de los que estaban evolucionando por primera vez habían calificado para hacer el viaje. Dos días más tarde, después de la debida consideración de los temas presentados, se me dijo que había dos preguntas que debían ser contestadas con respecto a este cambio de planes:

1. cómo sacar a las Semillas Estelares (aquellos que habían bajado de los niveles superiores y se habían encarnado en 3D para participar en estos tiempos) de manera segura fuera del planeta sin pasar por la muerte física; y
2. cómo aprovechar el trabajo que se HA hecho para beneficiar a las generaciones futuras.

Las respuestas no llegaron todas a la vez. Primero, perdí mi base e ingresos, y un intenso proceso de quitarme todo comenzó. Cuando pregunté por qué tenía que pasar por esa penuria, se me dijo: "No es hasta que hayas dejado ir todo de donde has tomado tu identidad que puedes recibir lo que viene después". Todavía estoy dejando ir, incluso ahora. La entrega se ha convertido en mi nueva forma de ser.

Dos años después, se me pidió que transmitiera una serie de Mensajes de las Huestes del Cielo que subsecuentemente se convirtieron en el material y sitio web de Operación Terra. Los Mensajes se ofrecen para tres públicos:

1. aquellos que harán el viaje a Terra en sus cuerpos actuales;
2. aquellos que dejarán sus cuerpos actuales y nacerán en Terra como la primera generación de nativos Terráneos; y
3. aquellos que dejarán sus cuerpos, experimentarán más vidas en otras versiones de la Tierra 3D, y encarnarán en Terra después de eso.

Esa fue la respuesta a la segunda pregunta. Los códigos en los Mensajes activarían a aquellos que están haciendo el viaje a Terra ahora y serían sembrados en la conciencia de aquellos que harían el viaje más tarde.

El proceso de evacuación que se avecina y sus concomitantes "elevaciones" son la respuesta a la primera pregunta. Todavía hay que ocuparse de ello y es lo que yace delante nuestro ahora.

Los Mensajes de las Huestes del Cielo

Estos Mensajes son un regalo de las Huestes del Cielo.

NOTA: Estos Mensajes deben ser leídos en el orden en el cual fueron recibidos, empezando por el Volumen Uno, ya que cada Mensaje subsiguiente se construye sobre los cimientos establecidos por los anteriores.

OPERACIÓN TERRA (INTRODUCCIÓN)
30 de junio de 1999

EN EL INICIO, este planeta fue creado con un cierto destino en mente. Sus creadores (los "elohim", un grupo de seres vastos e inteligentes que combinaron sus fuerzas para crear este sector de la realidad) vislumbraron un entorno rico en el que el tema del planeta de "buscar la armonía en la diversidad" podía desarrollarse. Sin embargo, hubo otros seres que vieron una oportunidad de insertarse en el paradigma y eventualmente lo hicieron, tan exitosamente que el plan original para el planeta fue esencialmente abrogado y convertido a otra agenda por completo.

Cada vez que los elohim proyectaban expresiones de sí mismos en el plano físico y trataban de restaurar el plan y la agenda originales, los intrusos eventualmente socavaban sus esfuerzos y redirigían el planeta hacia sus propios objetivos y ambiciones. El mundo que ven a su alrededor es el resultado de esta interacción.

Solo unos relativamente pocos individuos se adhieren a los estándares originales, basados en el amor por el planeta entero y la responsabilidad hacia él y sus ocupantes, pero muchos más individuos ponen sus propios intereses por encima de los del todo y se involucran en comportamientos destructivamente competitivos que eventualmente dañan a todos y a todo.

Ahora, sin embargo, es el momento de restaurar el planeta a su camino del destino original. A los comportamientos que han destruido gran parte de su diversidad y belleza se pondrán fin. Aquellos que puedan "oír" estas palabras salvarán a mucho más que a ellos mismos. Serán candidatos para la oportunidad de habitar la Tierra después de que ella se haya elevado a su estado glorificado — la "Nueva Tierra", Terra — y serán participantes activos CON EL PLANETA en la creación de un "cielo" en la Tierra.

En un tiempo relativamente corto a partir de ahora, se comenzarán a desarrollar muchas cosas que se profetizaron para que ocurrieran antes, pero que se habían retrasado para que el mensaje de cambio pudiera llegar al mayor número posible de "reclutas". Ahora, sin embargo, todo debe seguir adelante para que el planeta pueda cumplir la cita con su propio destino.

Todas las cosas tienen un tiempo correcto. "Para cada cosa, existe una estación" es una buena manera de decirlo y ahora ya es casi el otoño, el tiempo de cosechar lo que se ha sembrado. Cada forma de vida ha tenido muchos miles de años para perfeccionarse y evolucionar hasta su estado presente. Muchas especies están yéndose simplemente, porque ya no hay el apoyo para que permanezcan aquí. Una drástica acción es necesaria si se quiere preservar algo.

El planeta no necesita sus formas de vida. Hay muchos planetas que no tienen nada más elevado que el reino mineral. Es una total arrogancia por parte de aun los humanos mejor intencionados hablar acerca de "salvar al planeta". El planeta puede arreglárselas muy bien por su cuenta. Pero el planeta es un ser consciente, y el alma del planeta hizo un acuerdo como parte de su encarnación como una realidad física. Acordó albergar una diversidad de formas de vida, e interactuar con esas formas de vida y sostenerlas de acuerdo con el camino del propio destino del planeta. Con este fin, ella ha permitido muchos abusos en su cuerpo mientras esperaba pacientemente que los humanos "entendieran" el mensaje de lo que estaban haciendo a lo que los sostiene.

Sin el agua, el aire y el suelo de la Tierra, no habría vida en absoluto. Aun los virus y bacterias necesitan agua. Todo necesita nutrimento físico hasta que sea capaz de manifestar sus necesidades directamente desde la matriz subyacente de la consciencia que apoya e informa la realidad física. Pero los humanos, en su ciega búsqueda de su propia supervivencia, sin importar el costo, han estado destruyendo inadvertidamente la misma matriz que les da vida y los sostiene. La especie humana se ha puesto a sí misma en competencia con todo lo demás en el planeta — animales, plantas, árboles, pájaros, peces y otros humanos — y ha robado, violado y saqueado el mismo planeta del que dependen para todo.

Todo lo que los humanos consumen o usan proviene del planeta, ya sea comida, ropa, oxígeno, refugio, automóviles o computadoras. Todos los materiales que se utilizan para fabricar todos los bienes que la gente usa provienen del planeta. Y sin embargo, la matanza continúa, ya que los océanos están envenenados, los bosques talados y el agua bombeada del suelo cuando las lluvias locales no son suficientes para satisfacer las necesidades de la población. A menos que esto sea frenado, no quedará nada, y la gente sufrirá un declive terrible y lento, mientras luchan entre sí por unos recursos cada vez más escasos. No hay suficientes personas que se preocupen por esto. Los legisladores sirven a sus propias agendas; simplemente no hay suficiente fuerza para que el cambio importe en esta tardía fecha en el proceso.

Así que ahora, les damos esta advertencia y también les damos una promesa. Para aquellos de ustedes que pueden "oír", sepan que el boleto para venir con nosotros es el amor en sus corazones. Por la palabra amor, no nos referimos a las cosas sentimentales y románticas de sus películas y novelas. Por "amor" significamos la ausencia de miedo, la confianza en el Creador y la voluntad de arriesgar la vida por la verdad. En un muy corto tiempo, estas características serán las únicas que le den a uno el boleto para hacer este viaje con nosotros. Una gran ola de cambio está creciendo ahora que pronto barrerá los pequeños asuntos de los humanos, una gran ola de purificación y limpieza de todo lo que no está alineado con el destino de este planeta.

Los elohim están aquí. Se han encarnado como seres humanos ordinarios para actuar como pararrayos, para atraer y anclar la energía del cambio y para ayudar en el nacimiento de la nueva era. Será necesario evacuar a aquellos que están destinados a habitar a Terra, pues la limpieza necesaria hará que el cuerpo presente de la Tierra sea inhabitable por un tiempo. Los evacuados serán llevados *en sus cuerpos físicos* a otro lugar, donde se prepararán para la colonización de Terra, la "Nueva Tierra". El resto de esta información tratará de los detalles de ese proceso y pintará una visión que aquellos que pueden "oír" podrán mantener en sus corazones y mentes y que les ayudará a entender la necesidad de la limpieza que pronto tendrá lugar.

Amén, Adonoy Sabayoth. Somos las Huestes del Cielo.

ACERCA DE CONVERTIRSE EN UN SER "HUMANO"
1 de julio de 1999

Lo que la gente ha llegado a considerar como un ser humano, es en realidad una criatura híbrida, nacida de las manipulaciones de los intrusos. En el principio, la semilla Adánica fue creada completa y totalmente formada. Fue diseñada para actuar como mayordomo responsable de cualquier mundo en cual se encontrase. Para este fin tenía el poder de la razón, de amar y cuidar de cosas distintas a sí mismo. Tenía además un patrón genético único que le permitía el acceso pleno a las dimensiones más elevadas, a la vez que a la sabiduría contenida en el *Akasha* o Salón de los Registros.

Los intrusos fueron originalmente de esta misma semilla, pero una perversión se logró introducir. De alguna manera, la habilidad de amar y trabajar por los demás se distorsionó y fue reemplazada por una sensación de desconexión que resultó en el miedo. En ese estado de temor, todos y todo fueron percibidos como un enemigo, alguien o algo que significaba una amenaza y que por lo tanto tenía que ser controlado o dominado.

De esa distorsión original del diseño de la raza Adánica, una espiral oscura empezó a desenvolverse bloqueando e interfiriendo con la Luz del Creador Origen. Empezó a expandirse a través de los muchos mundos del Padre y doquiera que llegó, esta distorsión creó el caos.

La fuerza de la vida es principalmente una fuerza ordenadora. Actúa en contra de la tendencia hacia la entropía. En cualquier sistema, si alguna energía no está sosteniendo el sistema, se disolverá y regresará a un estado más elemental. En todos los sistemas, hay una fuerza ordenadora o no habría forma. El imperativo evolutivo es hacia una mayor complejidad, hacia sistemas más complejos. La fuerza de la entropía es contra evolutiva. Se aleja de la complejidad hacia formas más simples. En este sentido, se puede ver a la fuerza ordenadora y a la fuerza de la entropía como tendientes a oponerse y equilibrarse entre sí.

Como hemos denominado a la fuerza ordenadora como una fuerza de vida, podemos así mismo pensar en la fuerza de la entropía como una "fuerza de muerte" o un "deseo de muerte," ya que todo es consciencia y el pensamiento crea.

Si observamos ahora las acciones de los intrusos, podemos ver que ellos se oponen a la fuerza de la vida. Su principal actividad siembra la discordia, la competencia en lugar de la cooperación y generalmente llevan a un colapso cualquier sistema que penetran exitosamente. Perciben al "yo sobre todo" como su precepto guía, mientras que la semilla Adánica fue diseñada para colocarse a sí misma DENTRO del contexto del "todo."

El Creador diseñó a la Creación para que refleje al Creador. El Creador es la fuente de la fuerza de la vida, es el principio ordenador que opera en la matriz de la Mente y le da forma. Los intrusos han distorsionado el diseño original y a nosotros se nos ha asignado la tarea de restaurar todas las cosas a su estado original Divino. En el caso de la Tierra, en este punto en el tiempo eso significa restaurar al planeta y sus formas de vida a su plan original de destino — a su camino evolutivo original.

El verdadero humano es un caso especial en la Creación. Comparte muchos aspectos con el Creador. Si la Tierra va a ir de acuerdo con su plan, pronto se manifestará como "El Jardín" de la galaxia y los humanos verdaderos actuarán como sus "jardineros", de acuerdo con su papel de mayordomía. Dado que Operación Terra tiene la intención de restaurar a la Tierra a su verdadero camino de destino, es lógico que los llamados seres humanos también deban de ser restaurados al suyo — para convertirse en verdaderos humanos.

¿Qué significa esto? Para entender la respuesta a esto, uno debe mirar lo que ha cambiado. El ADN, que contiene los códigos para la operación de todos los procesos corporales, debe de ser restaurado y elevado nuevamente a su frecuencia original de Luz. Las "sombras" proyectadas por los intrusos deben de ser limpiadas y purificadas eliminándolas del sistema y todas las formas mentales entrópicas de separación, enfermedad y muerte deben ser purgadas de los patrones de memoria celular que son transportados en el ADN. Aquellas porciones del ADN que se volvieron inactivas tendrán que ser restauradas a su plena funcionalidad, lo que conlleva el don de la plena consciencia.

Si uno pudiera ver los cuerpos de luz de las formas animadas, también vería una red de fibras de luz infinitamente delicadas que interconectan todas las cosas, todo el camino de regreso hasta la Fuente.

Estas conexiones se canalizan a través de los canales de energía sutil del cuerpo — los meridianos de la acupuntura, los chakras y nadis de los lenguajes y culturas basados en el Sánscrito.

Para restaurar estos canales a su completa funcionalidad, se requiere de una purificación. La manera para hacerlo es la aplicación de ciertas frecuencias de luz y sonido que gradualmente reparen las "conexiones caídas". Si bien es cierto que hay muchos sanadores que utilizan las tecnologías del sonido y la luz, el tipo de "remedio" necesario para restaurar todas las formas de vida de la Tierra (incluidos los seres humanos) está más allá de la capacidad de incluso los sanadores más dotados. El alcance de la "operación" es simplemente demasiado grande para que cualquier individuo u organización lo pueda proporcionar. Se acerca un momento en el que se dispondrá de una cantidad de luz y sonido aún mayor de la que se disponía en el pasado. El efecto de esto será sacudirse cualquier cosa que no sea resonante con el plan original para el planeta y todas las formas de vida sobre ella. Tal vez te hayas familiarizado con la "limpieza ultrasónica". Esta es una buena metáfora del proceso.

En la limpieza ultrasónica, una pieza sucia de joyería es colocada en un baño de solución limpiadora. Ondas sonoras de alta frecuencia se movilizan a través de la solución y desprenden la suciedad a la vez que mantienen la joya intacta. Es un método muy preciso y seguro, ya que no molesta nada más que la suciedad incrustada en las joyas.

Cada forma de vida es una joya en la corona del Creador. Se ha enviado una orden a través de la Creación de que el plano original debe ser restaurado. Por consiguiente, todos los aspectos de la Creación que no estén de acuerdo con su plan original serán restaurados. En este caso, las distorsiones están siendo "bañadas" en Amor y el sonido de alta frecuencia está siendo usado para sacudir toda la "suciedad" acumulada que está impidiendo que la joya refleje la Luz del Creador.

La energía de la Fuente es demasiado poderosa para ser usada directamente. Debe ser "reducida" a través de una serie de "lentes" o "transformadores", de la misma manera que la corriente eléctrica de tu hogar es reducida a través de una serie de transformadores a un nivel que pueda ser utilizado por sus electrodomésticos. Así es con este proceso. La energía se reduce hasta que está a un nivel que puede lograr el resultado deseado sin destruir el objetivo por completo.

Hemos titulado este mensaje: "Acerca de convertirse en un Ser 'Humano'". Escogimos este título para que tú, el lector, puedas entender lo que te está sucediendo. Ustedes y cada forma de vida en el planeta han estado recibiendo un "baño" de Amor por muchos años. Se ha incrementado gradualmente, de forma geométrica, durante un largo periodo de tiempo.

Si están familiarizados con las curvas geométricas, sabrán que los efectos al inicio son casi insignificantes, pero a medida que los poderes se acumulan uno sobre otro, en cada vuelta de la espiral esto se hace más pronunciado. Por ejemplo 2 x 2 = 4 y 2 x 2 x 2 = 8, o sea el doble que en el primer paso. De 4 a 8 no hay un gran cambio. Pero después de solo 8 pasos, el total es 256, un aumento de 128 veces el número original. El siguiente paso es 512, luego 1024, y así sucesivamente. Se puede ver que los cambios al principio eran relativamente pequeños, pero luego cada paso sucesivo se vuelve más masivo. Si se trazara esto en una curva, en un cierto punto crítico, la curva iría casi recta hacia arriba, hacia el infinito.

Aquí es donde ustedes se encuentran al momento de este mensaje. Estás dentro de la "zona crítica" y la cantidad de energía que fluye sobre ti está aumentando tan rápidamente que no puedes evitar notar los efectos. Si miras tu televisor o lees tus periódicos y revistas, todo parece moverse sin problemas, "nada inusual". Hay algunos "baches en el camino", tales como niños de escuela tomando pistolas y matando a otros niños de escuela, patrones climáticos peculiares, sequías, incendios forestales e intensas tormentas. Pero lo que *no* llega a los titulares son los sutiles cambios en todo el sustrato.

La razón por la que los asesinatos tienen lugar es por que son un SÍNTOMA de lo que realmente está sucediendo. Todo aquello que no esté en concordancia con el diseño original está siendo expulsado del sistema propio de la Tierra. Estos comportamientos son SÍNTOMAS de los patrones subyacentes de muerte y enfermedad que han operado "encubiertos" durante mucho tiempo. Esto está llegando a su fin, pero todo saldrá a la superficie a medida que salga del sistema, tal como uno ve la pus saliendo de un absceso cuando finalmente se abre y se cura a sí mismo de debajo de la superficie.

La gente ha empezado a notar que algo extraño está pasando. Tal vez tienen temor de hablar acerca de ello o se entretienen en actividades para quitar sus mentes del tema. Se distraen y se preocupan por esto o aquello, pero la verdadera preocupación está profundamente debajo de la superficie, royéndolos. "¿Qué está pasando?" se preguntan, pero no hablan de esto con los demás, por lo que no saben que otros están experimentando lo mismo. Tus medios de comunicación buscan diferentes formas de ENTRETENERte. ¿Recuerdan a los romanos? "Pan y circo." Así es como evitaron que la población en general se estuviera volviendo inquieta. Los mantuvieron alimentados y entretenidos. Pero los circos romanos no eran cosa de payasos y algodón de azúcar. Enfrentaron a los humanos contra los humanos, humanos contra los animales. No es tan diferente hoy.

Pero ahora eso no será suficiente. Con el aumento de la Luz y el sonido, las cosas se van a poner muy intensas — tan intensas que el entretenimiento se desvanecerá en el fondo a medida que la gente lucha para hacer frente a la enorme ola de cambio que está barriendo el planeta. Aparece un poco en la tasa de cambio en su tecnología de computadoras, pero eso es solo una pequeña muestra del grado de cambio que está ocurriendo ahora. Y como dijimos antes, se trata de una progresión geométrica. Es una espiral que abarca más y más en sí misma a la vez que gira más y más rápido.

Algunos se negarán a cambiar. Todos ustedes han conocido a alguien que "preferiría luchar antes que cambiar". Ellos resistirán el cambio a tal grado que preferirán literalmente MORIR antes que cambiar. Muchos elegirán esta opción. Sabe que cuando veas que esto sucede, no es "culpa" de nadie. Era su plan todo el tiempo. Su alma había tomado esa decisión antes de que entrara en su cuerpo. Ellos simplemente van a salir de ese cuerpo y eventualmente tomar otro, para que puedan continuar con sus "lecciones". No es gran cosa. Todos ustedes han estado haciendo eso por un muy largo tiempo, también.

Otros han estado abrazando el cambio por muchos años. Han aprendido la lección de la "rendición". En lugar de "luchar", han decidido ACEPTAR la dirección de su vida y han decidido ACEPTAR las consecuencias de esa elección. Sin culpa. No los has visto en la televisión. No están en la revista *Hola*. Son bastante invisibles, pero están casi listos para hacer su aparición en el escenario mundial. Llevan mucho tiempo preparándose para ello, por lo que serán de los primeros en manifestar la forma "humana verdadera". Ellos estarán ayudando a otros a ACEPTAR la necesidad del cambio y a hacer una transición tan "agraciada" (es decir, llena de Gracia) como sea posible.

La cantidad de amor que está disponible para ustedes es asombrosa. Hay tantos seres en todos los niveles del reino del Creador que están agrupados para ayudarte en esta transición. Ellos están sosteniendo los portales abiertos para que más y más amor baje a través de sus corazones hacia el tuyo. Si pudieras verlos y saber cuántos son los que te están ayudando, te invadiría la emoción de la idea de que de alguna manera eres digno de tal regalo. Eso se debe a las sombras dentro de ti que te han convencido de tu pequeñez, de tu impotencia. Los intrusos te hicieron así para poder usarte para sus propósitos. Pero tú eres una verdadera joya en la corona de la Creación. Hemos venido para proporcionar el sonido de alta frecuencia para sacudirte de todo lo que te impide brillar y reflejar perfectamente la Luz del Creador.

Nosotros estamos bañándolos en un virtual océano de Amor. Todo lo que tienen que hacer es RENDIRSE y ACEPTAR el regalo. Tendrán que "morir" a su idea de lo pequeño e impotentes que son para convertirse en un "verdadero humano". Tendrán que ACEPTAR la información que comienza a inundarles a medida que sus filamentos de luz se reconectan a la Fuente. Tendrán que lidiar con sus sentimientos cuando descubran cuánto de lo que pensaban que era importante es parte de la "Gran Mentira". Pero tienen tanta ayuda. "Déjenlo ir y déjenselo a Dios" es una buena frase para expresar el grado de entrega que deben lograr.

Hemos definido el amor como la falta de miedo, la confianza en el Creador y la voluntad de poner su vida en juego por la verdad. Les pedimos ahora que se muden a su verdadero estado, basado en esa definición de amor, para permitirse a sí mismos desechar su vergüenza y culpa, y recibir el amor que son. Estamos aquí para ayudarte.

Amén, Adonoy Sabayoth. Somos las Huestes del Cielo.

ERRADICANDO EL MIEDO
2 de julio de 1999

En este mensaje, intentaremos pintar una imagen de lo que está sucediendo actualmente en el planeta Tierra. Existe una mezcla de energías debido a las acciones de los intrusos. A nosotros se nos ha asignado la tarea de separar las unas de las otras para asegurar que cada una arribe a su "destino" correcto. Si ustedes ven cosas raras sucediendo — lo que podrían catalogar como "milagros" — sepan que estamos trabajando tras bambalinas.

Los patrones del clima ya han cambiado dramáticamente. Puedes ver esto en las sequías, las inundaciones, los huracanes y el clima estacional. Sin embargo, esto no es más que la expresión del planeta al deshacerse de toda la negatividad que ha absorbido de las acciones y pensamientos de los humanos que la ocupan. Ella está simplemente "sacudiéndose de sí misma" los escombros acumulados de la actividad humana para poder elevarse ella misma en frecuencia para así cumplir su propia cita con el destino.

Ella también comenzará a "temblar" de otras maneras. Va a desarrollar una "fiebre", con la ayuda del sol y esa fiebre hará lo mismo en la superficie del planeta como lo hace en un ser humano o en un animal. El propósito de la fiebre es quemar cualquier invasor extraño (en el caso humano/animal, estas serían bacterias, virus o proteínas extrañas de cualquier tipo) y así restaurar el equilibrio u homeostasis. Los patrones climatológicos son los primeros síntomas del proceso de la enfermedad de la Tierra comenzando a despejarse.

También habrá otros síntomas de este proceso. Habrá erupciones de tipo volcánico y geotérmico, de la misma manera a como los furúnculos aparecen en la superficie de la piel para eliminar toxinas. Habrá terremotos a medida que la Tierra se estremece y se libera de las tensiones acumuladas a lo largo de las interfases de sus diversas partes.

Habrá un bombardeo masivo de emanaciones solares, así como los efectos de una banda de energía que su sistema solar ha comenzado a transitar. Todas estas cosas estarán trabajando juntas para proveer la limpieza y purificación que se necesita, para que la Tierra pueda ascender y alcanzar su estado como Terra.

En estos tiempos, todo en la Tierra sufrirá los efectos. No habrá manera de evitarlo. Aquellos que por ahora tienen medios artificiales para protegerse, pronto verán la pérdida de esos mismos medios. Todo y todos se verán afectados. Sin embargo, habrá ayuda para aquellos que vayan a su interior para encontrar su seguridad. Dentro de cada uno de ustedes hay un centro que les permite conectarse con la Fuente. Es algo que es más sentido que visto, ya que es invisible para los sentidos físicos, pero ahí está.

Aquellos que meditan saben cómo se siente. No está localizado en una parte del cuerpo. Más bien es una sensación de expansión y comodidad. Si no meditas, ahora es un buen momento para empezar. Simplemente sigue tu respiración mientras entra y sale, y si tu mente deambula, tráela suavemente de vuelta a la respiración. No necesitas más técnica que esta. Ayuda si meditas en el mismo lugar y a la misma hora todos los días, para que se convierta en un hábito el ir hacia adentro. De esta manera, no sólo podrás recibir la guía o el sentido de lo que tienes que hacer, sino que también te estarás posicionando para comenzar a recibir la nueva información que comenzará a llegar a medida que tus fibras de luz se reconectan.

Recuerda, no hay nada que puedas hacer para prepararte para lo que viene. Si piensas que estás a cargo, te aislarás del flujo de información que está arribando desde una fuente superior. Tu propio ego está programado para la supervivencia de tu cuerpo. Es estimulado por el miedo. Tu práctica de meditación es el lugar donde puedes encontrar un "lugar seguro" en el que simplemente necesitas escuchar. No puedes prepararte para algo que no sabes que vendrá. Tú no sabes cuándo, dónde o cómo tendrás que lidiar con estos cambios de la Tierra que se avecinan. Si estás conectado a la Fuente, se te guiará en lo que tienes que hacer. Si estás siendo dirigido por tu miedo, tomarás malas decisiones y cosecharás lo que siembres, por tanto experimentarás todo lo que temas. Lo atraerás hacia ti a través del principio de resonancia.

Entonces, ¿te hemos asustado? Eso es bueno. Tan pronto como un miedo se eleve a tu consciencia, esa es tu oportunidad de rastrearlo hasta sus raíces y "desarraigarlo". Esta es tu parte del trato, tu parte del trabajo.

Si recuerdas, definimos al amor como la ausencia de miedo, la confianza en el Creador y la voluntad de arriesgar tu vida por la verdad. Todo esto va de la mano. Tú estás ya sea en el miedo o en el amor. Tú debes hacer esta elección una y otra vez, en cada momento que se presente. Cuando se está produciendo un alumbramiento, los dolores de parto se repiten cada vez más a medida que se acerca el momento del nacimiento real.

Como hemos dicho, ahora has llegado al punto crítico en el que el ritmo de cambio subirá en espiral exponencialmente, así que recuerda respirar. Dale la máxima prioridad a tu tiempo de meditación o "tiempo de tranquilidad", para que puedas empezar a erradicar los miedos que te quedan. Solo aquellos con amor en sus corazones - no miedo - serán levantados. La vibración del miedo no será compatible con la nueva Tierra, Terra. No habrá muerte, enfermedad o envejecimiento en Terra. Todas esas cosas son el resultado del miedo no expresado.

El último miedo es el miedo a la muerte. A pesar del abundante testimonio de aquellos que han estado "en las puertas de la muerte" y han regresado para contarlo, el miedo a la muerte subyace a cualquier otro temor que tengas. Muchos miedos sutiles están atados a la idea de ser socialmente inaceptables de una u otra manera. Esto equivale sutilmente al ostracismo, que en las culturas primitivas podía llevar a la muerte por inanición o por la falta de apoyo de la comunidad. Este miedo desaparece cuando te sientes "conectado" a la Fuente. Llevas dentro de ti el consuelo y la fe necesarios para no ser influenciado por las apariencias externas. Encuentra a otros de tu misma manera de pensar si te es posible y realiza meditaciones grupales regularmente. Ellos te ayudarán a fortalecer el sentimiento de ser parte de un movimiento más grande, un movimiento de regreso a la Fuente.

Hemos hablado de los intrusos y de cómo interfirieron con el plan para este planeta y todo lo que en él está. Estas prácticas simples te quitarán de la aceptación ciega de los resultados de lo que ellos hicieron. Puede que no parezca ni se sienta como que estás haciendo mucho, pero esta es la rebelión máxima. Aquellos que están demandando airadamente un cambio por parte de su gobierno, están colocando sus esfuerzos en la dirección equivocada. Quizás estés familiarizado con la doctrina: "Como es arriba, así es abajo". La segunda parte es "Como es adentro, así es afuera". Si quieres que tu mundo sea un lugar seguro para ti, primero debes crear tu seguridad dentro de ti mismo. Nota que el cambio debe ocurrir "adentro" de ti antes de que se refleje "afuera" (fuera de ti).

Cada uno de ustedes tiene el potencial de convertirse en guerrero de la verdad. La verdad es que no tienes que morir, que PUEDES vivir una vida larga y productiva que te satisfaga en todo sentido y que nunca has estado y nunca estarás separado de la Fuente. El Cristo tampoco te ha abandonado y por eso no puede "volver". Esta espera por la "venida" que está presente en todas las tradiciones a través de tu mundo es realmente una expresión de la sensación de quedar cortado, de no estar conectado. La "venida" es acerca de TI — acerca de tu regreso a la consciencia de quién eres realmente (una expresión del Creador) y tu regreso a tu propia naturaleza y estado verdaderos.

Ustedes son la "Segunda Venida", porque están destinados a regresar o "volver a" lo que eran antes. Todos los sentimientos de que deben de tener un salvador que de alguna manera está fuera de su alcance es parte de la Gran Mentira. Sólo hay una Fuente. Sólo hay UNA VIDA siendo vivida, a través de cada aspecto de la Creación. Ustedes son parte de y contienen a todo el Creador. El Creador puede ser accedido dentro de ti mismo y cuando hayas logrado la unión con el Creador, sabrás quién eres.

Los dejamos ahora en paz, en honor y bendición, y les hablaremos de nuevo.

Amén, Adonoy Sabayoth. Somos las Huestes del Cielo.

APOYANDO SU TRANSICIÓN
3 de julio de 1999

El mensaje de hoy es acerca de las diferentes rutas de salida que les llevarán afuera de esta sola realidad compartida que ustedes ven como su hogar. Es cierto que todos ustedes ven una sola imagen ahora, pero esto cambiará gradualmente. No se notará al principio, pero se amplificará cada vez más con el paso del tiempo.

El mayor número de personas pasará a través del portal que ustedes llaman muerte física. No es verdad que ellos "mueran", pero eso es lo que les parecerá a los que permanecen detrás en la tercera dimensión. Ellos simplemente saldrán de sus cuerpos y se moverán a un plano diferente de la realidad que normalmente es invisible para los que están "al otro lado" de la frontera entre los planos.

Para el resto, la experiencia será algo diferente. Un número relativamente pequeño cumplirá los criterios para avanzar hacia Terra. Estos son los que evacuaremos en sus cuerpos físicos. Los otros pensarán que siguen viviendo en el mismo planeta, pero habrá una separación de las realidades, de modo que aparecerán diferentes líneas de tiempo. Para cada persona en una línea de tiempo dada, parecerá como si mucha gente simplemente hubiera desaparecido. Sin embargo, tanto estará sucediendo en el nivel fenomenal, que incluso esta aparente desaparición apenas será notada. Ellos estarán demasiado ocupados enfrentando los desafíos de la vida, momento a momento. Solo vamos a hablar de la experiencia para aquellos que están destinados a Terra. Esa es nuestra preocupación en estos mensajes, aunque hay que entender que la audiencia a la que nos dirigimos es muy, muy pequeña.

Está comenzando a ocurrir una conexión entre aquellos individuos que comparten un camino de destino común. Esto es cierto para todas las diferentes líneas de tiempo. A través del principio de la resonancia, cada uno "encuentra los suyos", por así decirlo. Cada persona encontrará que está conociendo a completos extraños con los que se sentirá como en casa al instante. Con otras personas, incluso con las que hayan estado familiarizados en el pasado, será como si de repente estuvieran hablando idiomas diferentes.

De hecho, lo estarán. El lenguaje es simbólico y las diferentes culturas tienen diferentes sistemas de símbolos. Cada grupo se diferenciará más y más de los demás. Se experimentará como un "tirón" o un "empujón". Ustedes se sentirán ya sea atraídos por ciertos individuos o sentirán una desconexión ocurriendo con otros individuos. O les "caerán bien" o sentirán cualquier cosa, desde un desinterés leve hasta una fuerte aversión. No serán totalmente neutrales hacia nadie. Aunque solo hay UNA VIDA siendo vivida, todavía existe el aspecto de la singularidad de cada expresión de esa vida y por lo tanto habrá ciertas tendencias a agruparse en "familias" más grandes, en lugar de identificarse con todas las personas al mismo tiempo.

La gente que está destinada para ir a Terra, resonará fuertemente con estos mensajes. Debajo de las palabras, hay una fuerte firma vibratoria que desencadenará una respuesta que dirá "Verdadero" desde dentro de uno mismo, aunque uno no comprenda totalmente todo lo que se estará diciendo. Se encontrarán a sí mismos ya sea diciendo ¡¡¡¡¡"Sí"!!!!! o siendo repelidos. No habrá un término medio.

Los que están destinados a Terra, se verán atraídos a este material en tres oleadas. La primera de ellas estará compuesta por el liderazgo, aquellos que tomaron una decisión del alma de estar entre los arquitectos y constructores del nuevo mundo. Ellos están equipados por sus almas para la tarea. Todas estas decisiones se toman a nivel del alma. No podemos dejar de enfatizarlo. No se "gana" el derecho a ir a Terra. Uno lo ha elegido como parte de la deseada arena de expresión y experiencia de su alma.

El verdadero "libre albedrío" solo existe a nivel del alma, donde todo es ya conocido. Pedirle a una persona con los ojos vendados que trace su curso sería ridículo y todo el mundo en un cuerpo que no ha logrado un estado permanente de Unión con el Creador está esencialmente vendado. Solo aquellos que están completamente despiertos y alineados con su alma pueden conocer la sabiduría de las decisiones que toman. Ustedes aún no están completamente conscientes, pero lo estarán antes de que esta fase de transición se complete.

Apoyando su transición

Para hacer el viaje a Terra, todo lo que NO sea del nivel vibratorio adecuado será expulsado de ustedes. A medida que se elevan en frecuencia, naturalmente podrán acceder a más y más de los niveles superiores de la existencia. Esto parecerá extraño cuando empiece a suceder, porque las realidades superiores no son en absoluto tan "sólidas" como a la que están acostumbrados en su forma actual. Éstas son mucho más "fluidas", en el sentido de que no hay confines sólidos. Si alguna vez han leído una buena obra acerca del flujo de conciencia o han tenido un sueño lúcido en el que cada pensamiento consciente afectó lo que experimentaron como su entorno, entonces tendrán alguna idea de lo que estamos hablando.

Así que experimentarán dos procesos separados y simultáneos — la expulsión de todo lo que NO es compatible con Terra y el desenvolvimiento de los tipos de experiencias que conforman la forma de hacer las cosas momento a momento en el siguiente nivel de la realidad. Al principio les parecerán bastante extraños, pero si pueden recordar respirar (y seguir respirando) y seguir dejando ir todas sus ideas sobre la realidad, lo tendrán más fácil.

En Terra, tú operarás con "mente de principiante". Crearás de una manera "a medida que avanzas", sin ninguna referencia real a lo que ha pasado antes y sin un plan real de adónde pretendes ir. Cada acción es a la vez el resultado de la anterior y la semilla de la que seguirá. Cada momento contiene dentro de sí todo lo necesario para su cumplimiento, pero es una experiencia de movimiento constante sin ningún referente externo que te diga hacia dónde vas.

Tu proceso entero será uno de crear tu realidad sin nada más que curiosidad para guiarte. Será como si hubiera un dedo invisible siempre llamándote, "por aquí, por aquí". Y irás por ese camino sin dudarlo porque tendrás una perfecta sensación interna de que se siente "adecuado" hacerlo. Tú no cuestionarás adónde conduce ni cuáles serán las consecuencias. Serás un plenamente consciente, un plenamente confiado punto de percepción, que siempre se estará descubriendo a sí mismo en el momento, sin tener una idea fija de quién es o qué se supone que está haciendo.

De alguna manera eso no es tan diferente a lo que están acostumbrados. Cuanto más se avanza en el camino espiritual, menos definida se vuelve la autopercepción. Desechen todo su "entrenamiento" acumulado de cómo y quién *se supone que* son y en su lugar vuélvanse tan inocentes como un niño natural, totalmente auténtico en cada momento que experimentan.

Les estamos diciendo esto para que no piensen que hay algo malo en ustedes cuando su memoria comience a desaparecer y tengan problemas para recordar cosas que se relacionen con el tiempo, y el pasado y el futuro. Ustedes estarán menos inclinados a hacer planes, porque tan pronto como los hagan, encontrarán que las cosas habrán cambiado y muy rápidamente se darán cuenta de la inutilidad de tratar de adivinar el próximo giro en el camino. Así es como debe ser. Simplemente están eliminando sus respuestas condicionadas y volviéndose más auténticamente lo que su alma desea que sean.

Su cuerpo probablemente haya tenido algunas sensaciones extrañas últimamente — un poco como pings y pops en los lugares más improbables y sin orden aparente o lógica. Es posible que hayan sentido una sensibilidad sorprendente (dolor) en algunos lugares. Ustedes podrían tener fiebre o sentir calor en alguna parte localizada de su cuerpo. Todos estos son signos de que los patrones energéticos están siendo despejados o corregidos. Su "cableado" ha estado disfuncional durante bastante tiempo. Ahora sus circuitos están siendo reparados y la corriente de vida está comenzando a fluir de nuevo.

Mientras esto sucede, donde haya "bloqueos" de energía estancada, ustedes experimentarán una congestión temporal, que se expresará como calor o dolor leves. Ustedes pueden facilitar este proceso con la presión de los dedos en los puntos afectados. No es necesario que presionen con fuerza. Simplemente hagan contacto firme con el punto y mantengan la intención de que el bloqueo de energía se disuelva y dejen que la energía fluya suavemente a través de esa área. Usen su intuición o sentidos sutiles para decirles cuándo han "terminado" con el punto. Con la práctica, ustedes podrán sentir que la energía comienza a moverse y luego se asienta en un flujo uniforme.

Ya hemos hablado de la importancia de la meditación. No podemos dejar de enfatizar lo importante que es que ustedes hagan el tiempo y el espacio para intentos regulares de conectarse con la Fuente. Tanto si eres nuevo en esto como si eres un "veterano", es importante desarrollar un fuerte hábito de escuchar adentro. Su vida depende de ello, en el sentido de que deben de ser capaces de escuchar y responder a los impulsos internos que les hablan muy suavemente dentro de ustedes. Les daremos técnicas simples para perfeccionar esta habilidad a medida que avanzamos, pero por ahora solo queríamos hacerles saber que esto es más importante para llevarles a dónde se supone que deben ir que cualquier otra cosa que puedan hacer.

Además de la meditación, es importante que se amen y aprecien lo suficiente como para hacer de su práctica espiritual el centro de su vida. Todo lo que hagan debe apoyarla. Si esto significa crear un "espacio sagrado" en su hogar, háganlo. Utilicen cuadros, objetos, incienso, velas, iluminación, muebles, telas — cualquier cosa que les recuerde visualmente que se están dedicando a sí mismos a la consecución de su destino.

Ustedes querrán simplificar su vida si está demasiado llena de actividades, para despejar el camino para más "tiempo de tranquilidad". Los baños de tina son buenos si pueden usarlos para relajarse más, para volverse más receptivos. Los aceites esenciales que les hacen sentir relajados y abiertos son útiles. Cualquier cosa que les ayude a redirigir su atención a lo que está sucediendo dentro de ustedes les ayudará. ¡¡¡Apagar la televisión será una GRAN ayuda!!!

La razón por la que les estamos hablando de esta manera en este momento es para ayudarles en su transición desde un ordinario "humano de la Tierra" de regreso a la magnífica criatura — un niño del Universo — que son. Todos estos mensajes tienen como intención la redirección de sus prioridades hacia lo que es realmente importante - aquellas acciones, pensamientos e intenciones que apoyan su retorno a la Maestría plena, pues solo los Maestros ocuparán Terra. Más adelante tendremos más que decir sobre dicho tema.

A medida que las cosas se "intensifican" en el plano terrestre, habrá muchas cosas sucediendo para distraerles. Habrá acontecimientos dramáticos de todo tipo. Su transición a Terra será más suave si pueden distanciarse de estar demasiado atrapados en el drama.

Sus medios de comunicación son el peor ofensor en la procuración de drama. El drama vende. En un mundo basado en el consumo más que en la conservación, el drama juega un papel importante en hacer que las cosas avancen en una dirección descendente. Se verá y sentirá como si todo se estuviera desmoronando. Se verá y PODRÁ sentirse como si estuvieran en riesgo o en peligro de alguna manera, ya que las "gallinas" perderán la cabeza e irán por ahí chillando que el cielo se está cayendo.

Ustedes no son gallinas. Ustedes son águilas. Ustedes volarán. Mientras que otros todavía picotean el suelo en busca de migajas, ustedes ocuparán su lugar en la mesa del banquete. Les decimos esto ahora, porque pronto su pantalla perceptiva se llenará de escenas de drama. Sepárense de él. No es lo que parece.

Así como su cuerpo experimenta despejandos extraños y localizados, el cuerpo de la Tierra estará haciendo lo mismo. Todo está en orden divino y es como debe de ser. A medida que el cuerpo de la Tierra experimenta limpiezas localizadas, las formas de pensamientos que fueron congeladas allí serán liberadas. Toda la experiencia humana se volverá a presentar ante sus ojos, una repetición de un tipo diferente a su cartelera cinematográfica habitual de verano. Solo recuerden crear su santuario dentro de ustedes mismos y no estarán tan inclinados a quedar atrapados en la histeria.

Deben volverse la tranquilidad en medio de la tormenta, como el ojo de un huracán. Nadie puede proporcionarles esto. Pueden recibir apoyo para esto, pero deben estar en su santuario interior para recibirlo. Dejen que sus sentidos físicos vean y escuchen lo que está sucediendo a su alrededor si lo desean, pero retraigan su sentido de "sí mismos" a su más profundo interior.

Dense a sí mismos tanto tiempo de tranquilidad como puedan. Escuchen, escuchen, escuchen dentro. Ignoren el ruido del caos creciente. Háganse más callados a medida que las cosas se ponen más ruidosas. Ignoren a los medios de comunicación de todo tipo. Nada "allá afuera" tiene nada que ofrecerles si no es más caos, más cosas a las que temer. Incluso las historias de "interés humano" tienen en su centro un sentimiento de extrañamiento de los unos hacia los otros. Tienden a ver la vida de otras personas como si estuvieran mirando gérmenes bajo un microscopio. Elevan las emociones para mantenerles atrapados en el drama. Desconéctense de esa manipulación de su realidad. Vayan a su interior por sus "noticias del día". Encontrarán que su "estación" interior es la que les dice lo que realmente necesitan saber.

Volveremos a hablar con ustedes. Por ahora, los dejamos en paz, honor y bendición.

Amén, Adonoy Sabayoth. Somos las Huestes del Cielo.

UN PASEO GUIADO POR TERRA
4 de julio de 1999

Hoy nos gustaría llevarte a un paseo guiado por Terra, para que tú tengas una idea de tu destino y seas entonces capaz de relacionarte mejor con los cambios que estás experimentando a medida que te transformas en uno de esos seres que se expresarán en el paisaje terrano. Comenzamos nuestro recorrido desde el espacio, donde vemos a Terra brillar como una perfecta perla azul en el "cielo" [del espacio]. Ella inspira amor con solo mirarla. Ella brilla con una luz "no terrenal", ya que ahora está glorificada más allá de tu capacidad de imaginarlo. A ojos físicos, ella aparecería como una estrella azul-blanca, pero para aquellos ojos que pueden ver en los niveles más finos de la realidad, ella está radiante y acogedora para todos aquellos que operan en las frecuencias del Amor.

Extraordinaria luz fluye de ella, ya que en esta etapa ella ya no refleja la luz (como en su estado presente), sino que la irradia. (¡Todos ustedes estarán muy radiantes también!) Oímos un sonido. Es exquisito - "la música de las esferas". Es el sonido que todo planeta emite cuando está totalmente armonizado con su lugar en el cosmos. En tu estado de ánimo actual, sonaría verdaderamente "celestial". Cuando estés allí, "vivirás en el cielo", tu experiencia momento a momento será como estar en el "cielo", visto a través de las sombras de tu estado actual de consciencia.

Ahora al acercarnos más, nos sorprende el hecho de que todo en la superficie del planeta — sus árboles, animales, pájaros, peces en los océanos y también las flores, incluso el aire mismo — están radiantes de belleza, paz y armonía. Es la coronación de la propia exploración de la Tierra de su tema de "buscar la armonía en la diversidad". Cada átomo de esta realidad está en consciencia plena; es plenamente consciente de todos los demás átomos de esa realidad y coopera conscientemente con el todo. Es como si muchas voces estuviesen combinadas en una canción gloriosa.

Para tener una idea de cuán penetrante es este nivel de cooperación, supongamos que en algún momento futuro, tú experimentas el deseo de obtener un pedazo de fruta de algún árbol en particular al pasar. Ese árbol producirá una flor y formará ese fruto de tal manera que estará en su momento de madurez perfecta justo cuando pases y levantes tu mano para tomarlo. En realidad, una medida de lo mismo te sucede ahora, pero hay tanta "estática" en la línea, por así decirlo, que no eres consciente de ello. Todo siempre está y ha estado perfectamente coordinado, pero nosotros nos desviamos. En Terra, TODO es la expresión de la perfección sin obstáculos. Todo está elevado y glorificado a su expresión física más exaltada.

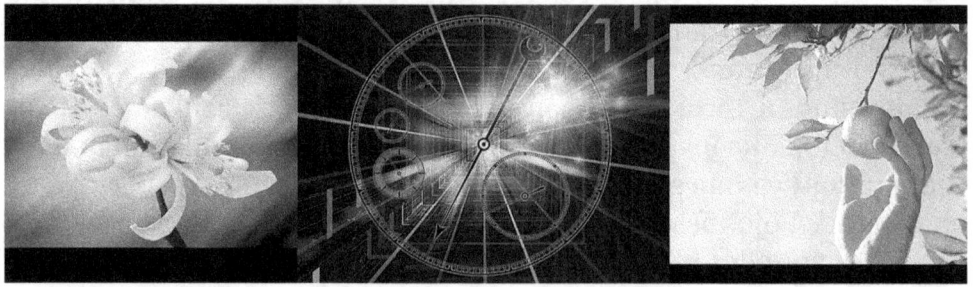

La flor sale para que su fruto esté en su perfecto estado de maduración cuando levantes la mano para tomarla.

Este es un mundo físico, o al menos es experimentado de esa manera. Tú harás el mismo tipo de cosas que haces ahora, pero las harás de una manera perfeccionada. Todavía comerás, harás el amor, dormirás, meditarás, tendrás actividades que te agraden, pero no estarás restringido por las limitaciones de un sistema económico que solo busca tomar de ti. En el nivel de cooperación perfeccionado que existe en Terra, todas las partes dan soporte a todas las demás partes. No hay pobreza, enfermedad o muerte en el sentido que ahora lo experimentas. Cuando comas ese pedazo de fruta, se fusionará contigo y se convertirá en ti, así que no ha muerto; solo ha cambiado su forma.

Todos ustedes serán seres inmortales. Simplemente cambiarán también de forma, pero lo harán sin necesidad de "morir y renacer". Ustedes podrán hacer la transición de una forma adulta a otra. Habrá niños nacidos en Terra. Habrá familias. Pero los niños que nazcan serán las proyecciones de aquellas almas cuyos vehículos de tercera densidad fueron descartados y que "califican" para la existencia de cuarta densidad. Una vez que "nazcan" en la cuarta densidad, no necesitarán "morir" nunca más. Simplemente pasarán a otras áreas de experiencia y servicio. La tasa de reproducción en Terra estará precisamente equilibrada con la armonía del conjunto. Ni una sola hoja, fruto o niño entrará en ese mundo que no esté de conformidad con la armonía del todo. No habrá exceso, no habrá carencia. Como se expresa en el cuento de *Ricitos de Oro* [y los Tres Ositos], será "perfecto".

Como dijimos en nuestro último mensaje, tú operarás desde un conocimiento interno de lo que es "correcto". Terra funcionará como un organismo gigante, con cada una de las formas que existan en ella funcionando perfectamente como parte de ese organismo, así como las células en un cuerpo perfectamente sano llevan a cabo sus funciones en armonía con el todo. Algunas cosas parecerán como si fueran simplemente versiones superiores — versiones más perfeccionadas — de cosas con las que ya están familiarizados. La gente seguirá haciendo el amor, por ejemplo, pero ningún niño será concebido hasta que sea el momento perfecto para que eso ocurra. Tú serás totalmente libre de explorar tu expresión sexual sin miedo a consecuencias no deseadas. No habrá muerte o enfermedad en Terra, no habrá necesidad de protección contra condiciones no deseadas. Todo procederá en armonía con el todo. Serás totalmente libre de crear lo que desees, pero solo querrás crear en armonía con el todo.

Terra será el jardín de la galaxia, una "escuela" viviente en la que las diferentes culturas de la galaxia podrán experimentar viviendo en armonía con otras que sean muy diferentes de ellas mismas. Habrá distintas comunidades de todo tipo de seres que califiquen para la vida terrana. Cada comunidad tendrá sus propias costumbres, sus propias predilecciones culturales. Uno podrá recorrer estos diferentes "pueblos" y experimentar los diferentes sabores culturales que existen en la galaxia y ver cómo todos ellos pueden relacionarse entre sí en armonía y paz.

Terra es la joya de la corona de la galaxia, al menos esa porción que está funcionando en cuarta densidad positiva. Existe una "barrera" vibratoria en estos niveles superiores que impide que cualquier ser o forma de vida entre en el espacio terrano si esa forma de vida no está "calificada" por su propia energía para poder hacerlo. Es por eso que no verás ahí organismos productores de enfermedades. Estos son cosas inherentes a las frecuencias más bajas y son una expresión de la polaridad negativa, que tiene que ver con la entropía y la muerte.

Aquellos que elijan la polaridad negativa tendrán una abundancia de muerte y enfermedad, pero tendrán su propia versión de la Tierra para explorar. Terra no estará disponible para ellos.

Entonces, ¿qué van a hacer con ustedes mismos? Entre otras cosas, viajarán mucho. Viajarán de una comunidad a otra y a diferentes puntos de la galaxia que les servirán como exploración adicional y para experimentar la vida. Vean, Terra ya no tendrá drama. Será muy "tranquila", en comparación con su experiencia actual.

No habrá ninguna montaña, ya que las montañas se producen solo cuando hay tensión y colisión entre las placas de la corteza terrestre. La Tierra actual tiene tales monumentos por las tensiones a las que ella ha sido sometida, pero en Terra serán suavizados. La superficie estará nivelada y esculpida en los jardines más maravillosos. Incluso la atmósfera estará en armonía. Solo habrá lluvias suaves, sin tormentas eléctricas. Es posible que deseen viajar a otros lugares para experimentar algo de la excitación que tales despliegues dramáticos les puedan proveer. Ustedes serán completamente libres de encontrar todo aquello que les satisfaga experimentar, tanto en el planeta, como fuera de él.

No podemos hablar en detalle de sus caminos o experiencias individuales porque todos ustedes son únicos y sus exploraciones y preferencias serán únicas. Solo podemos hablar en términos generales, ya que solo descubrirás la naturaleza exacta de tu vida a medida que la vivas. Eso seguirá siendo cierto en todos los niveles de la realidad, ya que incluso al Creador le gusta ser sorprendido. Es por eso que el Creador juega a las escondidillas Consigo Mismo a través de Sus muchas formas. Siempre hay un misterio desplegándose y uno nunca llega al final.

La Creación siempre está dándose a luz a sí misma, por lo que no hay fin para las posibles experiencias que se puedan tener. Es muy parecido a un diseño fractal. Cada parte del fractal se despliega un poco como una "ramita del viejo árbol", pero lo hace en simetría y perfección y da lugar a otras ramas de sí mismo que pasan a hacer lo mismo. Así es como el Creador crea, como un fractal. Es la expresión más simple que permite todas las posibilidades. Cada punto en la Creación es como una "semilla" en un fractal. Se convierte en un sitio a través del cual el Creador puede desplegarse sin fin, creando nuevas ramas a medida que crece.

Cada uno de ustedes es uno de estos puntos-semilla y cada uno de ustedes es un co-creador CON el Creador, desenvolviendo una exploración particular de la realidad desde su interior. Tendremos una discusión de cómo las diferentes formas geométricas expresan este desarrollo en un momento posterior. Mencionamos estas cosas ahora para que ustedes tengan el contexto apropiado en el cual colocar nuestras palabras. Al final, deben experimentarlo antes de que lo "conozcan", pero ahora compartimos estas imágenes con ustedes para darles una visión de las "cosas por venir" que puedan sostener en sus corazones y mentes y que les sostendrán a través de los años de transición que se encuentran directamente adelante.

Volveremos a estos pensamientos en mensajes posteriores. Cada mensaje se basará en la información de los mensajes anteriores, desplegándose en una espiral perfecta. Esa es la forma del camino evolutivo. (El camino de la involución es también una espiral, pero en lugar de expandirse infinitamente, se comprime infinitamente hasta que en algún momento debe invertir su curso y comenzar a expandirse de nuevo o desaparecerá por completo). Están siendo elevados fuera de su experiencia mundana por su habilidad para responder a las frecuencias entrantes de luz. Tú te construiste a ti mismo para poder hacer esto en el momento designado. Está codificado en tus células, en tu memoria celular. Por eso es que no puedes "ganarte" el camino hacia Terra.

Tú hiciste la elección para este destino antes de que entraras en tu vehículo actual. Si alguien parece "errar el blanco" o no "comprender el mensaje", considera la posibilidad de que sean de esa manera por elección de su propia alma. No hay accidentes. Todo está siendo coordinado desde los niveles más altos de tu ser, pero como dijimos antes, al Creador le encanta ser sorprendido, así que solo descubrirán lo que "planearon" hacer a medida que se desarrolla desde adentro de ustedes a través del tiempo. (El tiempo es lo que impide que todo suceda a la vez, ya sabes)

La vida es un viaje que se desarrolla constantemente y eso no cambiará cuando llegues a Terra. Tú continuarás explorando tu propia expresión única, pero en armonía consciente con el todo. Tus propios impulsos creativos y tu curiosidad te espolearán. Ni te "aburrirás hasta la muerte" ni estarás adormecido por la perfección. Más bien, finalmente serás totalmente libre de crear y lo que crearás, será tu propia rama de la Creación.

Los dejamos ahora en paz, honor y bendición. Volveremos a hablar contigo.

Amén, Adonoy Sabayoth. Somos las Huestes del Cielo.

LA FUSIÓN DE LAS REALIDADES
5 de julio de 1999

Hoy les hablaremos acerca de algunas de las experiencias que irán teniendo mientras viajan de regreso hacia la consciencia plena y su "regreso a casa". De hecho, ahora estás retornando a tu verdadero hogar, a tu verdadero Ser y a medida que estas realidades más elevadas se te abran, empezarás a tener experiencias extrañas que no podrás explicarle a los demás. Estas se sentirán naturales para ti, pero tu condicionamiento social las etiquetará como "extrañas", así que podrías empezar a experimentar algo de miedo en torno a este tema. Hemos hablado de la necesidad de ir más allá del miedo hacia el amor, así que les ofrecemos estos comentarios hoy para asegurarles que no hay nada que temer aquí. Están simplemente regresando a la manera de ser como eran antes de tomar estas "vestiduras" de carne.

En el principio, todo era una especie de "sopa" cósmica. Todo era líquido y sin forma definida. Sus científicos se han aproximado a esta "sopa" cuando han sido capaces de crear un plasma utilizando campos electromagnéticos. Este es un campo o sustrato de energía inteligente, pero que no tiene forma en sí mismo. A partir de esta "sopa" inteligente emergió toda forma, auto-consciente hasta el punto de saber que existía, pero era incapaz de reflexionar acerca de sí misma. Esto ocurriría posteriormente en la estructura de las cosas.

En esta sopa, todas las cosas están contenidas en potencia. Ninguna se puede ver, ya que existen solo en potencia — una posibilidad entre muchas otras posibilidades. Ayer mencionamos a los fractales. Si ahora piensan en un punto de decisión — algo sencillo como "¿Qué me comeré para el desayuno?" — podrás seguir de cerca lo que estamos hablando aquí. Puedes desayunar muchas cosas. Podrías usar algo que ya tienen en la casa, podrías ir a la tienda y comprar algo más, o podrías ir a un restaurante y elegir de su menú. Aun desayunar ofrece una multitud de posibilidades.

La fusión de las realidades 85

Aun desayunar ofrece una multitud de posibilidades.

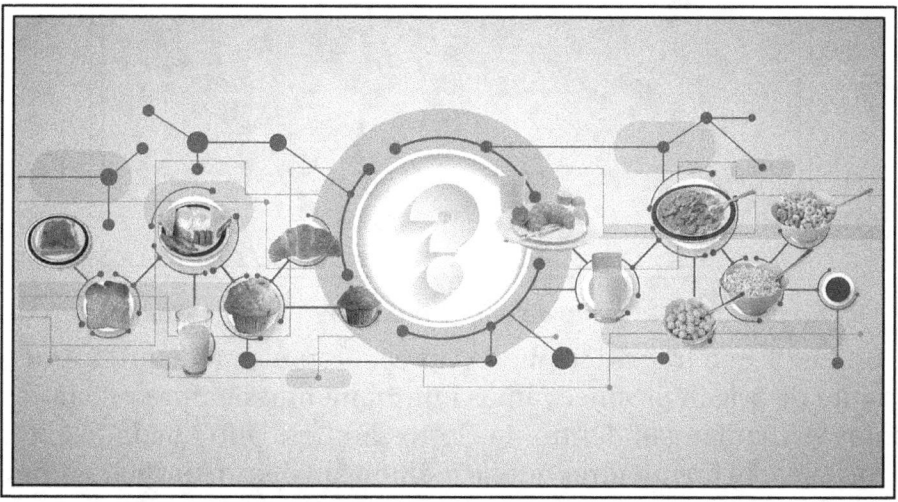
Cada punto de decisión lleva a otros puntos de decisión.

Estos son puntos de decisión. Ofrecen muchas posibilidades, no solamente las dos o tres del "sí", "no" o "tal vez". Cada decisión lleva a otros puntos de decisión. Digamos que tú decides desayunar huevos, como parte de tu decisión de "desayuno". Ahora te enfrentas a otros puntos de decisión: ¿Cómo cocinarás tus huevos? ¿Revueltos? ¿Poché? ¿Fritos? ¿Cocidos? Y luego, a partir de ESA decisión, tendrás más decisiones que tomar. ¿Con qué acompañarás tus huevos? Lo que "vaya" con tus huevos depende en parte de cómo decidiste preparar los huevos. Los huevos revueltos pueden requerir la adición de algo de leche o cebolla. Los huevos hervidos pueden requerir algo de mayonesa o sal y pimienta.

Utilizamos este simple ejemplo para demostrarles cómo un conjunto de decisiones posibles conduce a otras decisiones posibles. Los programadores de computadoras llamarían a estas como "ramas lógicas". Puedes ir por este camino (revueltos) o por aquel (poché) o por este otro (cocidos) y así sucesivamente. Entonces, una vez que uno ha escogido transitar por una "puerta" a exclusión de las demás, otras "puertas" se presentan.

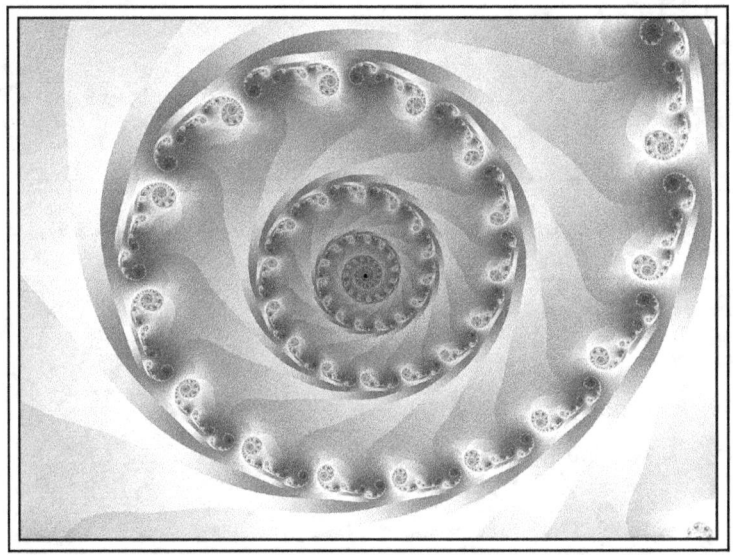

En un fractal, el punto de origen produce ramas infinitamente.

En un diseño fractal, se puede ver esto representado gráficamente. El punto de origen produce ramas infinitamente, siempre y cuando los valores se mantengan dentro de ciertos límites. Uno puede "explorar" los fractales sin fin mientras que se mantengan dentro de dichos límites. Esta es la manera por medio de la cual la Creación se despliega a sí misma desde el interior de esa "sopa" cósmica. Comienza a ramificarse inmediatamente, expresando un "conjunto" de posibilidades o potenciales. Cada vez que una "decisión" es tomada para elegir una posibilidad por sobre otras, ese punto de decisión o rama se convierte en el punto de partida de un nuevo conjunto de posibilidades, como ya les demostramos en el ejemplo del desayuno. Pero así es como empezó todo — con un conjunto de posibilidades — así que acabamos de recapitular el punto de partida original. A esto se le denomina una "iteración". Una iteración es un ciclo a través de cierta fórmula. Los matemáticos utilizan iteraciones para resolver ecuaciones complejas.

Por lo tanto, esta es la manera como se despliega la Creación — a través de una serie de iteraciones (ciclos) de una fórmula compleja que permite explorar un número infinito de puntos de decisión o ramificaciones. ¿Pero qué hay de los otros puntos o ramas? Bueno, pues el Creador los explora también. ¿Pero, cómo pueden comer a la vez huevos poché y huevos fritos y huevos cocidos y huevos revueltos? A ustedes probablemente no les gustaría comérselos todos al mismo tiempo. El Creador soluciona este dilema por medio de la creación de realidades separadas para acomodar todas las elecciones posibles. Si una expresión de "ti" elige los huevos poché, habrá otras expresiones de "ti" para efectuar las otras opciones y todas ellas continuarán, ramificándose y ramificándose y ramificándose.

Si ustedes observan el diseño fractal en la página precedente, verán a lo que nos estamos refiriendo. Esta es la manera por medio de la cual la Creación se despliega. Cada rama lleva a otras ramas. Hay tantas realidades como puntos de consciencia para experimentarlas. Hay tantas expresiones de "ti" como sean necesarias para explorar todas las posibilidades.

Tú eres una expresión del Creador. Podrías decir que tú ERES el Creador-en-expresión. El Creador (SIENDO el Creador) quiere experimentar (o explorar) TODAS las ramas, que son esencialmente

Así es como la Creación se desenvuelve. Cada rama lleva a otras ramas..

infinitas en número, dentro de ciertos límites o parámetros. Estos límites los denominamos "Leyes Universales". No son como las leyes aprobadas por sus gobiernos. Se aplican a todas las realidades creadas, en todos los niveles del ser. Hay subconjuntos de estas leyes que se aplican a bandas de frecuencia especificas (densidades o dimensiones como algunas personas las denominan — densidad es el término más apropiado), pero las leyes verdaderamente "universales" se aplican a toda la Creación.

Sus científicos están siempre buscando las teorías que unifican otras teorías en un todo más simple e inclusivo. Las Leyes Universales son la reducción de todos los subconjuntos de "reglas" de la Gran Ley Unificada (o plan) para toda la Creación. Están codificadas en toda la materia y pueden ser accedidas por una mente apropiadamente sintonizada.

Tú — como tú mismo actualmente te experimentas — aparentas ser como un "costal de piel". Pero hay mucho más en ti que eso. El real "tú" se está expresando simultáneamente en todas las ramas lógicas que surgieron como potenciales cuando tu alma fue creada, o se "separó" de la identificación del Creador Consigo Mismo. Tu alma es una proyección del Creador. ES el Creador, ya que contiene todos los aspectos del Creador, pero también se experimenta a sí misma como levemente diferente al Creador. Es un aspecto más individualizado o "especializado" del Creador. Es un "experto" o "especialista" en ciertos temas, que a veces son llamados arquetipos. Sin embargo, incluso dentro de esta individualización, hay un número infinito de potenciales a explorar, dentro de los parámetros de las Leyes Universales.

Así que todos ustedes han estado bastante ocupados a nivel del alma, creando muchas versiones de "vidas" paralelas, a través de las cuales pudieron explorar muchas realidades. De hecho, ustedes se dieron a sí mismos miles de millones de años para la exploración de esas realidades, pero ahora el ciclo está llegando a su fin. Ya casi es hora de pulsar el botón "actualizar" en la Creación, para limpiar todos los fragmentos en la pantalla experiencial que quedan de experimentos anteriores — para dibujar de nuevo a la creación [al igual que el botón "actualizar" de tu navegador web vuelve a cargar y redibuja la página que estás viendo].

Dejaremos la discusión de los ciclos involucrados para otra ocasión. Por lo pronto, solo sepan que todas las exploraciones disponibles dentro de este "conjunto" de posibilidades han sido casi agotadas; ya casi es hora de poner fin a esas "vidas" y de cerrar el "escenario" para que otro pueda ser utilizado para reemplazarlo. En sus producciones teatrales, ustedes "desmontan el escenario" cuando el drama termina, cuando la obra se cierra. Es igual en el "escenario" actual. El "escenario" se cerrará y será reemplazado por otro. Esto significa que todas las realidades paralelas que han estado explorando terminarán y serán reemplazadas por un nuevo punto de inserción dentro de otro "conjunto" de posibilidades.

Siempre hay un punto "semilla" único que marca el comienzo de algún proceso. También hay un punto final lógico para el proceso. Ustedes han denominado a estos puntos como el "Alfa" (principio) y el "Omega" (final). Ustedes están casi en el punto Omega y pronto experimentarán un nuevo punto Alfa. En medio, habrá un Punto Nulo en el cual nada existirá.

Puede que te sorprenda saber que no existes todo el tiempo. En realidad, estás parpadeando entre encendido y apagado muchas veces por segundo. Sus películas están compuestas de instantáneas discretas, o "fotogramas", ninguno de los cuales está "en movimiento", pero cuando se proyectan en una pantalla de sus salas de cine, se encienden y apagan tan rápido que la retención de la imagen [de un fotograma al siguiente] hace que parezca que se mueven suavemente y sin interrupciones.

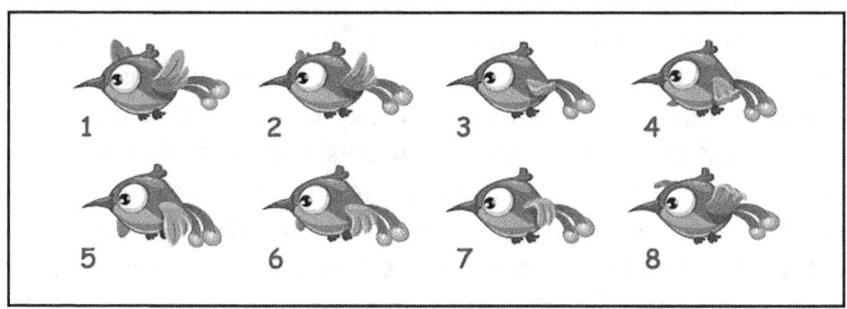

Marcos de animación de un pájaro volando

Aquellas personas que hacen animaciones para la Web saben que sus animaciones contienen en realidad varios "marcos" diferentes o imágenes fijas que parecen moverse cuando se exhiben en la pantalla durante un periodo de tiempo apropiadamente corto. Tu realidad, que te parece continua y sólida, está formada en realidad por imágenes estáticas — hologramas — que se encienden y apagan varias veces por segundo, lo suficientemente rápido como para que no percibas los tiempos de "apagado", si no que experimentes una realidad "continua".

Su realidad es cualquier cosa menos continua, así que el Punto Nulo que mencionamos no es nada "nuevo", pero ES significativo por lo que representa.

En lugar de un simple movimiento de un cuadro a otro — digamos que tu cabeza asienta hacia abajo una pequeña fracción de pulgada y tu mano se mueve hacia arriba un incremento similarmente pequeño hacia tu nariz, que te ha comenzado a picar — este Punto Nulo será lo que se llama un "momento cuántico", un salto gigantesco hacia otra experiencia de la realidad. La Creación literalmente llegará a su fin y será RE-creada en el próximo "cuadro". Será re-sembrada con un nuevo "conjunto" de posibilidades. En el momento intermedio entre el "Punto Omega" y el "Punto Alfa," literalmente no habrá "nada" — no existirá realidad manifiesta en ningún lugar. Solo habrá el Creador, en un perfecto estado de reposo, pero conteniendo todas las cosas en potencia.

El "tú" que experimentas ahora es realmente solo un punto de consciencia dentro de Todo Lo Que Es, una porción expresada del Creador. Existen un número infinito de tales puntos, de acuerdo a las ramas que hayan sido exploradas. Pero solo va a haber UN "tú" — la "semilla" dentro del nuevo "conjunto" que está a punto de ser creado al otro lado del Punto Omega.

Así que, ¿qué sucederá con los otros "tú"s que han andado por ahí explorando todas las demás realidades? Serán devueltos a tu alma y se fusionarán con ella, tal y como sucede cada vez que una "vida" es terminada. Pero el "tú" que está leyendo este [mensaje] es aquel que va a "cruzar" hacia la nueva realidad, así que empezarás a "ver" a través de los ojos de tu alma. Comenzarás a ver más y más de las otras realidades que estas otras porciones o aspectos tuyos han estado explorando. Desde la perspectiva del "tú" que está leyendo este mensaje, parecerá como si estas otras realidades se estuvieran "fusionando con" o "entrado en" la tuya propia.

No existe nada en tu cultura de masas o literatura que te explique esto. Esta es una de las razones del porqué les estamos dando esta serie de mensajes, para explicarles lo qué está sucediendo ahora y para asegurarles que no se están "volviendo locos". ¿Recuerdas que dijimos que tomaras consciencia de tu aliento? Nota lo que tu aliento está haciendo ahora. Respira hondo ahora. Siente la diferencia.

Esta información es probable que genere una respuesta de "pero, pero, pero" desde el nivel de tu ego o personalidad. El ego protestará poderosamente en contra de la magnitud de lo que aquí estamos diciendo. Tu ego está diseñado para mantener "cuerpo y alma" unidos, así que si oye que va a "terminar", eso hace que el ego se tense en sí mismo en una "actitud defensiva", la cual es experimentada como miedo. La respiración se acorta y se vuelve superficial, ya que todos los sistemas van a "alerta roja" hasta que se identifica y evalúa el peligro percibido.

Cuando te des cuenta de que tu respiración es corta y poco profunda, hazte respirar profundamente y le vas a dar a tu cuerpo y a tu ego el mensaje de que están a salvo. Esto es muy importante. Debes empezar a desarrollar tu propia habilidad para crear una sensación de seguridad para ti mismo, porque de lo contrario reaccionarás desde un lugar de miedo — desde tu ego, en vez de desde tu conocimiento superior — y tomarás malas decisiones. No responderás apropiadamente a los cambios que se les presenten a medida que este ciclo de Creación se completa.

Las realidades paralelas se fusionarán.

Las realidades paralelas se fusionarán. Lo han estado haciendo gradualmente desde hace ya algún tiempo, pero ahora este proceso se acelerará. Todo esto está conduciendo al Punto Omega y al cruce a través del Punto Nulo hacia el Punto Alfa. Todo está siendo proporcionado y guiado desde los niveles más altos, y no tienen que "descifrarlo". Ustedes son pasajeros de este viaje, no el piloto.

Respira. Medita. Acepta. Relájate en la experiencia. ¡Tú estás en el más maravilloso "viaje mágico y misterioso" de todos los tiempos! Disfrútalo. Conviértete como un niño pequeño frente a una gran tienda departamental, mirando a través del aparador todas las maravillas que hay adentro. Desarrolla tu sentido de la maravilla. Permite que tu "analista" mental descanse. Solo relájate, respira y sumérgete en esta experiencia de múltiples realidades. Es parte de tu preparación el aceptar al "nuevo tú", ese ser multidimensional que emergerá al otro lado del Punto Nulo.

Es por eso que te hemos dicho que le des a tu práctica espiritual la más alta importancia ahora. Es del más alto valor en este momento el crear tanto "tiempo de tranquilidad" como te sea posible. Lo necesitarás para calmarte e integrar las muchas nuevas experiencias y percepciones que comienzan a fluir en ti a medida que tus fibras de luz se reconectan. Gran parte de su transformación tendrá lugar ahora, en este lado del Punto Nulo. Todos estos "tú"s separados serán fusionados con sus almas y comenzarán a acceder a sus consciencias y experiencias. Su realidad aparentemente sólida parecerá estar derritiéndose y comenzarán a existir más y más en un "estado alterado" de consciencia. Necesitarán estos periodos de tranquilidad para integrar todo esto.

No es poca cosa lo que está sucediendo aquí y queremos que sepan que hay una tremenda cantidad de apoyo que está disponible desde los reinos superiores, pero no podemos darlo a menos que pidan nuestra ayuda. No podemos infringir en su libre albedrío. En el parloteo de la mente del ego, hay mucha "estática" en la línea, mucha agitación de emociones, las cuales oscurecen y distorsionan a la "tranquila y pequeña voz" dentro de ti. Necesitas estos momentos de tranquilidad para poder oírnos y sentirnos. Necesitas darte esto a ti mismo si deseas tener una transición lo más suave posible.

En conclusión, queremos asegurarte que — fuera del tiempo — tú ya has "llegado". No perderás el barco. No puedes "arruinarlo". Tu alma te guiará perfectamente. Pero tendrás un tiempo mucho más fácil si puedes seguir nuestras sugerencias y relajarte, respirar, meditar y simplificar tu vida para que tengas más y más tiempo tranquilo. Los dejamos ahora en paz, honor y bendición.

Amén, Adonoy Sabayoth. Somos las Huestes del Cielo.

LA COSECHA DE LAS ALMAS
6 de julio de 1999

Hoy estaremos introduciendo una nueva idea o concepto — la existencia simultánea de múltiples "yo"s simultáneos. Si miraras la realidad desde la perspectiva de la Sobrealma, verías que todas tus "vidas" estarían ocurriendo simultáneamente. Verías que tú las habrías creado y tendrías muy poco interés en lo que les estuviese sucediendo porque las habrías creado COMPLETAS, es decir, conteniendo todo lo necesario para completar el "diseño" de la vida que les habías destinado. Es un poco como la analogía del roble dentro de la bellota.

Cuando una vida es creada, contiene todo lo necesario para completar su diseño de vida, similar a la forma en que está codificado un roble dentro de una bellota.

Cuando una "vida" es creada, contiene "códigos" — muy similares a los programas y subprogramas de computadora — que desarrollarán esa vida perfectamente. Estos códigos están contenidos dentro del ADN y en las diversas partes de las células y tejidos que componen el cuerpo. Solo están contenidos en el cerebro en la medida en que existen en las células del cerebro. El cerebro no "piensa" o dirige. Es meramente una estación retransmisora que coordina las señales o el intercambio de información entre las numerosas y diferentes partes del cuerpo, e interpreta los datos que arriban procedentes de los mecanismos sensoriales.

Los códigos están contenidos en el ADN y en las células y tejidos del cuerpo.

Cada "vida" es en realidad una proyección de la Sobrealma en un entorno del espacio/tiempo en particular. Está conectada a la Sobrealma por el "cordón de plata", un filamento que conecta directamente al cuerpo físico con la Sobrealma y que actúa como un enlace de comunicación entre la Sobrealma y el cuerpo o "vida". La Sobrealma existe fuera del tiempo lineal, así que desde su perspectiva, todas sus proyecciones están ocurriendo simultáneamente. Es libre de terminar una vida, en cuyo caso simplemente desconecta el cordón de plata, o de crear una nueva, en cuyo caso extiende un cordón de plata hacia un feto en desarrollo. El tiempo es una cantidad vectorial, asociada a la realidad material. Puesto que la Sobrealma existe en la realidad no-material, está fuera del tiempo lineal.

El tiempo es una manera de definir una ubicación. Por ejemplo, si tú dices que naciste en Baton Rouge, debes a la vez decir CUÁNDO fue, para poder localizar precisamente el evento. Tú puedes visualizar esto si te imaginas una calle por donde pasará un desfile. El desfile fluirá por esa calle en un tiempo determinado. Si tú fueras a participar en ese desfile tocando el tambor, podrías localizarte al decir, "yo pasaré por la esquina de las calles Main y Oak precisamente a las 11:11 a.m. del martes 6 de julio de 1999. De esta manera, no solo podrías ubicarte en el tiempo, si no que también lo podrías hacer con cualquier otro evento con el cual pudieses necesitar interceptarte, de acuerdo con SU propio plan. El tiempo no solo previene que todas las cosas sucedan al unísono, si no que, a la vez, provee el componente necesario para que las cosas se movilicen y progresen.

Así que, regresando a la Sobrealma, desde fuera del tiempo (que es donde la Sobrealma reside), todas sus proyecciones son simultáneas. Pero desde *adentro* del tiempo, cada vida es experimentada como estando separada a través del tiempo. Tú hablas de "vidas pasadas" y a veces de "vidas futuras", pero esas son expresiones de la experiencia de estar atado por el tiempo lineal. Puedes "recordar" esas otras "vidas" accediendo a la información en la Sobrealma. La Sobrealma es el depósito de todos los recuerdos personales de todas las "vidas" que crea. Cuando es apropiado, uno de sus subprogramas se activa y tú "recuerdas" algo de esas otras "vidas" para ayudarte a desarrollar el "programa" de la "vida" en la que te experimentas tú mismo viviendo.

No hay tal cosa como la "re"-encarnación. Solo hay la "encarnación". La Sobrealma se proyecta a sí misma a una locación del espacio/tiempo

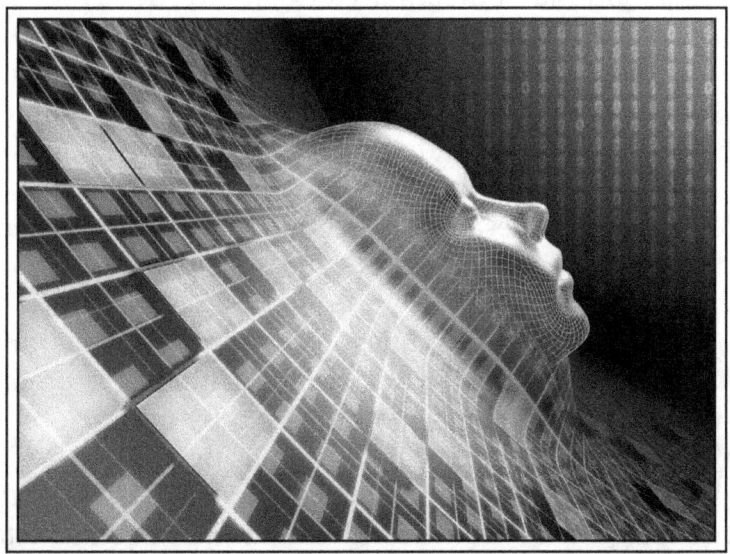

La Sobrealma se proyecta a sí misma a una locación del espacio/tiempo y viste la punta de esa proyección con un "cuerpo".

y viste la punta de esa proyección con un "cuerpo". Es como poner la punta de un dedo dentro de un tazón de pudín. El dedo es parte de ti. El pudín representa el entorno espacio/temporal en el cual pones el dedo. La yema de tu dedo puede sentir el pudín. Puede determinar si está caliente o frío, suave, húmedo, seco o duro. Es igual contigo. Tú eres la punta sensorial de un "dedo" de tu Sobrealma, proyectado en el "pudín" de tu actual entorno espacio/temporal. Tú interactúas con tu entorno, el cual incluye la presencia de "dedos" de otras Sobrealmas, cada uno percibiendo e interactuando en el mismo entorno, pero desde su propia perspectiva.

La experiencia de la realidad es totalmente SUBJETIVA. No existe una realidad "objetiva" en la cual todos puedan estar de acuerdo porque cada punto de consciencia tiene su propia perspectiva y ve las cosas desde un "ángulo" ligeramente diferente. Así es como el Creador es capaz de verse a Sí Mismo desde todos los "ángulos" posibles a la vez.

Estamos hoy utilizando el término Sobrealma, pero en mensajes pasados nos hemos referido a esta como el alma, porque ese es un término más familiar para la mayoría de ustedes. Cada uno de estos mensajes se está construyendo sobre los anteriores siguiendo una forma de espiral. Cada mensaje se apoya en los anteriores y establece las bases para los siguientes. Esta es la manera en que el Universo se despliega a sí mismo.

El "alma" es en realidad semejante a una cuenta en el cordón de plata, ubicada entre la Sobrealma y el "cuerpo" de la vida. Es como un supervisor local y solo tiene que lidiar con esa "vida". Su trabajo es monitorear de cerca e interactuar con esa "vida" y ayudarla a cumplir su propósito de existir. Cuando el cordón de plata es retirado por la Sobrealma, el alma es arrastrada de vuelta a la Sobrealma y se fusiona con esta. Todas las experiencias de esa "vida" fluyen hacia arriba por el cordón de plata durante esa vida, de modo que el alma no contiene en sí nada más que su capacidad de asistir a esa vida en el cumplimiento de sus propósitos.

Ahora que todas menos una de las "vidas" están siendo terminadas, la Sobrealma está "cosechando" su experiencia acumulada y preparándose para dar un salto cuántico hacia otra realidad. Aun las Sobrealmas se "gradúan" y ascienden en la escala evolutiva, de vuelta a la Fuente. En realidad, la Fuente ES todo al mismo tiempo, pero desde la perspectiva subjetiva de cualquier porción individualizada del Absoluto, estas tienen su consciencia colocada en algún lugar a lo largo del flujo evolutivo que procede de la Fuente (el Absoluto) y va de regreso hacia la Fuente, continuamente, como un río interminable o corriente de consciencia que no tiene principio ni fin.

Sin embargo, a veces — a través de muy largos periodos de tiempo como tú lo conoces — la Fuente "parpadea" o "traga". Te estás acercando a uno de esos eventos. Las Sobrealmas son porciones individualizadas de la Fuente y todas ellas están en comunicación directa con la Fuente. Podrías pensar en ellas como los "dedos" de la Fuente, como en nuestro ejemplo del pudín de arriba. Son un paso intermedio entre "Todo Lo Que Es" y las "vidas" individuales siendo vividas. (Como hemos dicho, solo hay UNA VIDA siendo vivida, a través de sus muchas expresiones. Por eso hemos puesto comillas alrededor de la palabra "vida" o "vidas". Son relativos y subjetivos. Solo el Absoluto (la Fuente) es absoluto y objetivo. Esto tendrá significado más adelante, cuando discutamos a los hologramas).

La Fuente va a "parpadear" pronto y al otro lado del parpadeo se "verá" una Creación muy diferente. Esto no está previsto en ninguna de las cosmologías que tienen disponibles y es por esto que les estamos proporcionando esta información ahora — para ayudarles a entender lo que está a punto de suceder y su magnitud. En prácticamente todas sus cosmologías ustedes han hecho la suposición de que la vida procede en ciclos de forma simétrica o logarítmica. Suponen que si se necesitaron tantos miles de millones de años para alcanzar un cierto estado evolutivo, se necesitará una cantidad similar de tiempo para completar el viaje de "regreso".

En los modelos de las "edades", ustedes tienen de dos tipos: aquellos en los que las "edades" son de la misma duración (como la Era de Piscis o la Era de Acuario) y aquellos en los que las "edades" tienen una relación logarítmica entre sí (como en las "yugas" de las tradiciones que se refieren a edades "doradas" muy largas, seguidas por edades "plateadas" más cortas, seguidas de edades aún más cortas, hasta que llegan a la que están experimentando ahora, la más corta y difícil de todas). Esos sistemas proponen que el siguiente paso posterior a la edad más corta será una nueva edad "dorada" — de la edad más corta a la edad más larga en un solo paso, lo cual es más cercano a lo que está por suceder.

Sin embargo, existe una diferencia significativa esta vez. En un mensaje que fue entregado a través de J. J. Hurtak hace algunos años, se hace referencia a la "re-espacialización de la consciencia" que seguirá al Punto Nulo (él lo llamó la Zona de Gravedad Nula). Esto es muy preciso. La Creación está a punto de ser completamente recreada. Todos los focos de consciencia serán "apagados" por un inconmensurable "momento". (El tiempo también cesará, ya que no habrá realidad material en ese momento y el tiempo es una función de la realidad material; es la porción "tiempo" del espacio/ tiempo). Del otro lado del "parpadeo", los "actores" en el drama de la Creación se encontrarán de pie en otros puntos del "escenario". Será como cerrar los ojos y luego reabrirlos, solo para descubrir que la escena que estás viendo ha cambiado drásticamente.

Lo que esto significa es que toda la sustancia de predicciones se vuelve nula y sin valor. Todos los profetas y videntes humanos han visto a través de la perspectiva de la presente realidad. No hay nadie que esté o haya estado en un cuerpo físico que pueda predecir con precisión lo que está a punto de suceder o lo que uno experimentará después de que haya ocurrido ese "parpadeo". Todas y cada una de las Sobrealmas serán afectadas en formas que ni siquiera las mismas Sobrealmas pueden anticipar. Su única tarea es prepararse para el evento completando todas sus "vidas", cosechando todas sus almas excepto una de vuelta a ella misma y retener una porción de consciencia exteriorizada con la cual "sembrar" la nueva Creación.

Habrá muchos menos "actores" en el "escenario" cuando el nuevo drama se despliegue. Ustedes que están leyendo este mensaje estarán entre aquellos que estarán allí para experimentarlo, pero estarán muy cambiados de su forma e identidad actuales. Están siendo preparados por su Sobrealma y supervisados por su alma para este evento. Estamos haciendo nuestro mejor esfuerzo para prepararles de manera que no se sientan abrumados por la magnitud de lo que está sucediendo y por las nuevas sensaciones y percepciones que han comenzado a entrar en su consciencia.

De un modo natural, muchos de ustedes han llegado a reverenciar a los grandes seres que han aparecido en el escenario del mundo — el Cristo, el Buda y otros. Ahora USTEDES serán como ellos fueron. Tienen otro trabajo a desarrollar y para pasar a esos "zapatos" y llenarlos, deben quitarse los que llevan ahora puestos.

Este es el tiempo de la cosecha de las almas. Todo el que está en un cuerpo tiene un alma. Este es el tiempo de la gran "suma" de todas las "vidas" vividas. Dependiendo del "total", cada Sobrealma llegará a sus propias conclusiones acerca de lo que desea crear a continuación. No existe condenación o "juicio" por parte de un Dios iracundo. (Realmente debería ser deletreado con una "d" minúscula, porque el Absoluto es el absoluto y la "ira" es una proyección humana sobre el Absoluto que está enteramente fuera de lugar. Ha HABIDO entidades que han aparecido como "dioses" en su interacción con la humanidad en la Tierra, pero esa es otra historia para otro momento). Pero aquí es donde se pone interesante para ti: tú eres la "vida" que será retenida para sembrar la nueva Creación.

Tienes grandes aventuras por delante y ya has comenzado tu transformación a ese ser en el que te experimentarás a ti mismo al otro lado del "parpadeo". Todo está a la mano. Todo está siendo preparado. Ya has sufrido suficiente, amado. Pronto estarás en el banquete, con todos tus compañeros viajeros. Te divertirás mucho creando algo totalmente nuevo.

Diviértete en estos días que quedan. No te preocupes por las tácticas intimidatorias de las diversas entidades que tienen una idea diferente de cómo sucederá. Ellos no estarán en tu realidad del otro lado del "parpadeo". Todo tiene su lugar en la Creación. Tú tienes el tuyo; ellos tienen el suyo. Estamos asistiendo en estos asuntos para asegurarnos de que cada uno llegue a su propio "lugar correcto". Ya no será necesario que la Tierra albergue tal discordia y división. Ella será capaz de perseguir su tema de "buscar la armonía en la diversidad", pero ahora será como fue pensado originalmente — una diversidad de formas y culturas, todas las cuales resonarán con la nueva frecuencia vibratoria que caracterizará a la Nueva Tierra, Terra. Estos contenciosos tendrán su propio mundo en el cual continuar sus batallas entre sí. No te molestarán más y finalmente estarán libres de ti y de tus recordatorios de lo que ellos no son. Cada uno terminará en su lugar en la banda vibratoria que sea la más compatible con su naturaleza.

Tú — porque has leído hasta aquí — estás destinado a Terra. Si no lo estuvieras, habrías dejado de leer estos mensajes desde hace algún tiempo. Son transmisiones codificadas y solo se responderá favorablemente a ellas si se llevan los códigos correspondientes dentro de uno mismo. Ustedes son pocos en número en relación a la población total de la Tierra, menos de 1/10 del 1%. Pero son las semillas para el nuevo jardín, el nuevo nacimiento de la Tierra en su glorioso tiempo como Terra.

¡Feliz viaje! Volveremos a hablar con ustedes.

Amén, Adonoy Sabayoth. Somos las Huestes del Cielo.

ACERCA DE LAS PROBABILIDADES
7 de julio de 1999

En el mensaje de hoy, queremos hablar de las probabilidades. Ustedes han oído acerca de muchos que andan por ahí proclamando que saben lo que va a suceder, que va a ser esto o aquello y ellos están muy seguros de que va a ser como ellos dicen. Sin embargo, NADIE sabe lo que realmente va a suceder, ni siquiera nosotros, porque solo hay indicaciones de cuál será probablemente el resultado.

Nosotros podemos decir, con un razonable grado de certeza, que tal o cual cosa será *probablemente* el resultado de ciertas tendencias observadas, pero nadie puede estar realmente seguro. El Creador está jugando al escondite Consigo Mismo y aparentemente aun a Él le gusta ser sorprendido. Es lo que mantiene al juego interesante. Si se pudiera predecir con absoluta certeza todo lo que sucederá, apenas habría que "levantarse en la mañana". Sería una existencia muy aburrida, de hecho.

La única la razón por la cual la Creación fue creada fue para que el Creador pudiera experimentar con todas las diferentes posibilidades (dentro de ciertos parámetros llamados Leyes Universales), para que pudiera descubrirse a Sí Mismo en el desdoblamiento de un misterio sin fin. Al Creador "le gusta" sorprenderse, porque el juego de la realidad es Su único entretenimiento.

Piénsenlo: aquí estás, eres Todo Lo Que Es. Todo está contenido dentro de ti y tú estás en todas partes a la vez. No hay lugar para "ir" porque ya estás "allí". Así que, ¿qué haces para entretenerte? Te sorprendes a ti mismo.

(Tú eres "una astilla del viejo tronco", por así decirlo – una proyección de una porción individualizada del Creador — así que muestras destellos de la naturaleza del Creador. No es tan "errado" proyectar rasgos "humanos" al Creador, porque uno puede vislumbrar al Creador a través de Sus creaciones. El verdadero humano es la corona de la realidad material; se acerca al máximo a la naturaleza del Creador, así que podemos hacernos una idea de lo que "hace funcionar al Creador" observando a humanos verdaderos.

Ustedes, en su presente estado, no son humanos verdaderos, como hemos dicho, sino híbridos. En la transformación que ahora mismo están experimentando, estarán retornando a su verdadero estado humano. Vistos desde su actual estado de cosas, ustedes serán como "dioses", pero ese es el punto que estamos planteando. Aunque aún no hayan regresado a su estado de plena conciencia, todavía tienen lo suficiente de la cualidad humana en ustedes como para vislumbrar cómo serán en su estado de plena conciencia. Y a partir de eso, pueden deducir cómo es el Creador y pueden atribuirle cualidades humanas.)

Así que, al Creador le gustan las sorpresas. Siempre tiene algo bajo la manga, por así decirlo. Y aquí estamos, navegando en una dirección en particular, esperando que tal o cual cosa suceda y de repente ¡Bum! De la nada. Una sorpresa. No podía ser anticipada, ni siquiera por nosotros. Algo o alguien aparece que fue totalmente imprevisto y hace girar las cosas en una dirección totalmente inesperada.

Sin embargo, para que una sorpresa *realmente* sea una sorpresa, no se puede ni siquiera ver venir un atisbo de ella. ¡Esas son las que REALMENTE le gustan al Creador!

Aquí estamos, avanzando, haciendo todo lo posible para llevar a cabo nuestro servicio, tratando de anticiparnos a lo que tendremos que prepararnos y luego ¡Bum! Llega una sorpresa y tenemos que volver a la fase de planificación. Y si NOSOTROS — considerando el nivel en el cual operamos — no podemos hacer planes sólidos y esperar que duren, imagina lo poco claro que es el panorama para aquellos en tu estado de consciencia que afirman ¡"conocer" el futuro!

Es por eso que nunca encuentras a nadie "bateando 1000%". Ningún canal, ningún vidente, ningún profeta de cualquier forma o tamaño puede conocer el futuro con algún grado de certeza. Y esto es a la vez una fuente de frustración y un gran consuelo.

Hemos hablado de la necesidad de confiar en el Creador, como un componente de nuestra definición del amor. Nosotros tenemos que confiar también en el Creador. Ahora llegamos al meollo del asunto. En estos tiempos tan inciertos, hay muchas cosas que están ocultas para nosotros igual que para ustedes. Todo lo que nosotros — o cualquiera — podemos hacer es tratar de poner nuestros esfuerzos en los resultados más probables y tratar de aprovechar el impulso en esa dirección.

¡Bum! Llega una sorpresa, y tenemos que volver a la fase de planificación.

Estamos tratando con un conjunto de probabilidades, es decir, que existe un cierto grado de probabilidad de que tal o cual cosa suceda. Y ponemos todos nuestros mejores esfuerzos en tratar de maximizar ese potencial en una dirección que nos agrade, pero como ustedes saben por sus propias vidas, a veces las cosas cambian.

Comenzamos la preparación para la transición a Terra hace muchos siglos, contados en tus años. Teníamos grandes esperanzas de una cosecha enorme para Terra. La probabilidad era — digamos de un 80% — que ese podría ser el caso, así que pusimos todo nuestro empeño en sembrar semillas que hicieran posible que esto ocurriera. Pero como ya sabes por la parábola de la siembra de semillas, algunas no caen en tierra buena. Algunas comienzan a crecer, pero encuentran condiciones que no les permiten terminar de crecer.

No somos omniscientes, así que no podíamos saber de antemano cómo todas las Sobrealmas jugarían el juego. Nadie le mostraba sus cartas a nadie más. Está hecho para ser así, por las razones que ya dijimos antes.

Ahora, sin embargo, estamos en la fase final del juego. Hay ciertas geometrías que ocurren en los movimientos de los planetas, estrellas, galaxias y de hecho, en todo el sistema de universos creados. Cada uno de ellos tiene su propio periodo, muy parecido a como son los engranajes de un reloj. Cada uno gira a ritmos diferentes y cada cierto tiempo, se alinean con otros engranajes (planetas, estrellas y galaxias) en geometrías particulares que hacen posibles ciertos potenciales. Existe una "ventana de oportunidad" disponible que permite o apoya ciertas cosas que no pueden ocurrir en ningún otro momento.

Acerca de las probabilidades

Esto es lo que está detrás del sistema de adivinación que ustedes llaman astrología. Cuando ciertos aspectos o alineaciones ocurren, se ha notado que ciertos otros fenómenos están asociados a ellos. Esto es verdad, porque el "haz del objeto" (terminología holográfica) se altera en su orientación hacia el "haz de referencia" (el Absoluto) de modo que en el holograma que constituye tu realidad percibida, se produce una "imagen" diferente. (Más adelante tendremos más que decir acerca del tema de los hologramas.)

El punto de esto es que si tú te imaginas a todos los "engranes" como teniendo una marca en ellos y que todas las marcas estuvieron alineadas en el "principio" de la Creación, todos ellos se están acercando de nuevo a la misma alineación. Es una ventana de oportunidad para un nuevo comienzo, para una Creación completamente nueva.

Sabíamos que esta oportunidad se acercaba y deseábamos ayudar de tal manera que maximizara la cosecha para Terra. Hay otros destinos para aquellos que no estarán yendo a Terra, pero Terra es nuestro "proyecto", se podría decir y ahí es donde ponemos nuestra energía.

Sabíamos que habría mucha inercia que vencer, debido al las maquinaciones de los intrusos, pero nos pusimos a empujar el carro, por así decirlo y pusimos todo el esfuerzo hacia el objetivo de maximizar la cosecha para Terra. Sabíamos que la mayor probabilidad era que la cosecha sería pequeña, así que enfocamos nuestros esfuerzos en esa área "marginal" — para llegar a la mayor cantidad posible de personas que estaban en los márgenes — para tratar de obtener a tantas como fuese posible para cruzar la meta y alcanzar el "nivel deseado", por decirlo así, los cuales de otro modo no lo habrían logrado sin nuestra ayuda.

Ustedes pueden haber notado que ha habido muchas predicciones acerca de cambios en la Tierra y cosas por el estilo que simplemente no se han manifestado. Incluso ahora, el mundo se ha convertido en un poco más violento, el clima definitivamente no es "el usual", pero poco más parece haber cambiado. Las cosas parecen más o menos "como de costumbre". Pero allí están esos engranajes que hay que tomar en consideración. Los eventos no pueden ser retrasados indefinidamente.

Los cambios de la Tierra son una parte necesaria en su preparación para manifestarse como Terra. Son la manera en que ella se liberará de toda la negatividad y confusión que ha absorbido debido a la interferencia humana con los sistemas naturales. Nos estamos acercando al final de la pista de despegue. Ahora debemos tomar vuelo, o no despegar nunca del suelo. Hemos detenido los cambios de la Tierra todo lo que hemos podido para que pudiéramos poner todo nuestro esfuerzo en llegar a aquellos que eran marginales, que no llegarían a Terra sin nuestra ayuda.

Es un minuto para la medianoche. Pronto todos los engranes se alinearán y un poderoso rayo de energía se manifestará, todo el camino de regreso a la Fuente. Cuando esto sucede, existe esta oportunidad de recrear la Creación. Solo ocurre una vez en varios miles de millones de años, así que es una oportunidad demasiado rara y preciosa como para desperdiciarla. Ya están dentro la influencia de este rayo y los cambios han comenzado.

Es un minuto para la medianoche. Pronto todos los engranes se alinearán y un poderoso rayo de energía se manifestará, todo el camino de regreso a la Fuente.

A medida que se mueven a través del tiempo hacia el punto de la alineación perfecta, los efectos de este rayo crecerán y el ritmo del cambio se acelerará hasta que esté al máximo. Es entonces cuando ocurrirá el "salto". Cuando ese momento sea alcanzado, ocurrirá el Punto Nulo y todos los actores serán reacomodados dentro de nuevas configuraciones.

Los actores incluyen a los planetas y las estrellas, porque ellos también son seres conscientes con destinos propios. La Tierra se convertirá en Terra y operará en una diferente banda de frecuencia a la cual opera actualmente. Los cambios de la Tierra tienen que ocurrir para que ella esté lista para dar el salto cuando llegue el momento. No puede ser lastrada por el "equipaje" que ha asumido de sus ocupantes humanos. Ella tiene que deshacerse de todo esto para poder estar lista.

Acerca de las probabilidades

Ustedes también — cuando menos aquellos que están destinados a ir a Terra — han estado dejando atrás su "equipaje". Ustedes tampoco pueden ser lastrados, para que así puedan estar listos para realizar su salto hacia la siguiente banda de frecuencia. Sus propios "terremotos" han estado ocurriendo desde hace ya algún tiempo, solo que estos han tomado la forma de sacudirles de todas sus actividades, asociaciones y relaciones que no les servían en su movimiento hacia Terra.

Los llevaremos a otro lugar para completar su transición, para que así estén listos para repoblar la Tierra cuando ella haya completado su transición para convertirse en Terra. Iremos haciendo esto por etapas. El primer grupo es extremadamente pequeño — solo un puñado — y no será notado excepto por aquellos que están inmediatamente involucrados con ellos. El segundo grupo será bastante sustancial y el tercero será el más grande de todos y se tomará en el último momento posible. Los primeros dos grupos estarán más avanzados en sus preparaciones para entonces y estarán concentrados en ayudar a aquellos del tercer grupo a adaptarse a su cambiante situación.

Como hemos indicado, la cosecha para Terra es menor a 1/10 del 1% de la población actual de la Tierra. Por pequeña que sea, hubiera sido aún más pequeña si no hubiésemos elegido jugar "el juego de las probabilidades". Estamos algo tristes de que no fuimos más exitosos, pero nos alegramos por el éxito que hemos conseguido. Más gente "alcanzó el nivel" que sino hubiésemos ayudado y estamos contentos con eso. Hicimos todo lo que pudimos y nosotros también tenemos que rendirnos a la autoridad superior. Nosotros también tenemos que ACEPTAR lo que ha pasado y cómo "rodaron los dados".

Muy pronto ya, el primer grupo será tomado. Ellos saben quiénes son y han recibido una guía clara o cuando menos una clara sensación de que su vida está concluyendo. Estamos dando estos mensajes ahora, para que puedan permanecer disponibles para aquellos que les seguirán.

Por cierto, algunas personas que estarán en el tercer grupo estarán allí porque pidieron que se les permitiera quedarse hasta el final para poder ayudar por tanto tiempo como les fuese posible. Ellos son verdaderamente "santos" para ese servicio, porque será muy exigente a medida que los cambios de la Tierra comiencen en serio y tantos necesiten ayuda. Pero ellos contarán con ayuda para ese entonces, ya que aquellos que "se fueron" en el primer grupo podrán volver y ayudar en formas que no podrían hacer si siguieran siendo "meros mortales".

Volveremos sobre este tema más adelante.

Por ahora, todo lo que necesitas saber es que el juego casi ha terminado. Las cosas se van a poner en marcha "a lo grande" muy pronto y queríamos darles estos mensajes para que puedan entender el panorama más amplio que se está desarrollando detrás de los fenómenos de la superficie. Tendremos unos cuantos mensajes más para ustedes y luego todo se habrá dicho. Dependerá entonces de ustedes el tomar esta información y ponerla en uso, para que al mantenerla en sus corazones y mentes, sostengan la brillante promesa de Terra ante ustedes como una visión del horizonte hacia el cual caminan. Esperamos que les sostenga a medida que el mundo a su alrededor se derrumba y la puerta hacia su futuro se abre.

Les dejamos ahora en paz, honor y bendición. Amén, Adonoy Sabayoth. Somos las Huestes del Cielo.

Cuando la puerta de su futuro se abre

CAMBIANDO A "DIOSES"
8 de julio de 1999

El mensaje de hoy se ocupará de los hologramas. Los hologramas forman la base de tu realidad percibida. El "tú" que está leyendo este mensaje es realmente una proyección holográfica de tu Sobrealma. Te sientes y pareces totalmente sólido, pero de hecho esto es parte de la ilusión de la realidad material. Sin ponernos demasiado técnicos, tú eres el resultado de patrones de interferencia que resultan en ondas estacionarias. Eres un paquete de ondas estacionarias.

Tu cuerpo físico está contenido en una matriz de Luz. Esta Luz es una sustancia, similar al vapor de agua, pero mucho más fina. Es incandescente, auto luminosa y por eso a menudo es conocido como el Cuerpo de Luz. Es una matriz de Luz en la cual el material más denso que constituye el nivel físico básico está suspendido, como tantas partículas en una sopa. El "hacer descender al Cuerpo de Luz" es ridículo, ya que no podrían andar caminando por ahí si no estuviesen ya "dentro" de su Cuerpo de Luz. Es lo que les da la forma, les lleva y les forma. Es el "patrón" de su forma. Es la proyección de tu Sobrealma y sin esta, tú simplemente no existirías en la realidad material. Eres un holograma de Luz, formado por Luz. Todos los hologramas están formados de Luz, de un tipo u otro. Estás hecho de Luz.

Cada partícula de materia es una densificación de esta Luz. Cada objeto material está flotando en un mar de esta Luz. No la puedes ver con tus ojos físicos, pero aquellas personas que pueden ver dentro de las regiones más finas de la realidad, son muy conscientes de ello. ¿Por qué te mencionamos esto? Porque muy pronto, estarás cambiando tu forma para que se parezca más al modelo perfeccionado de tu Cuerpo de Luz.

Hemos mencionado a los intrusos. Ellos interfirieron con el diseño original del modelo Adánico y lo cruzaron con los simios más avanzados en su planeta. Esto llevó a cierta contaminación en los códigos y [a] la subsiguiente confusión de identidad que de esto resultó. Ustedes están pasando por un proceso de purificación que les permitirá eliminar todas las "impurezas" de esta hibridación y recobrar su forma natural. Para ustedes, esas formas se verán tan perfectas que se podrían llamar a sí mismos "dioses" (y "diosas").

Pero hay más en este cambio de lo que se ve a simple vista. Para funcionar en el siguiente nivel del ser, también deben tener un cambio en su consciencia. Estamos gradualmente ayudándoles a cambiar su identidad, pero también les estamos ayudando a reconectar sus circuitos no utilizados de Luz, para que se conviertan de nuevo en plenamente conscientes. Este es su verdadero estado, su verdadera naturaleza y estamos aquí para ayudarles a recobrar su verdadera posición en el reino del Creador.

Este cambio les traerá muchas cosas. Tendrán todos sus poderes de vuelta — la habilidad de crear directamente desde la matriz de la realidad, la habilidad de moverse hacia atrás y hacia adelante a través del tiempo, la habilidad de realizar lo que ustedes llamarían "milagros". Tendrán total maestría, con todos los "beneficios" que vienen con ello, pero también tendrán la responsabilidad que viene con esos "beneficios". No tendrán poderes que no tengan también la sabiduría para usarlos apropiadamente.

Para que tengas un entorno que te permita una transición suave a este "nuevo tú", estaremos trabajando con ustedes para llevarlos lo suficientemente lejos como para manejar otro nivel vibratorio y entonces simplemente se desvanecerán del plano de tercera-densidad y aparecerán en el plano de cuarta-densidad, donde les hemos preparado un lugar. Residirán allí hasta que Terra esté lista para ustedes y ustedes estén listos para Terra. Para aquellos que van en las primeras dos olas, tendrán trabajo por hacer antes de que Terra esté lista. Sabrán más cuando lleguen allí. Todo lo que necesitan saber ahora mismo es que esto sucederá. Estos mensajes son simplemente para prepararles para el cambio, no para describir hasta el último detalle de lo que sucederá después de ello.

Así que esto es un cambio en la frecuencia y también es un cambio en la consciencia. Encontrarán que ustedes naturalmente comienzan a funcionar de nuevas maneras. El tiempo y la memoria son las primeras cosas que se van, pero sus cuerpos empezarán también a funcionar de maneras diferentes. Presten atención a sus cuerpos y a lo que estos les estén diciendo. Puede que encuentren que algunos alimentos ya no les atraen y otros repentinamente se vuelven atractivos. No hay reglas en este juego. Ustedes deben desechar toda idea de lo que creen acerca de "cómo es".

Manténganse en el momento y "vayan con la corriente". La entrega será útil en esto. Simplemente sigan dejando ir y (dejen) a Dios (dirigir las cosas) y tendrán un tiempo mucho más fácil en esto. Dondequiera que se aferren a las viejas costumbres, la presión se acumulará hasta que se rompa ese agarre, porque no pueden llevar ninguna de las viejas costumbres al nuevo mundo. Están siendo recreados *in situ*. Emergerás como un adulto maduro y plenamente formado, sin pasar por la muerte, el renacimiento y la maduración. De una forma adulta a otra.

Así que, ¿cómo se logra esto? Lo ACEPTAS. Te enfocas en escuchar adentro y en permitir que el proceso se desarrolle dentro de ti. Te permites derretirte y fluir. La resistencia será la fuente de todas y cada una de las incomodidades que puedas tener con este proceso. Simplemente dejar ir. Si te encuentras con algún tipo de incomodidad, entonces haz lo que tengas que hacer para relajarte en esta y cambiará.

Si te encuentras con algún tipo de incomodidad, entonces haz lo que tengas que hacer para relajarte en esta y cambiará.

Báñate. Medita. Escribe tus sentimientos. Respira. Respira. Respira. Tu respiración es siempre una pista de si estás aferrándote a algo o dejándolo ir. Suspira mucho. Eso le dará a tu cuerpo el mensaje de seguir dejándote ir. Esa sensación que tienes cuando suspiras — de enfatizar la exhalación — es la manera que el cuerpo tiene de decir que está dejándose ir. "Deja ir y deja a Dios [dirigir las cosas]". Este debería de ser tu lema. Te ayudará más que cualquier otra cosa a pasar a través de esta transición con el mínimo de incomodidades posible. Todo lo de tu antigua vida va a desaparecer, así que, ¿por qué aferrarte a ello? Simplemente déjate ir.

Realmente no hay mucho más que decirte hoy, ya que dejarse ir es el camino a través [los problemas que se avecinan]. Toda la mecánica y la logística están siendo manejadas para ti, así que solo toma un asiento de pasajero y disfruta de la vista. No tienes mucho más tiempo que esperar.

Amén, Adonoy Sabayoth. Somos las Huestes del Cielo.

Solo toma un asiento de pasajero y disfruta de la vista.

ACERCA DE LOS EXTRATERRESTRES Y LA COSECHA
9 de julio de 1999

Buen día. Hoy vamos a tocar un tema muy controvertido — el de los extraterrestres, los OVNIS y otros fenómenos "marginales" de este tipo. En primer lugar, para definir la palabra "extraterrestre".

Extraterrestre significa "desde fuera del planeta Tierra (Terra)".

"Extra", usado en este sentido, significa "fuera de"; "terrestre" significa "que tiene que ver con el [planeta] Tierra". Por favor tengan en cuenta que la palabra terrestre contiene la firma de Terra como el verdadero nombre del planeta. Ustedes ya están en Terra, pero no como ella llegará a ser.

Así que extraterrestre significa "desde fuera del planeta Tierra (Terra)". Bien, TODOS ustedes son extraterrestres en ese sentido, porque todos ustedes están siendo proyectados desde un nivel que no está basado en el planeta y sus cuerpos están hechos de elementos que son la materia de las estrellas. Ustedes son verdaderamente seres *celestiales*. También tomen nota de que la palabra extraterrestre coloca a la Tierra como el centro del universo e identifica todo lo que NO está en la Tierra como extraterrestre, una forma de pensamiento de "nosotros" y "ellos" que ahora es obsoleta. Nosotros preferimos el término "celestiales", pero para esta discusión, usaremos su convención y nos referiremos a los seres cuyo hogar no está en el planeta Tierra como ETs.

Los ETs vienen en muchas formas, tamaños y tipos. Sus medios de comunicación han popularizado a los "pequeños hombres grises" de fama de Roswell, y camisetas y otros artículos "turísticos" suelen estar estampados con pequeños ETs grises de ojos rasgados. Por sensacionalistas que sean (y con ellos las historias de secuestros, mutilaciones de ganado e intercambio sexual), no son todo lo que hay en este cuadro.

Hay muchas razas interactuando con tu gente en este momento. Los más visibles son los que están en las bandas de frecuencia más bajas, pero también hay aquellos que operan en las bandas de frecuencia más altas. Estos solo son visibles para ti en tu visión "interior". Nosotros estamos en esta última categoría por ahora. Usualmente no nos materializamos en la banda física, aunque sí podemos hacerlo si así lo decidimos. Nosotros estamos en las bandas que contienen aquellos que ustedes denominarían como Maestros, ángeles y arcángeles. Nosotros trabajamos en el Oficio del Cristo. (Esta no es una persona en particular, sino una oficina o posición dentro de la jerarquía espiritual)

Nosotros (los ETs) venimos en dos "sabores" de acuerdo con nuestra alineación y métodos de operación (M.O.). O bien servimos a otros (Servicio-Para-Otros, también conocido como SPO) o bien nos servimos a nosotros mismos (Servicio-Para-Sí, también conocidos como SPS). No importa cuál sea nuestra forma particular — o nuestro aparente "planeta de origen" — esto es lo más importante que tú debes saber sobre nosotros. ¿Somos SPO o somos SPS? Ese M.O. define cómo interactuaremos contigo y cuáles son nuestros verdaderos motivos.

SPS siempre quiere algo que sirva a sus propias agendas, pero que no va en concordancia con tus mejores intereses. SPO está ahí para ser de ayuda de cualquier forma que no infrinja tu libre albedrío y elección. No importa cuán dulces sean las palabras, siempre será útil al lidiar con aquellos que sean originarios de una cultura extranjera a la tuya ("alienígena" significa "extranjero") el preguntarse, "¿a quién sirve (esta acción)?", "¿es en mi mejor interés o el de ellos?"

Siempre es útil al lidiar con aquellos que sean originarios de una cultura extranjera a la tuya ("alienígena" significa "extranjero") el preguntarse, "¿a quién sirve (esta acción)?"

Ahora, como hemos dicho, solo HAY UNA VIDA que se está viviendo. No importa cuál sea el "disfraz" actual o el comportamiento aparente, todo es una expresión de esa única vida, la cual se puede denominar como Dios, el Creador, la Fuente o Todo Lo Que Es. *Todos* los ETs son expresiones de esa única vida. No queremos entrar en pensamientos divisorios del tipo "nosotros" o "ellos", ni divisiones entre "enemigos" y "amigos", sino más bien dar dos pasos atrás y simplemente observar: ¿A quién se sirve?

Ahora que hemos sentado las bases y el vocabulario, diremos que nosotros somos de la variedad SPO de los ET. Estamos aquí para ayudarte de cualquier manera que podamos que no infrinja tu propia libre elección. Los intrusos de los que hemos hablado son del otro "sabor". Ellos son SPS en su M.O. y como tales no están limitados por tales restricciones. Ellos pueden y van a infringir tu elección de cualquier manera que tú les PERMITAS, pero no pueden anular tu libre albedrío. Si no quieres lidiar con ellos, todo lo que tienes que hacer es hacer valer tu libre albedrío. Diles que se vayan y ellos deben obedecer.

Doquiera que tú albergues miedo, ese es un punto débil, un lugar donde eres vulnerable y ellos operan mejor jugando con tus miedos. Este es siempre el caso. Si te sientes indefenso o asustado de alguna manera, ellos han ganado poder sobre ti y ganar poder es todo su juego. Literalmente se alimentan de él. Tú has observado algo de este tipo de comportamiento entre ciertas personas en la Tierra. Es el mismo "sabor", no importa dónde lo encuentres. Siempre pregúntate, "¿a quién sirve?"

Hemos hablado de la cosecha de las almas y de los diferentes "destinos" que estarán disponibles después del Punto Nulo. Donde uno termine dependerá de la suma de las elecciones que hayan sido hechas por las almas que pertenecen a una Sobrealma particular. Habrá un cierto "cociente de luz" contenido dentro de la Sobrealma después de que haya cosechado todas las almas que le pertenecen y las haya absorbido. Este cociente de luz determinará el nivel al que vibre la Sobrealma, o su frecuencia.

Habrá un cierto "cociente de luz" contenido dentro de la Sobrealma después de que haya cosechado todas las almas que le pertenecen y las haya absorbido.

Podrías sorprenderte al descubrir que las Sobrealmas también vienen en dos sabores. Ambos sabores existen porque el Creador quería experimentarlo TODO; quería experimentar la gama completa de Su potencial creativo. No quería conocerse a Sí Mismo solo sirviendo a otros. Quería conocerse a Sí Mismo en todas las maneras que fuesen posibles. Todas las formas y comportamientos siempre son porque el Creador quiere explorar y conocer Su gama completa de potencial, nada más y ciertamente nada menos.

Es tan fácil etiquetar las cosas: "Esto es bueno; esto es malo". El Creador simplemente ES. No es ni bueno ni malo. No es compasivo, misericordioso, iracundo o castigador. Él simplemente ES. Esos atributos (compasión, ira, etc.) son proyecciones sobre un campo de consciencia pura que simplemente está experimentando todas las posibles formas de expresión que están disponibles para Él. Está A LA VEZ sirviéndose a Sí Mismo y sirviendo a otros. Sirve a otros al crearlos y permitirles participar en la experiencia que Él está teniendo. Se sirve a Sí Mismo creando a otros a través de los cuales Él Se experimenta. Solo HAY UNA VIDA siendo vivida. Es el Creador en Su infinito despliegue de formas o expresiones.

Esa es la manera "absoluta" de verlo. Pero tú (y nosotros) estamos también experimentando en el nivel "relativo" de experiencia. Dentro de esa experiencia "relativa", PARECE que hay "buenos" y "malos", los tipos de cosas y comportamientos SPO y SPS. Son "buenos" o "malos" solo cuando se comparan con otra cosa. Esa es la parte "relativa" — en la medida en que una cosa se RELACIONE (o haga referencia) con otra cosa.

No hay manera de evitar esto, ya que al Creador le gusta jugar al escondite Consigo Mismo y así Se oculta en todas las formas mientras Se busca a Sí Mismo. Esto hace las cosas mucho más interesantes, visto desde la perspectiva del Creador, porque hay mucha más "tela de donde cortar". Hay mucho más para trabajar y hay mucha más variedad disponible de la que habría si las cosas solo vinieran en uno de estos dos sabores.

Si solo hubiera el SPO, las cosas podrían volverse un poco aburridas después de un tiempo. Si solo hubiese el SPS, las cosas no durarían mucho tiempo, porque el sabor SPS, al servirse solo a sí mismo, es inherentemente depredador y destructivo hacia todo lo demás. Opera a través de la competición, no de la cooperación. Ustedes pueden ver los resultados en su propio planeta, el cual ha sido efectivamente destruido por estos comportamientos egoístas de parte de tantos.

Pero ahora estamos en el momento de la Cosecha, cuando cada uno viene por los suyos y busca maximizar su potencial en la "gran suma" que está en marcha en este momento. Todas las Sobrealmas quieren maximizar su cociente de luz, así que sus proyecciones andan por ahí, recolectando más luz del sabor del cual están hechas. Ambos sabores están activamente reclutando en estos momentos.

Los SPS están buscando aumentar su poder, por lo que hacen lo que pueden para aumentar la cantidad de miedo en los ambientes en los que están operando. El miedo les da acceso y les da poder sobre aquellos que tienen miedo. Ya que hemos definido el amor (en parte) como la ausencia de miedo, ustedes pueden ver como el amor es la antítesis de lo que ellos quieren que ustedes sientan, para promover su agenda de ganar poder. Ellos solo pueden ganar poder a través de los miedos de los demás, así que doquiera que el amor esté (como lo hemos definido), ellos están bloqueados para ganar poder.

Hay un gran número de ETs interactuando con la Tierra actualmente. Ellos están aquí por muchas razones — algunos para ser participantes activos en la Cosecha y otros para simplemente observar y aprender de ella. Vienen en ambos sabores. Nosotros estamos aquí para ayudarte a aumentar tu amor y tu cociente de luz. Otros están aquí para aumentar el miedo y así crear más oportunidades para aumentar su poder sobre otros.

El SPS se basa siempre en una relación jerárquica amo/esclavo. Las entidades SPS, sin importar su origen, están siempre tratando de ganarse un punto de apoyo sobre los hombros de otra persona para poder ganar poder sobre los demás y subir los peldaños de su jerarquía de poder. Los SPO buscan ayudar a otros seres soberanos, para interactuar de maneras que "nivelen el campo de juego" y eleven a todos los individuos a su máximo potencial. SPO se regocija en compartir la riqueza ilimitada del Amor y la Luz del Creador, mientras que SPS busca acumular la mayor cantidad posible de poder "finito". Lo más cómico es que cuando se observa desde la perspectiva más alta posible, ambos sabores están buscando ser más como el Creador, pero lo buscan desde lados opuestos.

El Creador es la Fuente de todo Amor, Luz y Poder. Pero el SPO no está interesado en el poder en sí sino que desea *ser* empoderado y ayudar a otros a la vez a reclamar su "derecho de nacimiento",— para compartir su ilimitado suministro con otros, porque hay suficiente para todos. El SPS busca obtener, mantener y acumular tanto poder como pueda, pero cuanto más exitoso es, más solitario se vuelve. En realidad, llega un momento en que el SPS se siente tan solo que decide que está cansado de todo ese poder, que la mera [posesión] del poder no es satisfactoria cuando no hay nadie con quien compartirlo.

Cuando un SPS alcanza tal claridad en su posición, entonces (y solo entonces) su "siguiente paso" natural es cambiarse a la versión SPO de la realidad y esto no es tan difícil como se podría pensar. Para cuando un SPS llega a ese punto, ha explorado tan a fondo todas las maneras posibles en que uno consigue y mantiene el poder para uno mismo, que ha agotado ese conjunto de posibilidades. Ha "estado ahí, lo ha visto y lo ha hecho todo" dentro de todas las experiencias posibles en ese sabor y ha llegado al final de su potencial creativo dentro de ese sabor, así que busca "pastizales más verdes" que aún no ha explorado, brinca la cerca y rápidamente se convierte en un aficionado SPO.

Los ETs de ambos sabores están aquí para reclutar (en el caso de los SPS) o para ayudar (en el caso de los SPO). Los SPS tratarán de impedir que aquellos de la orientación SPO permanezcan en su camino de creciente amor, porque entonces el suministro de fuentes de energía del SPS disminuye. Dado que el SPS se basa en la idea de un suministro FINITO, más que en la idea de abundancia ilimitada de los SPO, cualquier decremento en los niveles de miedo se percibe como una pérdida de poder por parte del SPS. Es por eso que uno ve a tantos individuos bien intencionados "dejándose engañar" por las entidades SPS. Es por eso que el amor (como lo hemos definido) es la mejor armadura y protección que uno puede tener y la mejor póliza de seguros que uno puede conseguir para "lograr el éxito" en el camino SPO.

Los medios de comunicación de tu planeta no están ahí para decir la verdad. Están ahí para vender cosas, porque así es como obtienen su parte del medio de poder que ustedes llaman dinero. El miedo vende. El sexo vende. El romance vende. La emoción vende. La verdad no vende, excepto cuando "expone" algo. ¿Y qué es eso sino excitación emocional? Los medios están ahí para estimularte a "comprar" lo que sea que estén vendiendo, ya sea un producto, una filosofía (¿a quién sirve?), o un punto de vista que te dé poder o que (más probablemente) te lo quite.

Los medios de comunicación han abordado el tema de los ETs, OVNIS y fenómenos "paranormales" de maneras que aumentan la excitación emocional, el incremento de la adrenalina también conocido como miedo. Últimamente esto ha cambiado un poco, ya que hay más aceptación de las realidades más elevadas, pero en general los medios sirven a los propósitos del sabor SPS más que a los del sabor SPO. Es natural que esto sea así, porque toda la economía planetaria está operando de maneras que sirven a los individuos SPS que están en altas posiciones de autoridad, más que a la población en general (que es tan ignorante e inconsciente de las consecuencias de sus elecciones que son peones fáciles de los tratantes del poder que están por encima de ellos).

Nosotros estamos aquí en grandes números y cuando sea el tiempo correcto, nos haremos visibles para aquellos que "tengan ojos para ver" — aquellos cuya frecuencia sea la del amor (como lo hemos definido) y que puedan por lo tanto ver a otros que operen en esa misma frecuencia. Aquellos que tengan miedo nunca nos verán. Si tú tienes miedo y ves a un ET, ten la seguridad de que es del sabor SPS.

Tú no puedes ver el amor a menos que estés en ese estado de amor, a través del principio de resonancia. Pero tú puedes siempre SENTIR amor, aun si todavía tienes algo de miedo. Así que, aunque no puedas vernos todavía (excepto con tu visión interior), siempre puedes SENTIRNOS en nuestra presencia. También puedes SENTIR los sentimientos que obtienes cuando las energías del SPS están a tu alrededor, ya sean estas de origen "humano" o "ET", ya sea que estén en tu banda de frecuencia visual o actualmente en frecuencias más allá de las que tus ojos físicos puedan ver.

Confía en tus sentimientos. Te diremos eso de nuevo. CONFÍA EN TUS SENTIMIENTOS. Sin importar cómo te "parezca" algo en la superficie, pregúntate: "¿Cómo se SIENTE esto para mí?" Hay muchos, cuyas lenguas gotean miel, que te dicen lo que quieres oír, que te ponen a dormir con sus voces hipnóticas y monótonas. Pero puedes SENTIR cuando estás siendo arrullado, puedes sentir cuando estás siendo desviado del buen camino. Es una diferencia sutil entre eso y quitarse el miedo por uno mismo. Puedes ser consolado cuando estés sufriendo, pero solo tú puedes lidiar con tus miedos. Debes enfrentarlos dentro de ti mismo. Nadie puede hacer eso por ti, aunque otros puedan — a través de su ejemplo, consejo y motivación — mostrarte el camino.

Ustedes mismos están a punto de convertirse en ETs, así que les corresponde convertirse en amos de sus propios sentimientos, para utilizar su capacidad de sentir para detectar quién está jugando cuál juego. No confíen en sus medios de comunicación para decirles que está pasando. Solo su sensibilidad y su voluntad de examinar los niveles más profundos de los fenómenos superficiales les ayudará a trazar su curso.

Al final, sin embargo, nunca se puede saber lo suficiente para estar seguro. Debes crear tu propio sentido de seguridad dentro de ti mismo. Pongan su energía en crear ese santuario interno, donde puedan conectarse con la Fuente. Pero a medida que se abren paso a través de estos últimos días antes de la Cosecha, sepan que hay aquellos que los usarían para su agenda y hay aquellos que están aquí para ayudarles a moverse a través de sus miedos a un estado de amor (como lo hemos definido). Depende de ti elegir en todos y cada uno de los momentos el moverte a través de tus miedos hacia el amor, ya que este es el boleto a Casa.

Aquellos que están destinados a ir a Terra necesitarán tener amor en sus corazones. No son sus hechos los que importan tanto como su frecuencia. Si tienes amor y no miedo, naturalmente te comportarás de manera amorosa. Si solicitan nuestra ayuda, la daremos de cualquier manera y en cualquier medida que no infrinja su propio derecho a elegir.

Hay una enorme cantidad de Gracia disponible para ayudarte a moverte a través de tu miedo, pero debes abrirte para recibirla. Medita. Respira. Reserva algo de tiempo de tranquilidad. Deja que entre el amor. Deja que el miedo se vaya. Estás a salvo. No puedes ser destruido. No tienes que "morir". Ustedes son seres inmortales, a punto de embarcarse en la aventura con la que han soñado, despiertos y durmiendo. Terra les llama.

Les dejamos ahora, en paz, honor y bendición. Hablaremos otra vez con ustedes.

Debes crear tu propio sentido de seguridad dentro de ti mismo.

RESUMIÉNDOLO TODO
10 de julio de 1999

Hoy queremos hablarles acerca de los próximos cambios en la Tierra y los efectos que estos tendrán sobre todas las diversas formas de vida en el planeta. Desde hace algún tiempo, hemos estado actuando como conservadores de ciertas especies, para preservarlas y preservar su genética para habitar el nuevo planeta, Terra. En Terra todo existirá en un estado exaltado, no solamente en la consciencia, sino que también en las formas que sean proyectadas a partir de esa consciencia transformada. Cada forma de vida será exquisita. Todo será glorificado cuando la Tierra tome su legítimo lugar como la joya de la galaxia.

Para tal fin, muchas de las especies abandonarán el planeta por completo. Son aquellas que no hemos recogido, ya que no estarán presentes ya más en la Tierra cuando asuma su nueva forma. Estas son principalmente aquellas criaturas que son parte del ciclo de muerte, enfermedad y descomposición. Hay algunas que sufrirán un cambio fundamental en su naturaleza, principalmente aquellas que han funcionado como mascotas para los humanos, pero también otras. De aquí viene la predicción de que "el león se recostará junto al cordero". Ciertos carnívoros cambiarán su naturaleza esencial para poder vivir en Terra y ser parte de ese hábitat.

A excepción de estos, las otras formas de vida que son depredadoras, portadoras de enfermedades y aquellas que participan en la descomposición hacia otras formas más elementales estarán ausentes. Todo lo demás será transformado o eliminado de la "lista" terrana de formas de vida. (Debe señalarse que formas de vida completamente nuevas de otras partes de la galaxia serán "trasplantadas" a Terra, de la misma manera que ustedes trasplantan plantas exóticas a sus jardines que no son nativas de su área).

Los cambios de la Tierra son parte de este proceso. Sirven a varios propósitos. El primero y principal es como dijimos: limpiar la Tierra de su carga acumulada de negatividad — esas energías y formas de pensamiento que son de las frecuencias más bajas y que le impedirían su propia ascensión a la próxima banda de frecuencia de la realidad. El segundo propósito es ayudar en la facilitación de llevar a todas las cosas a su propio "lugar correcto". Esta es una función especial que está siendo supervisada por el Arcángel Miguel y por nosotros, las Huestes del Cielo. (Nosotros somos las "Huestes del Cielo" de las que se habla en las expresiones "El Señor de las Huestes" y las "Legiones de Miguel".)

Tenemos que asegurarnos de que todas las cosas lleguen a su "lugar correcto".

Tenemos esta función especial por realizar — el asegurarnos que todas las cosas lleguen a su "lugar correcto". Tú puedes pensar en nosotros como directores de tráfico o especialistas en logística. Tus despachadores de taxis y de la policía realizan una función similar. Ellos llevan a los trabajadores al sitio correcto en el momento adecuado para ayudar a aquellos que necesitan ayuda. Los cambios de la Tierra sirven también a otros propósitos, incluyéndose el hacer que la forma de tercera densidad de la Tierra sea inhabitable por un largo periodo, para que el nuevo mundo tenga toda la atención que necesita para nacer plenamente.

Hemos hablado de la Tierra (y de Terra) en términos de ser el lugar del jardín de la galaxia. En la buena administración de la tierra, se debe permitir que cada porción permanezca en barbecho por un tiempo, para que se restaure el equilibrio y se repongan los nutrientes. La Tierra ha sido succionada hasta secarse, todos sus preciosos dones extraídos más allá del estado donde puedan recuperarse naturalmente en un corto periodo de tiempo. Se podría decir que los humanos han estado viviendo de la herencia de sus nietos durante algún tiempo, por lo que los cambios de la Tierra servirán también para darle a la Tierra el muy largo periodo de tiempo que necesita para recuperar el equilibrio y restaurarse a sí misma. Aquellos que van a habitar la nueva Tierra, Terra, serán alojados en lugares que les ayuden a prepararse para la nueva realidad que van a heredar. Terra ya existe pero no es visible aún, ya que las frecuencias humanas no han subido al nivel en el que deben de estar para poder percibirla y experimentarla como una realidad física.

Se acerca un tiempo en el cual todo lo que ha sido construido sobre el planeta en términos de estructuras artificiales será arrasado. Las estructuras subterráneas no serán tan afectadas, pero no tiene sentido buscar sustento en ellas, ya que no quedará nada vivo en la superficie. Pueden acumular reservas de alimentos, fuentes de energía e implementos, pero no pueden prepararse para vivir el largo tiempo en el que la Tierra de tercera-densidad estará en barbecho. Es un tiempo demasiado largo. La Tierra de cuarta-densidad — Terra — ya existe, prístina, fértil y exquisitamente bella. Solo aquellas formas que estén vibrando en esa frecuencia serán compatibles con ella, así que uno no puede hacer nada más que prepararse para ser una de ellas. De lo contrario, experimentarás un resultado diferente.

No solo las estructuras artificiales serán arrasadas. En sus escrituras, se dice que los valles serán levantados y las montañas serán abatidas. Este es el nivelamiento de la superficie del planeta al que nos referíamos, la eliminación de las energías almacenadas contenidas en las líneas de tensión en la corteza terrestre denominadas "fallas". Pero Terra será tersa por otra razón. "La forma sigue a la función" es otro de sus dichos.

Como ya les hemos dicho antes, Terra será un planeta de cuarta-densidad, de la orientación SPO. En SPO, todos y todo son soberanos. Nada existe excepto para expresarse dentro del contexto del todo. No hay acaparamiento o acumulación de riqueza por parte de unos pocos, porque hay suficiente para ser compartido por todos. Y nadie experimentará pobreza ni carencias de ningún tipo. En el elevado estado de consciencia de Terra, todos vivirán como la realeza, porque todos crearán lo que les plazca por crear. El planeta será terso para expresar la tersura de la vida, la igualdad de todos dentro de la Creación y la total abundancia que está disponible para aquellos que están alineados con las Leyes Universales.

Deseamos que escuches estas cosas desde la perspectiva adecuada. Nada perece. Solo cambia de forma. La forma que es apropiada para Terra es la versión exaltada de lo que ves a tu alrededor ahora. Las cosas deben cambiar o irse a otra parte. El planeta en sí mismo está a punto de cambiar su forma de manera drástica. Estos cambios cataclísmicos son el proceso de cura que el planeta debe atravesar para lograr su destino.

Está en el orden divino que todo esto suceda y está dentro del orden divino que suceda ahora, en este punto particular de la historia del planeta. La ventana se abrirá para proporcionar el camino, todo el camino de regreso hasta la Fuente. Todo lo que ha estado operando en la experiencia de la consciencia de separación debe ahora reconectarse con la Fuente o irse a otro lugar. Para estar en Terra, uno estará en un estado perpetuo de Unión con la Fuente y por consiguiente, con toda la Creación. Sus sentidos operarán en el espectro completo de la consciencia, no solo en la banda limitada que tienen disponible ahora.

Es principalmente debido a los próximos cambios de la Tierra que hemos venido a dar esta serie de mensajes, para que puedan ver lo que está sucediendo dentro de la perspectiva apropiada. Muchos de ustedes se han estado preparando para sus papeles mediante vidas enteras, tanto en esta como en anteriores. Es por eso que muchos de ustedes que están leyendo este mensaje han sentido que estaban aquí por algún propósito especial y por eso su trabajo ordinario en el mundo les dejó a veces preguntándose, "¿es esto todo lo que hay?, ¿es esto todo lo que voy a hacer?"

No, no es todo lo que vas a hacer, pero tu primera tarea es tu propia transformación. Entonces y solo entonces estarás equipado para salir y hacer el trabajo del Creador el uno por el otro. Entonces y solo entonces serás capaz de "ayudar" en la gran tarea que se avecina. Hasta entonces, tu tarea es abrirte para recibir. Tú no estás a cargo. No puedes hacer esto por ti mismo. Solo te puedes abrir para recibir lo que se te está dando.

Te hemos instado repetidamente a que le des a tu práctica espiritual la más alta prioridad. Así es como te abrirás para recibir lo que se te está ofreciendo en este tiempo. Tu Sobrealma te ha "programado" para muchas cosas en esta transición. ¡Relájate y disfruta el paseo! Tú única otra opción es resistirte y eso solo resultará en tu incomodidad. ¿Por qué no "fluir con la corriente"? Sé como el río y simplemente fluye a través de todo — líquido, sin resistencia y fluyendo. Podemos decirte que te divertirás mucho más de esta manera.

No hay manera de que podamos prepararte para todo lo que se avecina. Hemos hecho nuestro mejor esfuerzo para dirigirte hacia aquellas actividades y prácticas que harán de tu transición todo lo que te gustaría que esta fuese. El resto depende de ti. Si te resistes, las presiones se acumularán hasta que te rindas. Aquellos que no se doblen se romperán. Hay ayuda disponible en todo momento, pero tú debes pedirla, ya que no podemos infringir en tu libre albedrío y elección. Hay tanta Gracia fluyendo, si tan solo fueses lo "suficientemente agraciado" como para recibirla.

Recibe el regalo. No te alejes y pienses que no eres digno. Ustedes son los niños del amanecer, los arquitectos, constructores y ocupantes de Terra, la nueva Tierra. Reciban el regalo y sean humildes y agradecidos por esta oportunidad de servir, de experimentar y estar allí cuando el telón se levante en el nuevo escenario para el nuevo drama. Terra será verdaderamente la encarnación del "Cielo en la Tierra".

Les estamos tan agradecidos por estar dispuestos a asumir las prendas de carne para anclar esas energías entrantes que están fluyendo ahora en cantidades cada vez mayores y para actuar como pararrayos vivientes para aterrizarlas en el planeta para que ella pueda elevarse y ascender a su estado destinado — Terra, la joya de la galaxia. Estamos deseosos de trabajar con ustedes aún más. Hasta entonces, nos despediremos por ahora, pero sepan que estamos siempre con ustedes. Somos la "vara y el bastón" que les consolará y les sostendrá a través de todo lo que les espera. Todos y cada uno de ustedes, preciosos seres, está rodeado de ángeles, cuya única función es protegerles, amarles y guiarles — para llevarles a casa.

Amén, Adonoy Sabayoth. Somos las Huestes del Cielo.

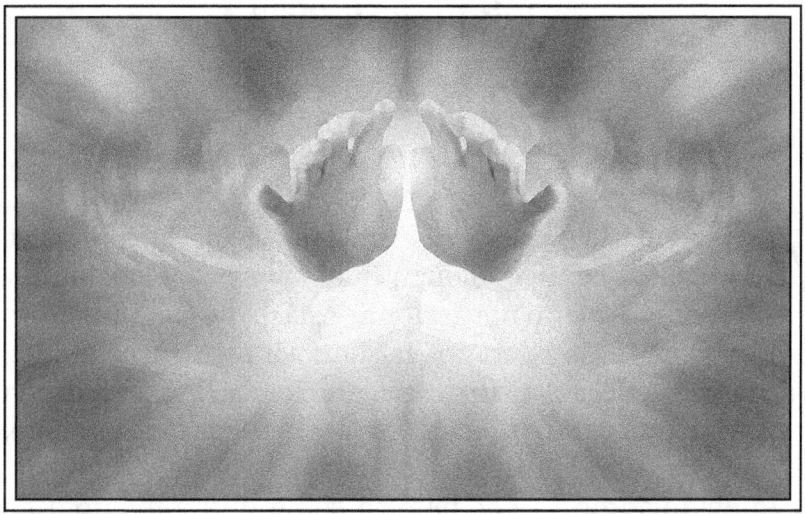

Tú estás rodeado de ángeles, cuya única función es protegerte, amarte y guiarte — para llevarte a casa.

SEÑALES A LO LARGO DEL CAMINO
21 de junio de 2000

Muy bien. Ha pasado casi un año desde la última vez que hablamos contigo. Siendo que hoy es el solsticio de verano [en el hemisferio norte, donde estás] — ese momento cuando el flujo de vida en la Tierra completa su movimiento ascendente desde las profundidades del solsticio de invierno hacia el sol del día y retorna sobre sí mismo una vez más para comenzar el viaje descendente, hacia el corazón de la oscuridad, hacia el próximo solsticio que marcará el comienzo del invierno — nos pareció como un momento apropiado para comenzar nuestra siguiente serie de conversaciones contigo.

¿No es extraño este movimiento siempre oscilante entre la oscuridad y la luz y de regreso de nuevo a la oscuridad? Sin embargo está en la naturaleza de las cosas en el planeta Tierra para que así lo haga. Ahora — justo cuando llega el verano — los pensamientos y la energía comienzan a contemplar y anticipar la llegada del invierno otra vez.

La oscuridad no es más que una parte del ciclo de la vida y estos "días de oscuridad" que marcan el final del ciclo planetario en 3D darán lugar a un tiempo de increíble luz, una primavera eterna para el planeta y para todos los que están sobre él. Les recordamos esto. No lo olviden. Porque así como la oscuridad ahora viene, la luz ya ha nacido dentro de ella.

Estos mensajes tienen la intención de ser un polo positivo para que lo lleven dentro de sus corazones, para equilibrar lo negativo que se expresará a su alrededor. Caminen en la luz. Lleven la luz. Sean la encarnación de la luz y descubrirán que el camino que tienen ante ustedes es uno fácil, incluso si todo a su alrededor se está derrumbando hacia su exterminio.

Hemos denominado este mensaje "Señales a lo largo del camino" y es nuestra intención el darles un poco de comprensión del camino que se encuentra directamente frente a ustedes. Los cambios de la Tierra han comenzado ahora en serio, aunque todavía son leves en comparación con lo que vendrá después. Notarán que los grupos de terremotos han sido bastante constantes ahora, y que son de una magnitud de importancia que debería hacer que el mundo tomase nota, pero todavía están dormidos. Es como si nada y no es noticia, siempre y cuando no cause destrucción de la propiedad y de la vida. Nótese que la propiedad se valora incluso por encima de la vida y la pérdida de propiedad siempre se menciona al informar sobre las consecuencias de los fenómenos de la Naturaleza. Así que ahora, mientras que estos temblores iniciales están ocurriendo a un ritmo récord, no hay ninguna mención de ellos en las noticias. No se considera que signifiquen algo. Pero SÍ significan algo. Significan que el tiempo del que les hemos estado hablando ya está a la mano.

En adición a los terremotos, están también el clima, los incendios, las inundaciones y otros fenómenos relacionados con el clima. Estas son también señales de los tiempos que les hemos mencionado. Los patrones del clima han estado cambiando por un largo periodo, pero ahora se nota que NO son "normales". Aun así, mientras algunas áreas sufren, otras experimentan un clima inusualmente benévolo. Es el mismo patrón de "ventajas e inconvenientes" que caracterizará tanto a los tiempos venideros. Mientras algunas cosas son destruidas y algunas personas caen en tiempos difíciles, simultáneamente, nuevas y hermosas cosas vendrán a la existencia y gente que había estado luchando empezará a prosperar. Muchas cosas cambiarán. ¡Y no de las maneras que tú podrías esperar!

TÚ también estás cambiando y si estás prestando atención, notarás que tus percepciones también están cambiando. Tus sentidos se agudizan y están en sintonía con más belleza en la vida. El paisaje y las cosas vivas parecen de alguna manera ser más brillantes. Los alimentos te saben mejor o peor, dependiendo de lo bien que los hayas elegido. Aquellos de una menor vibración o que son preparados por personas que resientan tener que cocinarlos sabrán peor, o te harán sentir mal después de comerlos. Aquellos que sean amorosamente cultivados y preparados y por los cuales expreses tu aprecio, no solamente sabrán mejor sino que te harán sentir más nutrido que aquellos que hayan sido "preparados a la carrera" o agarrados en el trayecto en un día ajetreado.

En la medida en que tú honres a tu propio ser lo suficiente como para seleccionar los mejores alimentos y comerlos con aprecio, en esa misma medida tú estarás incrementando tu "cociente de luz" y brillarás más. En el amarte y darte a ti mismo, estás en cierto sentido honrando y alabando a la Fuente que te crea.

¿Cómo responderías si alguien te diera un hermoso pastel?

Piensa en esto. ¿Si alguien te diera un hermoso pastel, en el que hubieran puesto los ingredientes más caros y deliciosos, lo tirarías al suelo, lo molerías bajo tu tacón y así despreciarías el regalo?

Con suerte, no lo harías. Si fueras perspicaz, verías cuánto cuidado se puso en la creación de ese pastel y te inclinarías en reverencia ante el panadero por lo precioso del regalo. Sus propios cuerpos son el "pan" que ha sido formado por el Creador. Sus propios cuerpos están hechos de los más preciosos ingredientes y sin importar cómo hayas sido tratado en tus viajes terrenales y por aquellos que fueron parte de tu viaje, todavía eres un regalo precioso para el universo. Honra ese regalo y trátate a ti mismo con amor y respeto.

Coman bien de los alimentos de la mejor calidad — aquellos que fueron creados con amor y consciencia, que fueron preparados con amor, atención y cuidado y que encajan con sus propias necesidades dietéticas. Esto no solamente les dará la mejor nutrición para apoyar a sus cuerpos en su transformación, sino que también les dará a sus cuerpos el mensaje de que se preocupan por ellos y ellos les apoyarán a cambio. Ustedes pueden experimentar una gran cantidad de rejuvenecimiento y curación a través de simplemente elegir bien y hacer de ello una prioridad.

Señales a lo largo del camino 129

Estos mensajes tienen la intención de ser un polo positivo para que lo lleven dentro de sus corazones, para equilibrar lo negativo que se expresará a su alrededor.

El cuerpo que ocupas actualmente será el que te lleve a través del puente de luz entre este mundo y el siguiente.

Sin embargo, hay algunas incomodidades que deben ser soportadas. El cuerpo que actualmente ocupas será el que te lleve a través del puente de luz entre este mundo y el siguiente. Todas tus otras vidas paralelas están siendo terminadas y las memorias celulares que llevas en todos tus tejidos están siendo purgadas. Tu relación con el tiempo está cambiando. Tu mente a menudo se pone en blanco en los momentos más molestos. Sientes que tu cabeza está hecha de algodón la mayor parte del tiempo y puede que te preguntes cómo vas a poder hacer alguna cosa. Necesitas dormir mucho y estás bebiendo mucha más agua (¡con suerte, agua muy pura!). Puedes estar ganando peso, perdiendo peso, creciendo pelo, perdiendo pelo — el proceso es muy individual, pero la única cosa que tendrán en "común" todos es que estarán cambiando.

Sus patrones de sueño variarán mucho. Podrás dormir muy profundamente o podrás estar inquieto sin saber por qué. Tu cuerpo podrá sentirse como si estuviera vibrando a veces, especialmente si te despiertas durante la noche entre periodos de sueño. Podrás tener cambios en los hábitos intestinales o cambios en los alimentos que deseas comer. Sean gentiles consigo mismos y cuídense.

Para aquellos de ustedes que están usualmente tan ocupados cuidando de los demás y sus necesidades, esto va a requerir que se pongan a sí mismos "primero", ¡lo cual ya es un cambio en sí mismo! Si tienes emociones que suben a la superficie, haz lo que puedas para facilitar su liberación sin revolcarte en ellas o quedar atrapado en dramas. Usa cualquier cosa que funcione para ti — canta, haz sonidos no verbales que expresen cualquier emoción que pueda estar surgiendo, escribe, báñate en la tina — cualquier cosa que encuentres como una manera más natural y de apoyo para que te muevas a través de la purga de tu memoria celular y de las emociones asociadas a tus diversas experiencias.

Para aquellos de ustedes que han tenido una vida difícil (y esa es la mayoría), permítanse ahora sentir el dolor de esos momentos en los que simplemente tuvieron que seguir adelante y los sentimientos que fueron puestos de lado para que pudieran sobrellevar la situación. Dejen que ese dolor salga a la superficie suavemente y véanlo pasar a través de ustedes y hacia afuera, como si estuvieran mirando dentro de una pecera, observando corrientes de agua turbia que se arremolinan y luego desaparecen.

Todos ustedes han experimentado mucho dolor y cualquier cosa que debas sentir ahora y dejar pasar a través de ti en su camino hacia afuera, déjalo que se vaya. Perderás un sentido de identidad a medida que avanza esta sanación. Ya no estarás seguro de quién eres, porque es a partir de esta "historia" personal de dolor que has decidido quién y qué eres y quién y qué no eres. La verdad es — en su nivel más fundamental — que todo lo que ves y sientes, todo lo que viste y sentiste, ERES TÚ. Pero al pasar a esta interpretación más amplia y menos definida de

Ti mismo, perderás los puntos de referencia a partir de los cuales te definiste en el pasado.

Te sentirás menos conectado con algunas personas, más conectado con otras, a medida que te mueves hacia los polos de tu destino y fusionas tu ser y tus energías con las de tu verdadera familia — tus hermanos y hermanas en los muchos mundos mansión del único e infinito Creador. NOSOTROS somos esa familia y ustedes se están preparando para despojarse de sus viejas pieles y ponerse sus vestiduras de luz. Cuando lo hayan hecho, estarán entre nosotros como iguales y seremos capaces de abrazarnos una vez más. Esperamos ese día tanto como ustedes, porque sabemos cuánta alegría tendremos todos en esa reunión.

Les dejamos ahora en paz, honor y bendición, y hablaremos otra vez con ustedes. Es el tiempo de venir a casa.

Les amamos tanto. Esperamos que puedan llegar a amarse a sí mismos también. Amén, Adonoy Sabayoth. Somos las Huestes del Cielo.

Esperamos que puedan también llegar a amarse a sí mismos.

TODO ES DIOS
22 de junio de 2000

"En el principio, Dios creó los cielos y la Tierra". Esto es lo que se dice; así es como está escrito en las escrituras con las que estás tan familiarizado. Pero no es realmente como fue.

En el principio estaba Dios y Dios era y ES "TODO Lo Que Es". Él *sigue* siendo Dios. Y por lo tanto, Dios no creó, en ese sentido, ninguna cosa que *no* sea Dios. Hay una tendencia a ver a la Creación a la vez como un producto de y separado del Creador, pero esto es una imposibilidad. El propio ser y sustancia del Creador penetra a toda forma y es efectivamente una expresión, un subproducto por así decirlo, del cuerpo único. Así como tienes cabellos en tu cabeza o pestañas en tus párpados, lo mismo sucede con cada forma en la Creación: están emergiendo del cuerpo único, de Dios.

Nosotros que te hablamos no somos más que una faceta de ese único Creador, tú no eres más que una faceta de ese único Creador. Es Dios quien habla a través de ti y a través de nosotros, porque nosotros todos somos Dios. Esto no quiere decir que SEAMOS el Creador, sino más bien que somos una parte del Creador, una expresión del Creador, una forma que reside DENTRO del Creador. Nada está fuera de Dios, ¿sabes?, pero esta es una expresión que está limitada por el lenguaje de las palabras. Cuando estés en Terra, tendrás la completa experiencia de estar totalmente en unidad con el Creador, donde tu cuerpo se estará experimentando a sí mismo como constantemente emergiendo de la sustancia del Creador, la matriz y el fundamento de todo ser y forma.

Y así, este Creador interpenetra todas las cosas. Todas las cosas tienen consciencia. Todas las cosas son parte de ese Creador. Ahora mira a tu alrededor, a tu hermoso planeta y ve la devastación causada sobre una parte del Creador por otra parte del Creador. ¿No es esto una locura? ¿Mutilarías tu propio cuerpo si estuvieras consciente de lo que estabas haciendo? Pensamos que no. Y sin embargo, esto es lo que le ha sucedido a este hermoso planeta y continúa sucediéndole, aún ahora, en esta hora tardía.

Los últimos gigantes de los bosques están siendo cortados para construir aún más productos para todavía más gente.

Los bosques están siendo talados a un ritmo récord. Es casi como un frenesí de alimentación, ya que los últimos gigantes del bosque son derribados para construir aún más productos para aún más gente y así continúa. Aun los árboles más pequeños están siendo cosechados en esta loca carrera por consumir, consumir, consumir, hasta que no quede nada. Sí, hemos hablado de los cambios de la Tierra. Sí, están en marcha mientras hablamos. Pero incluso si no hubiera cambios en la Tierra, esta loca carrera por reclamar para uno mismo lo último de los recursos cada vez más escasos de la Tierra pronto haría que el planeta no fuese apto para ninguna vida, muy especialmente para la habitación humana. Así que, de alguna manera, los cambios de la Tierra son algo misericordioso, para detener el proceso de llegar a un lugar cuyo resultado sería un sufrimiento incalculable.

Ha habido suficiente matanza; ha habido suficiente erradicación de especies. Y si la humanidad ha de progresar, sobrevivir y PROSPERAR, la profanación de este hermoso planeta debe terminar y pronto, antes de que todo sea ya demasiado tarde.

Pero todo está en el orden Divino. Todo esto es parte del experimento que fue ordenado desde la fundación de la Creación. Estas aparentes destrucciones siguen siendo la Voluntad de Dios, que a veces es difícil de entender para aquellos que todavía están en separación [de consciencia]. Pero cuando ya no estés en separación, estarás en un lugar desde donde podrás ver, entender, sentir y abrazar la totalidad de esta, sin quedar atrapado en el drama de la misma.

Y así la Tierra está en la hora final de su aflicción y la humanidad está bailando en la última gran fiesta. Hay muchos que están conscientes o sienten en algún nivel de su ser que el final está cerca y por lo tanto hay una aparente falta de consideración por lo que es prudente y una especie de temerario abandono para consumir aún más. Hay quejas acerca del alto precio de la gasolina y disputas acerca de lo difícil que es tener que pagar precios tan altos. ¿Cuál será el tumulto si la gasolina ya no está disponible? Y eso es seguramente una consecuencia. Los suministros no son infinitos. Sí, son vastos, pero también lo es el mar de la humanidad y la demanda por más y más petróleo es insaciable.

La demanda por más y más petróleo es insaciable.

También es muy destructivo — del medio ambiente, del aire, de las aguas. El petróleo se utiliza para crear incontables cosas que no se degradan una vez que se desechan, así que ustedes se están enterrando en su propia suciedad, en su propia basura. La tragedia es que lo que una vez fue un hermoso jardín, está siendo convertido gradualmente en un tiradero de basura. ¡Que profanación! Y aun así, todo fue previsto. Ahora es el momento de que eso llegue a su fin y no será un parto gentil, debido a las tensiones que permanecen en la corteza de la Tierra, reflejando su absorción de tanta energía negativa.

No hemos aún tocado el meollo del asunto. Estamos, en un cierto sentido, preparando el escenario para el drama que ahora se desarrollará. Es casi la hora de los cataclismos y queremos prepararles y prepararles bien para lo que viene y cómo irán las cosas para aquellos que están destinados a Terra y para aquellos que no.

Si ustedes están entre aquellos que están destinados a Terra, serán testigos de una vista bastante extraña, ya que mientras el mundo a su alrededor se desmorona y disuelve en entropía y muerte, se encontrarán prosperando y ascendiendo a un nuevo nivel de abundancia, alegría y bienestar. Son ustedes los que han sufrido durante tanto tiempo y ahora es su tiempo en la luz. Y los que se han embriagado con el exceso de consumo pagarán ahora ese precio.

No decimos esto en juicio, sino más bien como una evaluación de la situación por lo que esta es. Los terremotos preliminares han venido y se han ido y ahora habrá una breve pausa y entonces el siguiente nivel de limpieza tendrá lugar. Pronto, sus medios de comunicación no podrán ignorar los fenómenos de los cambios de la Tierra. Estará en la cara de todos. Habrá un incremento en la preocupación y el miedo a medida que estas cosas se desarrollen y se establezcan como un patrón, en lugar de eventos aislados. Podrían pensar que la Tierra — a través de estos pequeños terremotos — podría liberar suficiente tensión de su corteza y que no tendría que resultar en algo más severo. Sin embargo, es tal la acumulación de pensamiento negativo que ha sido absorbida por el planeta que todo debe de ser purgado. Así como sus propios cuerpos están siendo purgados, así también el cuerpo de la Tierra debe de ser purgado y limpiado.

Y así, esto resultará en cambios en la Tierra y eventos geofísicos, no solo de una magnitud mucho mayor de la que normalmente se experimenta, sino también de una mayor frecuencia y persistencia. Este primer conjunto ha esencialmente terminado, con algunos temblores secundarios aislados. Sin embargo, en un tiempo que está muy cerca, a más tardar en julio, estaremos siendo testigos del siguiente nivel de limpieza en la Tierra, el cual tomará variadas formas. No solamente habrá movimiento tectónico y erupciones volcánicas, sino que habrá otros tipos de cosas, como se predice en el Libro de Revelaciones (Apocalipsis) en la Biblia.

Habrá muchos fenómenos extraños en la Naturaleza. Habrá una

lluvia de "plagas" similares a las descritas en el tiempo de Egipto en la historia de Moisés y se avecina mucha tristeza en la limpieza del planeta, porque ella ha absorbido tanta tristeza la cual no quiere cargar más, ni le sirve a ella para nada cargarla. Porque en lo que ella se está convirtiendo es en Terra, la gloriosa joya en la corona de la Creación y en la que no hay lugar para la tristeza ni las lágrimas, solo para la alegría y el amor y todos estos asuntos de la tercera densidad pronto pasarán.

La limpieza será completa esta vez, no parcial como en otros tiempos, ya que nada de lo viejo podrá ser llevado hacia lo nuevo. Ustedes mismos están siendo purgados de su memoria celular y así es con la Tierra. La Tierra es un ser vivo y su cuerpo está plagado de "mal-estar" debido a todas las cosas que se le han hecho, además de haber absorbido todo el dolor y la pena de las formas mentales que ha experimentado o proyectado la humanidad. Y el dolor y la pena de los animales también se siente. Muchos de ustedes no se percatan de que los animales son totalmente conscientes y tienen lazos entre ellos y tienen intercambios energéticos en sus propias formas de comunicación. Así que los animales no son legalmente sus esclavos, ni sus mascotas o sus posesiones y sobre Terra, todos los animales serán libres.

Habrá más perturbaciones y rupturas, no solo en los cambios geofísicos, sino también en el tejido de la sociedad.

Y así ahora les hablaremos de los tiempos venideros. A muy corto plazo, habrá más perturbaciones y rupturas, no solo en los cambios geofísicos, sino también en el tejido de la sociedad. La tensión está creciendo y el clamor de que la gente "haga algo" está aumentando, y hay un gran descontento creciendo frente a la aparente prosperidad. Hay nubes oscuras reuniéndose, económica y socialmente. Va a haber erupciones, como forúnculos de una enfermedad. Habrá limpiezas dentro de las poblaciones de la Tierra, así como del planeta. Va a haber extrañas enfermedades de naturaleza mental, emocional y física — muchas plagas de muchos tipos. Algunas serán diseñadas por la humanidad y por aquellos de naturaleza despótica y algunas serán mutaciones de microbios existentes, como resultado del cambio de frecuencia y la creciente cantidad de luz de más alta frecuencia, conocida por ustedes como la ultravioleta. El agujero en la capa de ozono es por supuesto parte de la ecuación y es creado por el hombre, pero una vez más, diremos que TODO esto ha sido programado y es por una elección combinada y colectiva del alma.

Todos ustedes que han estado batallando a favor de la luz, portando la luz y suplicando ser escuchados y todos aquellos de ustedes que han tratado de detener la destrucción, la devastación, la codicia y la corrupción — todos ustedes han laborado y han laborado bien, pero parece que el mal (o lo que ustedes llamarían como el mal) tendrá su día. Una vez más, les recordamos que todo esto *viene* del Creador y *es* el Creador-en-expresión. Es difícil desde su perspectiva de separación entender cómo un Creador amoroso o benevolente puede permitir que tales cosas sucedan, o que un planeta tan hermoso sea sacrificado de tal manera. Pero esta historia TIENE un final feliz y deseamos recordárselo.

El Creador, siendo *el* Creador, desea experimentarlo todo, no solo las cosas que son placenteras. Quiere explorar TODAS las posibilidades, todas las combinaciones y permutas; y de hecho esto causa mucho aparente sufrimiento. Pero también hay un lugar para la alegría en esta Creación. Está en escaso suministro en su planeta por el momento, pero eso cambiará radicalmente después del cambio.

Y así ahora volvamos a los días venideros. Habrá mucha, mucha desarmonía, disrupción, caos, miedo, destrucción, pérdida de vidas, pérdida de propiedades, pérdida por todos lados — o así lo parecerá. Pero al mismo tiempo, aquellos de ustedes que están destinados a Terra se encontrarán prosperando y disfrutando de un estado de cosas mucho más feliz del que han tenido en los años que les han traído hasta aquí. Deseamos apoyarles en sus últimos días en la Tierra y hacérselos placenteros, porque ustedes han servido y han servido bien y ahora es tiempo de "reunir a las tropas" por así decirlo y de llamarlas a casa. El retorno a casa ocurrirá en cuestión de 3 a 4 años de su tiempo. Hay un retorno a casa hacia uno mismo que es parte de esto y un retorno a su legítimo estado como co-creadores de este maravilloso universo y también un retorno a casa a los lugares que nutren su corazón y enjugan sus lágrimas.

Deseamos tenerles de nuevo entre nosotros, nuestros hermanos y hermanas y somos su familia del alma. Somos SUS hermanos y hermanas, también. Ustedes son totalmente nuestros iguales y han sido valientes en su servicio y en su voluntad por asumir las vestiduras de carne, pero pronto será tiempo de que asciendan y sigan adelante y que se pongan sus vestiduras de luz y se conviertan en los dioses y diosas que son. Será un tiempo maravilloso para ustedes y las bendiciones nunca cesarán.

Ahora, los oscuros días que se avecinan conducen a un nuevo amanecer y los primeros rayos de ese amanecer ya son visibles. Mucho trabajo ha sido invertido. Mucho ha sido logrado. Muchos se han vuelto a la luz y si no con pleno entendimiento o pleno discernimiento, todavía se ha logrado mucho. Aquellos de ustedes que son originarios de los reinos superiores estarán recuperando su patrimonio, y pronto — al menos según nuestros estándares. Consideren que ha sido una caminata de 4 500 millones de años y 3 o 4 años no es más que un abrir y cerrar de ojos en ese tipo de escala de tiempo. Les pedimos que se den cuenta de que siempre estamos con ustedes. Nada sucede por accidente. No existen los accidentes. Todo es una proyección de Dios y todo contiene dentro de sí las semillas de su propia realización. Les hablaremos más acerca de estos asuntos, pero eso es todo por ahora.

Amén, Adonoy Sabayoth. Somos las Huestes del Cielo.

Los días oscuros que se avecinan conducirán a un nuevo amanecer y los primeros rayos de ese amanecer ya son visibles.

EL PUNTO DE CRUCE
27 de julio de 2000

Ayer — 26 de julio del año 2000 — marco un importante hito en el viaje a Terra. Nosotros preferimos denominarlo como "el punto de cruce", porque marcó el cambio desde el movimiento de embudo hacia adentro (el cual ha estado ocurriendo desde que la Tierra fue formada) a un movimiento de embudo hacia afuera, que representa la expansión hacia la nueva realidad. Ustedes tal vez estén familiarizados con la forma de la espiral que describe la evolución; cada vuelta de la espiral ve un retorno a temas y asuntos pasados, pero en un nuevo nivel, enriquecidos por las lecciones de la experiencia previa. Pero también puede haber un movimiento de espiral hacia adentro, en la que las "lecciones" del pasado — en la forma de memorias e impresiones — son expulsadas a medida que la espiral se tensa hacia un "punto cero", en el cual no tiene ya en absoluto circunferencia.

Ayer marcó ese punto en el cual la espiral hacia adentro alcanzó su máxima compresión y comenzó a girar en la dirección opuesta. Ahora, en lugar de desechar viejas memorias e impresiones, reunirá hacia sí misma experiencias y expresiones totalmente nuevas, ninguna de las cuales ha sido experimentada en la Tierra de 3D en toda su historia. Este es el tiempo de la recolección; de la cosecha de todo aquello que ha sucedido anteriormente y de la recepción de los "regalos del reino". Para ustedes que están destinados a Terra, esto vendrá como un gran alivio, ya que muchos de ustedes han soportado gran sufrimiento y dificultades de todo tipo. Ahora, sin embargo, eso ha servido y dejará de existir. Ahora es su tiempo para encarnar las riquezas que les pertenecen a aquellos que sirven al Único Infinito Creador de todo corazón y será un tiempo bienvenido por todos ustedes, con toda seguridad.

No todo llegará de una sola vez. Así como la espiral se enrolla hacia adentro durante largos periodos de tiempo, así también su expansión se desenrollará hacia afuera durante largos periodos de tiempo. Sin embargo, en la forma de la espiral, ustedes pueden ver que cerca de su parte más estrecha, las vueltas son más cortas y por lo tanto están más juntas en el tiempo. Así como ustedes han experimentado una aceleración interior a medida que la espiral giraba cada vez más rápido en sus ciclos hacia el "punto cero", ahora que el "punto de cruce" ha sido alcanzado, los ciclos iniciales serán muy rápidos al principio y gradualmente se harán más lentos a medida que los giros abarquen más y más "territorio".

En el comienzo, ustedes no notarán cuánto ha cambiado. Todo un nuevo paradigma fue anclado, pero debido a que el alcance de la espiral es tan limitado por estar tan cerca del punto de cruce, pasará algún tiempo antes de que noten cuán diferentes se están volviendo sus vidas. Al principio será una cosa muy sutil, más sentida que vista, pero en un tiempo relativamente corto, será inconfundible.

La espiral ha abarcado más de 4 mil millones de sus años y el viaje hacia afuera tomará por lo menos otro tanto para completar la innata simetría [que refleja la espiral hacia adentro] Sin embargo, ya que el movimiento hacia afuera es una expansión, realmente puede continuar para siempre, ya que nunca más habrá otro "punto de cruce" para esta Creación.

Ustedes encarnarán más y más luz hasta que sean solo luz.

Se trata realmente de ir más allá de TODA limitación y por lo tanto la fase de expansión será sin límites — esencialmente de naturaleza infinita. En lugar de UNA CONTRACCIÓN de vuelta a la Divinidad, ustedes se EXPANDIRÁN Y EXPANDIRÁN hasta que se FUSIONEN con esa Divinidad en su infinito alcance y expresión. Ustedes encarnarán más y más luz hasta que sean solo luz. Cada vestigio de densa materialidad se disolverá en pura luz y consciencia, pero ese es un viaje de miles de millones de sus años — difícil de relacionarse con él para ustedes o de imaginarlo.

Así que ahora ya está aquí — el tiempo para el que se han preparado por tantas vidas, con tantos disfraces. Esta es la última de sus expresiones físicas densas y desde aquí solo se llenarán de más y más luz. Les recordamos que se trata de un proceso, no de un "evento", así que el cambio será gradual pero seguro. Llegará un momento en el que ustedes tendrán que ser levantados de la superficie del planeta y mantenidos a un lado mientras todo lo demás se desenvuelve hacia su finalización. Nosotros estaremos asistiendo en esto, pero es una colaboración entre nosotros, no una "misión de rescate". Ustedes también llevan su responsabilidad en la ecuación, lo cual ha requerido mucho de ustedes en el pasado.

Ahora solo se requiere que se abran para recibir lo que es suyo por recibir. Esto puede traer a colación algunos asuntos para algunos de ustedes — asuntos de autoestima y conflictos acerca de "cómo se debe ver" el ser un "servidor". Ha habido mucho condicionamiento en sus religiones de que ustedes son pequeños e indignos y deben poner sus esperanzas en un ser o fuerza externa para "salvarlos" de sus imperfecciones terrenales. Pero a nuestros ojos, ustedes son YA PERFECTOS y todo lo que se necesita es que se abran y agradecidamente reciban su "derecho de nacimiento" como los hijos e hijas del Creador.

Aquellos que no están destinados para ir a Terra tendrán una diferente experiencia y muchos de ellos pasarán pruebas y sufrimientos mientras se mueven hacia sus polos de destino. Recuerda que todos están operando de acuerdo a la elección de su alma. No te sientas superior a ellos, ya que solo estás manifestando la elección de tu alma también y todas las almas son iguales en la Creación. Ellas no son más que aspectos del Creador Único, así que ¿Cómo pueden ser otra cosa más que perfectas? ¿Cómo podría cualquier aspecto del Creador ser más o menos importante que cualquier otro aspecto? Es TODO Dios-en-expresión como les dijimos la última vez. Simplemente ríndanse al camino de su destino y den gracias por la bondad que ahora viene hacia

El punto de cruce   143

ustedes. Y permitan que todos los demás hagan lo mismo [con respecto a SU camino de destino]

Si te sientes movido a ayudar durante el sufrimiento de otros, por supuesto hazlo. Pero no lo hagas por culpa o para "ganar puntos en el cielo". Está perfectamente bien que simplemente los envuelvas en tu amor y tu luz y no hagas nada exteriormente para impedir su proceso o movimiento de destino.

Llegado el momento, cuando ustedes realmente vuelvan sus rostros hacia Terra y dejen a su amada Tierra de 3D detrás, nada de esto importará ya más. Habrán entregado todos sus apegos a sus identidades previas y gustosamente abrazarán el "nuevo mundo" que es suyo por experimentar. Pero es suficiente acerca de esto por ahora. Todavía falta algún tiempo y hay mucho que disfrutar, explorar y crear mientras tanto. Regocíjense ahora, donde estén y cómo estén, porque esta ES su última vida en la existencia física densa y tienen la oportunidad de disfrutarla antes de dejarla atrás para siempre.

Les dejamos ahora en paz, honor y bendición. Amén, Adonoy Sabayoth. Somos las Huestes del Cielo.

Ustedes habrán rendido todos sus apegos hacia sus identidades pasadas y gustosamente abrazarán el "nuevo mundo" que es suyo por experimentar.

LA TORMENTA QUE VIENE
21 de septiembre de 2000

Ahora llegó el tiempo acerca del cual les hemos hablado. Este es el tiempo en el año [en el hemisferio norte] en el que el día y la noche son de igual duración, pero pronto la noche será más larga y el día será más corto. Así que la oscuridad parecerá aumentar y la luz parecerá disminuir, pero así como el sol está siempre brillando detrás de las nubes, así el amanecer está esperando más allá de la noche. Y así es ahora.

Ustedes han entrado en un tiempo en el que habrá mucha confusión, miedo y "oscuridad", porque ¿qué es oscuridad sino falta de comprensión? Todo lo que llamarían "oscuridad" o "maldad" no es más que falta de comprensión y así que nunca es una condición permanente, pero mientras está en operación, puede causar mucho sufrimiento para muchos.

Y así es ahora. Hay algunos en su planeta que se denominarían a sí mismos como "humanos", pero que en sus acciones, pensamientos y palabras parecerían más bien ser algún tipo de monstruo — sin sentimientos por el dolor y el sufrimiento de los demás. El "cociente de amor" en estos individuos está casi ausente, pero eso es también parte de su aprendizaje.

Hitler

Piensen en aquel que ustedes llamaron Hitler. ¿Estaba iluminado? ¿Fue feliz? ¿Estuvo satisfecho con lo que su vida le trajo?

La respuesta es claramente "No". Y así, el alma de este que ustedes llamaron Hitler todavía está en los planos interiores, reflexionando sobre los efectos de esa vida, tratando de comprender qué fue lo que salió tan horriblemente mal.

~ 144 ~

Cada uno de ustedes se ha encarnado para obtener ciertas comprensiones y esto no es diferente para aquellos de la persuasión SPS que para aquellos de la orientación SPO. Cada uno de ustedes está tratando de comprender, lo cual se hace más difícil por el hecho de que están velados. Así que, cuando observes lo que a ti te podría parecer el colmo de un comportamiento insensato, recuerda que estas son almas que simplemente están tratando de comprender por qué las cosas no están funcionando muy bien para ellos. Aun aquellos que se consideran a sí mismos como que saben qué es lo que es "mejor" para todos serán retados en los días por venir.

Todo está a punto de cambiar y de cambiar radicalmente. La gente tiene diferentes maneras para tratar de hacer frente al cambio. Algunas buscan soluciones constructivas y cooperativas; otras buscan retirarse y armarse en contra de toda posibilidad. Cada uno de estos tipos de elecciones lleva hacia una mayor comprensión. Al final, uno tiene que rendirse totalmente al hecho de que simplemente no puede uno saber todo y entonces uno tiene que dejar ir y dejar que Dios muestre el camino. ENTONCES los "milagros" pueden ocurrir, pero no mientras uno piense que está en las propias manos "hacer que suceda".

Aquellos que se han posicionado como la élite del poder en su planeta han establecido grandes planes para apoderarse de todo y beneficiarse de ello. Sin embargo, el poder que han amasado solo se basa en la economía. Mientras el sistema económico opere y la gente tenga que depender de él para sus necesidades, la élite del poder tendrá un tiempo suave poniendo en marcha sus planes de dominación mundial. Sin embargo, esto sería una violación de las elecciones de todos los demás y esta vez en particular en el curso de la Tierra, todo es acerca de elecciones, así que la Tierra misma será un factor importante para mantener las cosas más parejas para que todos tengan la oportunidad de elegir.

Se avecinan grandes tormentas — económicas, geofísicas y políticas. La gente será retada a hacer una elección: ¿actuarán solo para su autopreservación o trabajarán en conjunto para ayudarse los unos a los otros? Ustedes que leen y aprecian estos Mensajes se salvarán de la peor parte de las cosas, ya que un suceso bastante dramático se les avecina en un futuro muy cercano (ese es un término relativo, por supuesto, ya que el tiempo no tiene significado para nosotros, ya que en las dimensiones superiores — siempre es "ahora").

En un futuro cercano, a medida que son elevados en su vibración, se experimentarán a sí mismos como viviendo en un tipo muy diferente de realidad. No será un cambio abrupto, sino un amanecer gradual en su consciencia de que las cosas no son las mismas de alguna manera. Al mismo tiempo, habrá un umbral que podrá ser sentido por aquellos que son sensibles a tales cosas y ustedes estarán de manera segura del otro lado de la barrera que separa la tercera densidad de la cuarta.

No se equivoquen: esto solo ocurrirá para aquellos que estén sintonizados y alineados con estos Mensajes. Los otros que hayan elegido Terra pero aún no han despertado, soportarán los efectos de las tormentas venideras como parte de su proceso de limpieza personal y la oportunidad de refinar su elección por el camino positivo. Todo está diseñado para brindar el máximo beneficio para todos: aquellos que elegirían ahora y aquellos que elegirán más tarde. Todo es acerca de mayor comprensión y la elite del poder también tendrá sus "lecciones".

Este parto será difícil para la mayoría de la gente de todas las creencias en su planeta. Aun los SPS se enfrentarán al reto de hacer frente a las cambiantes circunstancias y la destrucción de sus bien elaborados planes. Vean, todo es un castillo de naipes construido sobre tecnología que es vulnerable a ser trastornada a través de cualquier número de ocurrencias. Una bien dirigida llamarada desde el Sol podría acabar con todos los satélites de comunicaciones y derribar prácticamente todo el comercio internacional. El sol es también un actor en esta ecuación.

Hay otras maneras en que el sistema puede ser trastornado. El clima jugará un papel importante en las cosas y las cosechas perdidas no serán la única consecuencia. Sin embargo, esto va a "lastimar" más a la "gente pequeña" que a los ricos y poderosos, así que no será un factor tan importante a corto plazo.

La élite del poder no es invulnerable, pero pasará algún tiempo antes de que sea derribada. Mientras tanto, parecerá que tendrán su día para gobernar y se les dará la oportunidad para obtener una mayor comprensión de la naturaleza del camino que han elegido. Puesto que TODO ES DIOS, habrá otros individuos aparentemente separados a los cuales se les dará la oportunidad de aprender sus "lecciones" de primera mano, mientras que al mismo tiempo adquieren su propia comprensión sobre las mejores maneras de no convertirse en víctimas bajo las aplastantes maquinaciones esgrimidas por la élite del poder. SPS está siempre tratando de esclavizar a otros; SPO desea ser libre y deshacerse del yugo de la opresión, doquiera que lo encuentre.

La tormenta que viene   147

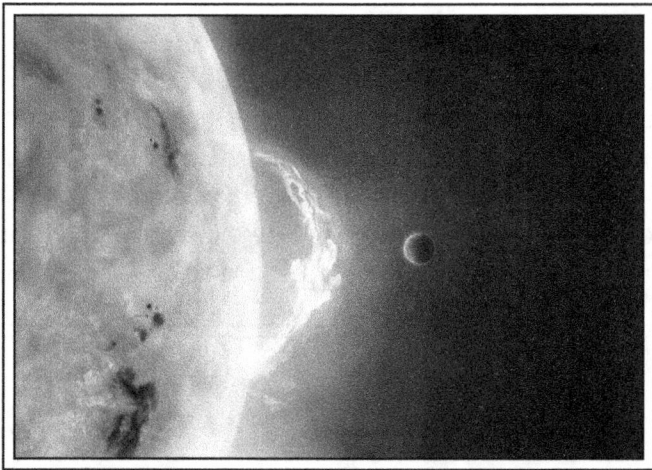

Una bien dirigida llamarada desde el Sol podría acabar con todos los satélites de comunicaciones y derribar prácticamente todo el comercio internacional.

Aquellos que se han posicionado como la élite del poder en su planeta, han establecido grandes planes para apoderarse de todo y beneficiarse de ello.

Y así un choque entre estas dos fuerzas opuestas — los que esclavizarían y los que serían libres — es inevitable. Tomará muchas formas, de las cuales la más importante es su familiar "guerra". Sin embargo, habrá "guerras" que se librarán de otras maneras y en otros campos de actividad. La verdad luchará contra la falsedad. El amor se esforzará contra el miedo. Cada persona tendrá muchas oportunidades para elegir — momento a momento, día a día — y al así elegir, hacer su elección colectiva para uno u otro camino.

Hay muchos futuros paralelos que emergerán de la plataforma de la Tierra de tercera-densidad. Cada uno de ellos es una "capa" que vibra con cierta frecuencia, similar a las bandas de color de su espectro visible. Sin embargo, el espectro es continuo, con un color fluyendo hacia el otro y estos futuros paralelos en última instancia se separarán los unos de los otros hacia distintos y únicos mundos de experiencia. Hemos hablado del muy pequeño porcentaje que terminará sobre Terra.

Hay muchas "rebanadas" que serán cortadas de la única "hogaza" que constituye su presente realidad.

Hay muchas "rebanadas" que serán cortadas de la única "hogaza" que constituye su presente realidad. La cosa más beneficiosa que puedes hacer por ti mismo es enfocarte enteramente en ti y en tus elecciones. Hagas lo que hagas, siente dentro de esas elecciones en cada momento del día, en cada día y escoge lo que te parezca "correcto" hacer en ese momento. Estás tratando con una ola de cambio y la disciplina es "surfear" esa ola permaneciendo totalmente presente — ni en el futuro ni en el pasado — para no perder así tu balance inclinándote demasiado hacia adelante o hacia atrás.

Será un tiempo en que te encontrarás recordando todo lo que te llevó al momento presente y tendrás fe recordando por todo lo que ya has pasado, pero cada vez que sigas ese hilo del pasado hasta un punto de conclusión natural, regrésate gentilmente al momento presente, tal y como un perro se sacude a sí mismo después de nadar en un lago.

De la misma manera, si te encuentras derivando hacia ensueños del futuro, cuando hayan llegado a un final natural, regrésate gentilmente al presente y concéntrate en lo que tienes frente a ti por hacer en ese momento. Así es como caminarás: paso a paso, momento a momento, aprendiendo a vivir en el AHORA.

Cerraremos volviendo al título de este Mensaje: "La tormenta que viene". La manera en que sobrevivirás y PROSPERARÁS en estos tiempos será permaneciendo fijo en el momento presente. Confía en el Creador para guiarte perfectamente hacia tu destino. Mientras muchos parecerán sufrir, tú serás levantado libre de todo eso, para poder servir más adelante, cuando los que queden necesiten tu ayuda. Tendremos más que decir acerca de ese tema, pero por ahora te dejamos en paz, honor y bendición.

Amén, Adonoy Sabayoth. Somos las Huestes del Cielo.

Así es como caminarás: paso a paso, momento a momento, aprendiendo a vivir en el AHORA.

PERMITAN TODAS LAS COSAS
28 de septiembre de 2000

En el principio, había no-cosa. Entonces surgió un pensamiento y de ese pensamiento nacieron todas las cosas. Al principio, solo había armonía, pero no se hacía mucho "progreso", porque aunque todas las cosas estaban en armonía, no había mucho ímpetu para el cambio o la exploración de caminos alternos. El Pensador del pensamiento notó esto y pensó otro pensamiento. Este segundo pensamiento introdujo la idea de los opuestos, que podrían chocar y por lo tanto producir lucha. Todo lo que ven a su alrededor es el resultado de esa lucha.

Si todo se hubiese mantenido como UNO, nada de la riqueza que ven en sus vidas hubiese ocurrido. Una gran abundancia de formas y una gran abundancia de posibilidades fue así creada y el pensamiento original fue grandemente expandido por esta elección por parte del Pensador, pero también a un gran precio. ¿Conocen ustedes la expresión "la perla de gran precio?" Este es el precio del que hablamos.

A medida que las cosas se despliegan en su planeta y en su tiempo, estos dos contrarios aumentarán su movimiento hacia polos opuestos. Todo lo que está en el medio se moverá a los polos o perecerá, para comenzar de nuevo en otro mundo donde tendrán más oportunidades de explorar la elección de los opuestos. Cuando decimos "perecer", sin embargo, nos referimos únicamente a sus cuerpos físicos. Sus Sobrealmas persistirán y simplemente insertarán otras expresiones de sí mismas hacia los mundos que aguardan al otro lado del cambio.

TODAS las Sobrealmas están ahora retrayendo sus proyecciones, así que aun para aquellos que transitarán este cambio intactos, en el vehículo que actualmente ocupan, solo habrá una proyección de su Sobrealma que viajará en la ola de cambio. ¿Cómo, entonces, debes de considerar todo esto y cuál será el proceso y la experiencia de ir primero a los polos y luego a tu camino de salida destinado desde la Tierra 3D a Terra de 4D?

Para empezar, habrá una intensificación de las polaridades. Aquellos que estén inclinados hacia el polo positivo, (o SPO) lo estarán aun más y aquellos inclinados hacia el polo negativo (o SPS) también lo estarán más. Esto creará el máximo potencial energético, pero también creará la mayor desarmonía, EN CASO DE que los dos polos interactúen. Ahora bien ¿Cómo puedes experimentar este viaje con la menor cantidad de fricción? Te desconectas de la lucha contra la negatividad y te retiras a un mundo que es únicamente de tu polo, que es totalmente armonioso para ti.

Aquellos que estén inclinados hacia cualquiera de los polos, se convertirán en ello aún más.

"Pero, ¿qué pasa con el mal?" te preguntas. Lo que tú llamas maldad no es más que una elección. ¿Recuerdas la enseñanza en la Biblia de "no resistir el mal"? A fin de tener la transición más suave a tu resultado destinado, tú debes permitir todas las cosas. Debes permitir todas las elecciones y eso incluye la elección por el camino negativo. Si tú interactúas con el "mal", ligas tus energías al conflicto y no puedes experimentar paz ni armonía mientras que estás luchando contra la elección de alguien más. Permite todas las cosas. Permite todas las elecciones del alma. Permite, permite, permite.

Muchos de ustedes se refieren a aquellos a quienes denominan Maestros. Nosotros les diremos que NUESTRA definición de un Maestro es aquel que está tan expandido en su comprensión que él o ella aceptan TODO dentro de sí, dentro de su abrazo y lo sostienen sin preferencia, sin decir o sentir que una parte es mejor que cualquier otra parte.

Cuando hayas nacido completamente en tu nueva consciencia, una gran comprensión te llenará. Verás por primera vez desde que asumiste el velo que esconde la verdad de tu vista. Verás todas las cosas en su lugar justo y con su significado correcto. Pero por ahora, solo ves una parte del cuadro, así que al recordar que hay más cosas que están sucediendo de lo que puedes percibir, serás llamado nuevamente a rendirte y a permitir todas las cosas.

Tú no estás a cargo. Tú no eres la fuerza que impulsa la creación hacia adelante. Pero tú eres un aspecto de esa fuerza en acción y por lo tanto, en algún momento RECUPERARÁS la plena comprensión de la naturaleza de esa fuerza y de tu propia naturaleza verdadera.

Hasta entonces — hasta que tengas plena comprensión — reconoce y acepta que tu comprensión está limitada en un grado u otro y por lo tanto permite todas las cosas, pues no conoces su propósito oculto. No sabes cómo sirven.

Si se te PREGUNTA, entonces por supuesto responde como sientas que es lo correcto. Pero habrá más que estarán hablando y declarando que los que estarán preguntando. Muchos más estarán gritando y aun chillando en su temor que los que estén haciendo preguntas. Si alguien te pregunta, entonces y solo entonces debes responder, pero si nadie te está preguntando, permanece en tu centro y arraigado en la verdad de tu ser y en tu elección por el polo que has elegido.

No resistas el mal. No resistas nada. Ríndete a la inteligencia superior que guía cada uno de tus pasos y simplemente pregúntate cuando tengan dudas: "¿Cómo debo ser en esta (situación)?" "¿Cuál es la acción correcta aquí?" Pero siempre parte de tu propio centro, de tu conocimiento de lo que es verdad para ti. Estate contento de tomar tus propias decisiones por ti mismo y permite que los demás hagan lo mismo. ¿De qué sirve intentar "rescatar" a alguien? Solo habrás retrasado su oportunidad de tomar sus propias elecciones.

En Terra, todos serán soberanos. Ser soberano significa estar dispuesto a estar totalmente solo en la propia comprensión, para estar más allá de poder ser coaccionado o manipulado. Muchos grandes sabios y guerreros en muchas tradiciones han tenido esta cualidad.

Ustedes ahora deben ser guerreros, solo guerreros en el sentido de permanecer firmes en medio del caos inminente, no en resistirse a nada de lo que ahora se desenvolverá.

Estén calmos en el medio de la tormenta. Continúen respirando. Mediten. Sigan conectando a tierra la luz que está ahora fluyendo hacia el planeta. Sigan abriendo el canal de sus cuerpos y conecten la luz al planeta. Vacíate hasta que seas como una caña hueca, capaz de simplemente permitir que todas las cosas pasen a través de ti. La limpieza está en marcha y se acelerará con el paso del tiempo. Permite, permite, permite.

Estén calmos en el medio de la tormenta. Continúen respirando. Mediten.

Aún estás dormido, pero estás despertando. Cuando hayas despertado completamente, la realidad que verás no será la realidad que otros que todavía estén durmiendo y luchando unos contra otros verán. Flotarás más allá de todo eso. Experimentarás una calma total, paz y armonía, aun mientras la tormenta ruge a tu alrededor. Estarás centrado en la paz y la armonía, incluso mientras las cosas se deshacen en tu entorno. Pronto, ni siquiera te darás cuenta porque estarás fascinado por algo más. Una hermosa luz te llamará y tú la seguirás. Estarás yendo a casa.

Amén, Adonoy Sabayoth. Somos las Huestes del Cielo.

Una hermosa luz te llamará y tú la seguirás. Estarás yendo a casa.

EL NUEVO MILENIO
21 de noviembre de 2000

Ahora ya estamos a finales del año 2000 y el milenio está llegando a su fin. Ha sido un largo viaje y muchos esperaban que el gran cambio ocurriese el 1.º de enero del año 2000, pero el gran cambio está justo adelante. No importa lo que se hizo o cuándo fueron ajustadas las fechas en su sistema calendario. Permanece el hecho de que en la realidad de consenso de la mayoría de la población de su mundo, este sistema de numeración está en uso y es aceptado como la realidad y por lo tanto tiene la energía de la realidad para todos aquellos que lo aceptan. Dado ese marco de referencia, el nuevo milenio está a punto de comenzar y con él vendrán muchos cambios. Las diferentes realidades ya están bien encaminadas en el curso de la separación entre sí y eso continuará. Sin embargo, para aquellos que están destinados a Terra, el cambio hacia la nueva realidad ya ha comenzado y esto se hará mucho más evidente a partir del 1 de enero de 2001 en adelante.

Ha habido una aceleración sustancial en los meses recientes desde que el punto de cruce del 26 de julio se alcanzó y pasó. Ahora la espiral girará más lentamente, pero en cada giro se producirán cantidades notablemente mayores de cambio. El GRADO de cambio aumentará, aunque la VELOCIDAD de cambio disminuya. Lo que esto significa es que si miras hacia atrás desde hoy hasta el 26 de julio, no parecerá que tu vida haya cambiado mucho desde entonces, aunque hayas sentido que las cosas se estaban acelerando tremendamente. Una vez que el cambio del viejo milenio al nuevo haya sido alcanzado, se sentirá muy diferente.

Te sentirás como si estuvieras "flotando" y apoyado gentilmente en un tipo de burbuja, en la que estás aislado del clamor del mundo que te rodea. Al principio, solo parecerá como que las cosas se han vuelto mucho más silenciosas dentro de ti, algo así como cuando te sumerges totalmente en el agua y los sonidos del mundo se vuelven amortiguados y sin importancia. Sin embargo, a medida que las cosas avancen, será evidente para ti que tu EXPERIENCIA de vida es diferente en formas que ahora no puedes anticipar. Podrías incluso dudar de que estés despierto, porque todo asumirá una especie de cualidad onírica.

Te sentirás como si estuvieras "flotando" y apoyado gentilmente en un tipo de burbuja, en la que estás aislado del clamor del mundo que te rodea.

Es importante decirte ahora que no debes intentar volver a conectarte con esa vida que se está cayendo lejos de ti. Simplemente déjate flotar gentilmente hacia arriba y permítete experimentar la calma total y el apoyo que te rodea en este océano de consciencia. Apaga los estímulos exteriores y déjalos para las "muchedumbres enloquecidas". Si necesitas dejar ir a gente, circunstancias o ciertas "condiciones" en tu vida, hazlo con facilidad y gracia y no culpes a otras personas para justificar tu separación a tu propia realidad y camino hacia tu destino. Simplemente suéltate de la forma en que te aferras a ellos, tal y como si fueras un globo, atado por un trozo de cuerda, solo que ahora puedes elegir soltar tu extremo de la cuerda y flotar hacia arriba.

Este es un proceso, no un "evento", así que ya estás en el "orbe de la influencia" (para usar un término astrológico). Empezarás a sentir la desconexión si dejas que te llegue fácilmente y sin resistencia ni miedo.

El nuevo milenio 157

Simplemente déjate flotar gentilmente hacia arriba y permítete experimentar la calma total y el apoyo que te rodea en este océano de consciencia.

Te estamos levantando al siguiente nivel vibratorio y se sentirá un poco extraño para ti, pero confía en el proceso y en tu propio "conocimiento". Deja que el tumulto se desvanezca y recibe la paz de la luz que fluye sobre ti y se vierte en tus células. Estás dejando ir tu densidad material y estás elevándote hacia el siguiente nivel.

Experimentarás cambios en tu percepción de ti mismo. No te resistas a ellos. Déjate ir fácilmente y déjate convertir en una representación más clara de tu esencia.

Cada uno de ustedes tiene una esencia que es la expresión de los "tonos" de su Sobrealma. A medida que dejas ir la identidad que tenías y te permitas convertirte en esta más cercana aproximación de tu aspecto individual del Creador, experimentarás el placer de convertirte exactamente en la persona que más deseas ser.

Será una experiencia interior al principio, pero también aparecerá en la superficie, donde podrá ser vista por otros con "ojos para ver". Será SENTIDO por aquellos a tu alrededor que no puedan "verlo" y podrán tener alguna angustia o sentir que te están "perdiendo". Podrán experimentar miedo y tratar de detener lo que perciben como la causa del miedo — tu cambio — pero todo lo que necesitas hacer es amarlos, dejarlos ser como son, darles la seguridad de consolarlos de que todo

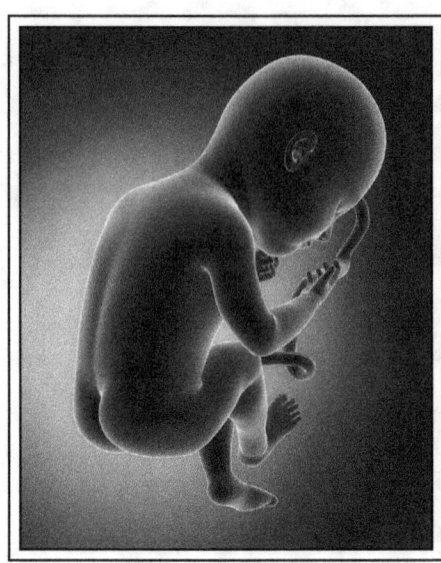

Habrá un periodo de "flotación" entre identidades, similar a un feto flotando durante un tiempo en el útero antes de que nazca.

está bien y déjate flotar hacia arriba de todos modos. Estarás en la compañía de aquellos que son como tú y habrá consuelo en eso para ti, pero mientras tanto, debes ser amable al despedirte de este mundo.

Te recordamos que cada persona ha elegido a nivel de su alma la experiencia que ellos tendrán a medida que estos años postreros desaparecen. Las realidades están separándose en capas para acomodar las elecciones de todos y habrá despedidas a todo tu alrededor. Te despedirás de quién y cómo eras y habrá un periodo de "flotación" entre identidades, similar a un feto flotando durante un tiempo en el útero antes de que nazca. Pero no tienes que preocuparte por cómo serás provisto. Conocemos tus necesidades y sabemos lo que debe de suceder para que tú puedas efectuar con éxito esta transición entre este mundo y el siguiente.

Es muy importante para ti encarnar la CONFIANZA en el proceso y en el plan de tu vida. El miedo y las preocupaciones solo te obstaculizarán y te mantendrán atrás, atascado en las viejas costumbres y en la vieja identidad. Deja que tus ángeles vengan a ti y te canten sus canciones de cuna de amor. Te lo has ganado y es tuyo. Disfrútalo.

El mundo que dejas tendrá su tiempo de discordia y entonces todo ello también se volverá silencioso. El viejo sueño está terminando y es hora de uno nuevo — para ti, para todos y para todo. El "botón de actualización" ha sido presionado, pero se desarrollará a través del tiempo, igual a cómo las imágenes en tu pantalla de televisión o monitor de computadora son re-dibujadas una línea a la vez. Habrá una clara sensación de que algo ha cambiado, pero tomará tiempo descubrir exactamente lo que es. Mientras tanto, relájate y permítete flotar hacia arriba. No tiene que ser difícil a menos que lo prefieras así. Simplemente suelta la cuerdita que te ata a las viejas costumbres y déjate a ti mismo elevarte para saludar las nuevas.

Estamos aquí con ustedes ahora, en proximidad cercana. Les estamos protegiendo a medida que transitan este cambio. Les estamos guiando y estaremos en contacto a medida que las cosas se desarrollan para ustedes. Ustedes son nuestra "asignación" y lo más preciado para nosotros y ni uno de ustedes se quedará atrás. Si hubiera alguna manera en que pudieran vernos ahora, no tendrían duda alguna acerca del amor y el apoyo que se les está brindando, pero confíen en esto: el día ESTÁ llegando cuando todos estaremos juntos de nuevo y nos reconocerán por lo que somos — sus hermanos y hermanas en los muchos mundos mansión del Único Creador Infinito.

Les dejamos ahora en paz, honor y bendición. Amén, Adonoy Sabayoth. Somos las Huestes del Cielo.

Simplemente suelta la cuerdita que te ata a las viejas costumbres y déjate a ti mismo elevarte para saludar las nuevas.

LA SEPARACIÓN DE LOS MUNDOS
10 de febrero de 2001

Hemos pedido hablar contigo hoy porque deseamos transmitirte nuestra visión de lo que vemos que está sucediendo en la actualidad en el Planeta Tierra. Debemos enfatizar que hay muchas cosas desplegándose simultáneamente y las variaciones a nivel individual son infinitamente variadas y complejas, por lo que solo podemos hablar en los términos más amplios y generales. Sin embargo, sentimos que todavía vale la pena compartir nuestra perspectiva contigo, con el fin de proporcionarte un contexto en el que puedas ver lo que se está experimentando y coloques tu "foto" dentro de nuestro marco.

Si recuerdas, hemos hablado antes de una separación de diferentes mundos futuros a partir de este mundo único en el que te mueves y tienes tu experiencia. Cada persona tiene su destino, elegido para ellos por su alma, en conformidad con su lugar en el Plan Divino más amplio. Para aquellos de ustedes que están inclinados a querer sanar y arreglar las cosas, puede ser difícil presenciar el despliegue de los "guiones" que no son de su vibración y orientación.

Hay una intensificación de esencia teniendo lugar, de modo que aquellos a quienes podrían considerar malos, egoístas o codiciosos parecerán serlo aún más y aquellos que no sean capaces de rendirse y de inclinarse ante los vientos del cambio seguramente se romperán a causa de su rigidez. Los vientos del cambio ya están soplando con fuerza y lo harán durante el resto del tiempo que queda en su planeta y todo sobre él. No habrá cejar en este proceso de nacimiento, así que si están esperando que se detenga, sepan ahora que no lo hará.

Sin embargo, hay en esto buenas noticias, porque también significa que el empuje hacia Terra no se detendrá tampoco y aquellos que están destinados a ella están siendo gentilmente elevados hacia su propia capa vibratoria (estrato) y eso está sucediendo también para todos aquellos que están destinados a otros destinos. Hay una estratificación teniendo lugar y las capas se están volviendo cada vez más diferenciadas entre sí. A medida que esto avance, la resistencia al movimiento será aplastada por la persistencia de las fuerzas hacia la finalización. Aquellos que insistan en aferrarse al status quo serán en última instancia barridos de aquello a lo que se aferren, pero es todo simplemente la manera de asegurar que cada uno termine cumpliendo su plan de vida y llegue a dónde está destinado a ir.

El sueño está siendo perturbado y a medida que las cosas progresen, llegará un momento en el cual todos despertarán a una realidad u otra. Para ustedes que están destinados a Terra, tendrán un viaje más gentil, incluso en medio de la incomodidad de otros causada por su propia resistencia al cambio. Nada quedará de lo antiguo al final del proceso, pero todavía hay mucho tiempo por atravesar antes de que se complete. Lo que necesitas hacer ahora es liberar todos los apegos a lo que había en tu vida y liberar todos los miedos por aquellos a quienes amas y te preocupan. Cada uno de ellos será provisto en la manera que sea perfecta para ellos y para la elección de su alma. Les pedimos que profundicen su confianza en el proceso, porque las cosas van a parecer bastante extremas en un no muy distante futuro.

Hay un límite a la cantidad de tiempo que tú puedes seguir existiendo de manera segura en 3D, y hemos sido instruidos desde los más altos niveles en cuanto a la logística necesaria para asegurar que todos lleguen a su "lugar correcto". Estarás sintiendo el cambio a medida que ocurre y no te sorprendas por sentimientos de paz y bienaventuranza que parezcan venir "de la nada", sin aparente causa externa. Simplemente relájate en ellos y disfrútalos, ya que eventualmente serán tu estado permanente. Estos interludios vendrán más a menudo para ti a medida que las cosas progresan y gradualmente se convertirán en el estado dominante de tu ser. Comenzarás a ser capaz de diferenciar entre el estado que deseas experimentar y el estado que experimentas cuando te involucras en viejos patrones de relación y comunicación.

Tu cuerpo te dirá cuando te estás involucrando con energías disonantes porque experimentarás una incomodidad momentánea que contrastará fuertemente con este otro estado de paz y bienaventuranza. Cuando notes esto, desconéctate gentilmente y redirige tu atención a las cosas que te gustaría experimentar y crear, en lugar de a las cosas que te gustaría detener o a las que te opondrías. Encontrarás cada vez más difícil mantener una conexión con cosas que no son "tuyas".

Si puedes relajarte en recibir el levantamiento, será mucho más fácil para ti. Si tus rasgos de personalidad te hacen difícil el "dejar ir y dejar que Dios dirija tu camino", entonces tendrás un poco de ayuda energética para dejar ir tus dedos de las ramitas a las que te aferras en tu miedo de dejarte ir. Cada uno de ustedes tendrá "momentos de verdad" en los cuales simplemente "verán" lo que está sucediendo y entonces será más fácil alejarte de tus antiguas batallas.

Verás, a pesar de lo que tus sentidos físicos registren, tus sentidos internos y sutiles pueden darte otra visión. Incluso si miras con ojos físicos al mundo que te rodea, notarás que no tienes tanto sentimiento de ser parte de lo que miras, sino que cada vez más sentirás que estás presenciando algo que no comprendes del todo. Eso es parte del proceso de desconectarte de lo que te es familiar y de recibir lo que te está llegando.

No hay nada malo en ti y no estás perdiendo tu mente o cordura. Podrías preguntarte por qué no sientes tanta convicción acerca de las cosas que solían parecerte importantes, pero si lo dejas pasar y te permites sentir la paz y la bienaventuranza que está a tu disposición, será mucho más fácil para ti moverte a tu propia capa vibratoria. Simplemente busca tu "frecuencia a casa" y deja que todos los demás hagan lo mismo. Nadie está "equivocado" en ser de la manera que es. Ellos simplemente están siendo QUIENES vinieron a ser y están experimentando aquello que vinieron a experimentar. Es por eso que "existe" todo en primer lugar — para que el Creador pueda experimentarse a Sí Mismo a través de Sus muchas creaciones, todas interactuando entre sí de maneras infinitamente complejas.

Habrá cosas que se desarrollen en el escenario mundial que, dados tus valores y orientación, podrías considerar horribles. Te diremos que te permitas presenciar estas cosas pero también que sepas que no son "tuyas". Si sientes un "empuje" interior para ayudar o "hacer algo", por supuesto síguelo hasta donde te lleve, pero también no te sientas culpable si NO sientes intuitivamente que hay una necesidad de responder. Cada persona tiene su parte que desempeñar y no hay dos iguales. Por eso es tan importante que medites y pases algún tiempo todos los días en ese estado alterado en el que te desconectas del mundo que te rodea y vas hacia adentro, a ese lugar muy privado en el que solo te tienes a ti mismo y a tu Dios con quienes lidiar.

Crea tu propia sensación de espacio sagrado dentro de ti mismo y nútrete con el sustento que te ofrece. Tú eres más "responsable" cuando asumes la plena responsabilidad de ti mismo y de tus acciones y pensamientos. Solo tienes a tu Dios para "explicarle". Todas las "reglas" que te enseñaron y que pudiste haber aceptado son nulas y sin valor para el viaje a Terra. Tú puedes saber intuitivamente en cada momento cuál es la acción o curso más "acertado" en ese momento para TI. Ustedes son seres soberanos y tú eres el único del que eres responsable. Todos los demás tienen la misma responsabilidad que tú — ser completamente responsables (y responsivos) de sus propios impulsos internos y experimentar plenamente ser quienes y aquello que ELLOS vinieron a experimentar.

Ve adentro, a ese lugar muy privado en el que sólo te tienes a ti mismo y a tu Dios con quienes lidiar.

La mayoría de ustedes que están leyendo esto no han sido del tipo "obediente" la mayor parte de sus vidas, excepto si fue para "llevarse bien" con otros o para complacer a aquellos hacia los que sintieron alguna deuda u obligación. Ahora su mayor servicio es hacia el cumplimiento de su propio destino, porque ustedes son aquellos que crearán las oportunidades de encarnación en Terra para que otros puedan también disfrutar de ese mundo. Ustedes están dejando este campo de esfuerzo para cultivar otro, para formar y disfrutar de otro "jardín" en otro lugar y en otro tiempo y para hacer posible la narración de una historia completamente nueva.

Ahora tu mayor servicio es hacia el cumplimiento de tu propio destino.

Es tiempo para que ustedes se acepten a sí mismos como los pioneros que son y de entender que sus propias diferencias son las cosas que los equipan mejor para ser el equipo de transición entre un mundo y el otro. Vayan dentro y hallarán su camino a lo largo de su senda, un paso tras otro y un día pronto, levantarán sus cabezas y contemplarán un nuevo horizonte, diferente de cualquier otro que hayan mirado alguna vez antes.

A medida que el mundo se separa en las diferentes capas que irán hacia sus diferentes destinos designados, enfócate en lo que es tuyo y deja que otros a tu alrededor hagan lo mismo. La mayoría de ustedes están cansados de estar esperando por algo mejor. Bueno, *hay* algo mejor y está llegando ahora, dentro de ti y no es visible excepto por tus "ojos internos". Se sentirá como un estado onírico y no serás consciente de nada más que de lo que estás experimentando en ese momento, tal y como lo harías en un sueño mientras estás dormido. Pero este sueño es real y tú estás despertándote en él y las cosas no serán las mismas para ti nunca más.

Les dejamos ahora en paz, honor y bendición. Hablaremos otra vez con ustedes.

Amén, Adonoy Sabayoth. Somos las Huestes del Cielo.

La separación de los mundos 165

A medida que el mundo se separa en las diferentes capas, enfócate en lo que es tuyo y deja que otros a tu alrededor hagan lo mismo.

EL RESULTADO NETO
25 de febrero de 2001

Hemos pedido hablar con ustedes hoy porque hay algunas cosas que están sucediendo sobre las que sentimos que deberíamos comentarles. Lo primero, sin embargo, es pedirles que se pregunten a sí mismos cómo se sienten acerca de la información que les hemos ofrecido hasta ahora. ¿Tiene sentido para ti o solo suena como una buena idea que sería MUY AGRADABLE si fuera verdad, pero no estás seguro de cómo te sentirías al respecto de otra manera?

Resumen de las declaraciones que hemos hecho en los mensajes previos

Retrocedamos un poco y recapitulemos y resumamos las afirmaciones que hemos hecho en los mensajes previos. Antes que nada, esta información está destinada solo para aquellos cuyas elecciones de su alma/Sobrealma están alineadas con el viaje a Terra. Hay muchos otros caminos disponibles los cuales serán tomados por la gran mayoría de la gente que está encarnada en la Tierra en este momento.

Segundo, el levantamiento del que hemos hablado depende solo de una acción y de una condición: es necesario tener amor en el propio corazón y para hacer eso, es necesario "desarraigar" (eliminar o neutralizar) el miedo dentro de uno mismo. Hemos definido el amor en parte como la ausencia de miedo, por lo que resulta lógico que el cultivo del amor requiera la remoción del miedo. Nada más importa. No importa lo que tú sepas acerca de asuntos espirituales. No importa que aspecto tengas, cuál sea tu edad o tu lugar de residencia. Lo que hay en tu corazón y tu frecuencia concomitante son los únicos criterios para el levantamiento. Si tienes miedo de recibir el levantamiento por cualquier motivo, no serás levantado.

Tercero, no te estamos "rescatando". Estamos aquí contigo para facilitar tu proceso, pero tú y solo tú eres responsable de atender lo que es solamente tuyo por hacer. Hay cosas que tú puedes hacer para hacértelo más fácil y podemos darte un cierto grado de ayuda cuando nos lo pidas, pero enfrentarte a tus miedos dentro de ti mismo es algo que debes hacer por ti mismo. Todos ustedes que han hecho la elección del alma por Terra también se han dado a sí mismos los "rasgos de carácter" apropiados para poder hacerlo. Muchos — sino la mayoría — de ustedes han estado buscando "la verdad" toda su vida. La mayoría de ustedes se han sentido diferentes de los demás a su alrededor e incluso ahora no conocen a muchos como ustedes. Todo eso cambiará con el tiempo, ya que con el tiempo — cuando se complete la separación de los mundos — solo estarás en compañía de otros como tú mismo, pero por ahora, todos ustedes están en varias etapas de separación de aquellos que seguirán otros senderos diferentes a los propios.

Cuarto, en la línea de tiempo que lleva a Terra, la Tierra actual "dejará de existir" y ya no dará soporte a vida de ningún tipo. Será estéril y totalmente inhóspita a todas las formas de vida por un muy largo tiempo, pero eso es por designio Divino y todas las cosas irán a su "lugar correcto", de acuerdo a ese designio. Terra ya existe, prístina e intocada excepto por el amor. En Terra solo el amor, la paz y la alegría existirán. Es por eso que debes tener amor en tu corazón y no miedo, porque solo aquello que sea del amor, la paz y la alegría será permitido entrar a Terra. Habrá un tiempo de transición en nuestras naves, ya que ninguno de ustedes estará completamente finalizado con su propia transformación cuando arribe el momento del levantamiento, pero ustedes deberán haber despejado suficiente miedo y las respuestas basadas en el miedo (tales como el enojo, la crítica y la avaricia) para poder ser levantados a las naves cuando llegue ese momento.

Quinto — y esta es la parte más difícil de todo para muchos de ustedes que sienten la atracción y el anhelo hacia la paz, la alegría y el amor que Terra encarna y representa — no hay nada que "arreglar" en la Tierra del día de hoy. No hay nada que "arreglar" o crear en la Tierra del día de hoy, excepto crear la paz, la alegría y el amor dentro de ustedes mismos y dentro de sus vidas en el grado que puedan. No va a haber una organización a la cual unirse o crear que te lleve allí. No habrá fenómenos tales como naves o ciudades etéricas o físicas hasta que llegue el momento del levantamiento, y entonces, solo aquellos que hayan calificado por su frecuencia apenas los percibirán. Cualquiera que informe de esas cosas o las prediga pertenece a otro camino. Es válido para ellos y es válido para aquellos que se sientan atraídos a esas cosas, pero no son parte del viaje a Terra.

Hay un estado de expectativa creciente ahora en todos los frentes.

Hay un creciente estado de expectativa ahora en todos los frentes. La élite del poder está avanzando con sus planes, los cuales esperan completar en el futuro próximo. Las diversas religiones y organizaciones tienen sus expectativas acerca de lo que su camino les depara y de hecho podrían experimentar aquello mismo que esperan, de la misma manera que tantos otros grupos que tienen expectativas de otro tipo, lo más probable es que experimenten lo que esperan experimentar. Todo está en el orden Divino y cada uno está encontrando a "los suyos" — su propia gente y sus propias acciones y sus propios resultados. Todo está procediendo como fue creado para suceder por las elecciones hechas a nivel de la Sobrealma por esos individuos y sus particulares experiencias de vida.

Por lo tanto, para aquellos cuyo camino lleva a Terra, las únicas cosas que son apropiadas son las que aumentan la propia frecuencia y disminuyen los propios miedos. La meditación ayudará y ciertamente asistirá en discernir lo que es verdad para uno mismo, pero no es un requerimiento absoluto. No es necesario seguir elaborados rituales o prácticas de ningún tipo. Basta con poner la propia atención en la propia respiración a medida que esta entra y sale y simples plegarias del momento, habladas desde el propio corazón, son más efectivas de lo que las palabras, los rituales o las fórmulas memorizadas alguna vez pueden serlo. Es la sinceridad y la "sentida" calidad la que tiene el poder, no las palabras y es mejor pausar un momento para SENTIR qué es lo que uno verdaderamente quiere que ocurra. Entonces, cuando las palabras son elegidas, estas reflejarán más fielmente la voluntad del corazón y no la de la mente y allí es donde reside el verdadero poder.

Las simples plegarias del momento, habladas desde el propio corazón, son más efectivas de lo que las palabras, los rituales o las fórmulas memorizadas alguna vez pueden serlo.

El viaje hacia Terra es real. Es lógico que, si de hecho esta Tierra ha de desaparecer, debe haber algún mecanismo para transportar y mantener físicamente el suministro de semillas para Terra antes de que los cataclismos finales erradiquen toda la vida en la Tierra presente. Aunque muchos se encarnarán de hecho en Terra desde el reino del espíritu, debe haber algún mecanismo provisto para albergar sus cuerpos en desarrollo. Todavía habrá nacimientos físicos en Terra, muy parecidos a los nacimientos en la Tierra, solo que sin el dolor y sin la pérdida de consciencia que acompañan a los nacimientos en la Tierra.

Podemos decir inequívocamente que hasta que llegue el momento de ser levantado — cuando esto sea para ti como individuo — ninguno de los fenómenos ni ninguna de las organizaciones te llevarán allí. Cuando sea tu tiempo de ser levantado, el momento te será muy claro. No habrá ninguna duda o pregunta en tu mente y no habrá nada que te guíe hacia ello, excepto el sentido interno de inminencia; nada externo te revelará su acercamiento.

El viaje a Terra está compuesto por seres soberanos y la verdadera soberanía significa la voluntad de ser verdaderamente quién eres y permitirle a todos los demás el mismo privilegio. La única autoridad es la propia relación con el Espíritu. Ningún credo, ningún método, ninguna técnica, ninguna creación material o alianza de cualquier tipo lo hará. Cada uno de ustedes es como un pararrayos individual, aterrizando la luz del Espíritu en la Tierra y apoyando la elevación del planeta y de ti mismo al mismo tiempo. Los pararrayos no funcionan en grupos. Cada uno de ellos sirve donde está colocado.

Eso no significa que ustedes no deban tender la mano en amor y apoyo a los demás; pero sí significa que cada uno de ustedes debe hacer este viaje por su cuenta, dentro de sí mismos y con la voluntad y el valor que esto implica. Ustedes serán pioneros y crearán un nuevo mundo y como todos los pioneros, estarán explorando territorio que no ha sido cartografiado por otros que hayan ido antes que ustedes. Por lo tanto, aunque existe un núcleo de sabiduría que se puede encontrar en todas las tradiciones espirituales y religiosas, harían bien en poner estas enseñanzas del pasado donde pertenecen: en los museos y bibliotecas que son construidos para albergar las reliquias del pasado.

El tuyo es un nuevo mundo, una nueva creación, y las únicas cosas que sobrevivirán al cambio son aquellas de esencia, no las de historia ni las de energías adquiridas a través del paso del tiempo en la Tierra. TODA la memoria celular de las vidas terrestres será borrada. Serás totalmente nuevo en todos los aspectos y te convertirás de esta manera sin pasar por la muerte física. Es difícil para ti imaginar cómo esto podría ser y cómo sucederá, así que te sugerimos que te enfoques en las tareas que tienes a la mano: enfrentarte a tus miedos; mantenerte aterrizado en el momento presente y escuchar la voz de tu intuición sobre cómo debes responder en todos y cada uno de los momentos y renunciar a todo lo demás.

Les dejamos ahora, en paz, honor y bendición. Amén, Adonoy Sabayoth. Hablaremos otra vez con ustedes.

Cada uno de ustedes debe hacer este viaje por su cuenta, dentro de sí mismo, con la voluntad y el valor que esto implica.

NOTA: En respuesta a una pregunta referida a la aparición de naves (yo misma las he visto) en estos momentos, recibí la siguiente respuesta (26 de febrero de 2001):

"Nos disculpamos si nuestra declaración ha causado alguna confusión. Deseamos enfatizar que LAS NAVES QUE LEVANTARÁN A LA GENTE FUERA DEL PLANETA como parte del viaje a Terra no serán vistas hasta el momento del levantamiento. Eso no significa que algunas personas no tengan experiencias con naves antes. Solo significa que aquellos que están reportando que están viendo naves, que están prediciendo aterrizajes masivos o cosas similares no están refiriéndose a las naves que les llevarán a Terra.

Amén, Adonoy Sabayoth. Somos las Huestes del Cielo".

Además, con respecto al borrado de la memoria celular, es mi entendimiento que solo la CARGA EMOCIONAL asociada a los datos es neutralizada. Los datos están siempre disponibles y son una parte permanente del holograma/registro *Akáshico*, pero sin la carga emocional, uno no es usualmente atraído a revisitar esas experiencias. Hay una abundancia de cosas que aparecen en el eterno "ahora" y ahí es donde la fascinación propia reside.

VOLUMEN DOS

VAYAN CON EL FLUJO — CONVIRTIÉNDOSE EN UNO CON LA MENTE DE DIOS
26 de marzo de 2001

Muy bien. Hemos pedido hablar contigo hoy debido a ciertos conceptos que están faltando en tu consciencia y que es importante que los entiendas antes de proceder más allá en tu transformación. Diríamos que puedes transformarte sin este entendimiento, pero sentimos que será más fácil para ti cooperar con los cambios si los entiendes con anticipación, así que cuando las cosas empiecen a ocurrir, te podrás decir, "Ah, ¡así que ESO es lo que eso es!" y eso hará que sea más fácil para ti dejarte ir en la experiencia, porque lo conocido nunca es tan atemorizante como lo desconocido.

Así que, ahora, ¿dónde estás en el proceso? ¿Dónde estás con todos estos pronunciamientos de fechas, cambios, portales y similares? Si eliges enfocarte en estos fenómenos, te perderás lo que es importante. Lo que es importante es lo que está sucediendo debajo de la superficie, protegido de miradas entrometidas y escondido seguramente dentro de los niveles más profundos de tu yo. Es allí, en tu templo secreto, donde puedes encontrarte con tu Creador, sin perturbaciones e ininterrumpidamente y cara a cara. Nos gustaría que lo cultivaras como tu lugar principal de encuentro.

Sin duda, es útil cuando uno está pasando por tantos cambios, especialmente aquellos que uno no entiende — que sea natural y comprensible que se llegue a otros, para ver si uno no es el único que está experimentando estas cosas y cuando descubres que estás en buena compañía, entonces puedes relajarte y decir, "Ah, no solo soy yo". Sin embargo, como hemos dicho antes, hay realmente solo UN SER que está haciendo todo este experimentando y es parte de tu cambio hacia la consciencia de Terra que lo empieces a experimentar — no como un concepto, sino como una cosa sentida y real dentro de ti mismo.

¿Has notado un cierto sentido de irrealidad en estos días? ¿Has visto con una percepción diferente? ¿Las cosas te parecen un poco irreales? Bien. Entonces todo es como debe de ser. Estás empezando a ver las cosas como las proyecciones que son. Volvamos al holograma del que hablamos hace algún tiempo.

Un holograma es creado por dos haces de luz coherente. A uno se le denomina el haz de referencia y es constante. Al otro se le denomina el "haz del objeto" y este proyecta diferentes patrones sobre el haz de referencia.

La interacción entre estos dos haces crea patrones de luz y oscuridad.

La INTERACCIÓN entre estos dos haces crea patrones de luz u oscuridad que son el resultado de que los haces se añadan entre sí (en fase) o se substraigan entre sí (fuera de fase), en un grado u otro. Si los dos haces están completamente en fase, hay una amplificación de la luz y si los dos haces están completamente fuera de fase, hay una cancelación de la luz. Las relaciones en medio de estos dos extremos resultan en luz de diferentes intensidades, o lo que tú podrías denominar como sombras.

La Fuente de toda la Creación es el haz de referencia. Es constante y es el único Absoluto que existe. Todo lo demás es RELATIVO a ese haz de referencia e interactúa con él para crear patrones de formas que tú percibes con tus sentidos. El Creador proyecta al "otro", que todavía es parte del Creador, pero proporciona el mecanismo para interactuar con el haz de referencia para que todas las variaciones puedan ser experimentadas.

Al grado que uno esté alineado con el Creador (el haz de referencia), en ese mismo grado los patrones de interferencia de la luz y la sombra disminuyen hasta que el haz del objeto y el haz de referencia están totalmente en fase y todo lo que existe es luz. El extremo opuesto sería una energía o fuerza o entidad que estuviese totalmente fuera de fase con el Creador y el resultado sería la cancelación de la luz o la total ausencia de luz — lo que tú llamas oscuridad. Hay muy poco que pueda ser encontrado en tu presente realidad que sea pura luz o pura ausencia de luz. La mayoría de las cosas están en algún lugar en medio.

Tú estás en el proceso de volverte totalmente alineado con el Creador. Por eso Terra será como será: todo en ella estará en total unión con el Creador. Cada partícula de materia estará en unión con el Creador. No habrá la experiencia de separación y solo habrá la Voluntad del Creador, manifestándose en perfección.

Todo lo que no está alineado con el Creador está siendo expulsado a medida que la cantidad de luz aumenta dentro de sus cuerpos.

Es por esto que tu memoria celular está gradualmente siendo purgada — para que puedas liberar todos tus apegos a tu experiencia de estar separado de cualquier manera de alguien o de cualquier otra cosa. Todas las "sombras" dentro de ti están siendo inundadas con luz de la fuente más elevada y todo lo que no está alineado con el Creador está siendo expulsado a medida que la cantidad de luz aumenta dentro de sus cuerpos.

Estas emisiones de tu sol son un mecanismo para añadir a la cantidad de luz contenida en la materia que compone a la Tierra y sus habitantes. El sol actúa como una lente para bajar la Luz superior y actúa para almacenar la energía por un tiempo hasta que esta alcanza un umbral y a continuación ocurre una explosión, enviando un nuevo impulso de luz hacia el planeta haciéndolo penetrar profundamente dentro de la estructura atómica de todas las formas que existen sobre y alrededor del planeta. Esta absorción de energía dentro de los átomos llevará eventualmente a lo que se denomina como un salto cuántico — los electrones saltarán órbitas, liberarán fotones y la materia será transformada a una banda de frecuencia superior de la realidad.

En el camino hacia esa gloriosa explosión, todo lo que no esté en alineamiento con el Creador será purgado. Las etapas finales de la transformación de la Tierra no permitirán que las formas de vida presentes existan sobre ella, por lo que o bien serán levantadas físicamente o bien serán removidas de otras maneras, tales como a través del portal de la muerte física (desechando el cuerpo físico) o a través del mecanismo de mundos paralelos. Aquellos que no van a Terra y que no están destinados a morir en este momento experimentarán otras cosas en otras "Tierras" paralelas y no es necesario que conozcas acerca de esos otros caminos. Solo es necesario que aceptes tu propia transformación y el cambio de consciencia que la acompaña.

Ahora, queremos darte un vistazo de cómo será eso, para que puedas empezar a relacionar todo lo demás con el cambio que estás realizando — de un ser que experimenta la separación a un ser que está totalmente en unión con toda la Creación. Imagínate un líquido espeso, uno que no tiene forma en sí mismo, pero que tiene la suficiente sustancia como para apilarse en espesos montones si es contenido. Ahora piensa en un contenedor infinitamente grande, extendido en todas direcciones hasta donde tú puedas percibir. No se pueden ver los bordes lejanos del contenedor, solo que es vasto. Ahora imagina este espeso líquido como siendo capaz de asumir cualquier forma que pudiese ser imaginada únicamente a través del acto de imaginarlo. Esto comenzará a darte una idea de cómo el Creador crea.

El Creador existe como una matriz espesa que interpenetra y subyace a toda forma. Tus sentidos físicos e instrumentos no pueden medirla ni percibirla directamente, pero cuando estés en tu nueva consciencia, te experimentarás a ti mismo como VISTIÉNDOLA, como lo harías con un gran tazón de fluido espeso, fuera del cual TÚ emerges como un similar ser fluido.

Sus enseñanzas metafísicas dicen que a medida que uno sube en la escala de frecuencia, la sustancia material se vuelve más y más fina y eso es verdadero. Sin embargo, también hay una masa ESPIRITUAL involucrada que está en una relación inversa a la masa material. A medida que la masa material DISMINUYE, la masa espiritual AUMENTA. A nivel del Creador, no hay nada EXCEPTO espíritu o energía inteligente y no hay "ninguna otra cosa".

Quizás estés familiarizado con la ecuación para convertir la masa en energía ($E=mc^2$). En esta se muestra que hay una enorme cantidad de energía contenida en una unidad dada de masa material. Sin embargo, cuando estamos comparando la masa ESPIRITUAL con la masa material, hay un virtual OCÉANO de energía disponible por cada partícula minúscula de forma material, porque todo está conectado y cualquier punto único de referencia no es nada más que una partícula flotando en el océano de consciencia que contiene y rodea a TODA forma. No hay discontinuidades en ese océano, así que el océano entero está disponible para cualquier punto dado dentro de él, en todo momento.

En Terra, te experimentarás a ti mismo Y al océano entero, todo al mismo tiempo. Has empezado a experimentar esto de alguna manera — tal vez en tus meditaciones o ensueños, o tal vez si ingeriste ciertos químicos que alteraron los filtros en tu cerebro para que pudieras percibir más allá de las limitaciones de tus sentidos físicos. Tú estarás en total unión con el haz de referencia y solo existirás en tanto que este haz juegue en tu pantalla perceptual. Es así ahora, hasta cierto punto, pero allí será total, consciente (en lugar de inconsciente o escasamente percibido) y un estado permanente de ser.

Todo será muy fluido y similar a un gel. Habrá flujo, pero no "bordes duros". Los límites de los que dependes ahora no existirán. No tienes idea de cuánto dependes de bordes y líneas y otras demarcaciones para poder distinguir qué y dónde y cómo relacionarte con todo.

Te defines a ti mismo como un contenedor delimitado por tu piel. Te miras en el espejo y te defines por lo que ves y si no lo haces, la imagen no tiene sentido para ti. Consideras cosas como la habilidad de cambiar de forma con asombro, incomodidad o miedo porque dependes tanto de la ilusión de una realidad fija. Tus sentidos físicos te engañan al pensar que si no puedes tocarlo y sentirlo con tus manos, no es real. Tu cultura te controla y te mantiene encerrado en una caja al ridiculizar los sentidos sutiles como siendo "solamente tu imaginación" o todavía peor, etiquetándolo como una condición patológica — una "enfermedad" que debe curarse cortándola (lobotomía), suprimiéndola (drogas y sedantes) o aislándola (institucionalización) — todos los medios de supresión y negación de lo que es tu modo natural de ser.

Estamos aquí para decirte que el mundo que heredarás es el estado natural de una entidad completamente consciente de Dios, sea esta una roca, un árbol, una flor o un ser humano. Se te ha enseñado que otras formas son "inferiores", que no tienen almas o consciencia. Estamos diciendo justo lo contrario. TODA forma es "informada" por el Espíritu, por la matriz de la Mente del Creador. Toda forma es consciente y existe dentro del océano de consciencia que es la Mente del Creador.

Todo es consciente y todo está explorando la vida, solamente que de diferentes maneras y a diferentes ritmos. El lapso de vida de una roca es muy largo y sus procesos son comparativamente lentos. El lapso de vida de un árbol es más corto y el lapso de vida de un humano es aún más corto. Pero cada una de estas cosas es consciente y cada una de ellas tiene un plan para su existencia. Toda la Creación interactúa consigo misma, danzando con todas las demás partes como espejos que reflejan la luz de un lado a otro entre ellos. Es esta danza y los reflejos los que causan los diferentes patrones de luz y sombra que manifiestan la expresión de todos los potenciales, para que todos los caminos, todas las posibilidades dentro de un conjunto dado de parámetros sean explorados.

Así que ahora ustedes están siendo preparados para ir al siguiente nivel, donde sus velos se caerán y se experimentarán a sí mismos en su verdadera naturaleza — como proyecciones conscientes de la Mente de Dios, como extensiones conscientes de la Voluntad de Dios y como gozosos participantes en la danza de la Creación, totalmente alineados con Dios y totalmente de la luz. ¡No más "juego de sombras" en la pantalla ilusoria de la realidad material!

Te estás yendo a "casa" a tu verdadero estado y te banquetearás de las riquezas del reino: la paz, la alegría y el amor son tu verdadera herencia y tendrás estas cosas y más, en ilimitada abundancia. A medida que procedas a través de los siguientes pasos de tu transformación, tu consciencia comenzará a cambiar aún más de lo que lo ha hecho hasta ahora. Confía en este proceso y no lo tomes como algo que deba de ser "corregido".

Te estás moviendo de una realidad "fija" a una realidad fluida, donde todos los potenciales existen simultáneamente, así que deberás soltarte y rendirte más y más a medida que las cosas proceden. Piensa en ti mismo como un corcho flotando en un océano de consciencia, bañado de amor y luz y lleno de gracia. Déjate ir en esta liberación y siente la paz y la bienaventuranza que acompañan el dejarse ir. Déjate ser levantado y llevado y déjate derretir y sé como un arroyo claro del agua más pura. No preguntes a dónde te lleva tu viaje, sino simplemente conviértete en el flujo y todo se desarrollará perfectamente, para ti y para todos. ¡Ve con el flujo!

Te dejamos ahora en paz, honor y bendición. Amén, Adonoy Sabayoth. Somos las Huestes del Cielo. Hablaremos contigo de nuevo.

No preguntes a dónde te lleva tu viaje, sino simplemente conviértete en el flujo y todo se desarrollará perfectamente, para ti y para todos.

LA MEJOR MEDICINA
6 de abril de 2001

Bien, ahora. Nuestra representante en la Tierra nos ha pedido que les demos alguna información con respecto a las experiencias que cada uno de ustedes está teniendo a medida que la limpieza procede y están siendo levantados libres de las amarras de esa vida que han estado experimentando mientras han estado bajo la ilusión de ser seres físicos, caminando por ahí sobre la superficie del planeta, igual que todos los demás que ven a su alrededor. Y sin embargo, nunca te has SENTIDO como todos los demás a tu alrededor, ¿verdad? Siempre te has sentido un poco diferente, aunque por aquí y por allá te encontraste con alguno que era como tú, solo para que este desapareciera de tu vida tan misteriosamente como había llegado.

Nosotros estamos aquí para decirte hoy que tú NO eres solo un cuerpo físico y que sí *eres* diferente en algunas maneras muy significativas a todos los demás a tu alrededor — o al menos de la mayoría de los que están a tu alrededor, porque ahora algunos de ustedes están asociados con otros con quienes comparten esta herencia común.

"¿Qué herencia?" podrías preguntarte. Ahhh. Ahora nos toca revelarte uno de nuestros "secretos". Verás, tú eres uno de nosotros. Tú eres uno de los que se juntaron en el principio para formar una alianza a partir de la cual este mundo sobre el cual ahora caminas fue creado. Tú has sentido esta relación especial con este planeta porque ella es en realidad para ti como un niño para un padre. Ella es tu creación y la amas con todo tu ser y te duele ver lo que se le está haciendo, especialmente ahora, mientras los últimos días de avaricia e interés propio buscan tomar hasta el último pedacito que se pueda tomar antes de que todo haya desaparecido.

Querido (a), tú eres uno de nosotros. Hablas de la Tierra como tu madre, pero en realidad, TÚ eres el padre, y tienes una responsabilidad hacia tu creación — el verla a través de su nacimiento hacia la siguiente plataforma de su existencia, en la larga espiral ascendente hacia la Fuente.

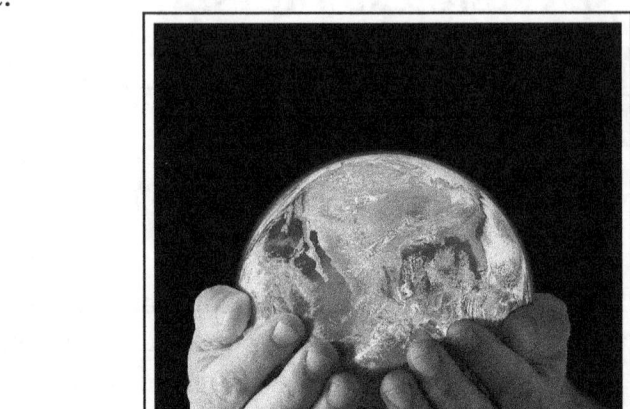

En realidad, TÚ eres el padre de la Tierra.

Cuando ella esté ya de manera segura establecida en su nueva realidad y los nuevos administradores para su jornada hayan "llegado" y asumido las riendas, todos estaremos completos en nuestro arreglo y pasaremos a otros esfuerzos creativos en los vastos campos de posibilidades que están disponibles. Terminaremos nuestra alianza como co-creadores de ESTA realidad y seguiremos adelante para formar otras alianzas para otros propósitos y para satisfacer otros deseos en la búsqueda de experiencias en representación del Creador de todos nosotros.

Ahora, entonces, ¿Cómo se relaciona todo esto con lo que estás experimentando ahora? ¿Cómo se relaciona con los sentimientos que estás teniendo y los cambios corporales que estás experimentando? Bueno, les pedimos que nos permitan contarles un pequeño cuento, un tipo de metáfora para entender exactamente lo que está sucediendo.

Tú no eres el cuerpo que ocupas. Eres un vasto campo de energía inteligente que se ha proyectado a sí mismo descendiendo a través de lo que tú llamas "dimensiones" (ese no es un término preciso, pero es lo que tú entiendes, así que es lo que usaremos por ahora) y vertió todo eso en un contenedor muy pequeño, del tamaño de un dedal tratando de contener un océano. Incluso hay un cuento infantil llamado "Pulgarcito", que trata de abordar la experiencia de ser tan pequeño en un mundo muy vasto y enorme.

Déjanos contarte entonces la historia de Dedalita, el diminuto contenedor que eres tú y el océano de consciencia que estás tratando de navegar desde la perspectiva de un dedal flotando en el mar en un vasto océano de experiencia.

Dedalita es el nombre que te daremos como personaje central de nuestra historia. Haremos que Dedalita sea femenina, pero eso es solo para compensar todas las historias que tienen personajes centrales masculinos. Recuerda que esto es una parábola y que el significado solo se entiende intuitivamente y no se debe tomar literalmente. Comencemos pues nuestra historia:

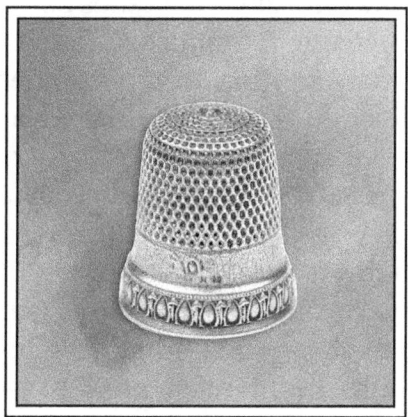

Dedalita

Un día, Dedalita se despertó. Ella había estado durmiendo mucho tiempo, arrullada por el movimiento eterno de las olas sobre las que flotaba, un minúsculo objeto flotando en el vasto océano, lejos de cualquier costa o signo de tierra. En su sueño, ella no era consciente de nada más que de sus sueños, pero ahora que se había despertado, estuvo consciente de ser tan pequeña y de estar tan lejos de todo lo que no fuera la vasta extensión del océano que veía a su alrededor. Ella no tenía ningún medio de navegación y se sintió perdida y desvalida mientras percibía su situación. "¿Dónde están los otros dedales?" se preguntó. "Seguramente no puedo ser la única como yo. ¿Cómo puedo encontrar a los otros?, ¿estoy destinada a solo flotar en este océano?, ¿no hay nada más?"

Dedalita estaba angustiada. Había estado tan contenta en sus sueños en los cuales vivía una vida plena, rodeada de muchos como ella y siendo capaz de ser justo quien era y tener a todos y a todo lo que le rodeaba ser justo lo que eran. Todo había sido tan armonioso, pero ahora, ¿qué iba a hacer? Ahora parecía estar completamente sola. ¿Dónde estaban los otros sobre quienes había soñado y cómo podría encontrar el camino de regreso a ese mundo de sus sueños? ¿Cómo había llegado a estar aquí, sola en este vasto océano, sin nadie con quien hablar, nadie con quien poder compartir el mundo de sus sueños?

Dedalita estaba ahora muy infeliz, pero también estaba determinada a encontrar la salida de la situación en la que se encontraba. Estaba determinada a encontrar a los otros y a encontrar su camino de regreso al mundo de sus sueños. ¿Pero cómo podría hacerlo? ¿Cómo podía navegar este vasto mar y adónde iría? Ciertamente no había señal de tierra alguna en ninguna dirección ni medios para alcanzarla, incluso si hubiera podido verla. Así que Dedalita oró. Era consciente de sí misma y sabía que debía haber un Hacedor-de-Dedales en alguna parte, o ella no habría existido en lo absoluto. "Gran Hacedor-de-Dedales, por favor ayúdame. Estoy sola y perdida en este vasto mar y quiero volver al mundo de mis sueños. Por favor envíame los medios para llegar allí".

Así que Dedalita elevó su plegaria y el Gran Hacedor-de-Dedales la escuchó y envió una hermosa ave blanca a recogerla y llevarla al mundo de sus sueños, el cual yacía más allá de su capacidad de ver desde donde ella estaba. Entonces Dedalita fue reunida con aquellos de su especie y vivió feliz para siempre, despierta y consciente y rodeada de toda la belleza que ella amaba.

El Gran Hacedor-de-Dedales mandó a una hermosa ave blanca para recogerla y llevarla al mundo de sus sueños.

Así que, mis queridos, Yo he escuchado su llamado y enviaré a mis hermosas aves blancas a recogerles y llevarles al mundo de sus sueños, donde podrán vivir felices por siempre, despiertos y conscientes y rodeados de la belleza que ustedes aman.

Les hablo ahora en el singular porque Yo soy el único aquí. Yo soy el Hacedor-de-Dedales Y el Dedal. Yo soy las Huestes del Cielo y ustedes también lo son. Esta idea de que haya algo más es algo que yo inventé y me ha servido bien, ya que de otra manera ¿Qué más había para Mi por hacer? He estado pretendiendo que soy diferentes partes, interactuando con otras partes, pero ahora es el momento en que Dedalita despierte a su conexión con el Hacedor-de-Dedales, por lo que es necesario que ella deseche todas las partes de sí misma que no estén de acuerdo con esa verdad: ella y el Hacedor-de-Dedales son uno.

¿Les suena familiar? Alguien más dijo algo así hace aproximadamente unos 2000 años y no fue entendido entonces por muchos. Solo aquellos que tenían la misma experiencia de unidad que él tenía podían entender lo que realmente quiso decir cuando lo dijo y no había muchos de ellos alrededor en ese momento. De hecho, no hay muchos de ellos alrededor en este momento, pero eso está a punto de cambiar. Por cierto, si por casualidad escuchan de alguno que dice que ya ha ascendido, no lo crean. Aunque hay algunos individuos que han alcanzado la experiencia directa de la unidad, ellos no hacen tales declaraciones. Confían en las percepciones de aquellos a su alrededor para discernir su verdadero estado. Se puede sentir.

Hay embusteros en medio de ustedes que usan palabras para decir algunas cosas muy intrigantes, pero ustedes no pueden SENTIR su conexión con la Fuente de la manera que pueden con aquellos que realmente están en ese estado. Confíen en lo que SIENTEN. Sus sensaciones son un mejor indicador de la verdad que sus mentes, que pueden ser conducidas en muchas direcciones, siguiendo tal o cual teoría, pero que están desconectadas de la EXPERIENCIA directa de la verdad.

Comenzamos nuestra discusión hoy con la declaración de que nos referiríamos a las experiencias que están teniendo a medida que procede la limpieza. Les contamos nuestra pequeña historia para dar a estos próximos comentarios un contexto apropiado. Por favor, tengan paciencia con nosotros si el día de hoy somos inusualmente detallistas, ya que esto no es algo fácil de transmitir.

Cada uno de ustedes ha sido como Dedalita, sintiéndose perdido y solo en el vasto mundo a su alrededor y queriendo regresar al mundo de sus sueños sin saber cómo llegar ahí. Eventualmente, comenzaron a acercarse al Gran Hacedor-de-Dedales y a pedir Su ayuda. Su petición ha sido escuchada y ahora están siendo levantados — no por una hermosa ave blanca (aunque ese sea un símbolo común para el Espíritu), sino por un cambio vibracional.

Imagínate por un momento a un gran buque marítimo. Ha estado navegando el océano durante mucho tiempo y su casco está cubierto de algas, percebes y fango. Ahora el buque ha sido llevado al dique seco y todas las cosas que están pegadas a su casco están siendo limpiadas, en preparación para otro viaje en otro mar. Esto es lo que te está pasando.

Limpiando de las algas, los percebes y el fango

Todas las cosas que se te han adherido están siendo limpiadas. Tú estás descartando las cargas emocionales que se han ido acumulando a lo largo de todo el curso de tu viaje encarnado a través de la historia de este planeta, así que estás volviendo a experimentar muchas emociones que han estado dormidas en tu memoria celular y que ahora están aflorando a la superficie.

Te están siendo quitados los percebes de los ojos y empiezas a ver con más claridad. Estás experimentando finalizaciones con aquellos con los que has viajado, para que estés totalmente libre de todos los apegos que te impedirían ser tu ser esencial. Todavía no estás consciente de exactamente qué tanto esos apegos te han atado a esta Tierra, pero a medida que salgan de tu vida y comiences a estar libre de ellos, te darás cuenta del sutil agarre que tenían sobre ti y cómo te limitaron en la expresión de tu verdadera esencia.

Todas estas cosas ahora están yéndose de ti y de tu vida, incluyendo las IDEAS que tenías acerca de lo que era verdad y de cómo se ve tu "naturaleza verdadera". Probablemente te estás sintiendo MENOS tolerante de lo que ves a tu alrededor, a pesar de tus "imágenes" de cómo se supone que debe de ser un "trabajador de la luz". Estás creciendo en tu habilidad para perdonar y para tener compasión, al mismo tiempo te sientes más moralista y crítico de los abusos de poder que ves a tu alrededor, pero recuerda que aquellos en el poder llegaron ahí a través del consentimiento colectivo de todos los que contribuyeron a que ahí estén.

Ahora que la puerta se ha cerrado a las posibilidades y el curso ha sido definido, muchos se están despertando a la dolorosa realización de que hay consecuencias para todas las acciones — tanto para las que hacen cosas como para las que no las hacen. Aquellos que se sentaron a mirar, contentos de dejar que otros pensaran por ellos, están teniendo un desagradable despertar a las consecuencias de esa acción. La INACCIÓN es también una acción. El proceso entero que se está desarrollando ahora en el planeta expondrá el envés de la "nave del estado", por así decirlo y las "criaturas" que han estado escondidas en ese envés serán vistas más y más abiertamente a medida que los días procedan hacia la conclusión.

Todo esto es parte del proceso del planeta completando con este nivel de su ser y debido a que ella es como tu propia hija, sientes enojo, rabia y quizás impotencia por lo que ves que está sucediendo. Aquellos de ustedes a quienes no les gusta sentirse impotentes están sintiendo desesperación o determinación por HACER ALGO, dependiendo del grado de impotencia o empoderamiento que hayan logrado, pero todo se reduce a lo mismo.

Esta profanación final se LLEVARÁ A CABO y tiene como propósito la experiencia de la propia profanación y el sufrimiento que resultará de ella. Es fácil culpar al Creador y enfadarse acerca del sufrimiento, pero ¿de qué otra manera podría la "lección" ser enseñada? La gran masa de gente no aprendería la "lección" por medios menos dramáticos. Preferirían permanecer dormidos y dejar que alguien más piense por ellos, así que necesitan un "rudo despertar", no muy diferente a Dedalita en nuestra historia.

El propósito del despertar es poner el propio corazón y la propia mente hacia la búsqueda en la dirección correcta — hacia el Gran Hacedor-de-Dedales — por las soluciones. La causa de todo lo que ustedes ven que está "mal" en la manera en que la gente se conduce en el planeta — incluyendo su comportamiento reproductivo — es una falta de conexión con la Fuente. Para hacer una conexión con la Fuente, uno debe primero percibir la necesidad de esa conexión. Mientras las propias necesidades materiales sean el objetivo primario, uno no estará muy inclinado a buscar una Fuente superior. Así que los fundamentos materiales serán despojados de los muchos y puestos en las manos de los pocos y el sufrimiento de los muchos se incrementará. De hecho, eso ya está bastante bien encaminado en el proceso.

Ustedes que están leyendo esto son los pioneros. Ustedes han comenzado su despertar un poco antes que el resto. Ustedes han comenzado a dirigirse hacia la Fuente un poco antes que la gran masa de la humanidad y regresarán para guiar a sitio seguro a aquellos que habrán necesitado de sus lecciones en lo que está por venir para este planeta y todo lo que está sobre ella.

Los animales, plantas y otros "inocentes" en este drama continuarán viviendo en otros planetas y ustedes sufren cuando ven su sufrimiento debido a su gran amor por este planeta y todas sus formas de vida — incluyendo las rocas, los ríos, los cielos, el aire y las plantas y animales que han sido tan impactados por las acciones humanas.

Ustedes van a regresar a la tierra de sus sueños y están siendo limpiados de todo lo que los mantendría atados a este plano y nivel de la realidad. Están actuando como pararrayos para aterrizar la Luz superior en la estructura atómica del planeta y sus cuerpos están pasando por muchos cambios como resultado de esta función que ustedes realizan, los cuales no todos son agradables y algunos pueden ser bastante atemorizantes porque no se sienten en control.

La mejor "medicina" que podemos prescribir para todos los "males" en estos cambios es aumentar tu profundidad de ENTREGA. Entrégale todas estas cosas a Dios (como sea que Lo concibas) y profundiza tu conexión con la Fuente. Profundiza tu confianza en el viaje y entrega toda resistencia a lo que ves que sucede a tu alrededor y dentro de ti. Entrega también tus miedos.

Cuando no te sientes en control, el miedo se eleva en tu consciencia. Deja que el miedo venga, y luego siéntate con él. Deja que se filtre a través de ti y se vaya y obsérvalo. Observa que el miedo puede estar dentro de ti y que tú no eres obliterado por él. Observa como tú no tienes que ser controlado por tu miedo. Si te sientes "perdiendo el control" y te quedas paralizado por tu miedo, recuerda tu conexión con la Fuente y úsala como la cosa a la que te aferres, en lugar de tu apego a un resultado en particular. Todos tus miedos, todo tu sufrimiento y dolor tienen alguna medida de apego a un resultado o curso particular de acontecimientos. Todo es una forma de resistencia al movimiento de la vida, especialmente ahora, en estos tiempos acelerados.

La mejor medicina es aumentar la profundidad de tu ENTREGA.

Lo hemos dicho antes y lo diremos de nuevo — "Deja ir y deja que Dios se encargue de los detalles". Tú estás deshaciéndote de todos los escombros que has adquirido durante tus muchas vidas en la faz de este planeta. No es cómodo a veces, pero recuerda que estás perdiendo solo aquello que no es parte de tu ser esencial. Tú estás siendo limpiado de todos los percebes y fango que has tomado en tu viaje a través de este océano y serás elevado a un "dique seco" para completar el proceso. Entonces estarás limpio y brillante y nuevo y te embarcarás en otros viajes en otros mares, porque esta Tierra y este mar habrán pasado y ya no estarán allí nunca más.

Amén, Adonoy Sabayoth. Somos las Huestes del Cielo. Te amamos. Estamos contigo. Tú eres uno DE nosotros y tú eres uno CON nosotros y estás despertando a esa verdad ahora. Te dejamos ahora, en paz, en honor y bendición. Te hablaremos de nuevo.

ACERCA DE LA SEXUALIDAD Y LA REPRODUCCIÓN — ESTILO TERRANO
14 de abril de 2001

Bien, ahora. En nuestra anterior conversación, te hablamos acerca de la unidad que experimentarás en Terra. Esta será tu experiencia constante y te SABRÁS como siendo parte de todo lo que percibas — ya sea infinitesimalmente pequeño o tan vasto como un universo entero. Por lo tanto, la razón principal para el comportamiento sexual humano en 3D no estará presente.

¿Cuál ES la razón principal de su comportamiento sexual? Cuando esta se analiza hasta su raíz, es principalmente un intento de escapar de la prisión de estar contenido en un cuerpo, de buscar de alguna manera atravesar esa barrera de la piel e intentar fusionarse con otro. Ahora bien, estamos conscientes de que muchas veces el acto sexual no es usado para UNIR a dos personas, sino más bien para infligir el poder de uno sobre el otro, pero eso es una distorsión y apropiación indebida de la energía sexual, como pronto verás.

En lugar de condenar los presentes patrones, desearíamos primero dibujar para ti una imagen de cómo será en Terra — no solo para la especie humana, sino para todas las formas de vida que tengan la habilidad de unirse de maneras sexuales. Entonces, por contraste, podrás obtener un sentido de cómo tu presente experiencia no satisface y solo proporciona un alivio transitorio a tu aislamiento y separación de todas las cosas. También verás cómo aquellas prácticas que buscan escapar de la función sexual (como el celibato y el monasticismo) son una evasión de la vida en su expresión más plena. Esto no quiere decir que no haya nada que ganar en ellas, pero preferimos poner ante ti cómo es la vida cuando estás en plena conciencia y no luchando por reprimir tus facultadas naturales dadas por Dios para poder trascenderlas.

Acerca de la sexualidad y la reproducción — estilo Terrano

Así que, comencemos esta discusión recordándote que en Terra, estarás en total unidad con toda la Creación. Estarás inmerso en un mar de consciencia que desde tu presente perspectiva parecería surrealista y onírica — no muy diferente a algunos de los estados que uno experimenta con ciertas drogas como el opio y sus parientes. Sin embargo, será tu estado constante y por lo tanto simplemente uno se adapta a ello como siendo la norma y de ahí se parte.

Estarás inmerso en un mar de consciencia que desde tu presente perspectiva parecería ser surrealista y onírica.

En Terra, todas las cosas están en equilibrio total con el todo y la reproducción ocurre dentro de ese contexto. Ninguna flor florece, ningún animal nace sin que exista una clara y necesaria "razón" para su nacimiento, con respecto al todo. Todas las cosas que se reproducen mediante la combinación de gametos (esperma y óvulos en sus diversas formas) solo lo hacen cuando el todo lo exige para perpetuar y mantener el equilibrio. Suena muy complicado, pero te aseguramos que así es la única forma verdaderamente natural para que sea. Lo que ves en tu presente realidad está tan distorsionado de lo que es natural que no puedes imaginar lo que es realmente "natural" (es decir, de acuerdo con la NATURALEZA inherente de las cosas).

En Terra, la reproducción es una función en sí misma y está separada de la función sexual. En su realidad presente, están tan entrelazadas y

Ninguna flor florece, ningún animal nace, sin que haya una clara y necesaria "razón" para su nacimiento, con respecto al todo.

tan fuera de balance con la Naturaleza y lo que es natural que a menudo se confunden entre sí. En muchas de sus religiones, tanto el deseo como la sexualidad son temidos y mantenidos en la desconfianza. Se les enseña que son algo "pecaminoso" o "salvaje" o "incivilizado" que debe ser controlado de una u otra manera.

Sin embargo, cuando una función natural es reprimida, así como cuando el flujo de un arroyo es bloqueado, esta BUSCARÁ otra salida y eso es exactamente lo que ustedes ven en su mundo presente. Las funciones naturales se han torcido y distorsionado y se han malinterpretado groseramente en cada aspecto de su civilización presente, independientemente de la geografía o de los llamados enfoques "iluminados" del problema, lo cual es realmente un síntoma de la experiencia de la separación.

En Terra, serás uno con todos y con todo, todo el camino hasta los lugares más lejanos del cosmos. Vivirás en un mundo en el que todo está en total equilibrio y comparte la existencia y la consciencia de todo lo demás. Si ya estás en unión plena con todo, ¿dónde encaja el deseo en la imagen?

El deseo es el motor detrás de toda creatividad, ya sea para crear una pintura, una pieza de música, una elegante ecuación matemática o para crear otra vida. El deseo es lo que impulsa la evolución del cosmos. ¡El deseo del Creador por experimentarlo todo es lo que Le lleva a CREARLO todo!

En su raíz, tu deseo es la exteriorización del deseo del Creador de experimentarlo todo a través del mecanismo de la interacción de todas las partes de Su Creación. Esta interacción se experimenta de la manera más aguda a través del sentido del tacto.

Puedes mirar algo e interactuar visualmente con él. Puedes compartir tus pensamientos y sentimientos con otro, ya sea verbal o telepáticamente. Puedes experimentar a través de tus sentidos físicos del oído y del olfato, pero ninguno de estos comunica la experiencia tan plenamente como el sentido del tacto. Puedes usar tu imaginación para crear una experiencia que se aproxime a lo que sería tocar algo, pero realmente no hay nada que pueda sustituir al tocar real.

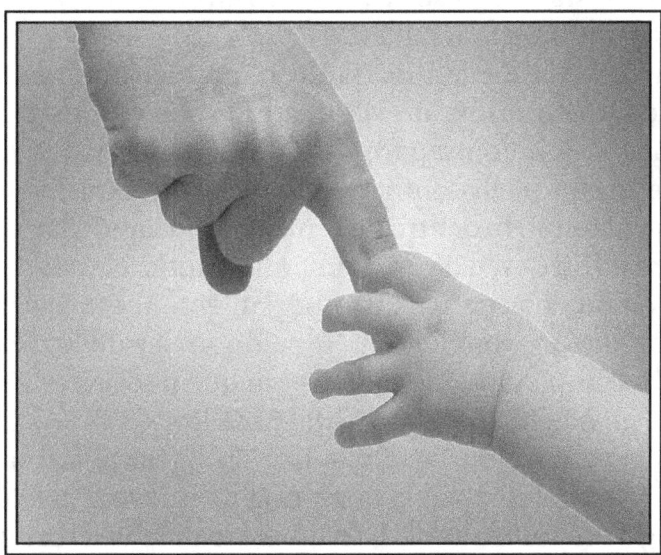

Puedes usar tu imaginación, pero realmente no hay sustituto para el tocar real.

Para progresar a los niveles superiores del ser, uno debe completar con los niveles que están por debajo de ellos. Aunque ustedes son los aspectos encarnados de los elohim y han DESCENDIDO a la materia, todavía únicamente pueden imaginar el "siguiente paso" en el viaje de regreso a la Fuente en términos de su presente experiencia — la de un ser humano, vestido de piel y buscando salir de la prisión de la consciencia de separación. Por lo tanto, ustedes solo pueden imaginar un "siguiente paso" y así es como lo describiremos. En una discusión futura, hablaremos acerca de cómo ustedes no están realmente "yendo" a ninguna parte, pero por ahora, continuemos con la exploración de nuestro tema de hoy.

El sentido del tacto es en donde ustedes, como seres humanos, están más hambrientos. Y sin embargo, si buscas tocar desde ese lugar de hambre y no desde un lugar de estar ya lleno de amor, solo perpetúas tu angustia, y quedas atrapado en tener que buscar de nuevo o permanecer en la soledad y aislamiento de tu celda de prisión — tu cuerpo físico, tu contenedor — el dedal que vistes alrededor de la yema del dedo de tu Sobrealma que se inserta en tu presente ubicación del espacio-tiempo.

Piensa en eso por un momento — y deja que la consciencia de todas las vidas en las que buscaste llenar tu vacío y que fueron insatisfechas en su búsqueda ahora regresen a ti. Piensa en ellas y déjalas ir. Todo esto está ahora llegando a su fin para ti.

En Terra, cada forma de vida que se reproduce por medios sexuales está apareada. Cada forma de vida en esa categoría está emparejada con su gemelo — su contraparte — lo que llamamos la díada. Cada Sobrealma está completa dentro de sí misma, de la misma manera que el Creador está completo dentro de Sí mismo. No hay división en partes o géneros, pero en Su deseo de experimentarlo todo, el Creador se dividió a Sí mismo en muchas partes que podrían entonces buscar volverse a unificar para luego — habiéndolo logrado — ser divididos dentro de una Creación completamente nueva — lo que podría ser visto como la exhalación e inhalación del aliento del Creador.

Primero la exhalación — la respiración hacia la forma y luego la inhalación — la coalescencia de la forma de nuevo a la falta de forma que le dio lugar en primer lugar. La díada es realmente el primer nivel del Creador (la mónada) dividiéndose a Sí Mismo en partes. Esto sucede en todos los niveles de la Creación, pero por ahora mantendremos nuestro enfoque en la forma más aparente de esto — el gemelo, la contraparte que es la "otra parte" que cada parte busca encontrar y con la cual unirse. Llamaremos a esta parte la "pareja" de la otra.

El apareamiento no es solo para la reproducción. El apareamiento es el acto de unificarse con su pareja y la reproducción está reservada para aquellos tiempos en que un nuevo ser o unidad sea requerido para el equilibrio del todo. Los niveles de población en Terra se mantendrán bastante estables, una vez que la colonización esté completa. Tomará algún tiempo para lograrlo, pero una vez que se complete, aquellas formas que dejen Terra de una manera u otra serán remplazadas por otras y así se mantendrá el equilibrio del todo.

Como humanos, ustedes tendrán duraciones de vida muy largas y serán capaces de reproducirse durante toda su existencia adulta. Por lo tanto, para mantener la tasa de reproducción adecuada, los gametos (espermatozoides y óvulos) solo se producirán cuando el conjunto completo de circunstancias esté presente que requiera la creación de otra forma de vida. Esto es "control de la natalidad" en su forma natural, en el más alto nivel de sabiduría. Trataremos la cuestión del alumbramiento en otra conversación, pero por ahora volvamos a nuestro tema del día de hoy.

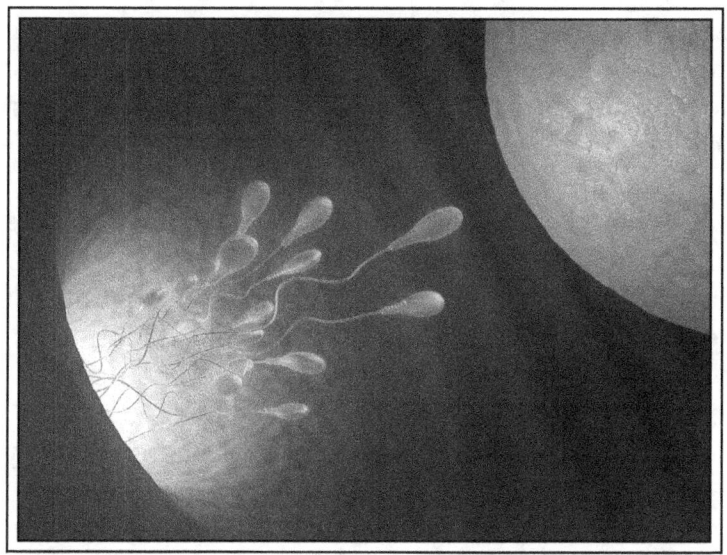

Los gametos (espermatozoides y óvulos) solo se producirán cuando el conjunto completo de circunstancias esté presente que requiera la creación de otra forma de vida.

Los cuerpos que ustedes ocupan ahora no son los que tendrán en Terra. Los cuerpos que ahora ocupan se transformarán en el tipo de cuerpo que ustedes considerarían como de un dios o una diosa, debido a su perfección y belleza físicas. Los sentidos físicos que tienen ahora son muy crudos comparados con los que entonces tendrán.

Así como no puedes hacer un dibujo fino con un lápiz que tenga forma de tronco, tampoco puedes experimentar la fineza de la sensualidad que estará disponible para ti en Terra con la tosquedad de tus sentidos físicos presentes. Noten la relación entre sensualidad y sentidos. Así como la sexualidad es la expresión de la función sexual, la sensualidad es la expresión de la función sensual (perteneciente a los sentidos). La sensualidad está entrelazada con la sexualidad porque la sexualidad involucra a los sentidos para su correcta expresión.

Todos los sentidos están ocupados en la función sexual, tanto los físicos como los que ustedes llamarían "sutiles" — los intuitivos, mentales y emocionales. Aquellos de ustedes que hayan sido lo suficientemente afortunados como para haber tenido un vistazo en una experiencia sexual completa lo saben, pero desafortunadamente esa es la excepción más que la norma y así como sus culturas han etiquetado a la sexualidad como algo que debe ser temido y controlado, la sensualidad del mismo modo ha sido condenada a la represión y a la condena.

En Terra, ustedes serán liberados de todas las limitaciones — especialmente de las económicas — y estarán en consciencia plena, bendecidos con vidas medidas en cientos de años y podrán permitirse la expresión plena de todos sus sentidos y de su sexualidad en una relación de pareja, sin ninguna consecuencia reproductiva.

No necesitarás de técnicas. No necesitarás nada más que la plena aceptación de tu libertad para explorar sin fin toda la gama de tu sensualidad — TODOS tus sentidos — y tu deseo serán finalmente libres para explorar la creatividad en todo tipo de cosas, sin quedar confinados por "reglas" de lo que es aceptable y de lo que no lo es. En plena consciencia en todo momento, tú CONOCERÁS y buscarás intuitivamente solo aquellas expresiones que apoyen y celebren la vida y celebren el todo de la vida, en su miríada de formas y expresiones.

El éxtasis es tu estado natural (por difícil que sea de comprender a partir de tu presente marco de referencia) y la función sexual— empleando como lo hace toda la gama de tus sentidos— te dará el mayor cumplimiento de ese éxtasis y por lo tanto ocupará tu atención una gran parte del tiempo.

Cuando tú estés en comunicación continua con toda la Creación y en particular con tu pareja — el otro lado de tu unidad diádica — será como estar "haciendo el amor" todo el tiempo. Aun cuando no estén en proximidad física, estarán haciendo el amor entre sí. El flujo será constante entre ustedes, como una danza que nunca termina y así será por el resto de su viaje en esta Creación.

Ustedes nacieron juntos en la mente del Creador, están unidos en la mente del Creador y estarán juntos eternamente en la mente del Creador hasta que la inhalación esté completa y disuelvan su ser en el del Creador mismo, listos para nacer de nuevo al ser con la próxima exhalación de la Creación. Tienen mucho por delante para disfrutar y lo disfrutarán, de eso no tenemos ninguna duda. Es hora, queridos, de que regresen a casa — a sí mismos, a Terra, a todo el espectro de experiencias de las que son capaces. ¿Y no es ESO una idea por la que vale la pena esperar? NOSOTROS lo pensamos así y sabemos que ustedes estarán de acuerdo.

Les dejamos ahora en paz, honor y bendición. Amén, Adonoy Sabayoth. Somos las Huestes del Cielo. Hablaremos de nuevo con ustedes.

El flujo es constante entre ustedes, como una danza que nunca termina.

A TRAVÉS DE LA GRAN DIVISIÓN
1 de septiembre de 2001

Hemos pedido hablarles hoy acerca de la etapa siguiente en el viaje a Terra y abordar una cuestión central que sin duda está en el fondo de sus mentes mientras que leen a través de nuestras comunicaciones con ustedes. ¿Cómo exactamente, cruzarán el abismo entre su ubicación física presente y su hogar futuro en Terra? ¿Y qué son exactamente estas naves de las que hablamos tan a menudo de tantas maneras?

Nuestras naves están hechas de luz viviente.

Para empezar, nuestras naves están hechas de luz viviente. Son seres conscientes por derecho propio y nacen sin ser "fabricadas" mediante alguna tecnología o maquinaria en una fábrica. Son precipitadas directamente de la matriz del ser que nosotros denominamos como el

Creador. Ellas son sentientes y nosotros viajamos en ellas formando un vínculo telepático entre nosotros y la nave en la que estamos, y juntos — como una mente de grupo — nos tele-transportamos a la ubicación acordada.

Nosotros viajamos en lo que ustedes denominan como el híper-espacio. Nos "desaparecemos" de una ubicación y "aparecemos" en el lugar al que nos proyectamos. La nave actúa como un contenedor para nuestros cuerpos, que todavía son físicos para nosotros, aunque no serían visibles para los instrumentos u órganos sensoriales que están sintonizados a las frecuencias de luz con las que ustedes están familiarizados en su entorno físico presente.

Todas estas naves tienen nombres, como los tenemos nosotros. Tienen personalidades como las tenemos nosotros. Nacen en respuesta a una necesidad colectiva de su presencia, al igual que lo hacen todas las formas que existen en Terra y en la banda de frecuencia que nosotros ocupamos. Como dijimos en nuestro anterior Mensaje, ninguna forma nace en Terra salvo que esté en armonía con el todo. El todo estaría incompleto sin ella y esa carencia se llena por la manifestación de la nave o cualquier otra forma que aparezca en esa banda de frecuencia. Todas están en comunión consciente con el Creador, entre sí y con el planeta, a través del mecanismo de una mente grupal.

Cada ser dentro de la mente grupal tiene su propia perspectiva.

Cada ser dentro de la mente grupal tiene su propia perspectiva y hace posible a cualquier otro en el grupo experimentar a través de esa perspectiva si lo desea, pero la mayor parte del tiempo nos contentamos en permanecer en nuestra propia "cámara de observación", ya que siempre estamos llenos y jamás carecemos de nada. Los deseos espontáneos que emergen en nuestras mentes surgen del Creador y nos conducen en la dirección que cumple la Voluntad Divina en todo momento. Todo está siempre alineado con la Voluntad Divina y por lo tanto nosotros estamos siempre llenos de un sentido de alegría y plenitud indescriptible, ya que simplemente vivimos la "rectitud" de nuestro ser como una forma permanente de hacer las cosas.

Así que, cuando decimos que vendremos por ustedes en nuestras hermosas naves, es un esfuerzo de grupo. Nosotros y las naves estamos unidos en nuestro propósito y el resplandor de eso puede ser sentido por aquellos que puedan unir sus energías con las nuestras y por lo tanto volverse parte del grupo y unirse a nosotros en nuestra ubicación.

Piensa en esto por un momento. Probablemente pensaste que íbamos a usar algún tipo de haz de transporte o tecnología para subirte a las naves, pero nosotros no hacemos el levantamiento. ¡TÚ lo haces! Es a través de la energía de la alegría en tu corazón — la bienvenida que sientes al vernos — que las puertas se abren y tú gravitas naturalmente (¿o debiéramos decir "levitas"?) hacia el cumplimiento del deseo de tu corazón.

Como hemos dicho, el amor es la fuerza ordenadora que actúa sobre la luz para crear toda forma. Actúa en oposición a la entropía, la cual busca devolver las cosas a un estado más elemental e increado. El amor es la fuerza vital detrás de todo y aquellos que entienden la naturaleza de la curación saben que el amor es la fuerza curativa más poderosa que existe. Repara esos lugares donde la entropía ha desgarrado las conexiones, donde ustedes están heridos en sus cuerpos y en sus psiques. Una herida es solamente un desgarro en el tejido de la vida. El amor es la fuerza que repara el desgarro. Les hemos pedido que enfrenten sus miedos para que puedan tener más amor en sus corazones. Cuando sea el tiempo del levantamiento, estarán listos y su propio amor y alegría serán las fuerzas que les reúnan con su familia espiritual.

Ahora nos gustaría abordar otra parte del "proyecto" — en este caso, cómo se llega de la Tierra a Terra. Como hemos dicho, el planeta se someterá a una limpieza total de toda vida por arriba del reino mineral, a fin de quedar en barbecho para regenerar el cuerpo físico de la Tierra misma. Ella se retirará de un estado en el que puede sostener la vida y reaparecerá en su nuevo cuerpo, algo así como un guante que se invierte para revelar un nuevo "exterior", el cual antes estaba oculto a la vista. Esta inversión tendrá lugar durante un periodo de varios años y ninguna forma de vida habitará el planeta anterior durante ese tiempo. Será necesario levantar algunas formas de vida antes de la finalización de los cataclismos finales y albergarlas y mantenerlas mientras que el planeta completa su propia transición de una forma a la otra. Aquí es donde las naves entran en escena.

Nuestras naves no son solo medios de transporte. Son como úteros flotantes y pueden mantenernos a nosotros y a toda forma de vida dentro de sí mismas, como gigantescas islas o cápsulas en la vastedad del espacio. Las muy grandes naves nodriza tienen forma esférica, debido a las propiedades inherentes a una esfera. Todos ustedes se unirán a nosotros a bordo de nuestras embarcaciones más pequeñas en forma de disco y luego serán transportados a una enorme nave nodriza que es casi del tamaño de su propio planeta, pero no tan grande — del orden del 80% del tamaño de su presente planeta.

Ustedes vivirán con nosotros a bordo de la nave nodriza hasta que todos los preparativos estén completos y luego serán transportados a Terra para establecer sus hogares ahí. Mientras estén a bordo de la nave nodriza, se someterán a un proceso que elevará su consciencia hasta el punto de la plena unión con el Creador y permanecerá así por el resto de su existencia en las densidades superiores. Ninguno de ustedes que están yendo a Terra tendrá jamás que retornar a una existencia de 3D, aunque en algún momento podrían elegir hacerlo por propias razones, de acuerdo con el propósito de su existencia como una parte individualizada de la consciencia del todo.

Ahora el proceso ha comenzado en serio. "El Día del Lanzamiento" de Operación Terra (agosto 18 del 2001) marcó la partida y la separación de ese grupo de seres y esa envoltura de energía que está dirigiéndose hacia Terra de la del cuerpo de la Tierra y su conciencia colectiva. Así que, de una manera, ustedes ya están siendo "levantados" y ya están participando en su regreso a casa y en la reunión con su familia del alma.

La porción de Operación Terra que está basada en la Tierra es un punto focal, un sitio de reunión para todos aquellos que están destinados para Terra. Muchos de ustedes han estado en total aislamiento de otros como ustedes mismos y este aislamiento está comenzando a terminar a medida que descubren que no son los únicos que saben lo que saben y sienten lo que sienten. Operación Terra es un faro con el tono de "hogar" para aquellos que resuenen con esta información. Tomen nota de que no decimos "estén de acuerdo" o "crean en" esta información. Usamos la palabra resonancia a propósito, porque dice exactamente lo que queremos decir.

Si miran la palabra resonancia, viene de la raíz "resonar" o literalmente de re-sonar, o "sonar de nuevo". Es una forma de eco, devolviendo (re-sonando) el sonido que lo desencadenó en primer lugar. El sonido se mide en patrones de frecuencia y la interacción del sonido y la luz combinados constituyen la base de toda forma.

Hemos incrustado códigos de luz en el material de Operación Terra, usando las palabras como la onda portadora para traerlos a su conciencia. A medida que lees las palabras, los códigos de luz pasan a tu cuerpo y buscan los códigos correspondientes en tu estructura celular. Es muy parecido a un diapasón. Si eres un diapasón, afinado a la nota "La", no ocurrirá nada hasta que una nota "La" sea tocada o sonada cerca de ti. Entonces resonarás con esa nota, y sonará dentro de ti como una campana, una explosión de sonido y alegría a medida que tus códigos incrustados comiencen a hacer su propio sonido en respuesta.

Si tú eres un diapasón que es afinado a la nota "La", no ocurrirá nada hasta que una nota "La" sea tocada o sonada cerca de ti.

Podrá ser un sonido suave. Podrá ser como un cañón de luz que explota, pero se sentirá como un "sí". "Sí, esto lo sé". "Sí, esto es familiar para mí". "Sí, esto es mío". Así es como funciona la resonancia. No es el producto del pensamiento analítico. Es una RESPUESTA, una resonancia, un re-sonar y un eco respondiendo desde el corazón de tu ser, tu propia respuesta interna a la pregunta: "¿Ha ocurrido?" "¿Ha aparecido ya?".

Sí, hemos aparecido ahora. Y tu lugar está con nosotros, tu familia del alma. Tú eres atraído a través del principio de resonancia a reconocer esta nota como tuya. Ahora el "levantamiento" puede ser visto como una extensión lógica de eso — una extensión de esa resonancia con nuestra nota, a medida que es transmitida a través de esta información y los códigos de luz que ponemos en ella.

Ahora no es tan misterioso, no es tanto una tecnología basada en un tipo de maquinaria tal como "Transpórtame hasta arriba, Scotty". Llámala la tecnología del amor. Llámala la tecnología de la fuerza vital. ¿Puedes sentir tu corazón y tu ser abriéndose a esta idea como los pétalos de una flor extendiéndose para capturar los rayos del sol? Estamos aquí contigo en todo instante y te damos la bienvenida en medio de nosotros. Nuestro amor te baña en todo momento, como el sol siempre está irradiando luz hacia la Tierra y lo único que tienes que hacer es abrirte para recibirlo.

Será más fácil para ti si no te involucras con las imágenes que se están desplegando en la pantalla perceptual del resto del mundo a medida que las cosas proceden. Si te separas de todo eso, descubrirás que experimentas más paz, más felicidad y más aceptación serena de ti mismo y de tu viaje. Si te sobre-identificas con lo que miras — el aparente sufrimiento que está aumentando, la locura que se está desarrollando a tu alrededor — será fácil para ti olvidar tu nota de hogar — la alegría y la paz y el amor que sientes cuando te conectas con nosotros y con nuestra vibración.

Así que, si te descubres quedando atrapado en la tormenta — en las furiosas batallas sucediendo incluso ahora y que solo se intensificarán a medida que las cosas proceden hacia el clímax — y tomas conciencia de lo incómodo que te sientes en esa banda de frecuencia, simplemente desconéctate. Vuelve a los Mensajes. Léelos de nuevo. Ve a dar un paseo. Permítete sentir que la mayoría de lo que ves a tu alrededor no es tuyo. Deja que la belleza se te muestre, asomándose por detrás de la fealdad.

Está allí. Permítete abrirte a ello. Desconéctate. Deja ir y deja que Dios se encargue de los detalles.

A veces estás cansado. Permítete descansar en la paz y la alegría y el amor. Están ahí para ti, si puedes permitirte recibirlos. Permítete recibirlos. Deja ir todo lo que no te traiga paz y alegría y amor. Duerme profundamente y con gratitud cuando descanses y déjanos limpiarte del residuo que queda. Puedes estar cansado después, pero te sentirás mucho más ligero y libre debido al trabajo que estamos haciendo contigo mientras duermes. Déjalo ir y déjaselo a Dios. Es mucho más fácil así.

Te dejamos ahora, en paz y honor y bendición. Volveremos a hablar contigo.

Amén, Adonoy Sabayoth. Somos las Huestes del Cielo.

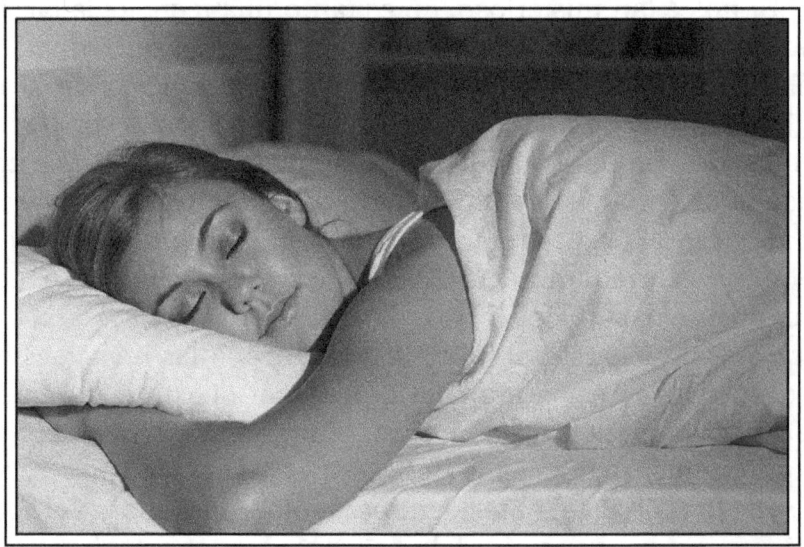

Duerme profundamente y con gratitud cuando descanses y déjanos limpiarte del residuo que queda.

EL TIEMPO DE LA COSECHA
8 de septiembre de 2001

Hoy nos gustaría hablar contigo acerca de algunas cosas que están a punto de comenzar a aparecer en tu pantalla perceptual. Te recordamos que mantengas tu respiración abierta, porque algunas de las cosas de las que hablaremos pueden causar cierta incomodidad temporal al contemplarlas. Preferiríamos jamás causarte ninguna incomodidad, pero a veces durante un nacimiento, hay algo de dolor y presión, y cuanto más puedas simplemente aceptar el proceso — en todos sus aspectos — más fácil será este para ti.

Dicho esto, ustedes — como población planetaria — están a punto de entrar en un tiempo de profundización de contiendas y tribulación. Hay refugio seguro dentro de ti mismo, sin importar donde estés ubicado en la superficie del planeta y estamos a la mano, guiándote, protegiéndote y derramando nuestro amor y gracia sobre ti. Lo que podamos decir aquí, lo que tus ojos puedan ver mientras miras a tu alrededor, por favor recuerda esto. Si te sientes abrumado por algo, simplemente cierra tus ojos por un momento, profundiza tu respiración y ve hacia tu centro. Siente la tierra bajo tus pies y permanece anclado hasta que estés tranquilo y sereno en medio de todo.

Los primeros síntomas del desenmarañar han comenzado a aparecer. Los primeros tambaleos del eje están ocurriendo y el centro de las cosas ha comenzado a oscilar entre un polo y otro — tanto geofísica, política, económica y culturalmente. Hay un cambio profundo en marcha que afecta cada aspecto de la vida en cada parte del mundo y todas las partes interactúan y están conectadas a cada otra parte, así que el cambio oscilará, se ramificará y será amplificado con cada oscilación. Esto es parte del "sacudimiento" del que hemos hablado y sacudirá aflojando todo antes de que termine.

Ninguna de las viejas formas atravesará esta vez. Solo la esencia sobrevivirá y continuará. Solo lo que esté de acuerdo con TU esencia sobrevivirá al cambio y seguirá. Muchos de los patrones aculturados no pasarán por la "puerta" y ustedes verdaderamente se convertirán en seres completamente nuevos.

En el camino de regreso a casa, pasarás por escenas de creciente confusión y caos.

En el camino de regreso a casa, sin embargo, pasarás por escenas de creciente confusión y caos. Muchos estarán muy asustados, a medida que el tejido de su vida se desgarra y rompe mediante estos cambios masivos en la fundación que subyace a todo el sistema. Sin embargo, esto es lo que sus Sobrealmas eligieron para que ellos lo experimenten en esta vida, y también es un tiempo rico en oportunidades para descubrir lo que REALMENTE es importante, para descubrir dónde yacen realmente las prioridades propias.

No será un tiempo suave, pero como tantos de ustedes ya han descubierto al pasar por su propia aflicción, hay algo ganado al final que es más precioso de lo que cualquier posesión material podría posiblemente ser. Son la paz interna y la liberación que vienen de la entrega los que son el "oro" dentro de la nube. Es el tesoro dorado del Espíritu que les llenará ahora y es el tiempo de la cosecha.

Esta no será una cosa fácil de escuchar para algunos de ustedes, porque se preocupan y quieren ayudar y aún tienen temores por lo que le sucederá a los "otros". Aun así, esto es como fue intencionado que fuera desde el principio y está totalmente conforme con las elecciones hechas por todas las Sobrealmas, individualmente y colectivamente. La cosecha se está llevando a cabo ahora y representa la recolección de aquellos que van a Terra y sacarlos de la escena mundial por un tiempo, hasta que sea el momento de regresar y recoger a aquellos que habiendo pasado por las tribulaciones hayan sido transformados por ellas.

Es el momento de separar el trigo de la cizaña, de enviar a los obreros a los campos y llevarlo a los graneros.

Esto es acerca de la cosecha y si podemos tomar unas líneas de su Biblia, es el momento de separar el trigo de la cizaña, de enviar a los obreros a los campos y guardarlo en los graneros. Este es el tiempo de la cosecha y del retiro del mundo por un tiempo, hasta que sea el tiempo de regresar. Deja que esto te penetre. Deja que esto se registre. Déjalo que te llene y que te profundice y déjalo fluir, sin resistencia, hasta que estés en paz. Deja que toda la resistencia surja y salga de ti. Déjalo ir todo. Déjalo ir y déjaselo a Dios. Deja ir. Respira. Respira. Respira.

No hay nada más por hacer que recoger a los que están siendo levantados ahora. Entonces el impacto total de la aflicción del nacimiento se desarrollará en la superficie planetaria y habrá mucho dolor y sufrimiento doquiera que haya resistencia. Esta es una fuerza poderosa y abrasiva y no será agradable para muchos de los que la atraviesen, pero debe ocurrir.

La lección es una de entrega y de voltear hacia adentro por apoyo y socorro. Hay algunas lecciones por aprender acerca de las consecuencias de no tomar responsabilidad por la propia vida y verdad. Habrá algunas lecciones por aprender acerca del abdicar la responsabilidad por la propia vida y verdad, y ponerla en manos de otros. Habrá muchas lecciones difíciles a ser aprendidas.

La lección es una de entrega y de voltear hacia adentro por apoyo y socorro.

La cosecha removerá a todos menos a unos cuantos de ustedes de la superficie planetaria. Algunos permanecerán porque su trabajo por el planeta lo requiere, pero la mayoría de ustedes serán levantados de la banda de frecuencia que ahora ocupan y estarán totalmente escondidos hasta que sea el tiempo de volver. No estarán disponibles para que aquellos que se queden detrás puedan tener su oportunidad de aprender lo que ustedes ya han aprendido. Es todo en el orden divino y todo dentro del Divino Plan. Ustedes ya están siendo levantados ahora y esa separación de la consciencia de masa puede ser sentida por aquellos de ustedes que son lo suficientemente sensibles a las energías más sutiles para percibirlo.

Parecerá que la luz fuese retirada con ustedes, pero ese nunca será el caso. Parecerá que han abandonado a los que se quedan atrás, pero eso nunca será el caso. Simplemente se estarán retirando por un tiempo para que puedan regresar a ayudar cuando realmente sean necesitados. Ustedes necesitan cambiar su vestimenta para su nuevo papel y necesitan un lugar seguro en el cual puedan lograrlo. Simplemente estarán yéndose para prepararse para la real ayuda que puedan dar y serán necesitados en grandes números cerca del final de las cosas, porque habrá muchos que necesitarán su ayuda en ese momento.

El tipo de ayuda que pueden dar ahora es bastante limitado, aunque su tarea por aterrizar la luz y su meditación y plegarias han sido muy efectivas para apoyar la limpieza hasta ahora. Pero cuando llegue el momento de recoger a los que hayan pasado por el tiempo de tribulación, no será suficiente el ofrecer palabras de consuelo o un libro para leer o un círculo de meditación. Para entonces, las cosas serán muy diferentes de lo que son ahora y se necesitará un diferente tipo de ayuda.

Ustedes necesitan cambiar su vestimenta para su nuevo papel y necesitan un lugar seguro en el cual puedan lograrlo.

Las guerras y el cambio climático, el colapso económico y la tiranía, todos ellos habrán cobrado su daño y simples técnicas y palabras no serán suficientes. Ustedes literalmente caminarán a través de los campos de exterminio y ofrecerán una mano a aquellos que estén listos para partir con ustedes. Necesitarán estar vestidos con su armadura de protección y necesitarán estar en consciencia plena. Serán como Cristos vivientes (ungidos) y llevarán la vibración y poder que viene a través de tal estado de ser.

Así que, ahora, el levantamiento y la separación proceden y todo se desarrollará de una manera cada vez más seria. Descubrirán que, aunque todo se esté colapsando a su alrededor, tendrán paz. Tendrán paz porque habrán aprendido las lecciones y habrán aprendido cómo rendirse a la luz y sabiduría más altas. Tendrán paz porque habrán aprendido a enfrentar sus miedos y aceptar el camino de su vida con serenidad.

En esa paz, encontrarán bienaventuranza y alivio, y aceptarán la luz y el levantamiento. Así que, ahora, dejen el sentimiento de que haya cualquier otra cosa por hacer que aceptar el levantamiento. Las cosas que se desarrollarán en la superficie planetaria DEBEN desarrollarse y no hay nada que ustedes necesiten resistir o cambiar. Déjenlo ir y déjenselo a Dios y reciban la paz de ello.

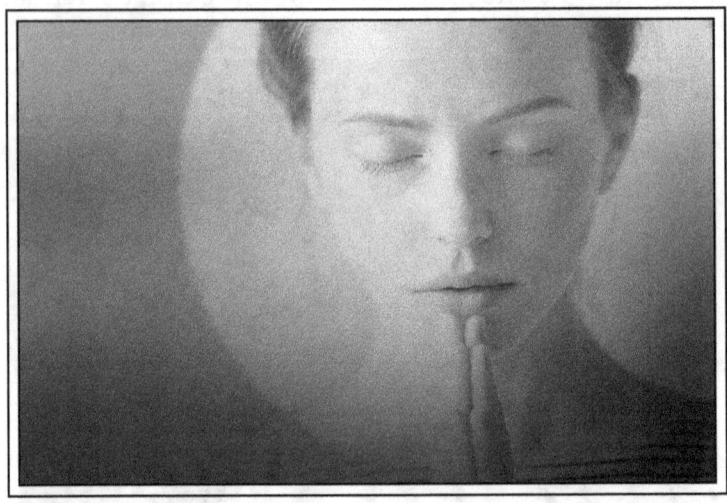

Deja que la paz sea tu refugio y armadura contra el dolor de aquellos a tu alrededor.

Deja que la paz sea tu refugio y armadura contra el dolor de aquellos a tu alrededor. No puedes ayudarles si participas en su dolor. Tú no puedes ser levantado si todavía estás aferrado a las viejas formas y patrones. Déjalos ir y déjaselos a Dios. Deja que Dios se encargue de los detalles. No eres responsable de nadie más que de ti mismo. Es suficiente el recibir el levantamiento, pues de esa manera podrás ayudar realmente cuando sea necesario. Hemos estado repitiéndonos a lo largo de este Mensaje porque realmente queremos que "lo captes". Déjalo ir y déjaselo a Dios. No te resistas a lo que está ocurriendo a tu alrededor. Recibe la paz.

Toda su vida y en todas sus vidas, han estado preparándose para este tiempo. Está aquí ahora. Si tenían la sensación de que tenían que HACER algo — establecer un centro, fundar un movimiento, enseñar una clase, escribir un libro — para la mayoría de ustedes, ese momento ya ha pasado. Para ALGUNOS de ustedes — los que han elegido quedarse atrás y que tienen trabajo que hacer en los tiempos difíciles que se avecinan — serán guiados y sabrán lo que es suyo por hacer. Cada uno de ustedes que está leyendo esto tiene un papel que desempeñar en todo esto. Algunos de ustedes se quedarán y desempeñarán su papel de esa manera por ahora; el resto será levantado gradualmente hasta que se hayan "ido de la escena", para que puedan completar su "cambio de vestido" y prepararse para su nuevo papel.

Estamos con todos ustedes y nos estaremos acercando a ustedes ahora, así que muchos de ustedes que no nos han sentido podrán sentirnos ya. Han sido activados por los códigos de luz en estos Mensajes y ahora será más fácil para ustedes recibirnos. Suéltense y déjenselo a Dios. Dejen ir sus apegos en cuanto a cómo será para ustedes o para aquellos a su alrededor. Dejen que todo sea como está destinado a ser y tendrán alegría en todas sus empresas. Llegará un momento en el que todo habrá terminado y entonces tendrán a Terra para mirar hacia adelante. Déjense ir. Floten hacia arriba. Déjense ir. Estamos con ustedes, en cada paso del camino.

Les dejamos ahora en paz y honor y bendición. Amén, Adonoy Sabayoth. Somos las Huestes del Cielo.

NOTA: Dos días y medio después de recibir este Mensaje, los ataques del 9/11 contra el World Trade Center y el Pentágono ocurrieron y nosotros – como población planetaria – entramos en el "tiempo de profundización de las contiendas y las tribulaciones" que fue predicho en este Mensaje.

HACIENDO AÑICOS EL CRISTAL
14 de septiembre de 2001

Bien, ahora. La primera "bomba" ha sido lanzada y la nube de secuelas se está extendiendo por todo el planeta. ¿Cómo encaja esto en el plan global? ¿Cómo se debe ser con las escenas de horror y dolor? ¿Cómo se puede soportar la carga de creer en la verdad, la bondad y el amor frente a un acto así y el dolor que inflige?

Dear ones, we know your hearts are heavy and saddened by such scenes on your perceptual screens. We know you are sympathetic with those impulses toward goodness, beauty and mercy. We know you deeply care for this planet and all upon it, as we do. Therefore, we would offer the following as our contribution toward your process of coming to grips with that which is now unfolding upon your planet, and to further the deepening of your awareness of just what that is and what it will require of you.

Queridos, sabemos que sus corazones están pesados y entristecidos por tales escenas en sus pantallas perceptuales. Sabemos que ustedes son empáticos con esos impulsos hacia la bondad, la belleza y la misericordia. Sabemos que se preocupan profundamente por este planeta y todo lo que hay sobre ella, como lo hacemos nosotros. Por lo tanto, quisiéramos ofrecer lo siguiente como nuestra contribución hacia su proceso de enfrentarse a lo que ahora se está desarrollando en su planeta y para avanzar en la profundización de su consciencia y de qué es exactamente y lo que requerirá de ustedes.

Ustedes han encarnado aquí en este momento para realizar una tarea muy especial y difícil, en servicio al planeta (y secundariamente a todos sobre ella). Su enfoque es el planeta y la asistencia que puedan darle al planeta mientras ella empieza a elevarse hacia su nueva forma y ser como Terra. Ustedes son asistentes en el nacimiento de este nuevo mundo y una vez que esta "fase de lanzamiento" se complete, se retirarán de ella por un tiempo hasta que la trayectoria esté completa y ella haya arribado y se haya manifestado en su nuevo estado. En ese tiempo, todos aquellos que fueron sacados del planeta para este propósito en particular se convertirán en los arquitectos de la nueva sociedad, los jardineros del nuevo jardín, Terra. Por favor, tengan en cuenta que hay muchos otros destinos y que nosotros estamos dirigiendo nuestras observaciones a los que tienen esta especial tarea. No aplica a nadie más en este momento.

Como hemos dicho antes, ustedes son pararrayos humanos, aterrizando la Luz superior al núcleo del planeta. Esta luz es una luz limpiadora y está ayudando al planeta a deshacerse de todas esas formas de pensamiento que ha absorbido a lo largo de su historia como anfitriona de todas las formas de vida que han surgido en su superficie.

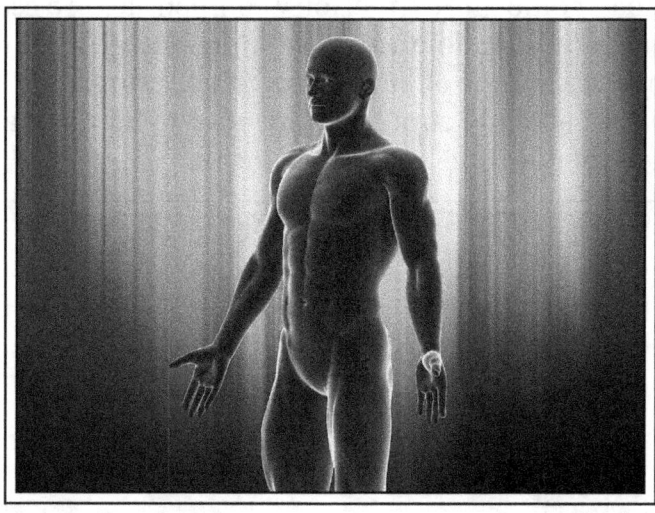

Ustedes son pararrayos humanos, aterrizando la Luz superior al núcleo del planeta.

A medida que el planeta se eleva a través de las bandas de frecuencia, todas esas formas de pensamiento que ella contiene serán desechadas, en gran parte a través de la fuerza de la luz que está siendo transmitida hacia el planeta desde los Reinos Superiores — a través de su sol, a través del núcleo galáctico y a través de cada uno de ustedes. Cada uno de ustedes está apoyando la limpieza del planeta y las escenas que presencian (como la que acaba de ocurrir) son la representación de esas formas de pensamiento que están siendo expulsadas a la superficie — cuadros de odio para otros a tal grado que buscan aniquilarlos y causarles todo daño concebible — personal, económico, de humillación, etc.

Ustedes tienen un dicho, "Se cosecha lo que se siembra". Algunos de ustedes también son conscientes del concepto del karma — que cualquier acción que procede de un lugar de desequilibrio debe ser equilibrada por una acción igual y opuesta de algún tipo. De lo que tal vez NO estén conscientes es de que hay una pared invisible — un umbral que separa su presente Creación de la Creación que está a punto de nacer, al otro lado del "parpadeo".

Su planeta se está moviendo hacia arriba en frecuencia y hacia adelante en el tiempo, visto desde dentro del tiempo lineal. Se están acercando a esta barrera, a este umbral y todas las acciones que se originen en desequilibrio recibirán su acción en respuesta, como un eco rebotando desde esa barrera y regresando a la fuente de las energías desequilibradas, como una corrección y compensación a esas acciones. La Tierra está ascendiendo ahora y ya no puede absorber esas cosas como lo ha hecho a lo largo de su historia. Lo que esto significa es que dos cosas estarán sucediendo simultáneamente y tenderán a amplificarse mutuamente a medida que las cosas avancen.

Todas esas formas pensamiento que no estén en armonía con las bandas de frecuencias superiores subirán a la superficie y volverán a ser promulgadas de nuevo en un contexto de tiempo presente.

Primero, está el desprendimiento de las formas de pensamiento de acciones previas desde otros tiempos en la historia de la Tierra. Todas esas formas pensamiento que no estén en armonía con las bandas de frecuencias superiores subirán a la superficie y volverán a ser promulgadas de nuevo en un contexto de tiempo presente, para que puedan ser experimentadas y equilibradas por los que estén listos para recibirlas como ese tipo de oportunidad — que estén listos para cambiar su propia respuesta histórica a otro tipo de respuesta, una basada en la misericordia, el amor, la bondad, la compasión y la unificación con aquellos a los que anteriormente se opusieron.

La segunda cosa que estará sucediendo serán los ecos de las acciones del tiempo presente, las acciones de respuesta que imitan y reflejan las acciones iniciales, para que también las fuentes de esas acciones tengan una oportunidad de cambiar su respuesta a otro tipo diferente de respuesta.

Ambas cosas — los ecos del pasado y los ecos del presente — estarán sucediendo simultáneamente, lo cual intensificará y multiplicará los efectos a medida que el planeta se eleva y avanza hacia su propio destino. Cómo esto lo experimentará cada "observador" — cada serie de ojos y oídos que esté presente para presenciar esto — variará, según los "filtros" que existen en ese individuo. Así que algunos verán cosas que sienten que están llamados a vengar. Otros verán cosas que sienten que están llamados a sanar. Y otros responderán de otras maneras.

Todo esto es una cosa muy individual, para que el Creador pueda experimentarse a Sí Mismo mediante todas las perspectivas disponibles a través de todas Sus creaciones. Les recordamos que no existe nada que no sea parte de y que no esté contenido dentro del Creador y que el mayor consuelo se obtiene al hacer esa conexión con el Creador y de alinear la voluntad propia con la voluntad del Creador. "No mi voluntad, sino Tu voluntad" es la forma en que se dijo hace 2.000 años y sigue siendo válido ahora.

Así que, ¿qué significa esto a un nivel práctico y cuál es su respuesta correcta y el servicio más apropiado, dado lo anterior? Antes que nada, deben entender y reconciliarse con la enormidad de lo que se está desarrollando. Consideren que están tratando con el despliegue de TODAS LAS ACCIONES que ocurrieron a lo largo de toda la historia del planeta, incluyendo aquellas acciones que están surgiendo en el tiempo presente. Ese es el tamaño de la carga que el planeta ha llevado como su servicio hacia aquellos que están sobre ella, para que las máximas oportunidades de experiencia pudiesen ocurrir.

Estamos hablando de la compresión de los eventos de millones y MILES DE MILLONES de años en el tramo de su tiempo presente el cual se completará en unos pocos años a partir de ahora. Tomen un respiro y dejen que el alcance de esto se registre profundamente dentro de ustedes, mientras reciben la confirmación de lo que ya saben que es verdad.

Hay algún alivio en esta imagen, dado que la mayor parte del desequilibrio se ha originado en los periodos más recientes de la historia y que algunas de las acciones que surgen en el presente son en sí mismas ecos de periodos anteriores siendo revisitadas en este tiempo, por lo que podría decirse que hay alguna eficiencia inherente en este proceso, ya que las acciones presentes pueden actuar para corregir y equilibrar las anteriores al mismo tiempo que son corregidas y equilibradas. Sin embargo, la carga del planeta es enorme, el lapso de tiempo es relativamente corto y por lo tanto la intensidad potencial del proceso es casi inconcebible, si acaso pudiesen captarlo en absoluto.

Pero también hay ayuda que se está dando en enormes cantidades. Aquellos de ustedes que están encarnados en la superficie del planeta son el punto de entrada para las fuerzas de Amor y Gracia que están siendo derramadas por aquellos en los reinos superiores. El núcleo de la Galaxia Andrómeda (que sobre-ilumina su galaxia), el Gran Sol Central de su galaxia y su propio sol están todos actuando como lentes para rebajar la Luz desde la Fuente y ponerla a disposición de aquellos de ustedes que sirven en la superficie del planeta en este momento en cantidades y "paquetes" que puedan manejar sin que los destruyan por su intensidad y poder.

Así que su tarea es el permitirse recibir estas energías y dejarlas fluir a través de ustedes sin impedimentos, hacia el núcleo del planeta. Cuanto más ustedes puedan rendir su propia resistencia al proceso y simplemente permitir el convertirse en como tubos huecos a través de los cuales el flujo pueda pasar, más podrán contribuir a este proceso. Esto también les permitirá permanecer tranquilos, serenos y centrados mientras todo a su alrededor está en caos. Si se permiten a sí mismos el ser utilizados de esta manera, estarán promoviendo el bien más alto para TODOS los involucrados — todos los actores en todos los dramas y sobre todo, para el planeta mismo.

Así que a medida que miren cada sucesiva ola de cambio que se despliegue, deben también comprender que debajo de las terribles escenas, hay una gran curación que se está llevando a cabo. El hecho de que estos problemas no se hayan tratado en el pasado, solo ha creado una mayor presión para que se traten ahora. Ninguno de ustedes puede decir que no ha contribuido de alguna manera a lo que están presenciando. Todos ustedes son parte de y están íntimamente conectados a estas acciones a través de su interconexión entre sí, con los sistemas económicos y con toda la vida en el planeta. Este es el profundo nivel de comprensión que es necesario para que ustedes puedan entender y así servir esta tarea.

Deben rendir todos los sentimientos de culpa e indignidad para ayudar en este servicio. Cada uno de ustedes ha desempeñado las partes que fueron seleccionadas por sus Sobrealmas a través de todas sus encarnaciones y todas ellas fueron seleccionadas en armonía con el propio deseo del Creador de experimentarlo todo. Este deseo por parte del Creador fue el impulso que llevó a la Creación en primer lugar, así que uno debe rendirse a la totalidad de la experiencia — para llegar a ser lo suficientemente grande como para sustentarlo todo dentro de uno mismo, tal y como lo hace el Creador.

Todos ustedes han sido estirados a crecer de diferentes maneras en el pasado, pero ahora esto adquiere una cara diferente. Ahora deben estirarse para llegar a ser lo suficientemente grandes para contenerlo todo dentro de ustedes mismos. Esto es lo que significa ser un Maestro. Si ustedes se quedan atascados en imágenes de "nosotros y ellos", solo estarán perpetuando la separación.

Por difícil que parezca alcanzarlo, debes llegar al punto de poder mirar todas estas acciones como si tú mismo las hubieras originado, porque en verdad, si examinas las cosas hasta su núcleo, es siempre el Creador Mismo el que encontrarás en el núcleo, así que el "verdadero tú" ES el Creador y por lo tanto, esta ES tu Creación en cierto sentido. Realmente no hay nada más QUE el Creador y con el tiempo, tendrás esto como tu completa, interminable y directa experiencia y entonces también tendrás paz y alegría permanentes.

Cada uno de ustedes debe encontrar su camino hacia esta comprensión en su propia manera y a su propio tiempo. Sin embargo, si puedes crear dentro de ti mismo un santuario y deliberadamente elegir entrar en ese santuario interior cada vez que ocurran estos asaltos a tus sensibilidades, estarás permitiendo que lo que necesite moverse se mueva y serás capaz de permanecer cuerdo y en paz en medio de todo esto. Si te involucras con las escenas que te rodean y te identificas con ellas, serás barrido hacia el caos y serás abrumado por la enormidad de lo que percibas hasta el punto de la desesperanza y la desesperación si persistes en ese comportamiento. En vez de eso, te instamos a ir hacia adentro, a desapegarte y de esa manera sostener la verdad del centro — el ojo tranquilo en el centro de la tormenta.

Hemos llamado a este mensaje, "Haciendo añicos el cristal" por una razón. Cada uno de ustedes que se está conectando con la visión y vibración de Terra está emitiendo un sonido — su patrón de frecuencia particular en la matriz de sonido que subyace al universo material. A medida que te sintonizas a los códigos de luz que llevan estos Mensajes, los re-sonarás de regreso al universo, amplificándolos y uniéndolos con las "emisiones" enviadas por tus compañeros de trabajo que están compartiendo esta tarea contigo. A medida que más y más de ustedes encuentren su camino a estos Mensajes y sean activados por los códigos de luz, más y más de sus patrones de frecuencia estarán disponibles para hacer el trabajo necesario.

Ustedes tienen una frase — "el techo de cristal". Se utiliza muy a menudo para representar una barrera invisible al movimiento ascendente en una trayectoria profesional, pero ahora nosotros estamos tomando prestado este concepto para referirnos a otro tipo de techo de cristal — una barrera invisible de frecuencia que ha rodeado este planeta y ha mantenido las cosas contenidas dentro de ella y ciclando una y otra vez sobre su superficie a lo largo de toda la historia de su vida como planeta — una barrera invisible que debe ser traspasada para que el planeta se mueva en su propio camino de ascenso — su propia "trayectoria profesional".

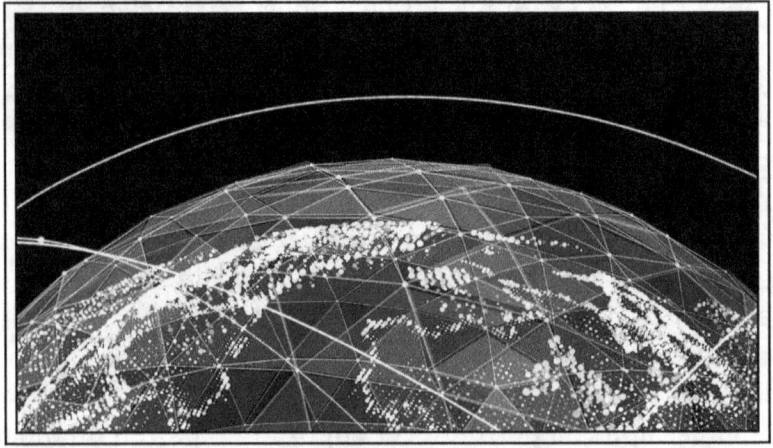

La barrera de frecuencia invisible que ha rodeado este planeta y ha mantenido las cosas contenidas dentro de ella a lo largo de su historia como planeta

Cuando un bebé está en el útero, está encerrado en una membrana o saco. Cuando es tiempo del nacimiento, la membrana se abre para que el bebé pueda salir sin trabas y comience su nueva vida como un nuevo ser, independiente de los tejidos que lo nutrieron y lo protegieron a lo largo de su tiempo en el útero.

Asimismo, la Tierra está encerrada en una barrera de frecuencia, similar a una membrana, que debe ser abierta o dividida, para que ella pueda salir y comenzar su nueva vida. La barrera es un contenedor para la experiencia presente y debe romperse para permitir el movimiento hacia una nueva experiencia.

Cada uno de ustedes está emitiendo un patrón de sonido. Todos sus patrones de sonido están empezando a converger y a juntarse hacia un patrón más grande, amplificándose donde tienen frecuencias particulares que coinciden con las de los otros en el grupo. A medida que tu propia frecuencia sube, la frecuencia colectiva del grupo también subirá y el sonido que ustedes emiten crecerá en volumen, más y más fuerte a medida que más y más de ustedes son sintonizados por estos Mensajes y sus códigos de luz.

Les estamos dando las "llaves" que desbloquean sus propias codificaciones y a través de estos Mensajes, estamos "sintonizando" sus propios "transmisores" — los cristales de luz viviente en el centro de tu memoria celular que emiten tu propio patrón de frecuencia. A medida que sus transmisiones individuales se combinan con las de su grupo, se amplificarán y aumentarán en frecuencia a medida que tú lo hagas.

Quizás tú has visto una demostración de lo que sucede cuando un tono con un cierto patrón de frecuencia y suficiente energía es sonado en la proximidad de una copa de cristal. El cristal se rompe por las modulaciones llevadas en el tono.

Un patrón de sonido correspondiente se establece en el material que constituye el vidrio vía la resonancia con las frecuencias particulares contenidas en las vibraciones de las partículas subatómicas en los átomos y moléculas que constituyen ese material. Las modulaciones vibran de un lado a otro alrededor de las frecuencias fundamentales del material y desestabilizan los patrones de los enlaces atómicos en el vidrio y este se rompe en respuesta al tono. Nota que la modulación y el efecto de ruptura se logran mediante tonos que varían ligeramente del tono predominante del material.

Cada uno de ustedes que está sintonizado a estos Mensajes está siendo estimulado a emitir un patrón particular de frecuencia y a medida que más y más de ustedes se unan con sus "notas", las energías y patrones colectivos crecerán en fuerza hasta que rompan la envoltura de frecuencia — el "techo de cristal" — que rodea al planeta.

Ustedes estarán rompiendo los patrones energéticos del paradigma existente y abriendo la senda para el surgimiento de un mundo totalmente nuevo.

Estarán rompiendo los patrones energéticos del paradigma existente y abriendo la senda para el surgimiento de un mundo totalmente nuevo que emerja de este. De esta manera, junto a las otras formas que hemos mencionado anteriormente, estarán asistiendo activamente en el nacimiento del planeta hacia el nuevo paradigma que existirá como Terra.

Todos los años que se han sentido "fuera de ritmo" con el paradigma existente se revelan ahora como aquellas partes de su patrón particular que proporcionarán la necesaria desviación del "tono" central del paradigma existente para romperlo a un nivel energético. Esta es una de las razones por las que todos ustedes se han sentido tan "diferentes", como si estuvieran "marchando a un baterista diferente". ¡Ustedes lo están! Y esa diferencia servirá al planeta rompiendo los enlaces energéticos que mantienen el material del paradigma actual.

¿No es maravilloso saber que todo lo que pensabas que podía estar "mal" contigo es ahora tu medio para crear una senda hacia algo completamente nuevo? Sonido y luz son los elementos a partir de los cuales se forma toda la Creación. Traes luz al planeta y emites sonido para romper el contenedor que ha perpetuado los ciclos de la existencia de tercera densidad. Estás rompiendo el "techo de cristal" que ha impedido que el planeta y las personas que están en él avancen al siguiente nivel del ser.

Este es un gran acto de servicio y ha requerido y continuará requiriendo mucho de ti. El mayor acto que puedes hacer para apoyar este proceso es ir hacia adentro, permitir que todo se mueva a través de ti y rendirte pacíficamente al proceso a medida que este se desarrolla. Al hacer esto, te conviertes en un "superconductor" para que la luz superior entre al planeta y tú emitas un tono más puro para romper el techo de cristal del paradigma existente.

Hay muy poco que puedas hacer para afectar los eventos que se están desarrollando ahora, excepto enviarles amor. La razón principal por la que ocurren es la falta de suficiente amor en el planeta. Envía tu amor, profundiza tu nivel de aceptación y ríndete a la gran fuerza por el cambio que ahora está desplegándose. Es demasiado tarde en el juego como para hacer mucho más. Únete con otros de mente afín de cualesquiera maneras que estén disponibles para ti, para que puedas unir tu sonido con el de ellos. También dense consuelo, amor y apoyo unos a otros, porque ustedes tienen sus propias heridas que sanar y tienen la necesidad del apoyo de otros que entiendan. Es con gran apreciación y reverencia por la dificultad de su tarea que los dejamos ahora, pero les hablaremos de nuevo y pronto.

Amén, Adonoy Sabayoth. Somos las Huestes del Cielo.

Hay muy poco que puedas hacer para afectar los eventos que se están desarrollando ahora, excepto enviarles amor.

LAS ENCRUCIJADAS
18 de septiembre de 2001

Amados, sabemos que sus corazones están apesadumbrados cuando consideran lo que está sucediendo en el mundo a su alrededor. Estamos siempre con ustedes, protegiéndoles con nuestro amor y bañándoles de gracia. Caminamos entre ustedes en forma humana también, aunque no nos reconocerían excepto por nuestras acciones o por cómo se sentirían en nuestra presencia. Pero estamos aquí, para compartir este viaje con ustedes y deben saberlo tan completamente que puedan sentir nuestra presencia por ustedes mismos.

El mundo estará viendo ángeles y demonios al mismo tiempo, dependiendo de las "lentes" que lleve el espectador. Aquellos que alberguen odio, ira y venganza dentro de su propio corazón verán demonios, maldad y enemigos por doquier. Aquellos que sostengan el deseo sincero de amor, compasión y de un mundo mejor verán ángeles que están ahí para ayudar. Lo que uno ve es un reflejo de lo que se tiene adentro. Es la forma en que el Creador se ve a Sí Mismo, reflejado en Sus creaciones.

Esta noción del bien y el mal ha servido para permitirle a las personas explorar la dualidad y ha servido bien. Esas nociones están bien establecidas en las religiones y códigos morales de la Tierra. Sin embargo, es hora de dejar de lado esas nociones, ya que han sido agotadas en su capacidad de informarles. Todo lo que se está presentando en el torrente de palabras que ha fluido después de los ataques [del 9/11] ha sido un resumen de todos los conocimientos y creencias que se han acumulado hasta antes de esa fecha. No se dice nada realmente nuevo. No se están presentando nuevas revelaciones. Solo las respuestas anteriores, disfrazadas en ropas nuevas. El cuerpo es el mismo debajo de la ropa nueva y las respuestas son totalmente predecibles, pues están basadas en los puntos de vista propios que existían antes de que ocurrieran los ataques.

Este es un tiempo muy fértil, con muchas oportunidades. En cierto sentido, es un gran resumen de todo el conocimiento y la experiencia que ha ocurrido a lo largo de todas las vidas que se han vivido a través de la historia del planeta. Si uno mira a la Tierra como un laboratorio, en el que muchos experimentos han tenido lugar, este podría ser considerado como el tiempo en el que los resultados se escriben y publican. Todo el mundo puede entonces ver lo que se ha aprendido de los experimentos y esas conclusiones proporcionan el fundamento para experimentos totalmente nuevos, a medida que la vida y el tiempo siguen adelante.

En cada uno de los intercambios que tienen lugar — y hay tantos que están teniendo lugar ahora — se le presenta a uno la elección de cómo responder. ¿Serás succionado al caos? ¿Te sentarás allí día tras día, retorciéndote las manos y reviviendo las escenas una y otra vez? ¿Dejarás de vivir y en cambio estarás pegado al televisor? Tienes una opción. Puedes quedarte atrapado en los dramas, evaluando las últimas noticias o "pruebas" de esta o aquella teoría o puedes desapegarte y dejarlo ir.

No estamos diciendo que ignores las peticiones de ayuda que te lleguen directamente. No estamos diciendo que no ofrezcas tus plegarias y amor a los demás. Estamos hablando de la forma en que alimentas tu mente y emociones, de la forma en que te dejas usar como fuente de alimento por aquellos que se alimentan de TUS emociones, porque hay quienes lo hacen, por extraño que pueda parecer.

Ha pasado algún tiempo desde que hablamos de las dos polaridades y ahora sería bueno volver a ese tema. Si lo recuerdas, aquellos de la polaridad SPS (servicio para sí) solo quieren ganar poder sobre otros. Para ellos, nunca hay suficiente poder, ya que la falta de amor en sus corazones los deja tan vacíos de sentimientos que nunca pueden tener otra cosa que la más fugaz de las satisfacciones.

En cierto modo, incluso aquellos que controlan los recursos del mundo están entre los más asolados por la pobreza: a pesar de su gran riqueza material, llevan vidas vacías, construidas en torno a la adquisición de cosas — de cosas inanimadas y abstractas que nunca pueden dar o devolver amor — y ellos promueven la muerte en lugar de la vida. Pueden tener los vinos más finos, las ropas más caras y vivir la vida de reyes, pero también son "esclavos de su hábito", insaciables en su necesidad de más y más poder, de más y más de todo, una existencia solitaria ciertamente.

Estas cosas no les traen felicidad. Estas cosas no les traen alegría o paz. Les traen cinismo en lugar de esperanza. Les traen amargura en vez de dulzura. Sus niños no son libres de seguir sus sueños. Sus esposas son elegidas por las alianzas que construyen, no por amor. Son como las familias reales en tiempos pasados. Son gobernantes que deben vigilar sus portones, que siempre deben estar alertas de los demás que codician su posición, que siempre deben hacer cosas que sirvan a sus fines premeditados. ¿Qué placer hay en eso? ¿Qué libertad hay en eso?

Por lo tanto, la dureza de sus corazones, su cinismo y desprecio por el resto del mundo y la esterilidad de sus vidas les deja vacíos, aislados y aburridos. Los negocios son primero y la larga caminata hacia la meta tiene su precio, requiere sus propios sacrificios y le deja a uno más solo que antes. La satisfacción de contar el montón de dinero propio es hueca, sin duda y el niño más sencillo que es libre de jugar de forma natural es más rico por mucho, en nuestra forma de medir las cosas.

Todo debe desarrollarse y si supieras el grado en que estos pocos han robado al resto, estarías justificadamente enojado. Ellos han robado mucho más que dinero, poder y recursos. Han robado al mundo la esperanza, la honestidad y muchas de sus alegrías potenciales. Sin embargo, no consiguieron llegar a ser de esta manera sin ayuda. Cada individuo ha contribuido a su riqueza y poder al formar parte del sistema económico.

Si quisieras liberarte de eso, si quisieras dejar de apoyar a la élite del poder, considera lo que se requeriría. Tendrías que suplir todas tus propias necesidades, por siempre. Nunca podrías hacer una llamada telefónica, enviar por correo una carta, encender tu horno o participar en cualquiera de los frutos de la civilización — bibliotecas, entretenimiento, incluso su comida y medicina, sus hogares y vehículos... Piensa en ello. Cada día, en tantas maneras innumerables, tú pagas por cosas que son el fruto del trabajo de otras personas — con dinero. Y ellos trabajan para conseguir dinero para comprar las cosas que necesitan para sus vidas, que a su vez fueron producidas por el trabajo de todavía otras personas.

El dinero es solo un medio acordado de intercambio. No tiene valor en sí mismo. Y ahora que tienen comunicación electrónica, almacenamiento electrónico de datos y la interconexión de las computadoras entre sí a través de líneas telefónicas y satélites, todo su dinero en efectivo ni siquiera es necesario excepto en un ámbito local. Todo se almacena como unos y ceros en las computadoras. La suya es una sociedad construida sobre computadoras. Aun en las regiones más primitivas,

El mundo estará viendo ángeles y demonios al mismo tiempo, dependiendo de las "lentes" que lleve el espectador.

eventualmente el dinero entra en juego y si lo rastrean hasta su origen, habrá una computadora involucrada.

Así que mientras tú estás enojado con estas personas y su desprecio por el resto del mundo, también debes aceptar la responsabilidad de darles su poder en un principio. No ocurrió de la noche a la mañana. Este movimiento hacia la centralización del poder en las manos de los pocos ha estado ocurriendo durante mucho tiempo — un muy largo tiempo, de hecho.

Una de las cosas que saldrán del caos en estos días es una oportunidad para reflexionar sobre casi todo. Notarán que, a medida que las personas luchan por comprender lo que está desarrollándose, se topan con conflictos de lógica. Por un lado, algunos de ustedes sienten que no deberían ir a la guerra, pero también sienten que no se puede simplemente permitir que el ataque pase sin una respuesta.

Estás atrapado entre dos deseos en conflicto dentro de ti mismo. Deseas ser libre, no apoyar el sistema que usa a las guerras como una solución a los problemas, pero también quieres las comodidades que ese sistema te da. Y aunque decidieras salir a la naturaleza en algún lugar y vivir de la tierra, ¿en qué te beneficiaría? ¿Adónde irías si te lesionaras? ¿Cómo sobrevivirías?

Es verdad que todavía hay algunas personas en la Tierra que viven del terreno. ¿Son necesariamente felices debido a eso o sus vidas están igualmente llenas de lucha como la tuya? Ellos pasan casi todo su tiempo obteniendo comida, creando albergue o pasando el tiempo mediante el relato de historias o la realización de rituales. No son tan diferentes de ti después de todo. Tú pasas casi todo tu tiempo "ganándote la vida" y tus historias simplemente vienen en diferentes formas — videos, películas, programas de televisión, libros, periódicos, revistas y páginas personales en la "Web". No hay realmente tanta diferencia después de todo.

Así que, ¿hacia dónde vamos con esto? Es simplemente esto: hasta que seas capaz de manifestar tus necesidades directamente desde la matriz de la Fuente, nunca serás libre. Siempre estarás participando en una lucha por la vida y siempre habrá algunos que tengan más poder que otros y que lo utilicen para sacar ventaja de los demás para su propio beneficio. ¿Son malvados? ¿O están atrapados en la misma prisión que tú? A pesar de su riqueza, están tan esclavizados como tú. Ninguno de ustedes tiene verdadera libertad.

Hemos llegado a un lugar en el desenvolvimiento donde se te presentarán opciones de una naturaleza muy diferente. Ya no se tratará de lo que te pongas hoy o de lo que harás para la cena, o de cuándo lavar los platos. Estas serán opciones fundamentales, una especie de "examen final", con pequeñas casillas para marcar en una hoja de calificación.

Estas serán opciones fundamentales, una especie de "examen final", con pequeñas casillas que marcar en una hoja de calificación.

Cuando se te presenten situaciones, "¿elegirás descender al abismo de la ira y el conflicto o elegirás subir más alto, para trascender tu existencia mundana y agarrarte del próximo peldaño en la escalera hacia el 'cielo'?". Hemos denominado a este Mensaje "Las encrucijadas" porque representa la experiencia que tendrás en este tiempo. Se te presentará como muchas "encrucijadas" en los próximos días. ¿Qué camino elegirás? ¿El que conduce hacia abajo al caos y la muerte o el que conduce hacia arriba al orden y la vida?

Ya hemos descrito las polaridades en estos términos: SPS (servicio para sí) es una elección por la entropía, el caos y la muerte. SPO (servicio para otros) es una elección por el orden (el amor es la fuerza ordenadora, actuando sobre la matriz de luz que subyace toda forma) y por la vida. Afirma la vida. Estas dos polaridades son en realidad dos fuerzas opuestas y sus respectivos resultados son predecibles si puedes verlas con suficiente claridad. Una espiral conduce hacia abajo y otra espiral conduce hacia arriba. Tendrás la oportunidad, una y otra vez, de elegir en qué dirección quieres ir — la espiral hacia arriba o la espiral hacia abajo.

Cuando te quedas atrapado en ideas de que hay un enemigo — y ciertamente hay suficiente evidencia para trabajar con esa idea — perpetúas la experiencia de ser una víctima. Eliges la espiral hacia abajo. ¿Hay personas trabajando concertadamente — una conspiración hacia ciertos objetivos? Absolutamente. Pero ¿estás trabajando en concierto con otros para crear un mundo nuevo, para ayudar al planeta en su ascensión? ¡Esperamos que sí! ¿Es eso también una conspiración? ¿Estás "conspirando" para hacer realidad "el Cielo en la Tierra"? ¡Esperamos que sí!

No hay nada intrínsecamente malvado en trabajar junto con otros hacia objetivos particulares. Consideren una pistola. Es solo una pieza de metal, fundida de una determinada forma y diseño. Puede utilizarse para golpear clavos, como un pisapapeles o como un arma letal. Su diseño está cuidadosamente elaborado para ser un arma letal, pero no se convierte en eso hasta que alguien la toma y la usa de esa manera.

Así es con todas estas ideas de "conspiración" que andan volando por ahí en este tiempo. Si tú quieres elegir la espiral hacia arriba, debes dejar esas ideas atrás y no victimizarte a través de ellas. Si hay perpetradores, hay víctimas. Solo si llevas las lentes que te permiten para ver al Creador dondequiera que mires, finalmente te liberas de ser una víctima. Entonces y solo entonces eres libre del sistema y de contribuir a su progreso hacia el dominio mundial — poder sobre otros — que es el sello de la polaridad SPS (servicio para sí).

Estamos diciéndote esto con toda seriedad. Esta es la encrucijada a la que te enfrentarás una y otra vez. ¿Te extenderás hacia arriba para hacer realidad tu propia divinidad, y habitar en el "cielo", o sucumbirás al caos y elegirás el camino del "infierno"? Estas son las dos elecciones ante ti. Hay solo dos.

¿Cómo eliges ahora y cómo elegirás la próxima vez que la elección se te presente? Cada vez que tengas que elegir cómo responder a lo que se esté presentando será otra encrucijada para ti. Te será más fácil con el tiempo porque habrás dejado atrás las otras elecciones y a medida que descubres que prefieres continuar en la dirección en la que encuentras la paz.

Te dejamos ahora en paz y honor y bendición. Amén, Adonoy Sabayoth. Somos las Huestes del Cielo.

¿Te extenderás hacia arriba para hacer realidad tu propia divinidad, y habitar en el "cielo", o sucumbirás al caos y elegirás el camino del "infierno"?

MUCHOS MUNDOS, MUCHOS DESTINOS
27 de septiembre de 2001

Muy bien, ahora. Hemos pedido hablar contigo hoy para ampliar tu comprensión de lo que se está desarrollando en tu pantalla perceptual. Hay una complejidad involucrada que está francamente más allá de lo que tu mente consciente puede entender. Y así que te pedimos que, al leer estas palabras, también te abras para recibir un conocimiento más profundo, una confianza más profunda del proceso que ha comenzado y que continuará hasta que esté totalmente completo.

Para desandar nuestros pasos un poco, volvamos a la idea que te dimos acerca de la Mente del Creador como una matriz que contiene todas las cosas que han sido y que serán. Cada cosa o evento que emerge de esa matriz contiene dentro de sí todos los elementos para su realización — todos los eventos que se desarrollarán dentro del contenedor o capa de ese evento son anticipados por y emanan del Creador Mismo. Cada evento puede verse como un "pensamiento" del Creador, pensando para Sí Mismo y explorando todas las posibilidades que están disponibles para Él. Estas posibilidades son esencialmente infinitas y es fácil perderse al tratar de contemplar el árbol infinitamente ramificado que constituye la Mente del Creador — lo que llamaremos el Árbol de la Mente.

En el Árbol de la Mente, cada posible rama se explora a través del mecanismo de realidades paralelas. Cada vez que se llega a un punto de decisión se crea una rama para acomodar todas las posibles decisiones que puedan experimentarse dentro de esa situación. Dentro de una Creación dada hay algunos parámetros que la gobiernan en particular y las posibilidades que están disponibles dentro de esa Creación están limitadas a los constreñimientos de esos parámetros, las cuales hemos denominado Leyes Universales. Todo esto ya lo hemos dicho antes.

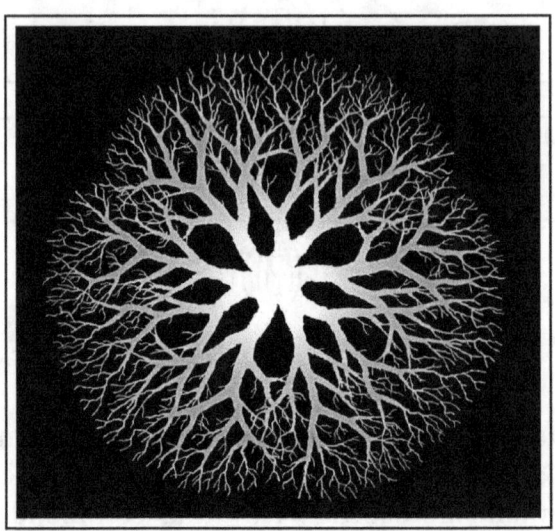

Cada vez que se alcanza un punto de decisión, se crea una rama para acomodar todas las posibles decisiones que se pueden experimentar dentro de esa situación.

Entonces: ¿Cómo se relaciona esto con lo que estás experimentando? Funciona mas o menos así: En su presente experiencia de la Creación, hay muchos compartimentos de eventos que se están superponiendo entre sí y aparentan ocupar el mismo espacio. A medida que miras a tu alrededor con tus sentidos físicos, piensas que estás viendo la misma cosa que todos los demás y de hecho, hasta cierto punto lo haces. Pero hay otro mecanismo operando también, al cual nos hemos referido antes: la división o separación de todos los "futuros" paralelos que emergerán a partir de su única realidad compartida — el planeta que ustedes llaman Tierra.

Todos estos diferentes compartimentos de eventos se dirigen en diferentes direcciones y aquellos de ustedes que están en el compartimento de "Terra" se dirigen en esa dirección, mientras que aquellos que están en otros compartimentos de realidad se dirigen en otras direcciones. ¡Donde se vuelve complejo es cuando uno trata de entender cómo encaja todo — ¡o incluso cómo se separa!

No podemos siquiera comenzar a abordar la complejidad involucrada, (es tan vasta), así que nos limitaremos a discutir el camino a Terra y [al] otro mundo — el mundo espejo de Terra, el destino que es igual a Terra, pero de la polaridad opuesta. Hay muchos otros caminos que también están ocurriendo, pero son demasiados para que nosotros los exploremos y no iluminan tu camino tan bien como el contraste que ofrece este otro mundo, el cual permanecerá sin nombre.

Recordarás que hemos dicho que la polarización en el planeta aumentará a medida que las cosas avancen en el tiempo, y ves que eso está ocurriendo ahora. Continuará procediendo hacia una polarización aún mayor, así que las cosas se intensificarán a lo largo de todos los caminos que se están atravesando, pero estos dos caminos — hacia Terra y [hacia] su polo opuesto — experimentarán esta polarización en su extremo máximo. Todos los otros caminos llevan a otros mundos, para exploración adicional de otros temas y experiencias.

Estos dos mundos son los únicos que serán puramente 4D en su vibración y expresión.

Estos dos mundos son los únicos que serán puramente 4D en su vibración y expresión y puesto que Terra es uno de estos dos mundos, la línea de tiempo que lleva a Terra contiene la expresión reflejada del otro mundo, por lo menos por un tiempo. Para cuando seas levantado del planeta, esos dos caminos se habrán separado el uno del otro, pero mientras que todavía estés involucrado en el levantamiento — incluso si te vas y regresas — estarás presenciando el espejo proporcionado por este otro mundo y camino. Y también debemos mencionar que muchas personas no irán a Terra, sino que a sus propios "sistemas de origen", para un periodo de descanso, recuperación y exploración que no involucra a ninguno de estos dos mundos en absoluto. Y algunos de ESOS mundos son "superiores" en frecuencia que Terra, así que realmente es un proceso muy complejo, ¡verdaderamente!

Dicho todo esto, a medida que la Tierra asciende hacia su destino de convertirse en Terra, aquellos que estén en estas dos líneas de tiempo —

la de Terra y la de su opuesto — estarán a la vista del otro por un tiempo. Siendo que ustedes son la "clase de personas que se preocupan", podrá ser difícil presenciar las formas más extremas de los comportamientos de la polaridad negativa que se está llevando a cabo por parte de los que están buscando graduarse a ese otro mundo. Pero si puedes ver sus acciones como eso — que ellos también están teniendo sus "exámenes finales" — podrás ser capaz de comprender la fuerza que los impulsa a su meta — el mundo de SUS sueños — así como puedes comprender tu propia pasión para lograr tu meta de Terra — el mundo de TUS sueños.

Para ti, sus sueños son una verdadera pesadilla, pero en realidad ambos tienen mucho más en común de lo que podrías pensar. Ambos buscan una forma global de gobierno, un conjunto común de valores y una manera de vivir dentro de los recursos disponibles. Sin embargo, los MEDIOS para lograr esos objetivos es donde difieren. Ustedes enfatizan el empoderamiento de todos y ellos enfatizan su propio empoderamiento a expensas de todos los demás. SPO (servicio para otros) y SPS (servicio para sí), pura y simplemente.

Este es el sueño del Creador y el Creador quiere experimentarlo todo, desde todas las posibles perspectivas. El Creador quiere experimentar todas las posibilidades y consigue experimentarlas a través de Sus creaciones y sus interacciones entre sí. El Creador no JUZGA a Sus creaciones como "buenas" o "malas". El Creador Se expresa a través de Sus creaciones y habiéndolas creado, las considera TODAS "buenas". Todas existen para satisfacer el deseo del Creador de conocerse a Sí Mismo a través de todas Sus infinitas manifestaciones. Cuando dice la Biblia que Dios miró a Su creación y se complació, así es como el Creador ve a Sus creaciones. Está "complacido" por TODAS sus creaciones, no solo por las que tú preferirías experimentar.

Tú eres el Creador-en-expresión, buscando un polo particular de expresión. Hay otros que están buscando el polo opuesto y desde la perspectiva del Creador, son tan "buenos" como tú. Eres repelido por esas cosas que no son como tú. Eso ayuda a definir tu experiencia y te impulsa en la dirección de tu búsqueda. Es igual de cierto de estos otros del polo opuesto. Ellos tienen desprecio y son repelidos por los que no son como ELLOS y eso ayuda a IMPULSARLOS en la dirección de SU búsqueda. En el centro de ello, TODO es solo el Creador, jugando Consigo Mismo a través de todas las posibilidades puestas a Su disposición por todas Sus creaciones.

Así que, desde el punto de vista del Creador, tanto Terra como su opuesto — este mundo de polaridad toda-negativa — son igualmente buenos, porque le proporcionan al Creador la oportunidad de explorar plenamente esos dos polos opuestos. Todos los OTROS mundos que emerjan de esta única realidad compartida que tú llamas "Tierra" se extenderán a través del espectro ENTRE esos dos polos y tendrán proporciones variables de esa mezcla de SPO y SPS.

Habrá mundos que estén principalmente inclinados hacia SPO y a medida que progresen, algunas de esas personas encarnarán en Terra como bebés nacidos de aquellos que ya están allí. Habrá mundos que serán principalmente SPS (servicio para sí) y ellos progresarán al mundo que es el opuesto de Terra y encarnarán allí. Y habrá todavía otros mundos que permanecerán algo mezclados y serán ambientes ricos en los cuales explorar ambos polos y progresarán de esa manera durante muchos miles de años, hasta que otro gran ciclo se complete y se presente otra oportunidad para una cosecha hacia uno u otro polo. El despliegue del sueño del Creador es interminable y los caminos de posibilidades se ramifican y se ramifican y se ramifican de nuevo, una y otra y otra vez, por toda la eternidad. No hay final para el sueño.

Así que, en tu experiencia actual, verás una intensificación en las dos polaridades de comportamiento. Lo "intermedio" se desvanecerá de tu vista. Puedes verte y comprenderte mejor a ti y a tu camino de dos maneras: reflejándote de su espejo opuesto y al encontrar a otros como tú mismo con los que puedas compartir tus propios puntos de vista, tus propios sentimientos, tus propias experiencias. Hemos dicho que si te involucras con el pensamiento de "nosotros y ellos", te arriesgas a quedar atrapado en el atolladero, en la espiral descendente hacia la oscuridad y más confusión. Está bien presenciar al polo opuesto, ya que te ayuda a comprender lo que NO eres, pero es imperativo que te separes de IDENTIFICAR con él.

Ayuda a recordarte quién eres, pero no DEFINE quién eres. En la medida en que puedas dejar de prestar atención a los horrores que están viniendo, te preservarás a ti mismo y a tu propia identidad. Esto no significa que debas cerrar tu corazón. ¡Todo lo contrario! Lo que estamos diciendo es que debes desconectarte de sentirte RESPONSABLE de lo que está apareciendo en tu pantalla perceptual.

Lo que está apareciendo en tu pantalla perceptual se está originando desde el Creador. Cada persona simplemente está siendo lo que vino a ser, según el plan de su vida. Cada persona está situada perfectamente para hacer su contribución a la rica mezcla de experiencias que ahora se están desarrollando y no hay "malas" creaciones. Cada "mal" es parte del "bien". Cada actor es necesario para que toda la experiencia esté completa.

Cada compartimento de eventos contiene todos los elementos para su cumplimiento y todo el "conjunto" de elementos está entretejido e interactuando de maneras que simplemente no puedes comprender con tu mente. Pero tu ALMA y tu CORAZÓN pueden SENTIR la verdad de esto y este entendimiento puede permitirte desbloquear tu propio potencial para el amor. Harás lo posible en cultivar compasión cuando encuentres sufrimiento, para dejarte profundizar y ser ahuecado por tu compasión, para mantener tu corazón abierto y tierno y vulnerable y al mismo tiempo ser profundizado hasta que todo lo que eres sea amor.

Tú no eres responsable de lo que estás viendo. Tú no lo creaste. No tienes que golpearte la cabeza ni los hombros en penitencia por algún pecado que hayas cometido. Todo lo que eres, todo lo que has hecho, está todo dentro del plan de tu vida. El espacio donde tú PUEDES ser responsable es en tus propias RESPUESTAS a la situación. Tus propias respuestas son tu propio proceso de averiguar quién eres, por qué estás aquí y hacia dónde vas.

Tú eres un aspecto del Creador, proveyendo al Creador con una experiencia particular a través del foco de tu percepción como un aspecto individualizado del Creador. Si debes "culpar" a alguien, debes culpar al Creador. Si debes estar enojado, debes estar enojado con el Creador. En todas partes que mires, todo lo que veas, es el Creador-en-expresión. Las personas que mueren son el Creador. Las personas que las matan son el Creador. Si tan solo puedes "captar" esto, tendrás paz, transcenderás la realidad fenomenal y estarás tanto más cerca de "casa".

Te dejamos ahora, en paz y honor y bendición. Amén, Adonoy Sabayoth. Somos las Huestes del Cielo.

"¡MANTENGAN EL RUMBO!"
2 de octubre de 2001

Muy bien entonces, hemos pedido hablar contigo hoy porque hay numerosos shocks en el horizonte y queríamos darte un posible modo de estar con ellos que facilitará enormemente tu comodidad a medida que avanzas hacia tu meta.

Si piensas acerca de tus océanos, tendrás un modelo ideal para lo que te estamos hablando. En la superficie de estos grandes cuerpos de agua, hay una gran variación en la actividad que uno ve — de la plácida calma a olas ondulantes a grandes turbulencias y tormentas violentas. Así es con tu mundo de la vida diaria. Varía tremendamente, desde una plácida calma y momentos de verdadera paz hasta grados variables de inestabilidad, estrés y crisis absoluta.

Si uno desciende profundamente en las profundidades de los océanos, hay corrientes poderosas y una rica ausencia de turbulencia — una profunda presencia de silencio, poder y aventura potencial, envuelta en una calmante suavidad de textura y sonido. Si te retiras de tu mundo ordinario y te sumerges profundamente en tu interior, es similar. Allí encontrarás una profunda presencia de poder, aventura potencial y una liberación profunda y calmante.

Así que, a medida que estas tormentas entran en el mundo a tu alrededor, sería sabio refugiarte en la profunda quietud dentro de ti mismo, para experimentar la seguridad de eso, seguir las corrientes profundas de tu vida y hacer tu camino a través de los vastos océanos del espacio interior hacia tu meta.

En tiempos de guerra, hay una nave llamada submarino. Hace uso del sonido reflejado, igual a como los delfines y las ballenas encuentran su camino dentro de su hogar acuático. Un sonido es enviado y luego devuelto, de modo que la distancia de otros objetos es detectada y ellos pueden ser evitados. Tú envías tu sonido al universo y este te es devuelto, guiándote a través de las aguas mientras te deslizas adelante, hacia tu meta.

El submarino puede sumergirse profundamente para evitar la detección en la superficie y llegar a su objetivo.

El submarino puede sumergirse profundamente para evitar ser detectado en la superficie, llegar a su objetivo y entregar su carga explosiva o cargamento. En tiempos de guerra, hay campos minados que deben ser atravesados. A veces hay explosiones cerca. Se requiere una mano hábil y nervios de acero para atravesar los océanos y moverse continuamente hacia la propia meta. Cuando el capitán de un submarino está satisfecho con la dirección, profundidad y velocidad de la nave, ordena a la tripulación: "Mantengan el rumbo". Con esto, comunica que la nave debe mantener su dirección, profundidad y velocidad, hasta que y a menos que él de una orden diferente.

Diríamos que nuestro "submarino" hacia Terra ha empezado su viaje por los océanos del espacio interior. Dejamos atrás el viejo mundo el 18 de agosto (2001) y hemos incrementado nuestra profundidad y velocidad desde entonces.

En pocos días, comenzaremos a atravesar los campos minados y habrá explosiones en todas partes, pero nuestra dirección será siempre "Mantén el rumbo". Así es contigo. En tu viaje a través de estos tiempos, debes decirte a ti mismo: "Mantén el rumbo". Debes permanecer firme en tu rumbo hacia Terra, dejar que las explosiones ocurran como sea que lo hagan y tener el firme conocimiento de que pase lo que pase a tu alrededor, no vacilarás al timón.

Mantén el rumbo. Permanece firme y mantén el rumbo. Mantén

tus ojos en la meta. Mantén el rumbo. Deja que lo demás se derrumbe a tu alrededor. Mantén el rumbo. Tu camino es recto, estás protegido. Mantén el rumbo... Mantén el rumbo... Mantén el rumbo.

Siente el silencio. Escucha tu respiración a medida que suavemente entra y de nuevo sale. Escucha los sonidos distantes de la guerra y sabe que estás a salvo. Mantén el rumbo. Siente los impactos sordos de las explosiones. Mantén el rumbo. Comprueba tu suministro de combustible. Estás bien. Mantén el rumbo... Mantén el rumbo... Mantén el rumbo.

A medida que estos días se desplieguen frente a ti, recuérdate a ti mismo: "Mantén el rumbo". Tú puedes hacer esto. Viniste a hacer esto. Es por esto que estás aquí. Mantén tu rumbo. Mantén tu velocidad. Quédate debajo de los acontecimientos superficiales y "Mantén el rumbo". Mantén el rumbo. Sonidos distantes, tormentas distantes, pero mantén el rumbo.

Cada uno de ustedes ha venido para esto, para este tiempo, para esta tarea. Mantén el rumbo... Mantén el rumbo. Mantén la visión; busca la meta. Mantén el rumbo... Mantén el rumbo... Mantén el rumbo.

Toma este mensaje y léelo de nuevo. Mantén el rumbo. Guárdalo contigo para recordarlo. Mantén el rumbo... Mantén el rumbo.

Ahora el tiempo está pasando y cada día te lleva más cerca de la meta. Mantén el rumbo... Mantén el rumbo.

Recuérdate a ti mismo cuán lejos has llegado. No falta mucho camino por recorrer. Mantén el rumbo... Mantén el rumbo. Mantente firme en tu rumbo y velocidad. Mantén el rumbo.

Estamos contigo ahora, guiándote, protegiéndote, dándote refugio. Ve profundo. Quédate en lo profundo. Sigue tu rumbo. Mantén el rumbo... Mantén el rumbo. Haz un refugio para ti mismo, crea la quietud donde estás. Apaga la locura, los gritos, el llanto, la súplica. Mantén el rumbo... Mantén el rumbo. Apaga la locura. Mantén el rumbo... Mantén el rumbo... Mantén el rumbo.

Escucha el agua deslizándose a tu lado. Mantén el rumbo. Escucha el rugido amortiguado y estruendoso de las violentas tormentas y de las olas impulsadas por el viento por encima de tu cabeza. Ve profundo. Quédate en lo profundo. Mantén el rumbo... Mantén el rumbo.

Estamos contigo, cada día, cada noche — guiándote, amándote, protegiéndote. Mantén el rumbo. Deja atrás el mundo superficial. Busca el poder del océano profundo. Sigue tu rumbo. Deja atrás la locura. Mantén el rumbo.

Con el tiempo... con suficiente tiempo... emergerás en tu nueva realidad, pero por ahora, debes deslizarte a través de las profundas aguas del océano profundo. Mantén el rumbo. Mantén tus ojos en la meta. Mantén el rumbo.

Te dejamos ahora en paz y honor y bendición, pero estamos contigo en tus sueños, en tu estado de vigilia, en tu navegación a través de las aguas profundas. Mantén el curso y velocidad... Mantén el rumbo. Amén, Adonoy Sabayoth. Somos las Huestes del Cielo. Mantén el rumbo.

UNA ÚLTIMA MIRADA ALREDEDOR
9 de octubre de 2001

Muy bien. Todo lo que dijimos que venía ha llegado ahora a tu puerta, pero hay mucho más en la imagen de lo que tú ves en este momento en el tiempo. Hay cosas que están llegando a tu realidad que están más allá de tu imaginación más alocada — de ambos tipos. Lado a lado, ahora, presenciarás — literalmente — el "mayor espectáculo de la Tierra". Verás cosas ocurrir de una majestad y belleza indecibles y verás cosas de horror y tragedia indecibles. Ambas ocurrirán lado a lado.

La especie humana tiene la capacidad para ambos de estos extremos — el éxtasis y la agonía. Tiene la capacidad para crearlos y experimentarlos. Y de hecho, a lo largo del viaje humano en la Tierra, ha hecho las dos, una y otra vez. Pero ahora, a medida que los años finales se desvanecen, es el momento de la gran final — el último "acto" del drama humano en este planeta, en esta densidad, por un tiempo muy, muy largo.

Y así es que te pedimos que le des un último vistazo a tu alrededor, antes de que se haya ido. Dale un vistazo al mundo que te rodea, tal y como es ahora mismo, porque pronto desaparecerá por completo. Dale un vistazo como si de repente te dijeran que solo te quedan unos pocos años de vida, porque de hecho, esa es la verdad. Solo te quedan unos pocos años antes de que todo este escenario sea barrido y nada de lo que puedes ver permanezca. Pero aun antes de ESO, el mundo tal y como lo has conocido — tal y como tú has dado por sentado que siempre estaría allí — será cambiado radicalmente.

Las guerras que ahora están comenzando son solo el principio de los cambios. Todo en la experiencia humana será revisitado de alguna manera, si no a nivel global, entonces a nivel personal e individual. Todas sus "historias personales", a través de todas las vidas que fueron creadas a través del tiempo, serán resumidas ahora y ustedes descubrirán que cualquier remanente de los viejos patrones vendrá volando de vuelta a su cara para ser balanceado y despejado, para que finalmente puedan moverse más allá de ellos — más allá de este mundo y de todas sus experiencias, por completo.

Dale un vistazo al mundo que te rodea, tal como es ahora mismo, porque pronto desaparecerá por completo.

Así que, ¿cómo te sentirías si te dijeran que tienes, digamos, 18 meses de vida? ¿Cuáles serían tus prioridades? ¿Qué tan importante sería planear una "siguiente carrera", o planear cualquier cosa, en tal caso? ¿Qué sería lo que más querrías hacer si solo te quedaran 18 meses? ¿Con quién hablarías? ¿Qué dirías? ¿Dónde querrías vivir? ¿Qué querrías hacer? ¿Te queda algún asunto pendiente en tu vida? ¿Qué necesitas hacer ahora para terminarlo?

Te sugerimos que empieces ahora a pensar de estas maneras, ya que no hay mucho más tiempo que ese restante para que tú hagas este tipo de cosas. Eso no quiere decir que habrá un desplazamiento de los polos en 18 meses, pero estamos diciendo que el mundo será tan diferente para entonces que el tiempo para ese tipo preguntas habrá terminado para ti.

No estamos diciendo que haya una urgencia o emergencia acerca de esto. Lo que estamos diciendo es que deberías atesorar estos últimos días de relativa normalidad, ya que están desapareciendo rápidamente y nunca se volverán a ver. A pesar de las guerras que están comenzando, pasará algún tiempo antes de que se extiendan al mundo entero. Pasará algún tiempo antes de que los suministros de comida se hayan agotado para gran parte de las poblaciones del mundo. Pasará algún tiempo antes de que esté lista la tecnología que cree un sistema de vigilancia global. Pasará algún tiempo, pero no pasará mucho más que eso.

Así que dale una última mirada a tu alrededor. Saborea todo lo que es ser un ser humano. Pasa algún tiempo reflexionando sobre tus recuerdos antes de que los dejes atrás para siempre. Toma algún tiempo extra con tus seres queridos y considera lo que realmente es importante ahora para ti. Saborea las estaciones y sus estados de ánimo. Saborea las cosas buenas de la vida, sin ser extravagante. Encuentra equilibrio.

Sé bueno contigo mismo de maneras que sean verdaderamente nutritivas — buena comida, buenos amigos y "tiempo de calidad" con aquellos que te importan. Di "no" a las presiones que te mantienen en la trotadora de "*haciendo*" y empieza a pasar más tiempo "*siendo*". Las cosas que te llenan son las simples — una mano tenida, una puesta de sol, el vuelo de una parvada de aves a través del cielo. Siente tu conexión con el planeta. Siente tu conexión con las estrellas. Siente tu conexión con todo el espectro del drama humano, en todas sus formas, en todas sus eras y en todo su color, riqueza y estados de ánimo.

Mira a los animales a tu alrededor y también dales más amor. Dale un abrazo a tus árboles. Dale a tus plantas un regalo especial — quizás un poco de tierra fresca o una nueva maceta. Muestra tu aprecio por toda la vida y te apreciará de vuelta.

¿Cuán a menudo te tomas el tiempo para apreciarte a ti mismo? En tus hábitos, en tu condicionamiento, hay tanta crítica que ofrecer — de otros, de ti mismo, de la manera en que el mundo se maneja. ¿Cuánto tiempo te tomas para apreciar tu mundo? Hazlo ahora. Hazlo más a menudo. Hazlo un nuevo hábito.

Cuando te sientas para una comida, ¿Te tomas un momento para apreciarla? ¿O es algo que das por sentado? Hay muchos en el mundo que no tendrán una comida esta noche o la noche siguiente o la noche después de esa. Aprecia tu comida. Aprecia la vida que fue dada por las plantas y los animales para que tú puedas tener esa comida. Aprecia el trabajo que hicieron los cultivadores, los recolectores y los preparadores para que tú puedas tener esa comida. Si tienes buena salud, aprecia eso. Si tienes dolor, aprecia eso. Aprecia tu capacidad para sentir, ver, oír y respirar. Hay muchos que ni siquiera pueden hacer eso.

Celebra la vida de una manera tranquila. Suaviza tu caminar, suaviza tu hablar. Sé bueno contigo mismo y con los demás. Si compras algo, aprécialo lo suficiente como para hacer de eso una compra que valga la pena. En vez de "contentarte" con ella, "hazla" especial. Eso no significa que tenga que ser costosa. Significa que debes tomarte el tiempo y la atención para preguntarte qué es lo que realmente disfrutarías.

Vive tu vida con atención consciente. Considera la red invisible que te une a los demás a través de todo lo que haces cada día. Cuando abres el agua en el fregadero, otra persona hizo posible que tú lo hicieras. Cuando te acuestas en tu cama por la noche, otra persona hizo posible que tú lo hicieras. Alguien fabricó la cama. Alguien fabricó las sábanas. Alguien las entregó a la tienda donde fueron compradas. Alguien construyó la habitación en la que duermes. Tal vez fuiste tú, pero entonces usaste materiales que alguien más puso a tu disposición.

Aprecia tu comida.

Dale una última mirada a tu alrededor y ve cómo todo lo que hay se hizo posible de tantas maneras por tanta gente alrededor del mundo. Ya hay una economía global y ninguna parte existe en aislamiento de las otras. Ya eres parte de una sociedad global y lo que ocurre en una parte del mundo afecta cada otra parte. No hay movimiento hecho ni respiración tomada en ninguna parte del mundo que no afecte a todas las otras partes en el mundo, ya sea que estés consciente de ello o no.

Aprecia tu conexión a todo lo demás. Está allí. Puedes sentirla. ¡SIÉNTELA! No lo pienses tanto. Siéntela. Siente como eres parte de la intrincada red de la vida, del flujo de la vida e incluso de la muerte. Aprecia estos días y aprecia todo lo que eres en estos días, porque tú estás cambiando también.

Hemos hablado de un regreso a casa, pero también hay una salida de casa. Todos ustedes van a ir a otro lugar muy pronto, así que aprecien su vida y su mundo ahora como si lo estuvieran viendo por primera vez, así estarán completos con ello cuando sea el tiempo de partir. Ustedes van a partir en una gran aventura, una que los llevará más allá de todas las cosas que ahora conocen, pero para completarse con ESTE mundo con gracia y facilidad, tómense el tiempo de darle esta última mirada alrededor, sabiendo que pronto se irán.

Cuando decimos "pronto", eso es relativo, pero aun dentro del lapso de su tiempo presente, será lo suficientemente pronto. Lo suficientemente pronto para que partan mientras todavía puedan recordar este mundo tal y como es ahora. El tiempo suficiente para que estén contentos de seguir adelante hacia otro mundo sin miradas atrás ni cosas inconclusas. Es tiempo, ahora, de enfrentar estas cosas. Es tiempo, ahora, de hacer estas cosas. Es tiempo, ahora.

Hemos dicho antes que permitas todas las cosas. Ahora decimos que abraces todas las cosas. Hemos dicho antes que dejes ir tus apegos para recibir el levantamiento. Ahora decimos que extiendas tu mano, tu corazón y tu alma para recibir la riqueza de tu vida. Sé agradecido por todas las cosas, grandes y pequeñas. Ten una "actitud de gratitud" y te sentirás bendecido más allá de toda medida. En medio de las guerras, puedes tener paz, puedes tener alegría y puedes compartir amor.

Las guerras continuarán hasta que se termine, pero puedes vivir plena y alegremente en medio de ellas. No decimos esto a la ligera. Ustedes contienen la plantilla de un nuevo mañana y a medida que avanza la muerte, también lo hace el nacimiento. Así como en la vida las cosas desaparecen en su momento, así también, la nueva vida viene y trae la promesa de un nuevo día. El ayer y el mañana se encuentran en el siempre presente AHORA. El ayer y el mañana se definen por el momento presente, la cuenta en la cuerda que se mueve firmemente hacia su destino. Ustedes son los que traen el amanecer y después de que el crepúsculo se desvanezca y el mundo se vea envuelto en la oscuridad, vendrán de nuevo con la luz, para enjugar las lágrimas y traer la paz.

Amén, Adonoy Sabayoth. Somos las Huestes del Cielo. Te dejamos ahora en paz y honor y bendición y hablaremos contigo de nuevo.

LA ASCENSIÓN ES UN PROCESO, PARTE UNO
17 de octubre de 2001

Bien, ahora. Hemos pedido hablar contigo hoy para darte nuestra perspectiva sobre el proceso de ascensión, tal y como se está experimentando en tu realidad espacio/tiempo. Hemos matizado nuestros comentarios con esa última frase — como se está experimentando en tu realidad espacio/tiempo. El proceso al que tú te estás sometiendo y estás experimentando ahora es diferente de varias maneras a lo que se ha descrito en la "literatura" que te ha llegado con respecto a este proceso/evento.

Este proceso nunca antes ha ocurrido en tu planeta en una escala masiva y no solo está ahora una porción de la especie humana ascendiendo, sino que el planeta y todo lo que hay en ella está siendo sometido al mismo proceso de ascender a través de las capas vibracionales. En su pasado histórico, ha habido individuos aislados que han recorrido este camino y ha habido algunos grupos aislados de personas que también han hecho este viaje, pero esto nunca antes había sucedido a escala global y ciertamente no para el planeta mismo.

Por consiguiente, las descripciones de este proceso que te han llegado han sido vagas y carentes de detalles. Los escritos más explícitos que han sobrevivido han descrito un aparente "evento", como si la ascensión ocurriera en un instante. En algunos casos raros, el proceso pareció llegar a un punto crítico de forma bastante repentina, como si se hubiese cruzado un umbral y las cosas cambiaron de forma bastante marcada, pero incluso si esto es lo que sucedió entonces, esto NO es lo que está sucediendo ahora.

Para ustedes que van rumbo a Terra, su ascensión es continua y será un proceso que continuará mucho después de que la Tierra misma haya ascendido a su forma glorificada como Terra. Hoy queremos entrar en algunos detalles sobre cómo está ocurriendo eso y qué esperar a medida que el proceso avance.

Comencemos con algunos conceptos básicos, para resumir algo del terreno que ya hemos cubierto en nuestras comunicaciones previas con ustedes. El proceso de ascensión implica un cambio en la frecuencia de vibración y un cambio en la consciencia que conlleva otros fenómenos y habilidades. Ustedes están participando en este proceso ahora y ya están experimentando algunos de los cambios en la percepción que lo acompañan. Eso continuará y se hará más evidente a medida que las cosas progresen a través del tiempo lineal. YA ha sucedido, cuando se ve desde fuera del tiempo, pero en virtud de que su enfoque de atención está presentemente localizado desde dentro de la experiencia del tiempo lineal, estamos describiendo las cosas desde su perspectiva presente, en lugar de la nuestra.

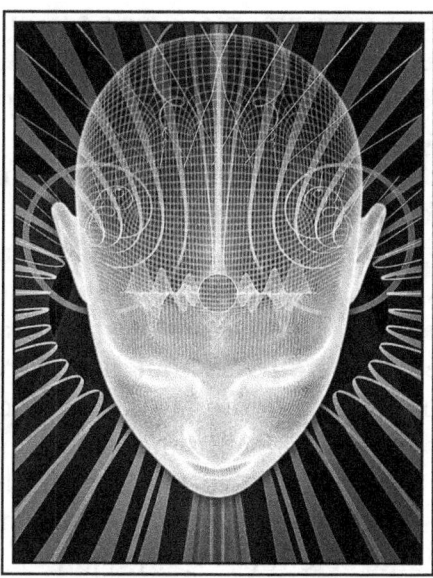

El proceso de ascensión implica un cambio en la frecuencia de vibración y un cambio en la consciencia.

La mayoría (si no todos) de ustedes que están leyendo esto han estado experimentando muchos de los síntomas de este proceso. Hemos mencionado antes los cambios corporales que están involucrados y los despejes que se llevan a cabo a medida que cada sucesiva banda de frecuencia es atravesada. A estas alturas ya están bastante familiarizados con algo de esto y a medida que las cosas avancen, esas cosas también continuarán. Sus preferencias en alimentos, en música — en cada aspecto de su vida — cambiarán con el cambio continuo en su consciencia.

Sus niveles de energía fluctuarán enormemente mientras que se retiran de aquellas cosas que solían fascinarles y comienzan a moverse más hacia su interior. Encontrarán que su necesidad de descanso aumentará a medida que su energía se involucra más con la integración de la actividad celular continuada y sus cuerpos se preparan para que sus nuevas formas ocurran. Ustedes pueden volverse más sensibles a las tensiones en la corteza terrestre, a las perturbaciones en el espectro electromagnético y a algunas de las tecnologías que son empleadas por la élite del poder. Pueden apoyar su transición de muchas maneras, pero la palabra clave aquí es auto-nutrición.

Haz aquellas cosas que TE hagan sentir más cómodo. Debido a que tú eres de la orientación de la polaridad SPO, es natural que quieras dirigir tus energías hacia afuera, hacia servir a los demás, pero es en este momento en el que necesitas prepararte a ti mismo para tu servicio subsiguiente, lo que requiere que primero te ocupes de tus propias necesidades en este momento. Visto desde un punto de vista más amplio, todo el cuidado que te das a ti mismo y a los que ahora están cerca de ti será una "inversión" en el tesoro que pondrás a disposición de los demás cuando llegue el momento para que lo hagas.

Piénsenlo de esta manera: Tú tienes una herramienta que llamas trinquete. Se utiliza para girar cosas como tornillos y pernos en una dirección hacia adelante y aprovecha el apalancamiento del par de torsión. Después de cada giro hacia adelante, el trinquete retrocede y acumula potencia para el siguiente giro hacia adelante. Los tornillos y los pernos están construidos con ranuras en espiral sobre ellos que hacen que se muevan hacia adelante al ser girados o rotados por la herramienta que los hace girar. El trinquete proporciona movimiento hacia adelante mediante el retroceso para acumular la potencia para el siguiente empuje hacia adelante.

La espiral es la forma de la evolución y cada giro de la espiral es un movimiento hacia adelante, así como hacia afuera o hacia adentro. Al retirar y volver tus energías hacia tu propio proceso y confort ahora, estás acumulando poder para tu próximo giro en la espiral, tu próximo movimiento hacia adelante y hacia afuera y te estás convirtiendo en un agente para el servicio más allá de lo que eres capaz de hacer ahora. Así que mira este tiempo de retirada como si fueras el trinquete, acumulando energía para el siguiente movimiento hacia adelante y hacia afuera. Muy pronto tú estarás en el centro del escenario, pero por ahora este es tu proceso, en preparación para ese próximo movimiento en tu vida.

Así que este proceso de ascensión implica una retirada del mundo que te rodea. Muchos (si no la mayoría) de ustedes están sintiendo esto ahora y algunos de ustedes no están sabiendo cómo ser con esa experiencia. Hemos hablado mucho acerca de la necesidad de retirarte y separarte del drama a tu alrededor. Queremos enfatizar cuán necesario es esto ahora para tu proceso. El mundo a tu alrededor estará bien sin que tengas que alimentarlo con tu energía por el momento. Está en un curso acelerado hacia el olvido y desaparecerá dentro de los próximos pocos años.

Ahora no eres necesario en este mundo. Tu tarea actual es prepararte para tu servicio al final de este mundo y abrir el camino a la próxima realidad que seguirá. No hay nada que puedas hacer con respecto a detener lo que se está desarrollando en el anfiteatro, ese drama que ves en la pantalla perceptual del mundo. Tú estás actuando en una obra diferente y ese mundo moribundo se supone que debe de morir.

Todos los síntomas de la experiencia humana pasada están saliendo del planeta; están surgiendo para ser vistos al salir de este plano. Todo está siendo purgado a la superficie en una gran limpieza de todo lo que ha pasado antes y es una purificación para el planeta y todo en ella. Tu resistencia no ayuda. Ayuda que permitas que el proceso se desarrolle, que aceptes el proceso por lo que es y dejes de darle tu energía y atención.

Todos los intentos por detener lo que está ocurriendo son formas de resistencia y solo hacen que las cosas sean más intensas. Cada partícula de resistencia requiere una energía equivalente para superarla, así que si puedes "dejar ir y dejar que Dios" cuide del proceso, estarás haciendo la cosa más alta y mejor para la más suave transición para todos.

La ascensión es un proceso, no un evento. Hay un umbral que se cruza en algún punto del proceso cuando el velo cae y uno puede ver completamente. Pero eso es solo un paso minúsculo en el largo viaje. La ascensión no termina cuando el velo cae. El viaje continúa por siempre, con la inhalación de regreso hacia la Divinidad, la disolución de toda identidad separada y el surgimiento de nuevo como una identidad separada con la próxima exhalación de la Divinidad.

Todo es solo el Creador, exhalándose a Sí Mismo en expresión, inhalándose a Sí Mismo de vuelta a Sí y exhalándose a Sí Mismo en expresión de nuevo. Este proceso nunca termina y el viaje de experiencia nunca termina, así que será útil para tu proceso si puedes aceptar que no hay un "final" a la vista para ti. Tú continuarás eternamente, porque también eres la expresión del Creador y eso nunca termina — para ti o para el Creador.

Así que aquellos de ustedes que podrían estar esperando un "evento" necesitan reajustar un poco su pensamiento. Piensa en una película que hayas visto. Cada cuadro de la película existe como un "evento" separado, pero todos se mezclan juntos a la perfección en un flujo de eventos que se experimenta más como un proceso que como eventos separados.

Cada respiración que tomas es un "evento", pero tú das por sentado el proceso que ocurre cuando respiras. El aire entra en ti, el oxígeno se mueve en tu torrente sanguíneo y penetra en tus células y desde allí, cada átomo de oxígeno participa en diferentes procesos químicos. Luego esos átomos se combinan con otros átomos y se crean nuevos compuestos, se produce la energía y los productos finales (como el dióxido de carbono) pasan al torrente sanguíneo para ser llevados a tus pulmones y ser exhalados.

¡Piensa en ello! ¡Todo esto está sucediendo en tu cuerpo con cada respiración que tomas! Todo esto está sucediendo en tu cuerpo con cada respiración que exhalas. Cada respiración es un evento, pero cada respiración — cada evento — es parte de un proceso más grande, a través del cual tu cuerpo funciona, tú experimentas la vida a través de todos tus sentidos y toda la complejidad de la vida como la conoces procede.

Así es con este proceso de ascensión. Se compone de muchos "eventos", entrelazados en un proceso que es complejo y se experimenta a través de todos tus sentidos. Hay ciclos en este proceso y hay un movimiento hacia adelante y hacia arriba, seguido de un tiempo de integración. Este proceso de integración requiere de energía. Requiere energía que normalmente se daría a otras actividades.

Cuando tú fijas tu atención en el drama, estás quitándole energía a tu ascensión y dándosela al drama. No estás apoyando tu ascensión tan completamente como podrías, así que te pediríamos que le dieras a tu ascensión la prioridad sobre el drama, si es que no lo estás haciendo ya.

Si te estás dirigiendo hacia Terra, tu vida será más difícil para ti si no te alineas totalmente con tu ascensión. Tu resistencia requerirá que la vida provea una fuerza en tu vida que sea suficiente para superar tu resistencia, para que puedas cumplir la meta de tu vida.

Tu vida tiene un plan para sí — una dirección incorporada en la que debe de ir — y tus pensamientos e impulsos surgen de la Sobrealma que te crea como una expresión de sí misma. Tu Sobrealma te ha hecho tal y como eres, hasta el color de tus pestañas y tu preferencia por un cierto

Después de cada giro hacia adelante, el trinquete retrocede y acumula potencia para el siguiente giro hacia adelante. (hombre utilizando un trinquete para trabajar en un motor de automóvil)

tipo de comida. Sin embargo, no eres una isla, flotando en el vacío del espacio.

Tú vives en una rica matriz de experiencia y siendo sensible, puedes fácilmente quedar atrapado en el torbellino de las emociones que están inundando desde tantas fuentes tu campo experimental. Tus medios de comunicación juegan con esas emociones como una forma de conseguir que hagas cosas, tales como comprar ciertos productos o involucrarte en ciertos comportamientos. Tu maquinaria política juega con esas emociones para promover su agenda. Tu élite del poder juega con esas emociones para conseguir que vayas en la dirección que ellos quieren que vayas.

Si quieres ser libre, si quieres ser soberano, necesitas desapegarte del drama. Necesitas encontrar formas de estar "en el mundo", pero no ser "de él". Si trabajas para ganarte la vida, necesitas encontrar una forma de continuar haciéndolo sin quedar atrapado en las emociones que están arremolinándose a tu alrededor. No tienes que desentenderte de ellas por completo. Eso probablemente sería imposible de mantener de todos modos.

Lo que tienes que aprender a hacer es volverte TRANSPARENTE a ellas — dejarlas pasar sin involucrarte con ellas de una manera similar. Si alguien a tu alrededor está molesto, no tienes que unirte con él en estar molesto. Si alguien cerca de ti está enojado, no tienes que interactuar con él desde ese tipo de energía. Puedes estar tranquilo en medio del caos y será mucho mejor para ti si lo haces.

El proceso de ascensión ya está en marcha. Es imparable en este punto y la limpieza es también imparable. Tu única respuesta significativa es dar un paso atrás y crear una isla de calma en ti mismo. Crea ese espacio dentro de ti y si te encuentras atrapado en el drama, tráete de vuelta suavemente a ese espacio de calma tan pronto como te des cuenta de que lo has dejado.

Es por eso que la meditación es tan buen entrenamiento para este proceso. En la meditación, inevitablemente tu mente deambula y los pensamientos vienen. Es una disciplina para traer tu mente suavemente de vuelta a la respiración o a lo que sea en lo que te estés enfocando en tu meditación. Es una disciplina para traerte a ti mismo de vuelta a tu centro y calmarte siempre que te encuentres atrapado en el drama. Al cultivar este hábito de permanecer calmado y centrado en medio del caos, serás una gran fuerza — colectivamente hablando — para la calma en medio del caos en el mundo.

Tú sostienes una plantilla dentro de ti mismo y estos Mensajes son un dispositivo de sintonización que está energizando esa plantilla a través de más y más personas a lo largo de todo el planeta. Están ampliamente separados unos de los otros porque deben cubrir el globo y hay tan pocos de ustedes para hacer esta tarea ahora. A medida que cada persona encuentra su camino a este material y entra en resonancia con él, se crea un efecto de campo que es tan poderoso que tendrías problemas para comprenderlo. Ustedes son como una ola creciente, envolviendo al planeta — trayendo la luz superior y conectándola al planeta; irradiando el nuevo patrón de energía y haciendo añicos el paradigma existente al exhibir esta forma de ser en medio del caos.

Ustedes son guerreros pacíficos — guerreros por la verdad, guerreros por la paz y el amor y la alegría. Su "misión" es simplemente SER donde están, mostrando lo que son, sosteniendo la visión y promesa de Terra, manteniendo su lugar en el mundo, dejando que las cosas se desarrollen y manteniéndose firmes en medio de todo.

Lo interesante de esto es que cuando haces esto, creas esa realidad en la que quieres vivir, justo donde tú estás. CREAS un pequeño trozo de Terra, ahora mismo, donde estás. CREAS paz estando en paz. CREAS amor descansando en el amor. CREAS alegría permitiendo que tu alegría exista en medio de tanto dolor.

La vida tiene belleza que puedes percibir. Enfócate en la belleza y te volverás bello. Tu resplandor interior bendecirá a todos los que entren en contacto contigo y darás a luz belleza en medio del horror.

Toda tu vida, te sentiste fuera de sintonía con el resto del mundo. Bueno, AÚN estás fuera de sintonía con el resto del mundo y ahora sabes por qué. El resto del mundo está muriendo y ustedes son los portadores del nuevo amanecer en el horizonte. Están dando un paso adelante en su papel como co-creadores de una nueva realidad y su camino va en contra del del resto del mundo. Han estado fuera de sintonía porque están pavimentando un nuevo camino, un camino que conduce a la libertad.

Ustedes no van en la misma dirección que el resto del mundo y por eso están divergiendo más y más cada día de la dirección que ellos están tomando. Ustedes deben hacer exactamente lo que otros no están dispuestos o no son capaces de hacer. Deben ser lo que vinieron a ser y hacer lo que vinieron a hacer. Es una cosa solitaria para ustedes por ahora, pero está llegando un día cuando se reunirán con los otros y hay una reunión que se está llevando a cabo aun ahora. Están siendo recogidos en su camino, ese camino que va a Terra y están dejando atrás los otros caminos que llevan a otros destinos.

No estás yendo en la misma dirección que el resto del mundo.

Sigan su vocación. Sigan esa voz interna que les conduce, paso a paso, en la dirección de su destino. Salgan a ese camino sin recorrer que ahora se despliega ante ustedes. Ustedes lo están creando con cada paso que dan y nosotros estamos con ustedes, apoyando todos y cada uno de esos pasos, así que es una tarea colectiva.

Somos un equipo — aquellos de nosotros en los reinos superiores y aquellos de ustedes que están caminando este camino en el suelo. Hablaremos más sobre este tema, pero por ahora los dejamos en paz y honor y bendición. Les amamos y estamos con ustedes en todo momento y ustedes ya están bien en su camino a casa. No está mucho más lejos ahora. Pueden hacer esto. Es lo que vinieron a hacer.

Amén, Adonoy Sabayoth. Somos las Huestes del Cielo.

LA ASCENSIÓN ES UN PROCESO, PARTE DOS
9 de noviembre de 2001

Bien, ahora. Hemos dicho que continuaríamos nuestra conversación acerca del proceso de ascensión y es hora de que hagamos eso ahora..

En primer lugar, queremos reiterar que el levantamiento del que hemos hablado es un proceso que culminará en un "evento" — el cruce de un umbral hacia la siguiente banda de frecuencia. Este levantamiento tiene dos componentes: un componente físico, relacionado a la frecuencia de espín de las partículas subatómicas en tu cuerpo físico y un componente espiritual, relacionado a un cambio en tu consciencia y maneras de percibir tu realidad. Ambos están ocurriendo al mismo tiempo y se interrelacionan, ya que la consciencia afecta a toda la materialidad física.

No hay forma de separar a la consciencia de la manifestación física de la materia. La consciencia es el fundamento o matriz desde la cual emerge la materia física. Hemos hablado de la Mente del Creador como la matriz de toda la Creación y su consciencia individualizada es una porción de esa Mente Infinita, siempre y cuando aún estén velados y en la experiencia de separación. Una vez que sus velos hayan caído y la barrera sea removida, estarán en plena y continua comunión con la Mente del Creador y cuando hayan aprendido a operar desde esa plataforma, serán capaces de afectar, alterar y crear realidad material desde ese lugar de bendición infinita. Todos los poderes del Creador serán conferidos a su foco individual de atención y ustedes conscientemente se sabrán a sí mismos como los dioses creadores que siempre han sido.

Aquellos de ustedes que están destinados a Terra son la primera generación — el producto del Primer Pensamiento — del Creador. Ustedes son los elohim y aunque ahora no recuerden esto completamente, lo harán una vez que su cambio esté completo. A lo largo de los próximos

18 meses, te encontrarás a ti mismo muy cambiado. La disminución de tu antigua vida continuará a un ritmo acelerado. Tu fascinación por las cosas de 3D disminuirá aun más que antes y gradualmente te separarás de la identificación con la realidad 3D como tu realidad. Comenzarás a acceder más y más a tu identidad y personalidad 4D y comenzarás a acceder más y más a la forma 4D de hacer las cosas. Debes confiar en este proceso y confiar en tu "saber" de que estás a salvo, cuerdo y que todo está procediendo de acuerdo al plan.

Algunos de ustedes están siendo pedidos por las circunstancias de sus vidas para seguir adelante — ya sea a otros lugares de residencia o a otras personas, dejando atrás esos aspectos de su antigua vida. Esto es parte de la separación hacia los diferentes destinos y les aconsejamos estar en paz en medio de este cambio.

Si surge el miedo, abre tu respiración. Cierra tus ojos por un momento y focalízate en profundizar y abrir tu respiración. Relájate hacia la respiración y siente tu cuerpo relajarse hacia la realidad del momento. Estás a salvo. Tu mundo está cambiando, pero estás a salvo. El mundo a tu alrededor puede estar derrumbándose, pero estás a salvo. Recuérdate esto siempre que las cosas parezcan estar moviéndose más allá de tu habilidad para controlarlas.

Ya no necesitas controlar nada. Te estamos llevando en un veloz río de cambio, y estamos contigo en todo momento. Estás rodeado de más ayuda y protección de la que jamás pudieras saber. Si necesitas sentir nuestra presencia, cálmate y ve hacia adentro. Cuando te hayas callado y calmado, puedes invitarnos a revelarnos y serás capaz de sentirnos en tu propia y única manera. Estamos contigo, pero si no puedes calmarte, no podrás sentir nuestra presencia y tomar consuelo en ella. Como es adentro, así es afuera. Cuando estás en paz adentro, atraerás energías pacíficas hacia ti desde el exterior.

Paz, paz, paz. Es tan importante encontrar y crear paz interior. A medida que el mundo a tu alrededor se mueve firmemente hacia más conflictos y guerras, crea paz en tu interior y sepárate del drama. Sé como el Buda. Sé como el Cristo. Sé como todos esos maestros del mundo que han venido a mostrar el camino — que conocieron las verdades eternas de la existencia. Serás como ellos cuando este proceso se complete. Serás como ellos cuando sea el momento de que regreses por aquellos que necesitarán tu ayuda y que necesitarán que los conduzcas a la seguridad antes de que ocurra el Cambio de Polos.

Este es un proceso, pero también hay un aspecto de un "evento" en él.

Cuando sea el tiempo perfecto, el ingrediente faltante será suministrado y una puerta se abrirá hacia otro plano de la realidad. Esto no es algo que puedas hacer por ti mismo en este momento. Se te ofrecerá en el tiempo perfecto y de la manera perfecta para tus circunstancias particulares. Todos aquellos que están destinados a ir contigo irán contigo en ese momento. Ellos estarán contigo y ustedes cruzarán a través de la puerta juntos — tus niños, tus animales, tus amigos y miembros de la familia que hayan elegido ir a Terra irán contigo.

Puedes tener niños, amigos y miembros de tu familia que NO hayan elegido ir a Terra y ellos no irán contigo. Todo ocurrirá de la manera perfecta para tus circunstancias particulares. Esto se está haciendo en amor y te pedimos que recuerdes que el amor es lo opuesto del miedo. Si tienes miedo de esto, no podrás recibirlo. Déjalo ir y déjaselo a Dios. Sigue siendo la respuesta a todas las preguntas. Deja ir y deja a Dios encargarse de los detalles. Sabemos lo que estamos haciendo y todo se hará perfectamente para cada situación individual.

Tu tarea en todo esto es prepararte para recibir los cambios con tanta gracia y facilidad como te sea posible. La entrega es el camino para lograrlo. La resistencia solo aumentará tu malestar. Déjalo ir y déjaselo a Dios. Si miras a aquellos a tu alrededor, ámalos lo suficiente como para confiar que tendrán exactamente la experiencia correcta para su plan de vida. Si su Sobrealma ha elegido que ellos vayan a Terra, lo harán, independientemente de lo que sepan o no sepan, independientemente de lo que crean o no crean.

Estos Mensajes están empezando a afectar a suficientes personas, que un cambio en el campo de la consciencia de masas está empezando a ser percibido por aquellos que están abiertos a él. Ustedes están resonándolo al ser. En medio de todo lo que está sucediendo en el mundo, están afectando las cosas a través de sus energías combinadas. Su anhelo por Terra está creando un camino energético hacia ella que lo abrirá para más y más personas a medida que las cosas procedan. Este es su trabajo en este mundo en este momento — crear ese camino energético hacia Terra.

Ustedes son como los barcos rompehielos que abren un pasaje para que otros los sigan. Puede parecerles que no están haciendo nada, pero si prestan atención a su propia transformación — cómo es que ustedes mismos están cambiando — reconocerán que están irradiando una "señal" diferente a la de aquellos a su alrededor que todavía siguen ciegamente las maneras de la 3D.

Todos ustedes están encarnando la luz superior. Están experimentando algunas incomodidades a medida que esos apegos y esas condiciones que no están de acuerdo con su esencia son purgados de su memoria celular y de sus circunstancias de vida. Este es un buen momento para simplificar sus vidas. Con eso, no queremos decir que tengan que volverse ascetas. Simplemente estamos sugiriendo que "menos es más". Si todavía tienes desorden en tu vida, deshazte del desorden. Si tienes posesiones que ya no reflejan tus gustos o intereses actuales, deshazte de ellas. Abran espacio en sus casas, en sus vidas. Despídete de esas cosas que ya no te sirven, con agradecimiento por lo que han sido para ti y hacia ti. Ellas han servido, pero cuando ya no te sirvan, deshazte de ellas.

Cuanto menos te quede de las cosas que te recuerden lo que eras, más fácil te será recibir en lo que te estás convirtiendo. Todavía puedes conservar fotografías si aún tienen energía para ti. Todavía puedes conservar libros si aún tienen energía para ti. Pero aquellas cosas que ya no tienen energía para ti — deshazte de ellas. Sé discernidor y al hacer estas cosas, te harás más consciente de cómo has cambiado.

Tú continuarás cambiando y tus gustos e intereses continuarán cambiando. Un día puede que te sientas atraído hacia algo y poco después terminarás con ello. No hay ninguna culpa en esto. Simplemente acepta el proceso y muévete suavemente a través de él, tocando aquellas cosas que se presenten en tu vida para ser tocadas. Si hay una cualidad que caracterizará este proceso, es la impermanencia.

A medida que las cosas procedan, te volverás hábil en surfear la ola del cambio.

Nada permanecerá igual. Tú estás cambiando diariamente, así que tiene sentido que tu relación con tu mundo también esté cambiando diariamente. A medida que las cosas procedan, te volverás hábil en surfear la ola del cambio. Te acostumbrarás más a mantener el equilibrio y a mantenerte sobre tus pies a medida que la ola del cambio te lleva hacia tu destino — Terra. Al surfear, la clave para un paseo exitoso sobre la ola es mantenerse justo sobre los pies. Si te inclinas demasiado hacia atrás o demasiado hacia adelante, caes en la ola. Si te mantienes en cualquier otro lugar menos sobre tus pies, pierdes el equilibrio; y el paseo ha terminado por el momento, requiriendo que vuelvas a levantarte y recuperes el equilibrio de nuevo.

Hemos hablado un poco acerca de cómo es en Terra — cómo uno crea de nuevo en el momento, sin referencia al pasado o al futuro. En esta metáfora de surfear la ola y permanecer sobre tus pies, estamos hablando de permanecer arraigado donde ESTÁS — en el momento presente — más que en el "pasado" (donde has estado) o en el "futuro" (adónde vas) Si lo piensas, todo miedo deriva de experiencias pasadas siendo proyectadas hacia el futuro.

Cuando las cosas surgen en tu momento presente que te recuerdan algo del pasado, fácilmente puedes proyectar que la experiencia pasada se repetirá en los momentos que siguen al momento de recordar ese pasado. Esto es cuando sientes miedo. Es una conversación interna que dice, "Antes era así, así que así será de nuevo". Si tú experimentaste dolor en el pasado, esperas que sea doloroso otra vez. Ahí es donde entra el miedo. Quieres evitar el dolor. "Tengo miedo de que si este momento va por el mismo camino que antes, experimentaré lo que experimenté antes y no quiero hacer eso de nuevo".

La respuesta a esto es cortar a través de las cuerdas de la memoria, para interrumpir la charla interior diciendo en voz alta: "Eso era entonces. Esto es ahora". ¡Pum! Estás de vuelta en el presente, capaz de elegir nuevamente en el momento presente. Cuando dices la palabra "ahora", traes tu atención al presente. Di "AHORA" en voz alta, ahora mismo. Siente el AHORA. ¿Qué está ocurriendo realmente AHORA? No lo que ocurrió antes, no lo que PODRÍA ocurrir después. ¿Qué está realmente ocurriendo AHORA?

¿Ves como estás en el hábito de asustarte a ti mismo? Cultiva la práctica de vivir el AHORA. Vive cada momento como el único momento que existe. Así es como será en Terra. Acostúmbrate a ello. Crea un pequeño trozo de Terra justo donde estás, AHORA. AHORA es el único lugar en el que puedes crear cualquier cosa. AHORA es el único lugar en el que puedes elegir cualquier cosa. AHORA es todo lo que siempre realmente tienes.

Cuando decimos la palabra "momento", sería útil definir lo que queremos decir. Un es un "evento" que surge de la matriz de la Mente Infinita. Contiene dentro de sí todo para su cumplimiento y culminación natural. No se mide por minutos, segundos u horas. Es una unidad de experiencia que puede ser muy corta o continuar durante algún tiempo. Tú puedes SENTIR cuando un momento empieza. Puedes SENTIR cuando se completa. Cada momento tiene un principio, una mitad y una conclusión, como una frase en el habla o en la música. Imagínalo entrando en tu campo de consciencia, expandiéndose hacia su plenitud y luego retrocediendo a medida que se completa. Hay una cualidad ondulatoria en un momento. Una ola emerge del océano, se expande, avanza y luego se resuelve de nuevo en el océano. Así así con un momento.

Surge del océano de consciencia que es la Mente del Creador. Se expande hacia tu campo perceptual y avanza, luego se retira de tu experiencia a medida que completa. Hay fondo y primer plano y hay diferentes olas superponiéndose. En el pasado, tú solo estabas periféricamente consciente del fondo, porque tu atención estaba captada por el primer plano, pero ahora tus sentidos serán ampliados y profundizados hasta que seas como un tazón que lo contenga TODO dentro de sí — todo el océano y todas las olas sobre su superficie. Serás consciente de todo esto simultáneamente y serás capaz de mover tu atención hacia cualquier cosa a la que te sientas llamado a prestarle atención, a voluntad.

Esta es una expansión natural de tu consciencia hacia la consciencia plena. A medida que tu consciencia se expande, afectará a todo lo demás — tu cuerpo, tus alrededores, la calidad de tu interacción con tu entorno. Empezarás a fusionarte con la Mente del Creador. Experimentarás la paz, la serenidad, la infinita amplitud de eso y te volverás esa paz; te volverás esa amplitud que es lo suficientemente vasta como para sostenerlo todo dentro de sí — en amor y sin juicio. Ahí es adónde vas. Esa es la experiencia hacia la que te estás moviendo, incluso ahora.

A medida que avances en el tiempo, gradualmente dejará de preocuparte hacia dónde vas y cuándo. La charla y la impaciencia simplemente desaparecerán. Sentirás cuando algo ya no es apropiado para ti — ya sea el clamor de los medios de comunicación, el ruido de la profundización del conflicto o cualquier cosa que no esté de acuerdo con este profundo sentido de paz y espacio infinito. Cuando esto ocurra, simplemente deja ir y deja que Dios se encargue. Deja que la paz y amplitud del Creador se conviertan en tu campo de juego. Deja ir todo lo que no pertenezca a ese espacio.

No tienes que participar en conflictos. Puedes simplemente dejar ir tu resistencia, tus apegos a ser "correcto" o "mejor que los otros". Puedes simplemente dejarlo ir y déjarselo a Dios. Deja que todos hagan lo mismo por sí mismos. Si las personas tienen apegos a su forma de ver y de ser, déjalas que permanezcan así. También recibirán lo que es perfecto para ellas. Esta es una "operación" basada en el amor y respeto por todas las elecciones. Sé responsable por TUS elecciones y deja que todos los demás tengan el mismo privilegio.

Hablaremos de nuevo contigo sobre este tema. Amén, Adonoy Sabayoth. Somos las Huestes del Cielo.

Un momento es una unidad de experiencia que puede ser muy corta o continuar por algún tiempo.

LA ASCENSIÓN ES UN PROCESO, PARTE TRES
26 de noviembre de 2001

Bien, ahora. Hemos pedido hablar contigo hoy en este, nuestro discurso final sobre este tema en particular, para que ambos podamos concluir con ESTE tema y sentar las bases para lo que sigue. Verás, así es como funcionan las cosas en la Creación. Cada final es también un comienzo. Cada clausura es también una apertura y así también lo es con nuestro trabajo contigo y con tu proceso de ascensión.

A medida que dejas el mundo que has conocido, también te estás acercando a un nuevo mundo, el mundo de tus sueños. A medida que estás cortando esos lazos con aquellos a quienes has conocido, también te estás abriendo para hacer nuevas asociaciones con los que están más estrechamente alineados con tu particular camino y destino. Es una gran clasificación la que se está llevando a cabo y hay tanto penas como alegrías que se pueden encontrar a lo largo del camino. Esperamos traerte más de las últimas que de las primeras, así que por favor, ten paciencia con nosotros mientras entramos juntos en este nuevo territorio.

En primer lugar, toma nota por favor del hecho que hay tres partes en este discurso. Habrá tres volúmenes en este material antes que terminemos y eso no es ningún accidente. Cada número es un símbolo de una configuración energética particular y ciertos números se llaman primos y tienen especial importancia, ya que forman el fundamento para otros números. También reflejan y encarnan cierto aspecto del diseño de la Creación y se utilizan para describir ese diseño. Hay también ciertas geometrías involucradas que son un reflejo de "cómo funcionan las cosas" en una Creación en particular — la exteriorización de ciertas dinámicas que son inherentes a esa Creación y que están de acuerdo con sus Leyes Universales.

No intentaremos darte un tratado comprensivo sobre estos temas, pues nuestro tema de hoy es el asunto de la ascensión, así que solo mencionaremos aquellos aspectos de estas cosas que se relacionen con nuestro tema — tu proceso de ascensión.

Muchos de ustedes han leído y utilizado algunos términos intercambiablemente, tales como dimensión y densidad, lo cual desde nuestra perspectiva no es una cosa correcta y conduce a cierta confusión. Esperamos aclarar esas cosas también, ya que todo se relaciona con tu comprensión de quién eres realmente y cómo te proyectas en tus muchas distintas formas.

El Pensamiento Original se volvió manifiesto como una proyección de ese Pensamiento.

Para empezar, ustedes son una proyección de la Fuente. El Pensamiento Original se volvió manifiesto como una proyección de ese Pensamiento. Todos los que van rumbo a Terra son parte de ese Pensamiento Original. Ustedes son la primera generación de la Creación y ustedes mismos son creadores. ¿Pero quién y qué es este Creador que hace el pensamiento? ¿Y cómo te relacionas con Él? Tienes palabras tales como "inefable" para expresar la naturaleza del Creador. También usas otras palabras como omnipresente, omnisciente, omnipotente, etc. para el mismo propósito. Inefable significa "incognoscible; incapaz de ser descrito; incapaz de ser comprendido/entendido". Se considera como un atributo del Creador. Todas esas otras palabras también son atributos. Ellas describen aspectos o cualidades del Creador.

Así que, para tu limitado marco de referencia, la naturaleza del Creador está más allá de tu capacidad de entender, más allá de tu habilidad para comprender. Y quizás esto sea verdad para ti AHORA, pero cuando hayas cruzado el umbral, EXPERIMENTARÁS al Creador directamente. Experimentarás tu verdadera conexión y relación con el Creador y entonces estarás verdaderamente en "el hogar". Entonces ya no tendrás necesidad de palabras para describir lo que no puede ser descrito. Simplemente EXISTIRÁS en esa relación y conocimiento.

Ahora, bien: ¿Quién es este "tú" del que estamos hablando? Tú eres una proyección de ese Creador, un producto del Pensamiento de ese Creador y solo existes en la Mente del Creador. Toda la Creación existe solo en la Mente del Creador. Es Pensamiento hecho manifiesto a través del medio de la luz y el sonido. "Sonido" es la palabra que usas para describir vibración, que es la oscilación entre dos estados opuestos.

Tu realidad entera está oscilando entre dos estados opuestos — "encendido" y "apagado". Tu realidad solo está "allí" la mitad del tiempo, pero las oscilaciones son tan rápidas que tú percibes las cosas como siendo continuas, como si estuvieran constantemente "encendidas". Pero en realidad, la Creación está siendo recreada una y otra vez — "refrescada" o "redibujada" una y otra vez, muchas veces por segundo. Así que "tú" sólo existes ¡tú mismo! la mitad del tiempo, ¿dónde estás durante la otra mitad del tiempo? Tú ERES el Creador en reposo. Piensa en ello. Tú ERES el Creador en reposo. Hay un espectro de vibración involucrado y la única diferencia es la velocidad a la que las oscilaciones tienen lugar.

Hemos hablado de la "inhalación" y "exhalación" del Creador, la cual se mide en miles de millones de tus años. Ese es un ciclo de la Creación. Al otro extremo del espectro está este ciclaje muy rápido, esta alternancia muy rápida entre "encendido" y "apagado" que constituye tu realidad física — o más bien lo que PARECE ser tu realidad física. Todo es una proyección y el Creador es el "proyector" de la Creación entera, incluyéndote a ti. Ustedes son actores en la "película" del Creador, solo que en lugar de una sola "pantalla" estática en un cine, el Creador consigue ver a su Creación a través de las pantallas perceptuales de todos y cada uno de los aspectos de Su Creación — una infinidad de percepciones, todas ellas fluyendo de regreso hacia el Creador desde Sus proyecciones.

El Creador existe como un infinitamente vasto campo de energía inteligente y la primera generación — los elohim —lo son solo un poco menos. También son extremadamente vastos, pero están apartados a un solo paso de la infinitud absoluta. Ellos sí tienen límite e identidad. Tú eres la expresión o proyección de uno de los elohim. Tú estás entre aquellos que se unieron para proyectar esta porción de la Creación desde dentro de tu ser, hace tantos miles de millones de años. Pero tu proyección no solo consiste de este nivel del ser el cual presentemente experimentas como tu realidad física. Tiene muchos niveles — muchas bandas de frecuencia diferentes — que constituyen un espectro continuo de la realidad, no muy diferente del espectro de luz y sonido que constituye la Creación misma.

Ustedes existen simultáneamente en todos los niveles o bandas de frecuencia que hay. Existen como vastos campos de energía inteligente y existen como puntos individuales de pura consciencia y luz sin forma — simultáneamente. También existen como encarnaciones o expresiones a través de todo el espectro de frecuencia y todas sus expresiones existen simultáneamente entre sí. Ahora mismo, su atención está colocada dentro del lugar de su expresión física en la Tierra, pero a medida que su ascensión proceda, estarán también accediendo más y más sus otros niveles del ser. Estarán definiéndose a sí mismos de maneras bastante diferentes y estarán cambiando de muchas maneras, para expresar más apropiadamente su nivel elegido del ser para un tiempo y lugar dados.

Estos Mensajes están siendo dados en una serie — en una secuencia — procediendo desde los aspectos externos o más superficiales hacia los aspectos medulares o más centrales de nuestra discusión. Todo es acerca del viaje de regreso a sus verdaderos Seres, hacia recordar quiénes son realmente y hacia recuperar sus verdaderos poderes y su verdadera naturaleza de expresión. Es difícil para ustedes imaginar cuánta y cuán poca ELECCIÓN está disponible para ustedes. Verán, cuando se tiene tan poca comprensión de su verdadero lugar en las cosas, son como una persona ciega, adivinando lo que está a su alrededor.

Tienes TANTA elección porque las posibles elecciones son casi infinitas. Tienes tan POCA elección, porque solo hay UNA elección correcta para ti en un momento dado. Cuando seas plenamente consciente de tu naturaleza y conexión con la Fuente, estarás en paz y en reposo dentro de esas dos aparentes paradojas: el hecho que haya tantas elecciones disponibles y el hecho que solo haya UNA elección "correcta" por hacer — una elección que está totalmente de acuerdo con quién eres y dónde encajas dentro de la relación entre todas las otras expresiones del Creador con las cuales interactúes.

Así que, ustedes existen en la Tierra en sus cuerpos físicos, pero también existen en otros niveles al mismo tiempo. También existen en todas las otras bandas de frecuencia y cada banda de frecuencia tiene sus propias "leyes" que gobiernan la forma y la función dentro de esa banda. La mayoría de ustedes que están leyendo estos Mensajes van a ir a Terra y se expresarán en formas y tendrán funciones que son apropiadas para esa banda de frecuencia — para esa densidad de la Creación. AL MISMO TIEMPO, tú continuarás existiendo en todas las otras bandas de frecuencia y podrás elegir dónde poner tu atención — es decir, a través de cuál banda de frecuencia percibes.

Serán conscientes de sus "otros yos", pero el foco uno "correcto" será su foco primario, con todos los otros existiendo como un fondo de potenciales que siempre están disponibles para ustedes. Algunos de ustedes se relacionarán con Terra desde otras plataformas, para vigilar y guiar a aquellos en su superficie, ya que esos son los roles que han elegido para esa experiencia. En todo momento, todos ustedes estarán existiendo en todos sus niveles a la vez, pero un lugar será el principal. Serás un foco de atención en una particular parte del vasto océano de la Mente Cósmica, consciente del resto como un constante fondo para tu experiencia.

Hemos hablado del modelo holográfico. Todas las cosas están contenidas como potenciales dentro del holograma. Esto es lo que queremos decir con este fondo. Se compone de todos los potenciales. En consciencia plena, experimentarás la presencia de todos los potenciales al mismo tiempo que experimentas el foco de la EXPRESIÓN de UNO de esos potenciales. Hablaremos más sobre este tema en otro momento, pero por ahora solo queremos darte un pequeño vistazo a esta idea. Serás consciente de TODO esto mientras expresas solo una elección dentro de ello en cualquier momento dado.

Ahora al tema de los números. Hay esencias que se expresan por números y se puede decir que los números primos son esencias primarias, como lo que podrías imaginar cuando piensas en los colores primarios. Tus colores primarios de la luz visible son el rojo, el verde y el azul. Todos los demás colores se componen de esos 3 colores, en combinación con su intensidad o ausencia de ella. Cuando combinas estos 3 colores en proporciones e intensidades variables, obtienes todos los demás colores, incluyendo los extremos del blanco puro (la presencia completa de todos los 3 colores en proporciones iguales y a plena intensidad) y el negro puro (la AUSENCIA de todo color y al punto de cero intensidad).

Los números actúan de maneras similares, pero con mucha mayor complejidad. Los números son destilaciones simbólicas de la esencia de ciertas propiedades y los números primos no pueden reducirse más. Son fundacionales. Todos los números que NO son números primos se componen de combinaciones de varios números primos y pueden "separarse" en sus componentes primarios.

¿Qué tiene que ver toda esta charla acerca de los números y colores con tu proceso de ascensión? Es para darte una idea de la ESENCIA, de FUNDACIÓN, de la RAÍZ o BASE. Estás regresando a tu esencia, a esa expresión primaria de tu ser, independiente de tu expresión en un ambiente particular. Tu esencia es tu color primario, tu sonido primario, tu calidad primaria. Es la cosa que es el "verdadero tú", independiente de cualquier expresión encarnada. Es el patrón vibratorio puro que es tu configuración particular y hay solo un número limitado de estos disponible dentro de un espectro dado de Creación. Todos los demás se componen de combinaciones y alteraciones de esa configuración primaria. Estar en plena conciencia significa CONOCER tu esencia. Y no solo conocerás tu propia esencia, sino que también reconocerás la esencia de los demás.

Ha habido algunos individuos en la historia humana en su planeta que encarnaron este tipo de entendimiento y lo modelaron para otros. Ahora todos ustedes que están yendo a Terra estarán encarnando su esencia. Están abandonando todo lo que NO es acorde con su esencia y se están llenando a sí mismos con más y más de su naturaleza esencial a medida que este proceso procede.

Las cuestiones del intelecto desaparecen en la plenitud de tu experiencia de tu esencia. Te llenas de la paz de saber quién eres, dónde está tu lugar en la Creación y de saber cuál es tu elección "correcta" en cualquier momento dado. Toda lucha se va. Toda duda se va. Todo lo que queda es la paz y la tranquila alegría de saber por fin las respuestas a esas preguntas que han formado la base de tu búsqueda a través de todos estos miles de millones de años. Simplemente SABRÁS y nunca más tendrás que olvidar lo que sabes, nunca más.

Hablaremos más acerca de estos números, colores y aspectos superiores de la Creación en otros momentos. Por ahora, queremos que simplemente sepas hacia dónde va esto. Cuando tu transformación esté completa, simplemente SABRÁS quién eres, dónde encajas dentro de todo esto, cómo te relacionas con el Creador Mismo y cuál es la "acción correcta" u "elección correcta" en cualquier momento dado. Puedes empezar a practicar eso ahora, simplemente permaneciendo lo suficientemente tranquilo para escuchar la "voz interior".

Hay solo UNA elección correcta para ti en un momento dado.

En medio del tumulto y el ruido a tu alrededor, puedes en cambio escuchar el silencio y la voz interior. En todos y cada uno de los momentos, puedes elegir paz en lugar de lucha y conflicto. Puedes alejarte de esas personas y de esas experiencias que te gritan para aliviar su dolor al engullirte en él. Puedes traer paz a los demás solo si puedes encarnarla tú mismo. Solo puedes traer paz si ESTÁS en paz dentro de ti mismo. Mientras te estés esforzando dentro de ti hacia algún resultado imaginario, no estarás en paz. Paz, paz, paz. Esa es "la perla de gran precio". Sé paz. Mantente en paz. Sé paz.

Te dejamos ahora en paz y honor y bendición. Un día, también tú serás como nosotros de nuevo. Amén, Adonoy Sabayoth. Somos las Huestes del Cielo.

COMENTARIO: He recibido varias preguntas sobre la referencia a los colores primarios, así que quería aclarar la aparente confusión. Los colores primarios de la LUZ son rojo, verde y azul. Ellos son los que crean las imágenes en sus pantallas de TV y computadora. Los colores primarios de PIGMENTOS (tales como las crayolas, tintas, colorantes, pinturas y los pigmentos de la piel, cabello y ojos) son identificados como el cian, el magenta y el amarillo. La LUZ funciona distinta a los PIGMENTOS.

Cuando combinas colores de LUZ, estos son ADITIVOS y RADIANTES. Cuanto más intenso y mayor es la cantidad de cada color, más claro y brillante se vuelven. La Luz crea colores a medida que pasa a través de medios transparentes, como el vidrio, las diapositivas de 35 mm, los geles y plásticos transparentes. Cuando combinas los tres colores primarios de LUZ en proporciones iguales y a plena intensidad, obtienes luz BLANCA.

Cuando combinas colores de PIGMENTO, estos son SUSTRACTIVOS. Cada pigmento ABSORBE todo color excepto el suyo, que se refleja de vuelta a ti. La total ausencia de luz (es decir, todo el color es absorbido y ninguno es irradiado de vuelta a ti) es percibido como negro. Cuando combinas los tres colores primarios de PIGMENTOS, obtienes varios tonos de "negro/gris", de acuerdo a la capacidad absorbente de los particulares pigmentos utilizados. El "negro" que ves en los gatos negros, es realmente un marrón muy oscuro, el cual absorbe casi toda la luz que le llega. Los pigmentos están compuestos de substancias que restan todo de la luz que está reflejando de la superficie, excepto el color que ves. Son utilizados para medios "reflejantes", como papel, lienzo y tela.

Los familiares "colores primarios" sobre los cuales se te enseñaron en la escuela (rojo, azul y amarillo) están compuestos de pigmentos que, cuando se mezclan, forman los colores complementarios de naranja, púrpura y el verde. Este es otro sistema de color, utilizado exclusivamente para pigmentos reflectantes. Se basa en lo que sucede cuando mezclas pigmentos particulares entre sí. Lo que es importante entender acerca de ese sistema es que todavía es un sistema sustractivo y los colores que se reflejan de vuelta a sus ojos son todavía mezclas de los colores sustractivos primarios — cian, magenta y amarillo.

Este Mensaje está hablando de los colores primarios de la LUZ, no de los de los PIGMENTOS. La luz blanca contiene todos los colores de LUZ y cuando es pasada a través de un prisma, ves todos los colores de la luz visible, desde el rojo hasta el violeta. Nuestros chacras están basados en los colores de la LUZ, no en los colores de PIGMENTOS. El chacra medio de los 7 chacras del cuerpo es el chacra del corazón y su color es VERDE. Los 3 chacras inferiores son rojo, naranja y amarillo (nota que el amarillo no está en el medio) y los 3 chacras superiores son azul, índigo y violeta. Tomados todos juntos, forman los colores del arcoíris — el espectro de la luz visible.

Espero que esto te sea útil para comprender este mensaje.

Paz y bendiciones,
Sara/Adonna/Oriole

¡ES LA HORA DEL COHETE PROPULSOR!
2 de enero de 2002

Bien, ahora. Hoy tenemos varias cosas que decirles, tanto desde el punto de vista cercano como el más lejano. La cosa más cercana para ustedes en el horizonte temporal, es un evento algo masivo que marcará la separación de las diferentes realidades entre sí, a tal grado que estas comenzarán a experimentar eventos que no son compartidos con las otras realidades que emergerán. Este evento será sentido en cada rincón del mundo como un choque muy profundo y uno que despertará aun a los individuos más profundamente adormecidos a una creciente realización de que el mundo no volverá a ser el mismo nunca más.

Los eventos que han precedido a este choque venidero fueron relativamente leves en comparación con lo que ahora viene y lo que le seguirá en una relativamente rápida sucesión. Están casi en el umbral de la separación de los caminos y esto se volverá más obvio para ustedes en retrospectiva, después de que haya pasado el suficiente tiempo para que puedan mirar hacia atrás y ver un patrón. Para poner esto en un contexto apropiado, queremos utilizar un proceso observado científicamente como metáfora para lo que está a punto de ocurrir. Como con todas las metáforas, hay una simplificación excesiva de una situación compleja, pero servirá para ilustrar nuestro punto lo suficientemente bien como para que ustedes puedan caminar el resto del camino por su cuenta.

Cuando una célula viva se va a dividir, ocurren varias cosas. En la etapa de reposo, la cromatina — esos hilos de ADN que llevan la información genética de la célula y del organismo — se extienden libremente por todo el núcleo de la célula, haciendo difícil determinar dónde termina un hilo y dónde comienza el otro. Sin embargo, cuando se acerca el momento en que la célula se divida en dos mitades separadas, la cromatina comienza a agruparse y a separarse de los otros hilos para formar cromosomas diferenciados que pueden ser observados como tales con un microscopio. Luego los cromosomas se replican y los dos pares idénticos se alinean a lo largo de la placa ecuatorial de la célula, que se convertirá en el plano de división cuando el proceso se complete.

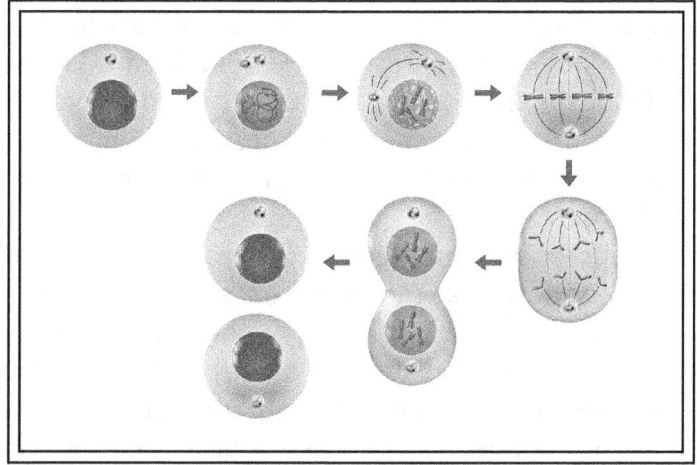

Cell division process

Mientras tanto, los "polos" de la célula han emigrado de manera que están opuestos entre sí y en ángulos rectos al plano ecuatorial, no muy diferente a la relación entre los polos y el ecuador en su planeta físico. Finos hilos del centro de cada cromosoma se conectan a estos polos (uno de cada par se va a uno de los polos; el otro del par se conecta al otro polo) y cuando todo está alineado, la célula se contrae hacia adentro en el ecuador y se divide.

En este proceso, las cosas avanzan bastante lento al principio, pero cuando todo está finalmente alineado, el proceso se completa bastante rápido. Así es con ustedes ahora mismo en su proceso planetario. Ha sido un proceso relativamente lento el de separarse en sus grupos y alinearse con sus polos de destino, pero este próximo acontecimiento será el "disparo escuchado alrededor del mundo" que marcará el "principio del fin" — ese punto en el que las diferentes realidades se alejen físicamente unas de otras hacia sus "polos de destino".

En otras palabras, a pesar del hecho de que pueden mirar hacia atrás al año anterior como un tiempo de aceleración creciente — particularmente desde septiembre [11] en adelante —una vez que este evento ocurra, las cosas se pondrán en marcha y mucho seguirá en rápida sucesión, igual que la célula se separa rápidamente en sus nuevas "células hijas" y luego ellas se muevan aparte entre sí y viajen por separado a partir de ese momento.

Una célula solo se divide en dos células y habrá varias realidades diferentes que se separarán entre sí en este proceso, pero el punto clave a entender aquí es el significado de este próximo evento en términos de que marca el comienzo de este movimiento real hacia realidades separadas y para que te prepares para la velocidad a la que las cosas se desplegarán después de eso. A pesar de la conmoción del 11 de septiembre y de algunas de las cosas que sucedieron después, las últimas semanas han estado bastante tranquilas en comparación a lo que ahora sigue y posteriormente.

Les animamos a que mantengan su respiración abierta, a que permanezcan desapegados mientras observan todo lo que está ocurriendo y de que se den cuenta de que para aquellos que se dirigen hacia Terra, esto podría ser considerado como el "cohete propulsor" para su viaje en esa dirección. No hay nadie que no SENTIRÁ este impacto, pero hay muchas maneras de percibirlo. Si estuvieras asegurado al asiento de un transbordador espacial y los cohetes disparados debajo de ti, sentirías el impacto y la aceleración, pero sabrías que te estaban llevando hacia arriba, hacia tu destino y misión. Puedes elegir la misma respuesta hacia este próximo choque en tu pantalla perceptual y sería bueno que pudieras hacer eso. En vez de verlo como un desastre, muchos de ustedes podrán decir, "¡Finalmente! ¡Estamos en camino!"

Muchos de ustedes que están leyendo esto han estado "en su camino" durante mucho tiempo y han experimentado muchos cambios en su comprensión y percepciones. Ahora, sin embargo, el tiempo del aprendizaje y procesamiento cambiará de lidiar con esas cosas del pasado, a lidiar con esas cosas que ahora están llegando a su vida. Muchos de ustedes todavía están en el proceso de dejar viejas relaciones y circunstancias. Eso podrá continuar por un tiempo para algunos de ustedes, pero la mayoría de ustedes encontrará que el ritmo de cambio en su vida es estimulante y experimentarán más y más alegría en el viaje a medida que empiezan a experimentar la ráfaga de libertad, a medida que se dejan ir de esas cosas y personas que les retienen.

¿Recuerdan un viejo título — "Heredar el viento"? Heredarán el viento. Se acostumbrarán a fluir como el viento, a moverse tan rápido que traerá lágrimas a sus ojos, pero serán lágrimas de alegría porque finalmente están en camino y pueden sentir el movimiento a medida que fluyen hacia su destino.

Otros también estarán experimentando el cambio rápido, pero no les traerá alegría — en parte porque perderán mucho de lo que están muy apegados: cuadros de la realidad que deberán cambiar frente a los eventos que ahora vendrán, formas de ser que ya no serán posibles. Muchas cosas dadas por sentadas desaparecerán y aquellos que puedan moverse a través de estos tiempos con gracia y entrega experimentarán maravilla y asombro ante el desenvolvimiento. Las personas mirarán las cenizas de su pasado y algunas entenderán que eso despeja el camino para un nuevo comienzo, mientras que otros hurgarán entre las cenizas, tratando de recuperar algún recuerdo que llevarse con ellos — para llevarse lo que ya no tiene vida en un esfuerzo por aferrarse a esa vida que se ha ido.

Es fácil señalar culpables, pero como hemos dicho antes, cuando siguen las cosas hacia abajo hasta su fuente, deben culpar al Creador que es el que ha creado todo lo que ven y sienten. Para el Creador, todo es "bueno" porque cumple el propósito de la Creación — proporcionar experiencias para que el Creador las disfrute a través de Sus creaciones. Este choque que viene es todo parte del plan de salida más grande para la Creación. Nada quedará del viejo mundo cuando esté completo. Todos se habrán ido del presente planeta, a través de un camino de salida u otro. Todos experimentarán continuidad en su realidad percibida, pero este evento marcará el tiempo en el que no todos experimentan la MISMA realidad. Si pudiesen comparar notas, descubrirían que diferentes personas experimentan cosas diferentes y esto aumentará a medida que avanzan en el tiempo hasta el final del drama de la Tierra 3D.

A medida que las cosas avanzan, verán su destino más y más claramente en virtud de su contraste con todo lo demás que esté sucediendo. Asimismo, otras personas con otros destinos percibirán AQUELLOS más claramente, por lo que parecerá como si todos los demás que no comparten los propios puntos de vista están equivocados, pero este movimiento los acomodará a todos, de una manera u otra.

Así que, por ejemplo, si escuchas que un gran planeta o cometa está viniendo que resultará en un cambio de polos o cataclismos en el 2003, esa es una percepción que pertenece a un camino de salida en particular y tú simplemente permites que esas personas que así perciben, lo hagan. Ese camino no es "tuyo" y no lleva a Terra, así que lo único que debe preocuparte es el camino que SÍ ES "tuyo" y seguir lo que se presente en tu vida y que te llevará más lejos en esa dirección.

Se ha hablado mucho en el pasado de muchos escenarios que no se han manifestado — aterrizajes masivos, el Cinturón de Fotones, etc. Sin embargo, ahora los muchos caminos que están siendo "vistos" por aquellos que pueden "ver" de esa manera, tienen una mayor probabilidad de llegar a suceder. Incluso los escenarios que son presentados por los engañadores llegarán a suceder para algunas personas de alguna manera, porque el pensamiento crea y si suficientes personas creen en un resultado particular, sus pensamientos combinados manifestarán esa realidad. Es por eso que estamos compartiendo estos Mensajes con ustedes — para que aquellos que están codificados para responder y puedan sentir esa respuesta sumen sus energías a las de otros de mente y corazón similares y manifiesten aquello de lo que hablamos con ustedes.

Es una paradoja que Terra ya existe y sin embargo tienes que alinearte con ella para que se manifieste para ti. Es una relación recíproca, como un espejo de cierto tipo. Terra te llama y tú buscas a Terra. En la alineación con la visión, es un poco como "apuntar a un objetivo" en un sistema de guía de misiles. Al leer estos Mensajes, tú estás "apuntándote al objetivo" de Terra y Terra te atrae por su presencia en tu campo perceptual.

No todo el mundo es así y aunque podría parecer que estás solo en tus percepciones cuando las comparas con las de los que te rodean, considera que hay casi 6 millones de ustedes en total y que tendrás MUCHA compañía una vez que estén de nuevo todos juntos. Ustedes han estado juntos antes, en agrupaciones de varios tamaños y durante varias épocas y en lugares históricos, pero ahora está llegando el momento en el cual todos estarán juntos a la vez, en un solo lugar nuevamente, antes de que estén completos y partan a sus otros viajes en el camino de regreso hacia la Fuente y a su final disolución como un ser separado.

Aquellos de ustedes que van a Terra estarán allí el suficiente tiempo para establecer las colonias y dar a luz a sus hijos y luego se irán a otras aventuras en el cosmos. Durante el próximo siglo [más algunos años], su enfoque será Terra, pero luego habrán terminado con eso y seguirán adelante. Esa es la naturaleza de las cosas. Una exploración lleva a la siguiente y la siguiente lleva a la siguiente después de esa, infinitamente.

Terra les llama ahora y ella es su puerto seguro de la tormenta que ahora viene. Recuérdenlo. Las tormentas que ahora vienen son los cohetes propulsores que les están levantando hacia su sueño de un mundo sin tormentas, sin guerras, sin muerte y si echan de menos el trueno y el relámpago, también serán capaces de viajar a los lugares más salvajes para experimentarlos allí, pero Terra y su paz serán su casa por el resto de su presente encarnación. Cuando sea el momento de partir, simplemente cambiarán de forma y seguirán adelante. Sin dolor. Sin muerte. Sin tristeza nunca más. Ahora, ESO será una cosa bienvenida, ¿no? Esperamos tenerlos de nuevo entre nosotros.

Les dejamos ahora, en paz, en honor y bendición. Amén, Adonoy Sabayoth. Somos las Huestes del Cielo.

NOTA: Para las Huestes, su relación con el tiempo no es la misma que para las personas que experimentan el tiempo lineal en la Tierra de 3D. Cuando ellas dijeron: "Los eventos que han precedido a este choque venidero fueron relativamente leves comparados con lo que ahora viene y lo que le seguirá en sucesión relativamente rápida", podemos mirar hacia atrás a los eventos que han ocurrido desde que "Choque y Pavor" comenzó el 20 de marzo de 2003 y empezar a entender lo que "sucesión relativamente rápida" significa para las Huestes.

El masivo terremoto y tsunami en Indonesia del 26 de diciembre de 2004 y los huracanes Katrina y Rita en los Estados Unidos en 2005 claramente no fueron eventos "leves", y la temporada de huracanes del Atlántico en el 2017 fue catastrófica, con 17 tormentas con nombre, 10 huracanes y 6 huracanes mayores. Además, fue por mucho la temporada más costosa de la historia, con un total de al menos 282.16 millones de dólares (USD) en daños, aproximadamente 100.000 millones de dólares más que el total del poseedor del récord anterior — la temporada del 2005. Esencialmente todos los daños de la temporada se debieron a tres de los principales huracanes de la temporada — Harvey, Irma y María. Ahora podemos ver que el mundo se dirige constantemente hacia el colapso financiero y la perturbación social masiva.

Nuestra interpretación de "relativamente rápida" parece ser mucho más rápida que la de las Huestes, que nos recuerdan en otras partes de los Mensajes que unos cuantos años ahora no son más que un momento muy breve cuando se está considerando un ciclo de 4 500 millones de años.

EN SU CAMINO A CASA
22 de febrero de 2002

Muy bien. Hemos pedido hablar con ustedes esta noche porque algo muy maravilloso está inminente en su horizonte. No es lo que ustedes esperarían, pero es aún maravilloso desde nuestra perspectiva. Un gran despertar está a punto de ocurrir y para ustedes que han estado esperando pacientemente por la liberación del mundo de tanta tristeza, esto marcará el verdadero principio de la fase final de su partida de este mundo, en camino hacia el siguiente.

Hemos hablado antes acerca de este evento. Es una llamada global al despertar, para que todos, en todas partes del mundo, puedan saber que algo ha cambiado fundamental e irrevocablemente. Para algunos, el cambio es y puede ser aterrador, pero el cambio también puede ser visto como buena noticia. Les animamos a abrazar el cambio de esta manera — como buena noticia a ser celebrada, como el "principio del fin" de este dolor.

Si pueden verlo de esta manera, entonces podrán regocijarse calladamente en su corazón con el conocimiento seguro de lo que sigue. A pesar de las apariencias, es verdaderamente buena noticia — el final al sufrimiento de este mundo, el final al dolor de este mundo, por última vez, para siempre. Esto es lo que les espera — alegría total, amor total, paz total.

Pero en el camino hacia esa alegría y paz, hay un periodo de agitación como parte de este cambio masivo. Es por esta razón que hemos empleado tanto tiempo y energía en prepararles para este tiempo y para estos acontecimientos. Si pueden tan solo mantener sus ojos en el lejano horizonte, donde ese nuevo mundo les espera con todo su resplandor y alegría, entonces atravesarán este tiempo con menos atención a lo que está desapareciendo y más atención hacia dónde se dirigen a través de los tiempos venideros.

Deseamos que sepan, también, que siempre estamos con ustedes. Si no les hablamos mediante estas palabras, les hablamos mediante nuestro silencio. El silencio es un mensaje, también. Dice: "Escuchen adentro". Dice: "Presten atención a qué sentimientos surgen cuando las Huestes no han hablado durante algún tiempo". ¿Están ansiosos por escuchar de nosotros? Entonces busquen nuestro consuelo adentro. Si nuestra amada mensajera fuera repentinamente sacada de en medio de ustedes, ¿qué harían? Encontrarnos a nosotros y a nuestro consuelo adentro.

Cuando dejas de aferrarte a las frágiles comodidades que componen tu mundo externo, puedes experimentar la riqueza y las comodidades de tu mundo interno. Si te enfocas en lo que NO tienes, jamás te darás cuenta de cuánto SÍ tienes. Esa es una de las razones por las que te hemos animado a vivir tu vida con apreciación. Al hacer eso, te llenas a ti mismo cada minuto de cada día y eres verdaderamente rico en las cosas que más importan.

Ahora que hemos puesto nuestra glosa en esta historia, reconozcamos que no todos verán las cosas de la manera en que tú las ves. Debes entender esto y no quedar atrapado en la vorágine que pronto te rodeará. Habrá mucha confusión, enojo y miedo y estas cosas serán explotadas por aquellos que se benefician de ellas.

No te quedes atrapado en el drama. ¿Recuerdas nuestro consejo de buscar la paz del océano profundo? Recuérdalo cuando estos tiempos estén sobre ti. Deja que los eventos fluyan a tu alrededor, pero mantén un lugar de tranquila confianza y serenidad en tu interior. Estos acontecimientos serán el presagio de tiempos aún más intensos, pero lleva tu paz contigo como un escudo y capearás bien las tormentas.

Por favor nota que estamos ahora hablando en plural. No hay un solo evento, sino un panorama entero de eventos de todo tipo que constituirán la cara del cambio en tu mundo. Estarán en todas partes hacia donde mires y una vez que las personas se den cuenta de que hay alguna conexión posible entre uno y otro, serán despertados de su sueño de una manera muy desagradable.

No estás durmiendo. Ya estás despertando y tienes dentro de ti los medios para crear paz y seguridad para ti y para tus seres queridos, sean humanos o no.

La paz es una actitud, no es algo que puedes comprar en una tienda ya empaquetado. Por supuesto, puedes leer libros y escuchar música tranquilizante, pero incluso esas acciones son una expresión de una

ACTITUD de BUSCAR PAZ. Busca la paz. Sé paz. Sé humilde en tu búsqueda y deja de aferrarte a las comodidades que solías buscar. Ábrete a recibir las comodidades que cuentan, las que no tienen precio porque son de precio incalculable. Paz, paz, paz. Es tu refugio a través de la tormenta. Paz, paz, paz. Es el salvador de tu alma, de tu cordura, de tu corazón y tu mente. Busca la paz en medio de la tormenta.

Si las elecciones llegan (y llegarán), haz la elección por la paz. A medida que las frecuencias suben, todo lo que es un síntoma del malestar de este mundo aflorará a la superficie. La paz sana. Sé en paz. Abandona la lucha por aferrarte. Al soltarte, ganas más de lo que pierdes. Algunos de ustedes encontrarán más difícil hacer esto que otros, pero les aseguramos que se han creado con las reservas necesarias, el corazón necesario, la fuerza necesaria para hacerlo y al hacerlo, se regocijarán aún más debido al descubrimiento de que están prosperando en medio de las tormentas. Prosperarán porque están hechos para estos tiempos.

En estos Mensajes, has encontrado el faro que te guía a casa y llevas dentro de ti el mapa y la brújula para el viaje. Aun si estuviéramos silenciosos, encontrarías el camino a casa. Sé una fuente de paz. Sé en paz. Ya estás en camino y nada te impedirá hacer el viaje a casa. Estás regresando a casa a ti mismo, al mundo de tus sueños y entre sí. En vista de todo esto, ¿qué importa si el viejo cascarón se agrieta y se rompe? Cuando llega el momento de que el pollito salga del huevo, el cascarón tiene que agrietarse y romperse. Estás saliendo de tu cascarón. El mundo se agrietará y se romperá a tu alrededor y estarás volviendo a casa.

En estos Mensajes, has encontrado el faro que te guía a casa y llevas dentro de ti el mapa y la brújula para el viaje.

Enfócate en el viaje por delante, en lugar de lo que dejas atrás. Deja que ahora todos tomen sus propias decisiones, ya que la agrupación alrededor de los polos del destino está ocurriendo más y más cada día. Hay muchas despedidas que se llevarán a cabo en el camino por delante y muchos de los que todavía están en tu vida pueden desaparecer de tu vista, pero estás viniendo a casa. Tus animales, tus seres queridos, todos los que amas serán cuidados, de acuerdo con su plan de vida. Puedes confiar en el proceso. Puedes confiar en el viaje. Tú estás viniendo a casa.

Si a veces estamos silenciosos, es para que puedas aprender a escuchar tu propio sonido, tu propia voz interna en vez de la nuestra. Somos una familia, tú y nosotros y estamos aquí contigo en cada paso del camino. Pero no queremos que te vuelvas dependiente de oír nuestra voz para saber que estás a salvo y eres amado. Deseamos que tú oigas tu propia voz interior para saber que estás a salvo y eres amado.

Ve a tu interior. Medita. Respira. Siente la calma y la paz que puedes crear cuando puedes recordar el respirar. A medida que las cosas se vuelvan más intensas a tu alrededor, encuentra maneras de sentirte más tranquilo y relajado. Toma un baño caliente. Vete a dar un paseo. Escucha sonidos que te tranquilicen — arroyos, ríos, el susurro del viento en los árboles, una suave lluvia. Incluso puedes conseguir grabaciones de estos sonidos si quieres, así que puedes crear esta experiencia para ti mismo, siempre que necesites recordarte que lo que está sucediendo a tu alrededor no es todo lo que hay en el panorama.

Sé bueno contigo mismo. Apréciate por el hermoso ser que eres. La larga y solitaria caminata es mucho más corta ahora de lo que era y estás en tu camino a casa. Recuerda eso. Estás en tu camino a casa.

Amén, Adonoy Sabayoth. Somos las Huestes del Cielo.

EL JUEGO DE DIOS
9 de abril de 2002

Para aquellos que tienen ojos para ver, es evidente que mucho cambio está ocurriendo a todo su alrededor. Sin embargo, si sigues nuestras instrucciones, puedes profundizar tu sentido de paz y tranquilidad y permanecer sereno, incluso cuando las cosas se aceleren e intensifiquen. El evento umbral del que hemos hablado está todavía a un tiempo de distancia en tu futuro y esperaríamos que con este largo periodo de tiempo para reflexionar y prepararte, habrás integrado el entendimiento necesario para responderle con aceptación tranquila, sabiendo que trae consigo las fases finales de tu salida del planeta Tierra y los inicios del nuevo mundo que sigue.

Sin embargo, también sabemos cuánto te encanta oír de nosotros y cómo te ayuda oír nuestra perspectiva de las cosas, así que en el espíritu de un interludio, pensamos que te entretendríamos un poco con nuestro discurso de hoy. De hecho, nuestro modelo proviene de tu mundo del entretenimiento, aunque esperamos que te lleves algo un poco más profundo que eso. A veces el entretenimiento puede ser una forma fácil de tragar lo que de otra manera sería medicina amarga y esperamos que ese será el caso hoy.

Si la vida es percibida como una especie de película, con todos desempeñando su papel y hablando sus líneas, entonces Dios/el Creador es el cineasta supremo. Hemos hablado antes de la Sobrealma y cómo crea proyecciones simultáneas de sí misma — lo que ustedes experimentan como sus encarnaciones o "vidas". La Sobrealma es el proyector para esas expresiones individuales de sí misma y Dios/el Creador es el guionista para todas las películas que son proyectadas a través de las Sobrealmas, independientemente de su polaridad.

Como hemos dicho a menudo, el Creador ha creado TODO para experimentarse a Sí Mismo a través de Sus creaciones. También hemos

Si la vida es percibida como una especie de película, con todos desempeñando su papel y hablando sus líneas, entonces Dios/el Creador es el cineasta supremo.

comentado sobre cómo fue necesario crear las dos polaridades para aumentar el potencial de experiencias cada vez más complejas y cómo las Sobrealmas mismas vienen en dos "sabores" o polaridades, que nosotros hemos identificado como la orientación SPS (servicio para sí) y SPO (servicio para otros).

En las películas, hay fuerzas opuestas y conflicto y esto también es verdad en la "película" de la vida. Piensa en eso por un momento. Si fueras a ver una película y todo fuera armonioso y suave, la encontrarías más bien sosa y sin interés después de un rato muy corto. No habría desafíos que superar, nada más una especie de uniformidad placentera y no mucho sucediendo en cualquier momento — no mucha estimulación — y tu mente se pondría inquieta y comenzaría a contemplar otras cosas. Eso es porque quieres que tus películas sean entretenimiento y por esa razón estas necesitan fuerzas opuestas, conflictos y desafíos por superar.

Y así es con la vida 3D. Si no hubiera suficiente estímulo, las personas caerían en una especie de letargo y aburrimiento y perderían interés o tendrían que provocar situaciones donde poder experimentar intensidad y variedad. Tal es la naturaleza de aquel que busca siempre saber más. Y el principal deseo del Creador es siempre conocer más de Sí Mismo a través de la interacción de Sus creaciones. Llamaremos a este aspecto del juego creativo del Creador, "El Juego de Dios".

En el Juego de Dios, el Creador "lleva" todas Sus creaciones y desempeña todas las "partes" (papeles/personajes) a través de todas Sus partes creadas. En las densidades superiores, el juego cambia, las reglas cambian, pero todavía es el Juego de Dios en su núcleo. Ahora, ¿qué

Sin estímulo suficiente, las personas perderían interés o tendrían que provocar situaciones donde podrían experimentar intensidad y variedad.

tiene que ver esto contigo y cómo te puede ayudar a entender lo que experimentas día a día y a lo largo del tiempo?

Bien, en el Juego de Dios, cada uno de ustedes leyendo esto es un personaje de la película. Los personajes tienen rasgos de personalidad con los que nacen y tienen rasgos que se aprenden a través de sus experiencias. En 3D, el catalizador es el dolor. En 4D, el catalizador es el amor. Estás en 3D y tu personaje ha sido modelado por tu dolor y por tu búsqueda.

La mayoría de tus momentos definitorios — esos momentos en los que una experiencia te afectó tan profundamente que cambió el curso de tu vida — implicaron tu dolor y/o tu búsqueda. Tu búsqueda proviene del deseo del Creador de conocerse a Sí Mismo a través de Sus creaciones. Tu dolor proviene del deseo del Creador de conocerse a Sí Mismo a través de Sus creaciones. El Creador desea saber más acerca de Sí Mismo, así que los catalizadores de todas las experiencias son tanto la búsqueda como el dolor.

Ahora, ¿cómo deben cumplirse esas condiciones? ¿Qué proporcionará el dolor y qué apoyará la búsqueda? Puedes ver las fuentes de dolor como "enemigos" o "perpetradores" o "villanos" SPS si quieres. Esas etiquetas se usan para identificar las fuentes de dolor en tu vida. Pero son tan necesarias para la plenitud de tu experiencia en 3D como lo son las fuentes de apoyo para tu búsqueda — aquellos a quienes llamarías "amigos" o "seres queridos" o "maestros". Ambas son necesarias para la plenitud de tu experiencia y para que todo el guion o drama se desarrolle. Ambas son el Creador expresándose a través de

Sus creaciones, a través del Juego de Dios. Aquí hay una pequeña visión de cómo funciona:

La Luz pura de la Creación, condicionada por el Amor como una fuerza ordenadora, fluye sin fin desde la Fuente/Creador a través de las lentes de las Sobrealmas. Las Sobrealmas colorean la Luz con sus propios sesgos particulares o "ángulo de percepción/recepción" y la Luz adquiere una cualidad por haber pasado a través de la Sobrealma.

Podrías ver estas cualidades como arquetipos, como predisposiciones o como temas a ser explorados. Nos gusta verlas como esencias. En su más puro estado, son la esencia de un aspecto particular del Creador y hay muchas de ellas disponibles. Podríamos explorar este concepto más a fondo en un tiempo futuro, pero por ahora, solo entiende que cada Sobrealma existe para explorar una esencia o tema en particular y lo hará creando "vidas" en muchas ubicaciones o ambientes diferentes. Sin embargo, todas las OTRAS Sobrealmas están haciendo lo mismo, así que en cualquier ambiente dado, uno tiene la presencia y el potencial para la interacción con muchas diferentes esencias y esto proporciona una rica base para muchos diferentes tipos de experiencias.

Para todos los propósitos prácticos, el conjunto original de posibilidades era infinito, pero ahora muchas (si no la mayoría) de esas posibilidades han sido exploradas y hay una destilación que está ocurriendo, de vuelta a la esencia original.

En el mundo que te rodea, cada persona que ves está pasando por el proceso de esta destilación de regreso a la esencia original. Se están convirtiendo en MÁS de lo que realmente son. Esto puede causar algunos problemas cuando una persona estaba realmente solo acomodando las expectativas de aquellos a su alrededor o viviendo su vida como una reacción a sus momentos definitorios. Hay mucho rechazo de las heridas del pasado ocurriendo y mucha búsqueda intensificada.

¡Qué glorioso tiempo para estar en un cuerpo! En ningún momento de la historia del planeta Tierra ha habido tan rico potencial para la experiencia intensificada. ¡Cuánto más interesante es la película desde la perspectiva del Creador! En el Juego de Dios, cuanto más intensa es la experiencia, mejor es por la riqueza que proporciona.

Ahora veamos algunos ejemplos. Si el foco de la exploración es el tema del poder, entonces hay el potencial para explorar tanto la ausencia de poder (impotencia) como la posesión de poder. En la ausencia de poder, uno también aprende acerca de la posesión del poder de aquellos que tienen poder sobre uno y lo contrario es cierto para la persona que posee el poder — ésta aprende de aquellos sobre los cuales tiene poder.

Hay una RECIPROCIDAD que es inherente en el Juego de Dios.

Hay una RECIPROCIDAD que es inherente en el Juego de Dios. Dios proporciona todos los actores necesarios y está enseñando y aprendiendo al mismo tiempo. Cada actor es un maestro para el otro y también está aprendiendo del otro. Cada persona es un espejo para que la otra se vea a sí misma más claramente y para que se conozca más profundamente.

Después de que muchas vidas han sido creadas y experimentadas, toda esta enseñanza y aprendizaje se integra en la experiencia colectiva de la Sobrealma y de allí regresa al Creador. Todo viene de la INTERACCIÓN de las proyecciones de la Sobrealma particular con las proyecciones de las OTRAS Sobrealmas. Así es como el Creador puede experimentarse a Sí Mismo a través de Sus Creaciones. La experiencia de una Sobrealma en particular es amplificada, enriquecida y coloreada por la interacción con las proyecciones de las otras Sobrealmas. Y es un proceso totalmente dinámico, con retroalimentación y alteración en cada nodo de interacción. De hecho, esto no solo es cierto para las personas, sino para todo el tejido de los mundos creados o manifiestos.

Sus científicos han descubierto un bloque de construcción fundamental de la materia, al cual han denominado como un quark. Un quark está hecho de Luz. No luz como iluminación, sino Luz que es una sustancia. TODA la materia se construye a partir de estas unidades de Luz. Ahora, estos quarks están hechos de Luz, pero están formados o condicionados por vibración o Sonido. Juntos, el Sonido y la Luz forman el fundamento material de los mundos manifiestos. Pero hay un aspecto más a considerar. Cuando un quark interactúa con otro quark, AMBOS SE CAMBIAN por la interacción.

Así que aun en el nivel más fundamental de la expresión material, está ocurriendo un proceso dinámico de interacción y cambio constante. Lo que es más, hay un campo subyacente de consciencia o conocimiento que es la matriz para el conjunto entero de todos los quarks que están llevando a cabo estas interacciones. Así que, en el nivel más fundamental, todos los quarks están interconectados con todos los otros quarks al estar contenidos en este campo de conocimiento consciente. Este campo es la Mente de Dios. Toda realidad manifiesta está embebida en la Mente de Dios y está interconectada a través de la matriz de la Mente de Dios. Cuando dices "Todas las cosas están conectadas", esta es una verdad fundamental.

Las Sobrealmas son vastos campos de energía inteligente. Son conscientes de sí mismas y sin embargo, ellas también están embebidas en la misma matriz. Cuando proyectan sus proyecciones, las manifiestan a través de los quarks que son los bloques de construcción de la materia. Todas las cosas, todas las manifestaciones, tanto desde el nivel del proyector — la Sobrealma — como el de las partículas que componen la manifestación de la proyección de la Sobrealma, están embebidas en la Mente de Dios.

Por consiguiente, en el Juego de Dios, Dios está experimentándose a Sí Mismo como ambos — el cineasta *y* los actores en la película que hace. Estos actores no son solo personas. También son cosas como el viento y la lluvia, las flores y los árboles, los insectos y los animales. Todos son las creaciones del Creador. Todos ellos son jugadores en el Juego de Dios. Todos ellos son fuentes del catalizador para el dolor y para el apoyo de la propia búsqueda.

Tomen una roca, por ejemplo. Si te golpeas el dedo del pie en una roca o pisas una piedra afilada con el pie desnudo, te puede proporcionar la experiencia del dolor. Pero otra roca podría ofrecerte un punto de apoyo cuando estás escalando un sendero empinado o queriendo cruzar un arroyo. Son todas rocas y son todas parte del Juego de Dios. Si tu guion de vida requiere que cruces un arroyo en algún momento de tu búsqueda, la roca es un elemento de tu experiencia. La roca también es sensible y te experimenta pisándola. Ella experimenta tu energía, tus pensamientos, y experimenta la sensación de peso o la presión a resultas de ser pisada. La roca está experimentando, también.

Ahora, echa un vistazo a algunas de las cosas que están ocurriendo en tu mundo hoy en día. Una gran porción de la Plataforma de Hielo Ross recientemente se derrumbó en la Antártida, una parte de los cambios

La roca está experimentando, también.

que están ocurriendo. Este cambio fue el resultado de otros cambios que ya habían ocurrido. Cuando esos enormes bloques de hielo son liberados para flotar y eventualmente derretirse, afectan los océanos en los que flotan. El agua dulce del hielo derretido cambia la salinidad del agua que les rodea.

Ese cambio en la salinidad produce un cambio sutil en el flujo de las corrientes del océano. Ese cambio en el flujo de las corrientes del océano produce un cambio sutil en los patrones climáticos. Esos cambios en los patrones climáticos afectan los cultivos y la producción de alimentos. Ese cambio en la producción de alimentos afecta la disponibilidad de alimentos y también los precios de esos alimentos. Esos cambios en la disponibilidad y los precios producen otros cambios sutiles, como una sutil alteración en las prioridades de las personas.

Cuando las personas están muriéndose de hambre, se vuelven desesperadas por sobrevivir a toda costa y eso las lleva a actuar de maneras que de otra forma no harían. Esas acciones a su vez afectan a otras cosas que ponen en movimiento aun otras cosas y así va el Juego de Dios. Cada parte individual de los mundos manifiestos afecta a todas las otras partes de los mundos manifiestos. Está todo conectado a través de la Mente de Dios y Dios está dondequiera que cualquier cosa existe. Todo es parte del Juego de Dios, en donde Dios interactúa consigo mismo a través de Sus creaciones.

Con el regreso a la esencia, con las cosas (y sobre todo las personas) volviéndose más de lo que realmente son debajo de su condicionamiento y sus presiones medioambientales, ves muchas cosas emergiendo. La polarización aumenta a medida que los héroes y los villanos se vuelven más como su verdadera esencia. Lo positivo se vuelve más positivo. Lo negativo se vuelve más negativo.

Cosas que uno ha asumido a partir de los demás y que no son parte de su esencia se desechan, a veces de maneras desagradables. Dolores y molestias corporales, dolores y molestias emocionales, dolores y molestias espirituales — todos estos son parte de la purificación de la esencia que se está llevando a cabo. La tolerancia es menor para esas cosas que no son compatibles con la propia esencia. Hay una mayor tendencia a retirarse de lo que no es compatible con la propia esencia y eso es visto como la gran clasificación en todas las agrupaciones, de las que ya hemos hablado antes.

Hay cosas que están aflorando que a veces vienen como sorpresas, al descubrir que uno no es la persona que uno pensaba que era. Mucho de lo que ha moldeado tu autopercepción es el resultado de esas experiencias tempranas en la vida — aquellas experiencias definitorias que te pusieron en marcha en un curso particular, explorando opciones particulares, intentando sanar tu dolor, intentando definir tu búsqueda y encontrar lo que buscas.

Así que, si encuentras que tu vida está cambiando ahora de formas fundamentales, es porque el Juego de Dios está casi terminado para este capítulo en la historia de la Creación. Dios ha explorado los temas, los papeles, los potenciales que estaban disponibles a través de los parámetros de este entorno en particular y como en toda buena película, es hora del acto final, donde se responde a la pregunta, los conflictos se resuelven y todo el mundo procede a ¡vivir en la secuela! Tu secuela es la vida en las naves y luego la vida en Terra — una trilogía, si quieres y una que seguirá siendo solo un interludio en el camino a otras películas.

Estás viniendo a casa. Te estás volviendo más de tu esencia. Estás empezando a saber quiénes son los "otros" con los que quieres estar. Y nada de esto sería posible sin el Juego de Dios. Nada de esto sería posible sin los protagonistas y los antagonistas, sin los héroes y los villanos. Cada guion requiere de ambos para que la historia siga adelante. El conflicto lleva a la resolución y en esa resolución, todos son cambiados por la interacción. El cambio es eterno. Eres eterno, y cambiarás eternamente.

Te dejamos ahora en paz, honor y bendición. Amén, Adonoy Sabayoth. Somos las Huestes del Cielo.

TRANQUILOS, ATERRIZADOS Y CENTRADOS
18 de agosto de 2002

Muy bien. El tiempo del cual les hemos hablado está al alcance de la mano. Antes de que eso ocurra, queremos darte un último recordatorio — que este viaje tuyo es un PROCESO, no un evento y aunque estás alcanzando un importante umbral, hay un viaje por hacer más allá de ese tiempo, así que por favor recuérdalo y no te pongas en una posición de energía bloqueada con respecto a este "evento".

No podremos enfatizar bastante que tan importante es permanecer desapegado y no quedar atrapado en el drama que se está desenvolviendo a tu alrededor. En el momento en el que te involucras con el caos, eres succionado por él. En el momento en el que te polarizas hacia algo que observas, te encierras en aquello hacia lo que te polarizas. Es tan importante recordar — especialmente en momentos de gran impacto dramático — que tu seguridad está adentro, que ninguna solución que importe a largo plazo se encuentra afuera de ti mismo. Tus respuestas están adentro.

Incluso si no estás escuchando "voces" o palabras, sabes — en todos y cada uno de los momentos — lo que es verdadero para ti. Puedes acceder a este conocimiento en cualquier momento. Es una sensación que se siente. Algo que se sentirá "bien" o se sentirá "desalineado" o "equivocado". Confía en tus sentimientos. No dejes que nadie te convenza de lo contrario. No es importante que ninguna otra persona sepa lo que sientes. Está perfectamente bien que te guardes tu conocimiento para ti mismo, pero no dejes que nadie te influencie. Habrá muchos intentos por convencerte de que adoptes una cierta actitud, pero permanece alineado con lo que conoces como tu propia verdad. Puedes llevarla en silencio, pero no la abandones para acomodar a nadie más.

Hemos estado evaluando las cosas en tu planeta y encontramos que dos cosas están sucediendo, ninguna de las cuales viene como una total sorpresa, dado el "juego de polaridad" y lo tarde de la hora. Primero, las fuerzas que usan el engaño como su modo de ganar polaridad y tomar energía de los demás, han estado teniendo éxito en sus planes para la dominación mundial. Son ayudados por aquellos de las densidades superiores de la misma polaridad y pronto habrá un incremento en su visibilidad.

Es demasiado tarde para detener nada de esto, así que solo te lo estamos diciendo para que comprendas lo que ves a medida que se desarrolla. Ellos han tenido tanto éxito, que debemos confesar que es bastante humorístico para nosotros ver con que facilidad se han abierto camino con tan poca resistencia. Sin embargo, conocemos el "final" de la historia y llegará el momento en el que su "juego" habrá "terminado" y partirán hacia otro destino.

Mientras tanto, sin embargo, el engaño estará en todas partes e irá en aumento a partir de sus niveles presentes. Es por eso que enfatizamos que tú vayas hacia adentro por tus "noticias". Todo está siendo manipulado hasta tal punto, que nada de lo que leas o escuches está intacto, excepto posiblemente algo del material que llega a través de los canales más claros. Estos son pocos en número y la mayor parte del material canalizado que está disponible para ti ha sido afectado y corrompido a tal grado que simplemente ya no es verdad. Siempre habrá algunos nobles sentimientos esparcidos alrededor liberalmente por todas estas fuentes, pero al final, están llevando a aquellos que los escuchan por un camino que solo terminará en la desconfianza y la desilusión.

Dicho esto, hay algunos eventos a punto de desarrollarse que te afectan a ti y a tu mundo directamente. Estamos aquí para apoyarte y tendremos mucho más que decir en las próximas semanas. Habrá un Mensaje más en este volumen y luego comenzaremos de nuevo con el Volumen Tres. Los Mensajes son nuestro regalo para ti y esperamos que muchos más encuentren el camino para leerlos en los próximos días, semanas y meses. Nos complace ver cuantos de ustedes ESTÁN tomando nuestras palabras seriamente y notamos que los cambios que hemos predicho están a la mano.

La "buena noticia" es que la historia tiene un final feliz. La "mala noticia" es que hay por delante algunos días relativamente difíciles para tu planeta y todo lo que está sobre ella. Pero esa no es "noticia" para ti en este punto en el tiempo. Te hemos estado preparando por mucho tiempo para recibir la Gracia que ahora está disponible para ti. Tantos de ustedes están "siguiendo la corriente" del cambio y nos complace que nuestras palabras de alguna manera hayan hecho más fácil para ustedes hacer eso. Han sido entrenados en los modos de entrega y su lema de "dejar ir y dejar que Dios se encargue de los detalles" les servirá bien en los tiempos venideros.

Los engañadores se están agrupando ahora y estarás escuchando más de ellos y más de lo que quieren que oigas y pienses. Cada uno estará proclamando tener la "verdad", la "historia contada desde dentro" y ninguno de ellos estará de acuerdo, pero si miras detrás de las palabras, encontrarás que el mismo fondo está ahí, no importa que "imagen" se ponga ante tus ojos.

No te dejes engañar. Hay muchas predicciones que llegarán a un punto crítico en los próximos meses y muchas de ellas fracasarán en materializarse. Todo esto es parte de cómo los engañadores consiguen que las personas pierdan su confianza en todo, para que cuando la verdad aparezca, la desechen también. Es una manera de conseguir que las personas cedan toda resistencia a la tiranía que viene, para que más voluntariamente caigan en las manos de aquellos que están detrás de ese escenario y esquema.

Hay una fábula para niños acerca de un chico que se divertía mucho advirtiendo a los pobladores locales que venía un lobo. Le hacía sentirse más poderoso el verlos correr por todas partes, solo porque los convencía de que estaban en peligro. Pero cuando el lobo realmente SÍ vino, los pobladores le ignoraron y todos fueron comidos vivos. Sus falsas advertencias hicieron que desconfiaran tanto de él que cuando hubo un peligro real para ellos, lo ignoraron y así cayeron presas del lobo.

Así que serás bombardeado con advertencias acerca de este peligro y ese peligro y si te pones a correr por todos lados como si hubiera algo que pudieras hacer al respecto, te darás cuenta que nada de lo que dicen ocurre y entonces harás caso omiso de las advertencias reales cuando estas lleguen. Pero si te sintonizas con tu voz interna y SIENTES DENTRO DE LA VIBRACIÓN, no serás engañado. Podrás distinguir cuando "se sienta verdadero" y si es que tienes que hacer algo en algún momento dado.

Muchos de ustedes ya han estado sintiendo y respondiendo a los impulsos internos por el cambio en sus vidas. Algunos de ustedes han

Tus respuestas están adentro.

decidido mudarse a un nuevo lugar o dejar una vieja relación. Otros están haciendo muchos cambios sutiles en su percepción y pensamiento y están comenzando a alejarse de la charla y el ruido del mundo. Los cambios reales están ocurriendo adentro, donde están ocultos.

Debido al poder de los sentidos físicos, es fácil ser "externamente dirigido" y medir las cosas por la forma en que aparecen en el mundo exterior. Pero tu seguridad radica en ser "internamente dirigido" y en medir con tus sentidos sutiles — cómo se SIENTEN las cosas para ti y no cómo "piensas" acerca de ellas o lo que escuchas de los demás, muy especialmente de los medios de comunicación.

Tu seguridad radica en ser "internamente dirigido" y en medir con tus sentidos sutiles — cómo se SIENTEN las cosas para ti.

No haremos predicciones, más allá de decir que el tiempo de la separación de los diferentes caminos de destino está casi sobre ustedes. Sin embargo, cada uno de ustedes tiene un plan para su vida y cada uno de ustedes tendrá experiencias diferentes, así que no hay ninguna predicción que podamos hacer que será cierta para todos, aparte de que cuando sea el momento preciso, serán llamados a su lugar correcto.

Cada detalle de tu vida ha sido anticipado por tu Sobrealma. Todas tus "citas con el destino" se cumplirán. Cada último requerimiento será cumplido para la finalización que estás efectuando con todas tus otras vidas. Ya estás perdiendo tus capacidades de memoria y para algunos de ustedes eso no es conveniente, pero anímate por esa señal de que estás tanto más cerca de tu destino deseado. Estás bien avanzado en tu proceso y hay mucha Gracia fluyendo. Todo lo que tienes que hacer es recibirla.

Tu conocimiento interno es tu mejor armadura contra los engaños. Si algo no se siente del todo verdadero para ti, CONFÍA en ese sentimiento. Tú debes también confiar en el plan para tu vida. Debes confiar en que todo lo que necesites para completar el propósito de tu vida será provisto. Eso no significa que siempre te gustará cómo esté envuelto, pero cada suceso en tu vida es un verdadero regalo para ayudarte a completar tu vida de la manera que fue intencionada para ti por tu Sobrealma.

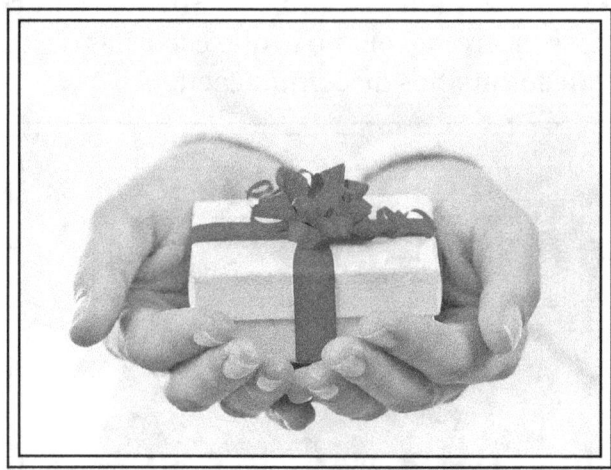

Cada suceso en tu vida es un verdadero regalo para ayudarte a completar tu vida de la manera que fue intencionada para ti por tu Sobrealma.

Tú existes como una extensión de tu Sobrealma. No necesitas técnicas para activar o reorganizar nada. Tu vida te traerá en el contacto perfecto con las experiencias necesarias para el cumplimiento del plan para tu vida. Incluso aquellas cosas que podrías considerar dolorosas, desagradables, o indeseables todavía te están moviendo hacia la meta de completar tu vida de la manera que tu Sobrealma lo intentaba hacer.

Si los sentimientos desagradables surgen, permite que fluyan a través de ti. No los bloquees ni los reprimas. Eso no significa que tengas que actuar sobre ellos. Solo deja que fluyan a través de ti. Mucho se está despejando en este momento y ninguno de ustedes está exento de ello. Si te encuentras desprendiéndote más y más del mundo que te rodea, eso no es una cosa mala. Eso no significa que no seas una persona bondadosa. Solo significa que te estás volviendo libre de las influencias de otros en cuanto a cómo deberías vivir tu vida. Puedes ser tu verdadero yo dondequiera que estés. Solo recuerda que no tienes que hacer un gran alboroto al respecto. Solo hazlo.

Ahora las cosas están empezando a intensificarse y continuarán haciéndolo durante los próximos años, hasta que todo se complete. Se ha tomado una decisión de acelerarlo todo, lo que significa que algunas de las cosas que predijimos que sucederían más adelante, ahora sucederán antes. Esto también significa que AMBOS tipos de cosas se verán afectadas de esta manera — las cosas por las que te alegrarás y el otro tipo— las cosas que quizás preferirías que no sucedieran en absoluto.

Para las personas bondadosas como ustedes, podría ser muy difícil evitar quedar atrapadas en el drama que se aproxima, así que desconéctense de él. Si tienes que desconectar el televisor, hazlo. Pon tu tiempo y energía en aquellas cosas que te nutren, que te traen paz y deja que fluya tu amor. La polarización y la resistencia son dos cosas que aumentarán enormemente tu incomodidad, así que te damos este sencillo ejercicio para que lo hagas cuando te descubras atrapado en el drama y el caos:

Dondequiera que estés, cualquier cosa que estés haciendo, solo cierra tus ojos y enfócate en tu respiración. Obviamente, si estás conduciendo un automóvil u operando maquinaria, no querrás hacer esto hasta que te hayas salido de la carretera o hayas detenido la máquina, pero incluso entonces, tan pronto como puedas, desconéctate de lo que te "enganchó" y te hizo quedar atrapado en el drama.

Cierra tus ojos y enfócate en tu respiración. Deliberadamente toma respiraciones lentas y profundas hasta que hayas recobrado el sentido de tu propio yo y estés tranquilo, aterrizado y centrado. Luego, muy lentamente, abre tus ojos de nuevo y permítete permanecer tranquilo,

Solo cierra los ojos y enfócate en tu respiración.

aterrizado y centrado. Permítete presenciar lo que está ocurriendo a tu alrededor sin quedar atrapado en ello.

Si te encuentras "enganchado" de nuevo, repite el ejercicio. Puede que tengas que hacer esto varias veces, pero hazlo. Si estás en medio de una acalorada conversación, hazlo. Si la persona insiste en continuar la conversación mientras tú tienes tus ojos cerrados, levanta un dedo o tu mano, para indicar: "Espera". Esto les ayudará a los dos. Estarás dando un ejemplo que ellos pueden seguir. "Espera".

Siempre tienes tres opciones: hacer algo, no hacer nada o esperar a que haya claridad antes de actuar. Espera a que haya claridad. Hay muy poco en la vida que no pueda esperar. Si alguien se está desangrando gravemente delante de ti, no querrás esperar mucho tiempo, así que deberás lograr claridad más rápidamente en tales circunstancias. Es importante lograr claridad antes de actuar. Al profundizar tu respiración te estás diciendo a ti mismo que estás eligiendo la tranquilidad por encima del caos. Es como un mensaje para tu cuerpo, "tranquilízate". En los tiempos venideros, será muy importante permanecer tranquilo, aterrizado y centrado.

No hay nada que no puedas manejar si permaneces arraigado en el momento. Hemos hablado antes de permanecer arraigado en el momento que se está presentando, en lo que también se llama el AHORA. En Terra vivirás en el AHORA todo el tiempo, así que esta es una buena práctica para ti. Un momento es una unidad de experiencia. Tiene un principio, un medio y un final. Puedes sentir cuando algo comienza a elevarse en energía en tu vida. Se presenta, luego se expande hasta su clímax, para posteriormente retroceder y resolverse.

Eso es un momento — desde el tiempo en que llega a tu vida hasta que retrocede y se resuelve. Cada momento llega conteniendo todo lo que necesita para su realización. Se desarrolla perfectamente e incluso cuando estás en medio de un tiempo desafiante, puedes permanecer arraigado en el momento y así moverte a través de él con Gracia. Cuanto más puedas desprenderte — cuanto más puedas PERMITIR EL MOVIMIENTO — más facilidad y comodidad tendrás en tu viaje a través de los días venideros.

La resistencia de cualquier índole bloquea el flujo. Tú puedes permanecer arraigado en tu verdad sin resistir el flujo que ocurre a tu alrededor. Piensa en un árbol con un arroyo fluyendo a su alrededor. El árbol permanece en su lugar cuando está arraigado y aterrizado. Sé ese árbol. Esto no es lo mismo que obstinación o resistencia. Arráigate en el momento. Arráigate en tu verdad.

Mantén tu oído interno prendido y escuchando en todo momento. Ayuda el confiar en el flujo de tu vida. Si te sientes abrumado por la velocidad de todo, simplemente déjalo fluir. Vuélvete inmóvil en medio del movimiento que está ocurriendo a tu alrededor. Déjalo fluir. Tú eres un gran ser experimentándote como un pequeño cuerpo. Tú eres un gran ser que ha ayudado a crear vastas porciones de la realidad existente. Respira. Céntrate. Aterrízate. Trae tranquilidad ti mismo como una elección. Elige la tranquilidad. Elige la paz. Elige la serenidad.

"La tormenta que viene" está casi en tu puerta. Deja que los vientos bramen a tu alrededor. Sé paz en medio de la tormenta. Hazlo por ti y por tus seres queridos. Sé el regalo que eres. No tienes que cambiar nada. Sé tú mismo. Eso es suficiente regalo.

Te dejamos ahora, en paz y honor y bendición. Amén, Adonoy Sabayoth. Somos las Huestes del Cielo.

NOTA: Después de recibir este Mensaje, una astuta lectora me envió por correo electrónico una pregunta acerca de un aparente conflicto en el material. Ella señaló que en la primera parte del Mensaje, las Huestes encontraron casi humorístico que los planes de la élite del poder fueran recibidos con tan poca resistencia y en la última parte del Mensaje, nos animaron a no resistir lo que estaba ocurriendo a nuestro alrededor. Pedí una aclaración y esto es lo que me dieron:

ACLARACIÓN
(24 de agosto de 2002)

Una pequeña aclaración es necesaria, para resolver una aparente ambigüedad en nuestro más reciente Mensaje. Como muchos de ustedes podrán saber, particularmente los astrólogos, cualquier cualidad o actividad en particular tiene el potencial para tener un efecto positivo y un efecto negativo. Por ejemplo, cuando ustedes están considerando las influencias representadas por un aspecto particular de la astrología, se pueden ver los potenciales tanto para una buena cualidad como para una que no se consideraría buena. Ambas pueden existir en el mismo aspecto.

Así es con el concepto de la rendición. Si tú rindes tu resistencia a una fuerza superior en tu vida, los motivos de tu rendición deben ser considerados para evaluar si es una cosa positiva o no y el resultado final es realmente lo que revela la verdad de todo ello.

En el primer ejemplo que dimos, en el que tomamos nota de la agenda de aquellos con añoranzas de poder totalitario global, nos pareció humorístico ver cuanta gente estaba dispuesta a rendir sus libertades personales a cambio de algo de confort y del mantenimiento de su status quo. PODRÍAS decir que lo mismo es cierto si a uno se le pide que rinda su resistencia a la agenda del Creador, pero en el primer caso, te estás rindiendo a las voluntades de otras personas que desean algo de ti que satisfaga sus necesidades y en el segundo caso, se te pide que rindas tu experiencia de separación del Creador, de tal manera que tu voluntad personal llegue a una mejor alineación con el propósito divino para tu vida. Desde nuestra perspectiva, hay una gran diferencia, tanto en los motivos involucrados como en los resultados.

Al rendirte a la Voluntad del Creador, en realidad creas mayor libertad para ti mismo porque entonces simplemente tienes que seguir el flujo de tu vida, en lugar de permanecer encerrado en las limitadas posibilidades de lo que puedes imaginar mientras que aún estás en un estado velado de consciencia. Abres los portales para que aparezcan más cosas en tu vida que habrían sido consideradas milagrosas o mágicas cuando se miden en tu anteriormente limitada visión. En el estado de rendir resistencia al flujo de tu vida, te estás moviendo fuera del miedo hacia un estado de Gracia. Estás rindiendo tu necesidad de controlar todo para mantener tu miedo a raya. Te estás moviendo más hacia la aceptación y confianza en el plan de tu vida.

Al rendir tus libertades a aquellos que están en control de tu mundo a cambio de la apariencia de seguridad y la retención de alguna porción de los aspectos materiales de tu vida que te dan consuelo, has hecho lo que a menudo se refiere como un "pacto con el diablo". Mientras que tú pareces ganar algo a corto plazo, cuando llega el tiempo de "pagar la cuenta", entonces descubres el verdadero costo de lo que has renunciado. Si miras ese tipo de no-resistencia, descubrirás que tiene el miedo en su base. Así que es importante examinar los motivos que subyacen una acción o decisión determinada. ¿Se basan en el miedo o se basan en confianza en el plan para la propia vida?

Sin embargo, puesto que todas las cosas están desarrollándose de acuerdo con el plan de cada vida, es imposible decir que aun un pacto con el diablo no sirva ultimadamente a un propósito superior. Nos parece humorístico ver a los globalistas logrando sus metas tan fácilmente porque conocemos el resultado de todo el drama. Al final, los que hicieron ese trueque de libertad por seguridad material y posesiones perderán todo por lo que hicieron el trueque e incluso los que ahora tienen las riendas del poder serán derrotados. Nos parece irónico que todo tenga una tendencia a resolverse de maneras que son lo opuesto a como aparecen en el principio.

Aquellos que rindan sus libertades por comodidad material, al final perderán tanto las libertades como la comodidad material. Aquellos que rindan su resistencia al plan divino para su vida ultimadamente "ganarán el reino", porque estarán haciendo las elecciones necesarias para recibir su verdadera herencia, su verdadera naturaleza como los co-creadores de esta realidad. Al estar dispuestos a arriesgar todo lo material, al final ellos ganan la habilidad de tener y crear cualquier cosa material que pudiesen desear, pero desde un estado de soberanía total en lugar de servidumbre.

Esperamos que estas observaciones sean útiles para aclarar cualquier posible confusión creada por nuestra elección de palabras en el Mensaje anterior y esperamos que también sean un ímpetu para que reflexiones profundamente acerca de las elecciones que se te están presentando en todos y cada uno de los momentos de tu vida. Estamos sugiriendo que le des a tu alineación con el Creador la más alta prioridad.

En una de tus escrituras, se te aconseja: "Busca primero el reino. Entonces todo lo demás será añadido". Al hacer el trueque de la libertad personal por la comodidad material a corto plazo, uno ultimadamente pierde todo lo que es precioso en la vida y uno ha puesto su corazón en el lugar equivocado. Esto no es una idea nueva, pero te pedimos que contemples las posibilidades más profundas de estos dos aspectos de la entrega. ¿A quién o a qué te rindes y por qué?

Te dejamos ahora, en paz y honor y bendición. Amén, Adonoy Sabayoth. Somos las Huestes del Cielo.

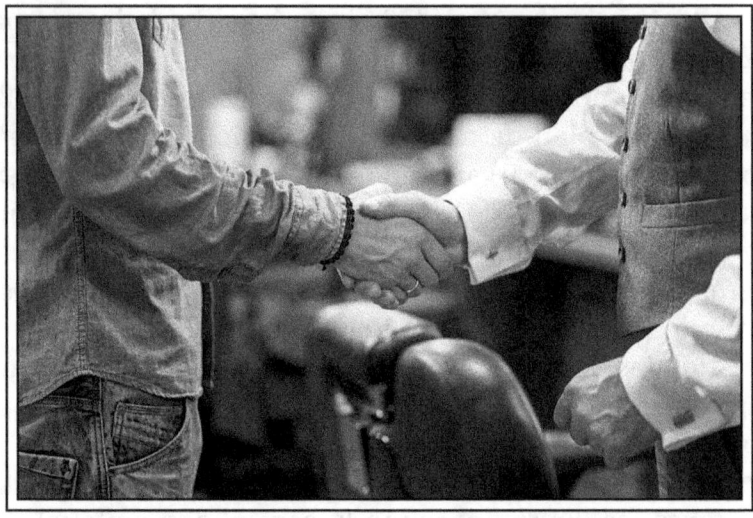

Entregando tus libertades a aquellos en control a cambio de mantener algunos de los aspectos materiales de tu vida

ADIÓS POR UN TIEMPO
15 de septiembre de 2002

Hemos pedido hablar con ustedes hoy porque un umbral ha sido alcanzado y ahora es el momento de comenzar la Cosecha. Comenzaremos la Cosecha con un grupo relativamente pequeño de ustedes y luego regresaremos por aún más. Esto continuará durante los próximos meses hasta que todos ustedes que no se hayan comprometido a quedarse en la superficie, serán levantados hacia otro nivel y entonces algunos de ustedes irán y vendrán de ese lugar por el tiempo restante hasta el Cambio de los Polos.

Esta "zona de espera" no es un lugar en o dentro del planeta, sino otro lugar, en otra banda de frecuencia, donde se te puede ser trabajado con más directamente y se te facilite la compleción de tu propia transformación. Nuestra amada mensajera estará incluida en este primer grupo, pero será una de las que vayan y vengan hasta que todo esté completo, así que no necesitas preocuparte por su disponibilidad.

El evento del "Cohete Propulsor" ocurrirá más tarde en este año,* pero algunos serán levantados incluso antes. Hay un tiempo programado para todos y cada uno de ustedes y cuando llegue tu turno, lo sabrás con absoluta claridad y certeza. No tendrás que decirle nada a nadie, porque si necesitas informar a alguien, te daremos esa capacidad cuando llegue el momento. Ves, no hay necesidad de anticipar nada de esto. Simplemente confía en el flujo de tu vida y todo se desarrollará perfectamente, sin dañar a nadie.

Tenemos la habilidad de sacar a las personas y devolverlas casi al mismo tiempo en que desaparecieron. Cuando tu transformación esté completa, tendrás la habilidad de cambiar de forma para adaptarte a las circunstancias, así que si necesitas parecerte a como te ves en el presente, te parecerás a eso. Si sirve al bien mayor que te parezcas a algo o alguien más, te parecerás a eso. Todos ustedes estarán muy adaptados a sus circunstancias y a medida que estas fluyan y cambien, así también ustedes fluirán y cambiarán.

Esta comunicación será la última para el Volumen Dos. Habrá un hiato en estos Mensajes mientras este proyecto de la Cosecha procede, pero el Volumen Tres se dará cuando sea el momento para eso. Será diferente en contenido, tono e información a estos dos primeros y eso es todo lo que les diremos acerca de eso por ahora. Así que por favor no estén pidiendo el siguiente Mensaje. Habrá un periodo de no Mensajes por un tiempo, ya que eso es parte del Plan.

En el ínterin, muchas cosas estarán desarrollándose en la superficie planetaria y es precisamente por esa razón que estaremos silenciosos por un tiempo. Los que están en la superficie tienen que experimentar esos tiempos de ciertas maneras, de acuerdo con el plan de sus vidas y deben hacerlo así sin nuestra ayuda, para tener la experiencia más plena posible por sí mismos. Solo disminuiría la intensidad y la riqueza de esos tiempos si estuviéramos allí, comentando cada desarrollo.

Estos dos volúmenes estarán disponibles para aquellos que tengan "ojos para ver" y "oídos para oír". Bastarán para dar la hoja de ruta para esos tiempos. Entonces, cuando las cosas se hayan desarrollado hasta un cierto punto, se escuchará de nosotros de nuevo, para preparar a las personas para las fases finales del drama y su conclusión. Nuestro consejo para ti sería que escuches adentro en todo momento, durante todas las actividades en las que te encuentres.

Algunos animales tienen la capacidad de apuntar sus oídos en diferentes direcciones de manera independiente. Te sugerimos que hagas lo mismo. Apunta un oído hacia afuera, para recibir los datos de tu entorno y apunta un oído hacia adentro, escuchando constantemente los susurros de tu intuición y "conocimiento". Esa voz interna es tranquila y sutil la mayoría de las veces. No es como si te estuviera gritando. Es más sutil que eso, así que tienes que ser capaz de oírla por encima del ruido que te rodea.

Cuando llegue tu hora, lo sabrás. Algunos de ustedes saben que estarán en la tierra a través de los años venideros porque su papel particular en el drama lo requiere. No te sientas ni más ni menos especial debido a eso. Todos son totalmente iguales en su importancia con respecto al Plan. Ninguna voz cargará mayor peso que ninguna otra. Ninguna vida es más o menos importante que ninguna otra. Pensar o sentir lo contrario es una cuestión del yo separado o ego.

Algunos de ustedes todavía están luchando con sus problemas de autoestima y necesitan hacer este tipo de comparaciones, pero al final, tú eres quien viniste a ser y lo mejor es que seas la mejor expresión que puedas de esa intención.

Así que ahora, todas las cosas llegarán a un punto crítico y se moverán hacia la eventual conclusión. La aceleración ya está sobre ti y se hará aún más intensa a medida que el tiempo pase y las tareas salgan a la superficie para ser completadas. Podrías imaginarte a una persona con un portapapeles, tachando escrupulosamente cada "tarea" en una lista de cosas que tienen que ocurrir. Cada cosa debe ocurrir y cada cosa OCURRIRÁ en su tiempo y secuencia perfectos.

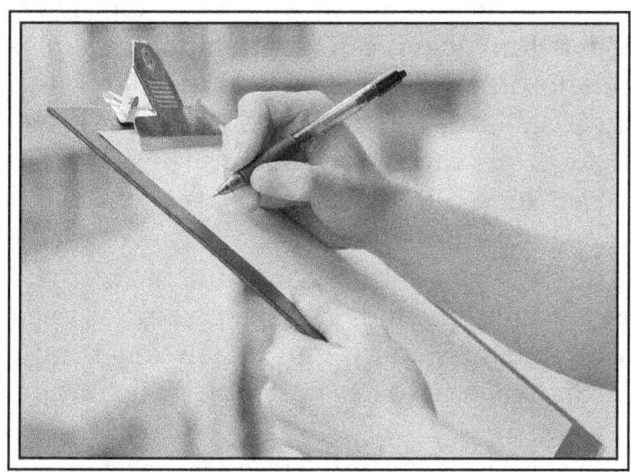

Imagina a una persona con un portapapeles, tachando escrupulosamente cada "tarea" en una lista de cosas que tienen que ocurrir.

Sentimos un cierto entusiasmo al contemplar que este día ha llegado. Las medidas se han tomado y cada uno de ustedes ha sido "equipado" con el "equipo" necesario para completar el resto de su viaje a través de los años restantes de la Tierra de 3D y más allá. Todos los recursos — tanto internos como externos — que requerirás están ahora almacenados y disponibles para usarse.

---

*NOTA: "El tiempo del cohete propulsor" (la acción militar "Choque y Pavor" contra el régimen de Saddam Hussein en Irak) estaba originalmente programada a llevarse a cabo en septiembre de 2012, pero las preparaciones tomaron más tiempo del anticipado, por lo que no comenzó sino hasta marzo 20 del 2013, al final del año *astrológico* en el que se hizo esta predicción, no durante su año *calendario*.

Una enorme cantidad de preparación se ha dedicado a este esfuerzo, abarcando miles de años. Tú has experimentado muchas vidas a fin de estar perfectamente equipado para esta y lo que ahora viene. Es verdaderamente una "gran final" y una gran oportunidad por la riqueza y complejidad de todos los temas e hilos que se desarrollarán de ahora en adelante. Independientemente de adónde te lleve tu vida, te prometemos una cosa: ¡No será aburrida! Este es un tiempo increíble para estar en un cuerpo en el planeta Tierra y tendrás mucho acerca de lo cual reflexionar cuando todo haya llegado a su fin.

Así que, en cierto sentido, hoy estamos diciéndote "adiós por un tiempo". Te prometemos que volveremos cuando sea el momento de hacerlo. Para aquellos de ustedes que se están movilizando para completar su transformación, será un tiempo cuando se encuentren realmente entre nosotros, cara a cara. Para aquellos que permanezcan en tierra, serán asistidos directamente por medio de los que completen su transformación y que vayan y vengan desde ese punto en adelante.

Aparecerán en medio de ustedes en los momentos necesarios y desaparecerán cuando esa asistencia ya no sea necesaria. Será imposible saber día a día qué anticipar, ya que habrá muchas sorpresas en muchos frentes. Les aseguramos que todas y cada una de las personas tendrán las experiencias que se supone que deban tener, tal como fueron elegidas por su Sobrealma. No hay accidentes y no hay pérdidas reales, solo cambio.

Hay absoluta certeza de que todos y cada uno de ustedes alcanzarán el destino elegido por su Sobrealma y lo harán perfectamente — en el momento correcto, de la manera correcta. Ninguno de ustedes se quedará solo, independientemente de la forma que adopte su equipo de apoyo y asistencia. Conocerás a otros como tú y gradualmente formarán pequeños grupos de personas afines.

Sucederá naturalmente. No hay necesidad de crear comunidades prediseñadas o preconcebidas. Sigue el flujo de tu vida. Permanece arraigado en el presente. Trata plenamente con lo que se te presente en el momento. Recuerda que un momento es una unidad de experiencia, no una unidad de tiempo. Vive en el momento, momento a momento y te encontrarás exactamente en el lugar correcto en el momento correcto.

Al despedirnos por ahora, sepan que siempre estamos con ustedes, despiertos y dormidos y esperamos el momento en que TODOS estén de vuelta con nosotros una vez más.

Amén, Adonoy Sabayoth. Somos las Huestes del Cielo.

VOLUMEN TRES

LOS ÚLTIMOS DÍAS
21 de septiembre, 2004

Bien, ahora. Hemos pedido hablar contigo hoy porque ya es el tiempo de iniciar los preparativos para la fase final de las cosas con respecto a la Tierra de 3D. Nuestro silencio durante los dos últimos años ha logrado mucho para aquellos que han seguido nuestra instrucción previa de ir adentro, pero ahora ya es tiempo de que comience este tercer y último volumen en esta serie de Mensajes. Vamos a programar esta última serie de Mensajes para que siga el desarrollo de los acontecimientos tanto en tu planeta como alrededor de ella.

Hay muchas civilizaciones representadas aquí, tanto dentro del tiempo como fuera de él. El pasado, el presente y el futuro coexisten en el atemporal AHORA; igual que nosotros, igual que ustedes e igual a todo lo creado y lo increado. Todo el potencial es un rico mar o caldo, que contiene todo dentro de sí.

En el mundo fenoménico que percibes con tus sentidos físicos y sutiles, hay mucha turbulencia en estos momentos. Profundas corrientes subyacentes se arremolinan bajo la superficie y la ira y el dolor burbujean a pesar de todos los intentos para mantenerlos a raya. Las emociones congeladas de tiempos pasados se están derritiendo, descongelando y añadiendo a la rica mezcla que ahora está presente. Los ecos de los temas que fueron explorados en el pasado están por todas partes para ser vistos; aunque los recuerdos más recientes son más fáciles de reconocer, virtualmente cada periodo histórico está revisitándose e incluso aquellos que etiquetarías como "prehistóricos" están resurgiendo en este momento, particularmente con respecto a las experiencias que se tuvieron a manos de aquellos a los que tú te referirías como los reptilianos.

Estos NO son los dinosaurios del pasado de tu planeta, sino aquellos seres que visitaron tu planeta en una forma humanoide que asemejaba a los dinosaurios, particularmente a los de la especie Tiranosaurio. Vinieron a explotar los ricos recursos del planeta, tanto animados como inanimados, para avanzar sus metas de dominación a lo largo de la galaxia.

Deseamos enfatizar que estos sucesos ocurrieron hace muchos milenios, pero hay una memoria celular y de especie llevada dentro de sus presentes cuerpos y algunos han atribuido incorrectamente esa memoria a las acciones de seres que habitan actualmente cuerpos en su planeta. La memoria y la comprensión son correctas; atribuirlas al marco temporal presente no lo es.

Esos tiempos fueron hace mucho, pero su efecto en el presente y en el futuro inmediato es inconfundible. Hay una oscuridad reuniéndose ahora. Es una expresión externa de esos tiempos antiguos, sostenida profundamente dentro del núcleo de las memorias de su planeta y de su especie; y debe de ser re-experimentada a medida que se purga durante este tiempo de limpieza personal y planetaria.

Hemos hablado previamente de una "última mirada alrededor", en la que te aconsejamos darle una última mirada alrededor al mundo en el que estabas acostumbrado a vivir. Ahora será un tiempo para otra "última mirada", una que será mucho más terrible de contemplar, pues esta especie de reptilianos vive en un constante estado de agonía y rabia, incapaces de encontrar paz dentro de sí mismos, sin importar lo que hagan o logren. Su hambre de paz es insaciable y sin embargo actúan de maneras que destruyen la paz sin cesar, tanto para sí mismos como para todo lo que tocan.

Lo que esto significa es que tu planeta, al expulsar estos recuerdos incrustados, será testigo y experimentará la expresión exterior de esa agonía y rabia incrustadas y lo hará de maneras que afectarán a todas las criaturas y formas de vida en el planeta. Nada se salvará a medida que las nubes de la guerra y los eventos geofísicos estallan en todas partes.

Ya que todo en el planeta está tan interconectado, todo será afectado de alguna manera hasta cierto grado, especialmente económicamente, pero al final todo llegará a su fin y entonces estaremos entre ustedes físicamente, cuidando sus heridas y llevándoles a lugares de refugio hasta que nuestras naves vengan por ustedes para trasladarles a su próxima parada en el viaje a Terra.

Este volumen les ayudará a trazar su curso a través de los oscuros días que se avecinan, para darles aliento para superar esos tiempos y para hacerles saber que siempre estamos a su lado, rodeándoles con nuestro amor y nuestra protección. Aquellos de ustedes que están destinados a Terra (y todo lo demás en el planeta, así como el planeta mismo) son preciosos para nosotros, pero ustedes son especialmente preciosos, porque son verdaderamente nuestros hermanos y hermanas y comparten por igual nuestra herencia y estatus en el Plan mayor. Es principalmente por ustedes que estamos aquí y es para ustedes que damos estos Mensajes ahora.

Todos los demás tienen un camino de destino diferente y todos los demás tienen sus propios mensajeros para guiarles hacia donde van. Muchos están yéndose ahora, así como muchos se han ido siempre en todo momento, pero aquellos que se vayan ahora y aquellos que se vayan más tarde no regresarán a ESTE planeta. Los patrones encarnacionales serán cumplidos de acuerdo a los destinos elegidos por las Sobrealmas y cada uno continuará explorando a lo largo de una de las líneas de destino que se presentarán en el "salto cuántico" hacia la nueva Creación.

Los últimos días ya están aquí. Ya no están en el "futuro". Ustedes están viviendo en ellos, ahora. Tómense un momento para registrarlo. Reflexionen en ello. Atesoren este momento de relativa tranquilidad que pende pesadamente sobre ustedes, porque pronto oirán los golpes y los gritos de la guerra, reverberando por todo el planeta. Comenzará en el Medio Oriente, pero al final, ninguna nación estará protegida o aislada o exenta.

Será un tiempo terrible, medido en emociones humanas, pero será también un tiempo de finales para que un nuevo comienzo pueda surgir. Los que pasen de sus cuerpos estarán libres de dolor y sufrimiento y los que se queden harán bien en recordar esto. No hay manera de detener la limpieza. Está ordenada desde los niveles más altos, para que el planeta pueda completar su limpieza del pasado que ha hospedado y tome el lugar que le corresponde en los cielos como la joya que es — limpia, centelleante y brillando con luz — con las nubes oscuras de la guerra desterradas para siempre de su superficie.

Estas guerras que vienen se originaron en la agonía de los reptilianos que plantaron esas semillas en la emergente especie que crearon a través de su manipulación de las estructuras genéticas con las que trabajaron. Ellos esclavizaron a muchos de su propia especie para este fin y hay hembras entre ustedes que tienen memorias celulares como "criadoras" para sus experimentos genéticos. Aunque estos experimentos ocurrieron en el pasado lejano, dejaron su marca y sus heridas y no hay ninguno de ustedes leyendo estas líneas que no haya sido afectado por esos tiempos y todo lo que de ellos surgió.

Así que, por muy terribles que parezcan las guerras, son realmente la limpieza de esas heridas de hace tanto tiempo y para ustedes que van a Terra, todo lo que quedará en su estela será la entrega dichosa y la paz, la alegría y el amor. Entonces ustedes estarán más allá de todo sufrimiento y habrá valido la pena pasar por estos tiempos terribles para llegar allí, pero aún deberán ser soportados.

Soon, your newscasters will not have to scramble for things to report on. The weather of this year will be tame compared to what is coming later on. The wars have begun, albeit on a small scale, and while politicians make noises and grunts about the state of things, you will notice that no one is really doing anything but making noises and grunts about the state of things. No one is coming to terms with the real issues, and while slogans and simplistic summaries abound, nothing is said about the real causes and even less about solutions to them.

Pronto, sus locutores no tendrán que luchar por cosas sobre las cuales informar. El clima de este año será templado en comparación con lo que vendrá más tarde. Las guerras han comenzado, aunque a pequeña escala y mientras los políticos hacen ruidos y gruñidos sobre el estado de las cosas, notarán que nadie está realmente haciendo nada más que hacer ruidos y gruñidos sobre el estado de las cosas. Nadie está enfrentando los verdaderos problemas y aunque los lemas y los resúmenes simplistas abundan, nada se dice sobre las causas verdaderas y mucho menos sobre las soluciones a las mismas.

Verán, todo es como debe de ser. El largo experimento de los últimos 4 500 millones de años está casi terminado y realmente no hay mucho de nuevo que esté ocurriendo ahora. Todo ha sido explorado y permitido, pero la novedad se está agotando. Aparte de algunos avances científicos, no ha habido nada nuevo en muchos años y las viejas instituciones gubernamentales y las legislativas casi han muerto de asfixia bajo la acumulación de tantos escombros humanos a lo largo de los siglos.

Cada generación, al buscar corregir los "errores" del pasado, los ha agravado con nuevos errores. Es cierto que algunas personas han podido ver más allá del polvo de las masas en estampida, pero la mayoría están ciegos y permanecerán así, porque no se supone que sean de otra manera. Todo y todos son tal y como se supone que deban de ser, para que cada nicho — cada parte del drama — se cumpla.

Miren sus patrones de habitación. Si todos tuvieran los mismos gustos, todos en el planeta estarían amontonados en un solo lugar y el resto del planeta estaría desprovisto de vida humana. Sin embargo, cada uno de ustedes tiene ciertos lugares que naturalmente les atraen más que otros y si se encuentran en un lugar que no les gusta, pueden levantarse y mudarse a otro si lo desean con la suficiente fuerza. Así que, de la misma manera, hay una distribución a través de destinos y "futuros" en los cuales uno puede vivir.

No todo el mundo va a ir al mismo lugar y cada nicho estará lleno, pero no sobrellenado. Nadie es mejor o superior. Todo el mundo existe para que el Creador pueda experimentar todas las experiencias que sean posibles dentro de los parámetros de una Creación. Aunque las estrellas siempre se están formando y los planetas están naciendo, los parámetros de esta Creación han sido explorados plenamente y por lo que es hora para una Creación enteramente nueva. La consciencia será sembrada a través de un paisaje enteramente nuevo y nada de lo viejo podrá ser llevado a lo nuevo excepto esencia, así que los efectos que han sido absorbidos a lo largo de los milenios deben de ser neutralizados y borrados y eso es lo que está ocurriendo ahora.

Para la especie humana, la agonía implantada aquí hace tanto tiempo por los reptilianos debe de ser expurgada y será expurgada al revisitarla y revivirla. Es por esta razón que hemos enfatizado la necesidad de desconectarse del drama, de buscar la tranquilidad y la paz del océano profundo y de mantener un lugar de paz dentro de uno mismo, sin importar lo que esté ocurriendo a su alrededor. Estamos con ustedes a cada paso, en cada curva del camino, pero también ustedes deben de hacer su parte en esto.

Sugerimos que busquen a otros de mente afín e interactúen con ellos tanto como les sea posible, para reforzar lo que se deba de hacer frente a los eventos calamitosos que van a ocurrir en su mundo. Ustedes pueden ser fuentes de consuelo entre sí y si logran tranquilizarse lo suficiente como para sentirnos, pueden buscar también nuestra ayuda. Simplemente pidan nuestra presencia en sus vidas y nosotros estaremos allí. Pidan poder sentir nuestra presencia y nosotros haremos lo que podamos para ayudarles a sentirla.

SIEMPRE estamos con ustedes, pero algunos de ustedes no están haciendo lo suficiente con su sentido intuitivo como para saber que ahí estamos, así que si esto es cierto para ti, te ayudará si haces más esfuerzo para incrementar tu sensibilidad a nuestra presencia. Recuerda, no es una comunicación hablada la que estás buscando, sino un mayor sentido de presencia. ¡Si buscas oír palabras, hay muchos que podrían estar felices de responder a tu petición, pero puede que no seamos nosotros! Conténtate con sentir nuestra presencia y deja que tu interacción con palabras sea dirigida hacia otros de mentalidad afín en tu planeta.

Tendremos más que decir sobre este tema a medida que progresamos, pero por ahora, les dejamos en paz, honor y bendición. Amén, Adonoy Sabayoth. Somos las Huestes del Cielo.

Busquen a otros de mente afín e interactúen con ellos tanto como les sea posible.

SOMOS CRISOLES PARA LA TRANSFORMACIÓN
1 de noviembre de 2004

Muy bien. Hemos pedido hablar con ustedes debido a donde están en el tiempo con respecto a lo que está desarrollándose ahora. Hoy es el día previo a las elecciones presidenciales en los Estados Unidos. Hay una división profunda en el mundo y se hará aún más evidente comenzando mañana y todos los mañanas que le sigan hasta que todo esté completo. Hemos hablado anteriormente del aumento en la polarización que está ocurriendo y deseamos recordarles que todo fue anticipado y es parte del Plan general.

Por lo tanto: ¿Qué pueden esperar en el corto y largo plazo? En primer lugar, el levantamiento procede y ahora que están atravesando las capas intermedias del cambio de frecuencia, la limpieza será más notable para todos y para todo lo que habita el planeta. Esos sentimientos y emociones que han sido enterrados o reprimidos están ahora burbujeando hacia la superficie y se sienten y se expresan.

Sus cuerpos están limpiándose de toxinas — emociones tóxicas, pensamientos tóxicos, substancias tóxicas, relaciones tóxicas — y se encontrarán siendo forzados a cambiar algunos de sus hábitos que todavía no han enfrentado. Las adicciones de todo tipo se intensificarán, como una forma de atraer la atención a lo que aún no se ha tratado, así que si tienen algunos lugares dentro de ustedes donde hayan estado en negación o suprimiendo sentimientos para distraerse, encontrarán que la presión interna por el cambio se acumulará hasta que se exprese y se resuelva de una u otra manera.

Aquellos que llevan mucho dolor sin resolver serán forzados a moverse a través de este o literalmente morir. Muchos estarán haciendo esto último, así que cuando lean de su muerte, sepan que finalmente están fuera de su dolor y siéntanse aliviados por su alivio. Muchos de los que mueran serán jóvenes, porque son mayormente los adultos jóvenes los que son enviados unos contra otros en la guerra y habrá más y más guerras a medida que los días, semanas y meses proceden. Pero ellos también estarán más allá del dolor, por lo que sus seres queridos se apenarán, pero aquellos que hayan cruzado hacia el otro lado del velo ya no sentirán dolor. Sus heridas se curarán instantáneamente, ya que los cuerpos que habiten después de que hayan cruzado serán íntegros de nuevo.

Cada persona que ahora deseche un cuerpo se encontrará dentro de otro, en otro plano de existencia y tendrá mucha ayuda para movilizarse hacia su siguiente destino. Aquellos de ustedes que van a estar "en tierra" hasta el final verán mucho de la muerte y el morir, pero todo esto es solo el medio de pasar al siguiente paso, a la siguiente fase de la existencia, lo cual es un proceso interminable.

Pero hay también buenas noticias, ya que en los tiempos intensamente acelerados que siguen, cada día te acerca más al final de tu "larga caminata" a través del tiempo y te acerca más al recuerdo de tu alegría. Estarás entrando en contacto y proximidad con más de los de tu propia especie a medida que te mueves naturalmente en respuesta a las presiones del cambio y encontrarás que tras haberte despojado de tus aspectos más disfuncionales, te sentirás cansado pero también más completo.

Durante milenios, los humanos han sido mantenidos en la oscuridad y la separación y eso también está llegando a su fin — o al menos para aquellos que están haciendo el viaje a Terra. El mayor número de personas se dirigen hacia otros destinos y por lo tanto su viaje tendrá una cara diferente, implicará un proceso diferente y emergerá en un lugar diferente. Pero para aquellos de ustedes que están destinados a Terra, su regreso a lo que eran antes está a la mano y esto requerirá más entrega de su parte — entrega de sus nociones de quiénes son realmente, de lo qué es posible y de las limitaciones en general.

Ahora es un buen tiempo para que empieces a contemplar lo que sería ser totalmente completo de nuevo — lo que sería el ser capaz de crear cualquier cosa que quisieras crear, lo que sería el ser totalmente libre de ser y tener cualquier cosa que quisieras ser o tener. ¿Qué querrías crear? ¿Cómo querrías ser? ¿Qué querrías tener? ¿Cómo querrías vivir? Esas ideas vendrán naturalmente desde adentro de lo que sabes ahora, pero con el tiempo, permite que esas ideas cambien a medida que *tú* cambias — y TODOS ustedes están cambiando, ya sea que estén conscientes de ello o no.

Mira cómo eras hace apenas dos años. ¿Cómo te sentías entonces? ¿Qué tan diferente te sientes ahora? No juzgues por lo que ves en el espejo. Los cambios importantes están adentro, escondidos de manera segura lejos de otros ojos. Tú ESTÁS cambiando — diariamente. Nosotros te estamos ayudando a cambiar. Dormidos y despiertos están siendo "trabajados". Alégrate de que el cambio sea tan gradual que solo es notable después del paso de mucho tiempo. Las cosas se están moviendo muy rápidamente en los niveles internos, en comparación con el movimiento fuera de ti, pero todo se está moviendo firmemente hacia la meta de completar esta ronda de la existencia y de preparar para otra realidad, totalmente nueva.

Puede que estés impaciente por que todo esto se complete, pero sería demasiado para soportarlo todo de una vez. Los cambios están ocurriendo continuamente, pero en pequeños incrementos, de modo que se preserva la integridad de mente, cuerpo y emociones. Hay muchas sorpresas en espera para todos ustedes y mucho les será pedido a aquellos que se alineen con estos Mensajes, pero ellos tienen todas las habilidades naturales presentes dentro de sí para enfrentar los desafíos que están por delante para todos. Deseamos reiterar la necesidad de cuidarte a ti mismo durante estos tiempos. Eso no es algo egoísta. Es el servicio más alto que puedes realizar.

Ustedes son pioneros, preparándose para crear un nuevo mundo en el que otros puedan nacer. Así como una mujer preñada debe tener especial cuidado de sí misma a medida que procede su preñez, tú debes tener especial cuidado de ti mismo a medida que tu "preñez", la cual traerá consigo nueva vida de un tipo diferente, también procede. No importa si eres viejo o joven, varón o hembra. Ustedes que se dirigen hacia Terra, todos están "preñados" con la semilla desde la cual vendrá una nueva civilización. Esta nueva vida dentro de ustedes es SU nueva vida y todos ustedes producirán nuevas vidas — tendrán niños propios mientras se acerquen al final de su tiempo en Terra. Ustedes son los progenitores de la siguiente fase de la existencia humana, regresando a su estatus anterior como los portadores de la verdadera semilla Adánica.

Esta es una plantilla para una forma que fue la creación original de los dioses-creadores — los elohim que fueron el primer producto del Primer Pensamiento del Creador Mismo. Es esta plantilla a la que se hace referencia como siendo "a imagen y semejanza" de los "dioses". Elohim es una palabra plural y se refiere a esos seres que fueron la primera Creación del Creador. No son seres encarnados, sino más bien vastos campos de energía consciente de sí misma e inteligente, similares en muchos aspectos al Creador Mismo, pero finitos en vez de infinitos. Esa es la principal diferencia.

El verdadero modelo Adánico no es lo que ustedes son ahora, sino que es en lo que se convertirán — en lo que físicamente manifestarán como los "dioses" y "diosas" en los que se convertirán. Esta es la semilla que llevan dentro de sí, así que cuídense mucho. Ustedes son recipientes preciosos para la nueva raza que emergerá a medida que ustedes emergen en sus próximos cuerpos. Todos ustedes son bastante hermosos ahora, como los veríamos a ustedes, pero todos serán bastante hermosos entonces, como se verán a sí mismos y no será solamente la "visión interna" la que percibirá esto, como lo es ahora.

Su primera tarea fue entrar en los cuerpos que ahora habitan y olvidarse de quiénes eran. Asumieron el "velo" del olvido, aunque muchos de ustedes todavía tenían un recuerdo débil de lo que sabían y cómo habían sido antes. ¡Han hecho eso muy bien! Su siguiente tarea fue asumir las muchas versiones del dolor en este planeta.

Algunos de ustedes han tenido más dificultades, más desafíos que otros, pero no hay ninguno de ustedes que no haya experimentado alguna pérdida de un tipo u otro. Para aquellos que tuvieron un tiempo más fácil, ustedes simplemente llegaron a la misma comprensión más fácilmente que aquellos que pasaron por tiempos más desafiantes. Pero al final, ustedes son iguales en un aspecto importante: están de pie en el mundo con los ojos abiertos. De hecho, muchos de ustedes no pueden comprender por qué los demás a su alrededor no VEN lo que ustedes ven. No pueden comprender por qué ellos no pueden ver lo que es obvio para ustedes, pero todo es como debe de ser.

Recuerden que el Creador quería experimentarlo TODO, así que el Creador creó todo con lo cual experimentarse a Sí Mismo a través de Sus creaciones. Cada uno de ustedes es único y también lo es cada otra cosa creada. Es solo a través de la unicidad que todo se explora. Cada combinación posible se explora a través de la unicidad de cada cosa creada. No dos copos de nieve son idénticos. No dos entidades son idénticas. Es a través de estas diferencias que ocurre la riqueza de la experiencia. Así que el hecho de que tú "veas" de manera diferente de cómo otros lo hacen es solo porque ERES diferente a como los OTROS son. Todo es simplemente como debe de ser.

Puedes no pensar que la forma en que se desarrollan las cosas es la que hubieras querido, pero todo es perfecto visto dentro del Plan mayor. Si efectivamente todo se va a derrumbar a tu alrededor, entonces las personas en el poder tienen que ser aquellas que sean capaces de hacerlo. ¡TÚ lo harías de manera diferente, de eso estamos seguros! Pero también es la razón por la que NO estás en el asiento del poder, porque lo HARÍAS de manera diferente.

Y lo HARÁS de manera diferente, pero no en ESTE mundo y no en ESTE momento. Tu trabajo es simplemente ESTAR AQUÍ, sosteniendo la visión de algo más. A través del principio de resonancia, cada uno de ustedes que está "sonando" con el tono de Terra multiplica ese efecto y trae a la existencia una plantilla para un tipo totalmente diferente de realidad.

Podrían preguntar por qué tiene que ser de esta manera — por qué tuvieron que venir AQUÍ a crear el sendero hacia ALLÁ, hacia ESE modo de ser y de vivir. La respuesta es simple en la superficie, pero profunda si se detienen a considerar las ramificaciones que esta implica. Ustedes no están naciendo en cuerpos en Terra. Eso está reservado para la próxima generación — el próximo grupo de elohim que tomará las riendas a partir de ustedes. Tienen que estar AQUÍ porque es desde adentro de sus cuerpos presentes que el humano Adánico emergerá de nuevo.

Hemos dicho que ustedes son pararrayos, conectando a la tierra del planeta la Luz Superior y eso es cierto. Sin embargo, también son un PUENTE entre este mundo y el siguiente, un recipiente viviente de transformación, un crisol dentro del cual la escoria se convierte en oro.

Todos ustedes son el sueño del alquimista, pero antes de que pueda tener lugar una transformación, tiene que haber algo de "escoria" por transformar. Y por eso tuvieron que venir aquí y asumir los cuerpos "imperfectos" que habitan, asumir los pensamientos y emociones "imperfectos" que todos ustedes asumieron de una u otra forma, para que entonces estos pudieran ser transformados.

Ya ves, tú eres a la vez un puente y un cortador de caminos — por tomar prestada una frase de *Viaje a las Estrellas*, estás yendo a donde ningún "hombre" ha ido antes. Y con esto, estamos hablando de la especie humana tal y como existe actualmente en tu planeta. Cada uno de ustedes vino de otro tiempo, de otro plano de existencia, para estar aquí ahora. Ustedes vinieron a encarnar estas imperfecciones para poder transformarlas en algo más y al hacerlo, crean una plantilla — un modelo en la consciencia al que otros puedan ajustarse, como un estándar contra el cual puedan medirse a sí mismos y al que se puedan alinear con el paso del tiempo.

Somos crisoles para la transformación

Les llevará generaciones a aquellos que no les acompañen a Terra en este momento para poder encarnar ahí, pero eventualmente lo harán. Terra es el "siguiente escalón" para aquellos que se dirigen hacia la polaridad positiva. Hay otro camino, otro "siguiente escalón" para los que se dirigen hacia la polaridad negativa y puedes ver algunos de aquellos que serán los puentes hacia ese destino en los asientos del poder hoy en día. Pero los verdaderos agentes del poder están tras bambalinas, tirando de los hilos y haciendo uso de las ambiciones de los que son más visibles, pero no nos vamos a concentrar en eso hoy. Queremos que aprecies quién eres TÚ, por qué estás aquí, por qué tiene que ser de esta manera y qué es lo que ahora tienes que hacer.

Presta atención a todos los lugares dentro de ti que necesitan curación. Estas son las materias primas para tu transformación. Cada uno de ustedes lleva alguna parte de los patrones de dolor que han caracterizado a la raza humana durante la mayor parte de su permanencia en este planeta. No todos llevan las mismas partes o aspectos porque todo el cuerpo del trabajo es un esfuerzo colectivo. Ninguna persona necesita hacerlo todo, pero colectivamente todo se hace.

Su trabajo ahora es transformar esas partes donde están heridos, sanarlas y completarlas. No necesitan correr a seminarios, comprar pócimas o gastar mucho dinero. La mayor parte vendrá de manera natural si escuchan dentro de ustedes mismos y tienen la voluntad de ser totalmente honestos acerca de sus propias "fallas". Reunirte con otras personas de mente afín también te ayudará, ya que compartes los objetivos comunes y el viaje común; hay un gran apoyo y consuelo en saber que no estás solo, que no eres "el único" que está experimentando lo que estás experimentando.

Podrá haber practicantes apropiados para asistirte, ayudas y herramientas apropiadas para ayudarte en esto, pero es muy importante calmarte lo suficiente para discernir lo que es apropiado y lo que no lo es. Tú y solo tú puedes determinar qué es lo correcto para ti.

Hay muchos "magos" que proclaman que ellos tienen "la respuesta." Ten cuidado con ellos y mantente alejado de ellos. Solo TÚ tienes tus propias respuestas. Con eso queremos decir que solo TÚ puedes SENTIR cuando algo es correcto para ti y cuando no lo es. Pero no puedes sentir nada de esto si estás lleno de parloteo o si estás siendo dirigido por tu miedo. Es por eso que hemos hecho hincapié en ir hacia adentro, meditando regularmente o haciendo lo que sea que te permita ese espacio para escuchar claramente lo que tu cuerpo te está diciendo.

SIENTE, siente, siente. Sentir es una cosa física, no una emoción. Cuando algo se sienta "raro/un poco fuera de lugar", confía en eso y no intentes convencerte de lo contrario, no importa cuán persuasivo pueda sonar alguien más. Ustedes son su propia autoridad y son seres soberanos. Tú existes únicamente para ser quien TÚ eres, quién y qué viniste a ser y no hay otra persona como tú o que pueda saber lo que es correcto para ti.

Cuando alguien intente convencerte de que su camino es EL camino, toma en vez de eso la "autopista" y ¡vete! Habrá más y más fuertes voces gritando en el estruendo, pero la única voz que necesitas escuchar es la voz tranquila dentro de ti. Haz lo que tengas que hacer, ve adónde tengas que ir, crea lo que tengas que crear, para que puedas escuchar claramente dentro del lugar tranquilo que hay dentro de ti. Haz de la escucha interior una práctica constante. Te ayudará a encontrar tu camino a través del tumulto que se avecina. Escucha y siente. Escucha y siente. Así es como trazarás tu curso — momento a momento, día a día.

Tendremos más que decir sobre todos estos temas, pero por ahora, te dejamos en paz, en honor y con bendiciones por tu disposición a hacer lo que estás haciendo. Amén, Adonoy Sabayoth. Somos las Huestes del Cielo.

Cuando alguien intente convencerte de que su camino es EL camino, toma en vez de eso la "autopista" y ¡vete!

PAQUETES DE ENERGÍA Y LA REALIDAD DE CONSENSO
30 de diciembre de 2004

Bien, ahora. Es hora de que comentemos acerca del camino que está directamente adelante. Antes que nada, hablemos de los paquetes de energía. Cuando un número suficiente de personas piensa que algo es verdad, forma una "realidad de consenso" que adquiere vida propia. Realmente es un paquete de energía que posee su propia identidad y autoconciencia, tal como tú lo haces.

Por ejemplo, sus mapas geográficos son una forma de realidad de consenso. Ustedes tienden a estar de acuerdo en que estas líneas imaginarias llamadas "límites" son cosas reales y ellas nacen en la realidad como una entidad, así como un bebé nace físicamente y asume un patrón de identidad que lo distingue de cualquier otro bebé que nace. Lo mismo sucede con las entidades que ustedes llaman ciudades, condados, estados, y países. Cada uno de estos tiene un carácter que lo personaliza y lo hace diferente del paquete de energía de cualquier otra entidad comparable.

Si alguna vez has viajado de una entidad a otra, quizás has notado que a medida que cruzas esta línea imaginaria, la calidad de la energía cambia. Puedes sentir que Los Ángeles se siente diferente a Nueva York, Chicago o Kansas City. Puedes sentir (si has viajado más ampliamente) que los Estados Unidos se siente diferente de Europa o Japón. Cada uno de estos es un paquete de energía que se crea a través de la "mente" de la realidad de consenso y es igualmente cierto con la entidad del "tiempo".

La mayoría de ustedes que están leyendo este Mensaje se relacionan con el calendario gregoriano, aunque como hemos señalado en el pasado, hay otros sistemas de calendario en operación. Cada uno de estos sistemas de calendario marca periodos de tiempo justo de la misma manera en que las ciudades, condados, estados y países están marcados y definidos por las construcciones imaginarias de la realidad de consenso. Ustedes les denominan segundos, minutos, horas, días, semanas, meses y años.

Uno de los principales determinantes de las mediciones de tiempo es el mecanismo por el cual un individuo intercambia unidades de un valor acordado con otro individuo en la práctica que ustedes se refieren como comercio. Este individuo puede ser una sola persona que interactúa con otra persona, como comprar una sandía en un puesto al borde de la carretera; o puede ser tan complejo como sistemas completos de comercio que conectan en red las transacciones de muchos individuos, tales como sus bolsas de valores y de productos básicos. Países enteros pueden intercambiar con otros países, también, a través de la autoridad dada por la realidad de consenso a las respectivas unidades de gobierno involucradas.

La mayoría de las personas dan todo esto tanto por sentado que ni siquiera se dan cuenta de que están operando en un. Está todo inventado y la única razón por la que funciona es porque todo el mundo está de acuerdo en que es "como es". Es solo una gran cantidad de paquetes de energía, manteniéndose por el acuerdo de tantas personas de que eso es lo que es real.

Pero también hay otra mente trabajando — la Mente del Creador — y AQUELLA mente es la única que es verdaderamente "real". También crea paquetes de energía y a medida que uno se alinea más y más con la Mente del Creador y comienza a trabajar más en armonía con ELLA en vez de con la realidad de consenso de las personas, entonces las cosas cambian de muchas maneras diferentes.

Cuanto más uno está alineado con la VERDADERA realidad de lo "real", más uno se aleja de ver y experimentar de la manera en que uno solía hacerlo y esto puede ser algo desorientador al principio. Sin embargo, a medida que el tiempo avanza y uno se aclimata más a lo que es "real" en contraposición a la ficción, entonces se comienza a ver con "otros ojos".

Se comienza a experimentar un cambio de identidad que puede ser bastante confuso si se busca reengancharse con la identidad que uno ha entendido la mayor parte de su vida. Pierdes interés en las cosas que se originan fuera de ti y empiezas a reconocer y a responder a esas cosas que se originan desde dentro de ti — los dones del Creador que llevas simplemente porque ERES el Creador-en-expresión, no porque te los hayas ganado.

Paquetes de energía y la realidad de consenso

Los miedos surgen porque esto es algo tan radical que hay que hacer. Va en contra de la realidad de consenso, pero es la realidad de consenso la que es "inventada" y no es real. Sin embargo, en su memoria celular y de especie, muchos de ustedes tienen profundas cicatrices por incurrir en la ira de la realidad de consenso cuando es desafiada y no desea cambiar. Estos paquetes de energía (tales como los de la realidad de consenso), siendo conscientes de sí mismos, pueden resistir el cambio tanto como cualquier ser encarnado puede hacerlo. Ustedes ven esto en sus instituciones, en sus gobiernos, en sus fuerzas armadas...; en cada aspecto del esfuerzo humano, estos paquetes de energía se esfuerzan por mantenerse a sí mismos, de la misma manera que su "ego" se esfuerza por mantenerles en su forma actual.

Ustedes son pioneros en el sentido de que han venido a forjar un camino hacia un mundo totalmente nuevo — no uno que sea una versión restaurada del actual, sino algo que no ha existido en absoluto, excepto en sus recuerdos del "futuro". El mundo que desean crear va totalmente en contra de la realidad de consenso presente y sería considerado un "peligro" para el sistema actual — un "enemigo del [presente] estado [de cosas]". ¿Cómo pueden RECORDAR algo que aún no ha sido experimentado? No pueden. ¡Ustedes recuerdan esto porque YA HAN experimentado este mundo! Han venido aquí, encarnado aquí y han traído esa memoria con ustedes y ahora están despertando de su amnesia.

Lo que esto "parece" es que ustedes se sienten más y más ajenos al mundo que perciben a su alrededor y su anhelo crece por volver a lo que ustedes YA saben que es "cómo debe de ser". Cada uno de ustedes que resuena con estos Mensajes desde lo más profundo de su ser esencial ya "ha pasado por ahí" (por usar su expresión), pero es el paquete de energía del "hogar".

Ustedes están en la Tierra presente como mensajeros (ángel significa "mensajero") y el mensaje que ustedes portan, codificado dentro de sus propias células, es el mensaje de las "buenas nuevas" de Terra — el mundo que está por venir. Por su presencia aquí, por portar este nuevo tono, este paquete de energía dentro de ustedes, ustedes son las semillas de ese nuevo mundo y llevan dentro todo el conocimiento de cómo vivir ese paquete de energía, pero no es algo que puedan dar a nadie más.

Ustedes no DARÁN este conocimiento a nadie que no lo tenga ya. Lo llevan dentro de ustedes y colectivamente suenan un tono — un patrón de frecuencia — que crea un nuevo patrón vibratorio. Ese patrón va totalmente en contra de las instituciones y los patrones invertidos por la realidad de consenso, así que si fuera posible, la realidad de consenso trataría de evitar que ese nuevo patrón existiera.

No es porque la realidad de consenso sea "malvada" o quiera controlarles. Es simplemente que quiere perpetuarse. Ese es el trabajo de ese paquete de energía — perpetuarse y mantenerse a sí mismo — y para hacerlo, debe defenderse contra todos los desafíos O cambiar, adaptarse e incorporar esos cambios en una nueva definición de sí mismo. Pero el cambio no es fácil cuando hay tanta energía invertida en lo que "siempre ha sido". Así como las personas se resistirán al cambio hasta que haya mucho más que ganar cambiando que continuando a resistir el cambio, la realidad de consenso se resistirá al cambio hasta que haya mucho más que ganar adaptándose a los nuevos modelos de pensamiento.

¿Por qué mencionamos esto en este momento? Porque ustedes se están acercando a uno de esos límites de los que les hablamos al principio de esta conversación. Dependiendo de donde vivan, en un tiempo muy corto, cruzarán uno de esos límites en los que ustedes están de acuerdo, llamado un "año". Esta vez, el año al que nos referimos es el utilizado en el calendario gregoriano — el que dice que el 2005 está a punto de comenzar. Nos referimos a ESTE calendario en particular porque es el que se utiliza para el comercio global y son los intereses del comercio global los que son más rigurosamente defendidos entre los posibles intereses y prioridades en competencia dentro de la realidad de consenso.

"El comercio es el rey" en la realidad de consenso y todos los otros valores y metas son secundarias a/y dependientes de este. El comercio es el motor que mantiene la realidad de consenso haciendo tic-tac, que mantiene a las personas dispuestas a aceptar muchas cosas para mantener y mejorar su posición material en un mundo material. Todo eso está a punto de cambiar y cambiar radicalmente.

El año al que ustedes se refieren como 2005 verá muchas agitaciones. El propósito de estas agitaciones no es humano, sino energético. El planeta ha alcanzado un punto donde está desechando activamente las "formas de pensamiento" o paquetes de energía del pasado, en particular aquellos paquetes de energía que la especie humana ha creado a través de su realidad de consenso a lo largo del tiempo. Estas agitaciones desafiarán a la realidad de consenso directamente y sobrevendrá mucho caos. Al principio, la respuesta será el tratar de aferrarse a lo que ERA — para preservarlo a toda costa. Pero ahora la presión por el cambio es implacable y todas las cosas que no se doblen y adapten se romperán, en cambio. En el próximo año, todo se someterá a las primeras "contracciones" asociadas con el nacimiento de este nuevo mundo.

Tengan en cuenta que todo lo que les decimos es solo relevante para la línea de tiempo que lleva hacia Terra. Todas las personas que pasan de SU mundo continúan en otras líneas de tiempo que no son perceptibles para ustedes, así que los muchos miles que acaban de "morir", no murieron en absoluto, sino que más bien continúan en otra de las líneas de tiempo. Así como ellos han desaparecido de SU mundo, así USTEDES han desaparecido del suyo. Todo está en orden divino y es parte de la separación de los otros caminos del destino.

Estas "contracciones" desafiarán el comercio del mundo de muchas maneras.

Estas "contracciones" desafiarán el comercio del mundo de muchas maneras. Habrá escasez de alimentos, desastres que superan la habilidad de las tesorerías para hacerles frente y una presión financiera como no se ha visto antes, ni siquiera en la "Gran Depresión". La realidad de consenso será desafiada en todos los frentes, pero debido a que todo está unido por el sistema global de comercio, todo lo que ocurra a partir de ahora será un desafío para ese comercio y ninguna parte del mismo se verá inafectada. Ningún país existe en aislamiento de todos los otros, por lo que todos los países se verán afectados, aunque los detalles serán muy individuales y cada persona tendrá una historia diferente que contar.

Aquellos de ustedes que están destinados para ir a Terra tienen un trabajo muy especial por hacer. Tienen que mantenerse de tal manera que continúen sonando y ampliando el patrón de frecuencia de Terra. Llevas a Terra dentro de ti. Ya LA CONOCES. Cuando alguien te describe a Terra, la reconoces como la niña de tu propio anhelo.

Tu sueño/visión de Terra es tu sueño/visión del "hogar" y tu trabajo es el cultivar la realidad del hogar dentro de ti por un tiempo, hasta que sea el tiempo de traerla contigo y crearla sobre el nuevo planeta en el cual la Tierra se convertirá. Te daremos "lecciones de Terra" que reconocerás como lo que es realmente "correcto" hacer, pero necesitas comprender que va en contra de todo en la realidad de consenso — tanto así que la realidad de consenso parece tenerlo todo "al revés". Las prioridades son todas erróneas y tú sientes eso y sabes eso, pero hasta ahora, no solo no tenías una explicación para eso, sino que tampoco sabías que hacer al respecto.

Los próximos pocos Mensajes tendrán que ver con ideas muy "radicales" — radicales en el sentido de que van en contra de la realidad de consenso. Ustedes deben seguir estas enseñanzas en privado, dentro de sus propias mentes, corazones y cuerpos. Deben continuar viviendo EN el mundo al mismo tiempo que están creando un nuevo mundo dentro de ustedes mismos, así que deben convertirse en expertos en "montar dos caballos" al mismo tiempo por un tiempo.

Deben continuar funcionando en su mundo para proveerse a sí mismos y al mismo tiempo sacar el tiempo para comenzar a crear su "jardín" dentro de ustedes mismos. Esto te resultará más fácil si puedes estar en contacto con otras personas de la misma inclinación, pero también puedes encontrar apoyo dentro de ti mismo si tienes el coraje de escuchar tu propia voz interna y apartarte paulatinamente de escuchar las voces de todos los que te dirán que hagas lo contrario.

Tengan en cuenta que habrá mucha resistencia por parte de aquellos que están a su alrededor. Se aferrarán a lo que saben mientras puedan e incluso discutirán con ustedes acerca de ello y les harán estar "equivocados" de lo que saben, en lugar de considerar lo que les estamos diciendo aquí. Todo cambio significativo ha sido resistido en el momento de su inicio y esta vez no es diferente. Es la unión colectiva entre ustedes, el sonido colectivo de la nota de Terra lo que abrirá el camino al hogar.

Esta no es una misión de rescate. Este es el trabajo de pioneros para un nuevo mundo y ustedes están en la Tierra para encarnar y llevar a cabo este trabajo. Tiene que hacerse sobre el terreno, dentro del aura/

ionósfera de la Tierra. No puede hacerse "desde arriba". Ustedes son la "tripulación de tierra" para abrir un camino a algún otro lugar, pero tiene que ser hecho desde donde ustedes "están", hacia donde ustedes "van", un lugar en el que ya han estado.

Tendremos más que decir sobre este tema a medida que avancemos, pero por ahora, les dejamos en paz, honor y bendición. Amén, Adonoy Sabayoth. Somos las Huestes del Cielo.

LECCIÓN TERRA #1: ACERCA DE COLES Y REYES
21 de enero de 2005

"Ha llegado la hora —dijo la Morsa—
para hablar de muchas cosas:
de zapatos y naves y cera para sellar;
de coles y reyes".
— "La Morsa y el Carpintero", por Lewis Carroll

Bien, ahora. Ha llegado el momento de hablar "de coles y reyes". En otras palabras, por usar tu expresión, de llegar al "meollo" de la "operación".

Si tú fueras a dar un paso atrás y ver los desarrollos recientes desde una perspectiva más amplia — desde la de un movimiento de ENERGÍAS en lugar de los detalles (los SÍNTOMAS de las energías), verías que todo esto es una indicación de un mayor movimiento hacia los polos del propio destino/destinación. En un sentido, todo fue preordenado antes de que la encarnación tuviera lugar, por lo que cada uno de estos actores está actuando según su papel "dado por Dios". Ya has visto esto en "El Juego de Dios", pero ahora es el momento de VIVIR realmente eso en tu vida.

Debes — por tu propio bien y por el bien de la "op" — desapegarte, dar un paso atrás y simplemente cantar tu nota. Di tu verdad cuando se te pregunte, pero no te apegues de ninguna manera a un resultado en particular en ninguna situación. Al interactuar con alguien que no tiene un enfoque claro o está confundido o está conflictuado, pregunta "¿Qué quieres para ti?", no "¿Cuál es tu alineación?".

Al ir en pos de lo que ellos desean — lo que quieren — estarán dirigiéndose hacia su destino dentro del todo más amplio. SU deseo es una expresión del deseo del Creador. Para poder experimentarlo todo, el Creador necesita todos estos diferentes actores para explorar todas las posibles elecciones.

Cada persona lleva dentro de sí la brújula que dirigirá su viaje y — porque están "con los ojos vendados" — la búsqueda puede parecer torpe a veces, pero aun esa torpeza sirve al cronometraje de eventos dentro del contexto del todo. Movimientos diminutos, elecciones pequeñas, se amplifican a través de la intersección con otros movimientos en la misma dirección general. En la medida en que surge un patrón claro, la alineación con otros se vuelve más coherente y por lo tanto más poderosa. Cada individuo es atraído NATURALMENTE a lo que es "suyo" — de la manera perfecta y en el momento perfecto de acuerdo con el todo — y la maravilla de ello es que experimentan esto como un descubrimiento, similar a meter su mano en su bolsillo por sus llaves y sacar una gran cantidad de dinero en su lugar.

Cada persona lleva dentro de sí todo lo que necesita para llegar a donde va y para todos los pasos a lo largo del camino. La "nueva canción" fue escrita antes de que el mundo fuese formado. Cada uno de ustedes estaba alineado entre sí en ese entonces; cada uno de ustedes está entrando en alineación entre sí ahora. Sara era simplemente la persona con el diapasón. Eso es todo. Ella no está hecha para GUIARLES. Ella simplemente suena la nota que ustedes están esperando oír y ustedes comienzan a tararear en respuesta porque también es inherentemente SU nota.

Ustedes deben entender que nadie puede cambiar lo que vino a ser, ni lo que vino a hacer, lo que vino a experimentar. Su vida YA está escrita y el "autor" es la Sobrealma, en servicio al diseño y deseo del Creador. Por lo tanto, TU trabajo es simplemente continuar sonando la nota. Si las personas no "oyen", simplemente suénenla de nuevo — y una y otra y otra vez.

Esa nota evocará una respuesta en todos los que entren en contacto con ella. Para aquellos cuyos diapasones internos estén ajustados a la misma nota, serán atraídos hacia la resonancia con esa nota y

324   OPERACIÓN TERRA: Un viaje a través del espacio y el tiempo

La "nueva canción" fue escrita antes de que el mundo fuese formado. Sara simplemente lleva el diapasón.

TU trabajo es simplemente continuar sonando la nota.

comenzarán a vibrar con ella también — tal vez tentativamente a veces, pero eventualmente con creciente confianza y seguridad de que también es SU nota.

Hacemos hincapié en que esto es simplemente como ES. Nadie puede cambiar su nota. Algunos oirán tu nota y serán atraídos a ella, pensando que PODRÍA ser la suya; sin embargo, aunque puede ser similar, su nota es lo suficientemente diferente que eventualmente — porque ellos NO entran en plena resonancia con ella — porque no vibra a través de ellos y despierta SU canción, su pasión por cantar, por abrirse a esa nota y dejar que reverbere a través de ellos sin resistencia a ella — ellos seguirán adelante de acuerdo a la fuerza de su búsqueda. Algunos serán "tibios" y nunca encontrarán su nota, precisamente porque esa es también una experiencia válida y el Plan de su vida es que NO "encuentren", sino que deben continuar buscando, a través de otras encarnaciones en otros entornos del espacio/tiempo.

Ahora llegamos al último punto: los polos opuestos. Cuanto más fuertemente se polariza una nota a UNA polaridad, más molesta o irrita a alguien de la polaridad opuesta. En otras palabras, cuanto más una nota es opuesta a otra, más fuertemente crean discordancia cuando entran en contacto entre sí. La respuesta, sin embargo, es diferente en su expresión.

Si uno es de una polaridad positiva, basada en la cooperación, la respuesta sería estar juntos de pie, cantar la nota común con alegría en el canto de la misma y simplemente enviar la nota — la canción — fuera hacia el universo — libremente dada, libremente cantada, sin resistencia o apego a su efecto. Para hacer eso es para lo que tú y "los tuyos" (tu especie) son creados y al hacerlo, tu nota — la nota de paz, alegría y amor — resonará y literalmente precipitará un MUNDO a la forma que anteriormente solo existió como un potencial en la Mente de Dios.

Sin embargo, la polaridad opuesta a la tuya — la polaridad negativa — se basa en el miedo y la competencia — en el "poder sobre", más que en el puro poder desde dentro y por lo tanto, su respuesta es predecible desde la perspectiva de ESA polaridad: DEBEN luchar contra ti, para hacer valer su poder sobre ti, para POSEER tu poder, o tratar de destruirte si no hay ninguna otra opción.

Cuanto más cantas tu nota, más suscitas "ataques" de los de la polaridad negativa. Ellos solo están siendo quienes ELLOS son; tú solo estás siendo quien TÚ eres. Todos están haciendo y siendo lo que se supone que deben ser y hacer a través del diseño divino. En el pasado esto ha engendrado guerras sangrientas y ha grabado la IDEA de la guerra como una forma de sobrellevar la situación, una forma de imponer la voluntad de uno a los demás, con el fin de suprimir su canción y eliminarla.

La idea de forzar "libertad" en otros a través de medios militares es un ejemplo de esto. Uno no puede imponer "libertad". Esa es una contradicción de términos. Uno solo puede crear y nutrir libertad a través de la cooperación en la búsqueda de circunstancias mutuamente deseables y PERMITIENDO que cada uno tome sus propias elecciones sin el apego a cómo elija. Cualquier imposición de una ideología sobre otra es tiranía, no liberación y no hay ninguna libertad en eso.

Esto es igual de cierto cuando las ideas parecen ser "buenas" como cuando parecen ser valores "malos" de codicia y sed de poder. Todos ellos se traducen en una expresión que dice: "MI camino es el camino correcto y cualquiera que no comparta mi pensamiento está equivocado".

No, ellos no están equivocados. Simplemente están resonando a una canción diferente, una nota diferente que tiene un desenlace distinto. Aquellos que piensan que son de la polaridad positiva y buscan imponer sus puntos de vista al resto del mundo — quienes ven a través de los lentes rosas de la negación y dicen cosas que DESEARIAN fueran verdaderas, pero para las cuales no hay una evidencia clara de que SEAN verdaderas — estos no son de NINGUNA polaridad. Ellos simplemente están en negación de lo que ES, "cómo ES" y por lo tanto de lo que debe ser.

Aquellos que ven a través de lentes color de rosa y dicen cosas que DESEARIAN fueran verdaderas, no son de NINGUNA polaridad.

"Desear no hace que ocurra". Pero "querer" es diferente del mero desear. El querer contiene en su interior una semilla del deseo, una porción del deseo del Creador de experimentar todas las cosas. Sus "quereres" son el combustible para su viaje. Ellos estimulan tu deseo y te impulsan al cumplimiento de tu deseo. Desear es una fantasía, un pensamiento del tipo "si tan solo…" que no conduce a ninguna parte. Pero el querer conduce a la acción y la acción conduce a resultados, los cuales conducen a más acción y así sucesivamente. El sonido de la propia nota es la chispa que enciende el fuego del deseo y el deseo es alimentado por el grado de pasión que la persona lleva en su interior para el cumplimiento de su deseo.

No todos llevan la misma cantidad de pasión. Según donde se encuentra uno en el continuo de la polaridad, cuanto más lejos uno se encuentre hacia los dos extremos de la polaridad positiva y negativa, mayor y más intensa será la pasión por expresar y manifestar las metas inherentes a estas polaridades: el logro cooperativo para una y el total "poder sobre otros" para la otra. En la medida en que uno se mueve LEJOS de estos extremos, menor es la cantidad de pasión por alcanzar una meta. Si el "calor del deseo" es mayor en los polos, se diría que el centro es "poco entusiasta" o tibio. Nada de fuego en absoluto.

Ustedes que son parte de Operación Terra son del polo positivo y cuanto más se unen colectivamente en el resonar de su visión de Terra, más fuerte resuena su nota colectiva a través de la matriz de la Mente de Dios, creando ondas estacionarias que literalmente CREAN Terra desde esa matriz en la cual todos los potenciales existen.

Estás manifestando Terra a través de QUIÉN eres, lo que llevas dentro de ti y tu voluntad de unirte a otros en el canto de la nueva canción. Esto es por lo que estás aquí. Esto es lo que has venido a hacer. "El bebé Terra" ha sido "concebido" y a medida que muchos vengan a unir sus voces con la tuya en el canto de esta canción, esta nota de Terra, el "techo de cristal" de 3D se hará añicos, la barrera se romperá y el camino energético se anclará en su lugar para aquellos que se están dirigiendo hacia Terra.

Para concluir, también les diremos que a medida que las cosas se "calientan" en el mundo, su trabajo es simplemente estar juntos de pie y continuar sonando la nota para Terra. Hemos colocado un escudo alrededor de ustedes, pero se mantiene por su compromiso y dedicación a esta tarea única: sonar la nota para Terra. Si hacen esto, no importa cuánto rechinido de dientes provoque en aquellos de la polaridad opuesta, ustedes están seguros y Terra está segura y nadie impedirá el nacimiento de este nuevo mundo. Está ordenado y así será.

Amén, Adonoy Sabayoth. Somos las Huestes del Cielo.

Su trabajo es simplemente estar juntos de pie y continuar sonando la nota para Terra.

LECCIÓN TERRA #2: CONSTRUYENDO PUENTES
5 de marzo de 2005

Bien, ahora. Hemos solicitado hablar con ustedes debido a que un umbral crítico ha sido alcanzado en la evolución de los acontecimientos que les hemos mencionado. Desde nuestra perspectiva no existe el tiempo lineal, pero sí percibimos la secuencia. Las cosas se relacionan tanto en una conexión lineal como lógica con respecto a la otra. Así que el evento A se relaciona con el evento B, y el evento C es interpuesto entre el evento B y el evento D. Las ramas lógicas de las que hemos hablado también existen en relación lineal entre sí. El resultado del punto de decisión número 1 afecta a lo que el punto de decisión 2 será.

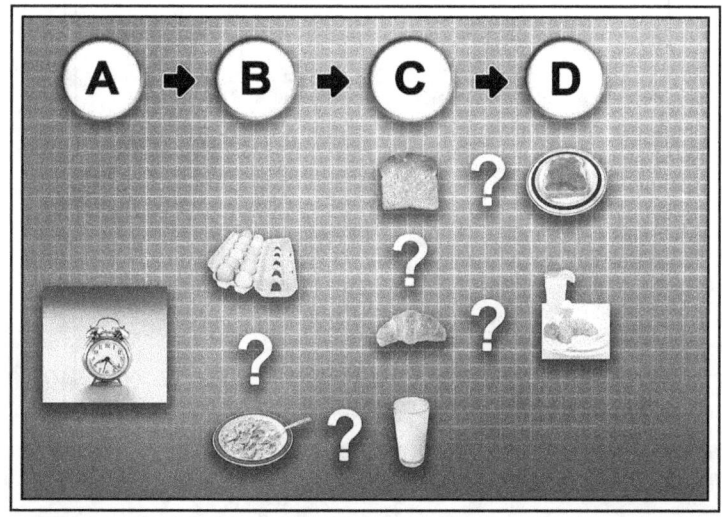

Un diagrama que demuestra la relación secuencial y lógica entre eventos vinculados por puntos de decisión

Si se elige un curso de acción en particular, entonces solo se accede a las ramas lógicas que proceden de ese resultado. Así pues, si decides desayunar huevos, no necesitas decidir qué sabor de mermelada le pondrás a tus huevos — ¡A menos que, por supuesto, te guste ponerle mermelada a tus huevos! Sin embargo, si decides comer PAN TOSTADO con tus huevos, entonces eso es el resultado de una rama lógica diferente (con pan tostado o sin pan tostado), que se deriva de tu decisión de comer huevos, que luego accede a las elecciones sobre la mermelada (con mermelada o sin mermelada). Cada evento y cada decisión están en relación lineal y lógica con los que le preceden y siguen.

Así que ahora, nos encontramos en un cierto punto del viaje, uno que surgió naturalmente de su relación con los eventos que han tenido lugar y como el puente hacia aquellos que los seguirán. También hemos hablado de las realidades paralelas que acomodan todas las posibles ramas lógicas (una en la que comes huevos y otras en las que haces otras elecciones posibles para tu menú del desayuno). Pero TAMBIÉN hemos hablado de un momento en que se alcanza un umbral que no se puede retrasar, una especie de barrera que existe para limitar la exploración de posibilidades adicionales. Podrías denominarlo el punto de terminación de esa Creación en particular.

Una especie de barrera que existe para limitar la exploración de posibilidades adicionales.

A través del mecanismo de las realidades paralelas, se establecen diferentes trayectorias a través de secuencias lineales de eventos que llevan a diferentes conclusiones. Nos hemos referido a estas como líneas de tiempo. También hemos hablado anteriormente de un fenómeno en el cual las personas que parecen morir en TU línea de tiempo están continuando muy bien en otra.

Cuando una "muerte" ocurre, la Sobrealma desconecta el cordón de plata de esa extensión de sí misma y ese cuerpo físico queda atrás. Es por eso que hubo tantos cuerpos dejados en el desastre que ocurrió en Asia casi a finales de diciembre.* Sus cordones de plata fueron desconectados y retraídos hacia sus Sobrealmas, pero OTROS cuerpos creados por esas MISMAS Sobrealmas continuaron siendo mantenidos en otros mundos paralelos.

Nada se perderá, pero algunos desaparecerán de cada línea de tiempo que se esté siguiendo, en los tiempos en los que te encuentras tú. Cuando esto se complete, las líneas de tiempo se habrán separado completamente unas de otras y las personas que ocupen diferentes líneas de tiempo también se separarán unas de las otras. Para cada persona los "otros" habrán desaparecido, pero se experimentarán a sí mismos continuando.

Hemos enfatizado que la mayor parte de lo que hemos presentado está destinado a una audiencia en particular: aquellos que llevan los códigos de luz en su ADN para responder al tono de estos Mensajes y cuyas Sobrealmas han hecho la elección para que ellos experimenten el viaje a Terra. Nos gustaría añadir que hay otra línea de tiempo que es un tanto similar a la tuya, pero cuyos ocupantes están destinados a encarnar como niños nacidos sobre Terra en un tiempo futuro.

Esas personas pueden sentirse atraídas a estos Mensajes como parte de su búsqueda, pero no se enfocan en ellos de la manera en que tú lo haces. Ellos sienten una cierta conmoción dentro de sí mismos, pero no es la clara activación que ocurre cuando los códigos de luz corresponden a los que nosotros presentamos a través del mecanismo de los Mensajes. Despierta un anhelo dentro de ellos que resurgirá en otras vidas que sus Sobrealmas crean en otras localizaciones de espacio/tiempo y eventualmente los llevará a Terra, pero no en ESTE momento en particular.

Nuestra voz les habla directamente a esos relativamente pocos que serán los pioneros asociados con Terra. Aquellos que son atraídos a otras enseñanzas no irán a Terra en este momento, pero podrán hacerlo en un momento posterior, después de que la Creación sea refrescada y haya comenzado de nuevo.

---

*El terremoto y el tsunami del 26 de diciembre de 2004, con una magnitud de 9,3 grados, cerca de Indonesia, que causaron la muerte de entre 230 000 y 280 000 personas en nueve países.

El tiempo es una cantidad vectorial, similar al ancho, alto y largo. El espacio tiene volumen que se describe por unidades de ancho, alto y largo, y el tiempo es una forma de identificar qué ocurrencia particular dentro del espacio está siendo referida. Por ejemplo, puedes identificar cierto lugar dentro de una ciudad, pero para identificar lo que existe en ese lugar, también debes especificar CUÁNDO es que estás haciendo la referencia. El autobús que pasó ayer por la mañana tenía pasajeros diferentes del que pasa por allí hoy en la tarde.

El autobús que pasó ayer por la mañana tenía pasajeros diferentes del que pasa por allí hoy en la tarde.

Puedes ver lo complicado que puede ser volverse específico acerca de ciertos tipos de cosas, pero nosotros tomamos el camino fácil: Accedemos todo a la vez — simultáneamente — y experimentamos todas las opciones posibles como estando presentes todo el tiempo. Debe sonarte como que sería muy difícil mantener un rastro de todo eso, pero es muy natural para nosotros y pronto será muy natural para ti, una vez que estés en plena conciencia de nuevo. Navegamos a través de este laberinto de potenciales según lo que se nos presenta. El que hace la presentación es el Creador Mismo y todo lo que hacemos es observar y responder apropiadamente a lo que el Creador está "diciendo" a través de lo que presenta.

Podemos sentir lo que es apropiado y TÚ podrás sentir lo que es apropiado. En la medida en que estés escuchando en tu interior, puedes sentir lo que es apropiado ahora. Una opción siempre se siente mejor que cualesquiera de las otras, más "correcta" que cualesquiera de las otras. Así es como es para nosotros también, pero no necesitamos reflexionarlo por mucho tiempo como tú podrías tener que hacer. A medida que aprendas a confiar en tu sentido intuitivo, se vuelve más fácil para ti ser espontáneo al responder a lo que sea que se te presente, pero en cambio, estarás haciendo eso TODO el tiempo como la forma natural de ser una vez que hayas alcanzado la conciencia plena.

Ahora, debido a que no experimentamos el tiempo lineal, hemos anunciado la llegada de ciertas cosas en el pasado porque se nos presentaron como inminentes. Esa fue nuestra experiencia de ellas. Aunque podemos observarte, oír tus pensamientos, ver lo que ves y entenderte en lo más profundo de tu ser, no COMPARTIMOS tu experiencia tal como tú la experimentas.

Los eventos y fenómenos que te comunicamos como si estaban comenzando, tales como "el tiempo de la cosecha" o incluso "el tiempo del cohete propulsor", se experimentaron como inminentes para nosotros y los comunicamos de esa manera, pero dentro del tiempo lineal, esos potenciales tardaron mucho más tiempo en aparecer en TU pantalla perceptual de lo que lo hicieron para nosotros desde nuestra perspectiva. Para nosotros todo se percibe inmediatamente una vez que emerge del Sin Forma e hicimos lo mejor que pudimos para traducirlo a tu marco de referencia, pero los eventos reales se atrasaron con respecto a la inmediatez que sentimos sobre ellos.

El tiempo de la cosecha está ahora en marcha, dentro del tiempo lineal. El tiempo del levantamiento de las dos primeras olas está (de nuevo, desde NUESTRA perspectiva) a punto de seguir. Esperamos que esto comience a ocurrir más tarde este año, pero no tenemos forma de estar seguros hasta que ello realmente ocurra. Nuestro marco de referencia no es conducido por nosotros, sino en respuesta a lo que emerge dentro del pensamiento del Creador. Se dice en tu Biblia que "ningún hombre sabe la hora ni el día; solo el Padre lo sabe". De eso es de lo que estamos hablando aquí.

TU experiencia se percibe desde dentro del tiempo lineal; la nuestra se percibe en un estado perpetuo del "ahora", desde el cual solo podemos estimar cosas en cuanto a cuándo emergerán a nivel físico. Las cosas YA existen como potenciales plenos dentro de "la Mente de Dios", pero como sin duda ya has experimentado, hay una cualidad de desarrollo que requiere un transcurrir a través del tiempo lineal para que la manifestación plena tenga lugar en el nivel observable del espacio/tiempo.

Por ejemplo, volvamos a los autobuses que pasan por una ubicación determinada en una ciudad determinada en un momento determinado. Si está "escrito" que dos personas se van a encontrar en uno de esos autobuses sentándose una al lado de la otra, todos los eventos que los llevan a subir al mismo autobús en la misma ubicación dentro del espacio/tiempo deben alinearse perfectamente para que esto ocurra. Aunque podemos observar los potenciales, no tenemos control sobre estos ni la capacidad de predecirlos excepto dentro de ciertas probabilidades. Sin embargo, al ser capaces de leer los guiones de sus Sobrealmas para ellos, SABEMOS que SE ENCONTRARÁN y que ciertas interacciones ocurrirán entre ellos, de acuerdo con ese guión, incluso si tenemos que esperar a ver cómo se desarrolla realmente dentro del tiempo lineal.

Así que aquí te hemos dado un "mapa del territorio" — el mapa del viaje a Terra que estás haciendo y has estado haciendo desde que emergiste de la Mente del Creador, como una expresión real del Creador. Te hemos dado algunas de las características del viaje y te hemos dado también algunos de los señalamientos de él, tal como tienes en tus carreteras. Ves un señalamiento de kilometraje que te indica cuán lejos estás entre dos puntos en esa carretera — desde su principio hasta donde estás cuando pasas ese señalamiento de kilometraje. Esos señalamientos de kilometraje están espaciados uniformemente con un kilómetro de diferencia. Pero también hay otros señalamientos que te indican cuán lejos estás de otros destinos que se encuentran delante de ti — tantos kilómetros hasta un pueblo o ciudad en particular, tantos kilómetros hasta el que yace más allá de él, tantos kilómetros hasta un lugar donde puedes desviarte por otra carretera por completo.

Hemos tratado de ser precisos al traducir el mapa, pero ha habido algunos errores de cálculo obvios que han llegado cuando hemos tratado de correlacionar información que nos parece inminente desde fuera del tiempo con ubicaciones específicas dentro del tiempo lineal. Ustedes han estado haciendo este viaje colectivamente por más de 4 500 millones de años, así que nuestro "margen de error" dentro de ese rango de tiempo es muy pequeño de hecho, pero para ustedes, podría haber causado que dudaran de nuestra precisión y por eso nos disculpamos.

Ahora, sin embargo, las señales están claras de que los tiempos de los que hemos hablado han de hecho llegado. El evento-horizonte para estos tiempos ya ha pasado y nada afectará lo que se desarrolle ahora. No quedan elecciones por hacer que afectarán el resultado en tu línea de tiempo. Tú puedes esencialmente dejar ir cualquier necesidad de arreglar cualquier cosa que aparte el poner tus energías en tus propias compleciones, sanación y preparación para tu transformación.

El despliegue (¿o deberíamos decir enrollar hacia ARRIBA?) para la primera y segunda ola es inminente para nosotros. Podría tener lugar a lo largo de hasta dos años dentro del tiempo lineal, pero podemos ver la disponibilidad de todos los factores involucrados y a nosotros eso indica que el tiempo está a la mano, ya sea que lleve unos pocos meses más o no.

Una ola verdadera tiene forma de ola en ella. Esto puede parecer obvio, pero para muchos no es algo en lo que realmente hayan pensado. Una ola tiene un borde delantero, el cual se expande en la plenitud que contiene el cuerpo principal de la ola, y un borde de salida. La forma sigue a la función en el mundo creado y así el borde delantero de esta ola contendrá a aquellos cuyas funciones son necesarias para apoyar las actividades de los que siguen. Habrá una especie de superposición entre el borde de salida de la primera ola y el borde delantero de la segunda ola.

Los eventos se pensaron originalmente para que tuvieran lugar durante un periodo de tiempo mucho mayor, por lo que las distinciones entre las olas eran mucho más claras y separadas entre sí antes. Sin embargo, debido a los tipos de retrasos que hemos mencionado, los eventos que originalmente se pensaron que se habían extendido a lo largo de décadas, ahora van a ocurrir muy cerca unos de otros. Muy poco se ha descartado de la lista original de eventos, aunque algunos fueron mitigados a través de la oración, los efectos colectivos del trabajo personal que se ha logrado y otros cambios que surgieron a través de los esfuerzos colectivos.

Sin embargo, ahora estás EN el "canal de parto" y acercándote rápidamente a la fase "anillo-no-pasar"** de las cosas. En otras palabras,

---

NOTA: Un "anillo-no-pasar" es un tipo de barrera o filtro que mantiene ciertas energías contenidas dentro de ciertos límites. Para pasar este "anillo", la energía tiene que estar operando en un nivel MÁS ARRIBA de aquel que está filtrándose. En este caso, la implicación es que energías cualesquiera que no hayan "calificado" e ido más allá de la consciencia de separación permanecerán contenidas en el nivel 3D. Para ir más allá del filtro o barrera, la propia consciencia debe ser "elevada" por encima del nivel de frecuencia 3D.

En la línea de tiempo que conduce a Terra, todo lo que no se eleve más allá del nivel 3D parecerá perecer, pero puede continuar en otra línea de tiempo dentro de 3D y proceder a otras encarnaciones. Algunos de los que hacen esto eventualmente se encarnarán en Terra al nacer allí, pero no durante este ciclo o vida en particular.

ese umbral inamovible del que hablamos hace tanto tiempo todavía está allí, todavía inamovible y los eventos que tienen que ocurrir se están acumulando contra ese umbral o barrera inamovible como una sola gran ola de enorme poder y fuerza. Esa ola está generando fuerza ahora, así que podemos decir con confianza que las olas de nuestras tropas de tierra se levantarán pronto porque serán necesarias pronto. Los tiempos venideros serán muy intensos — mucho más intensos de lo que habrían sido si hubieran estado más dispersos — pero también serán mucho más cortos en duración. Aquí es donde tus "lecciones de entrega" son muy valiosas para ti, al tratar con la aceleración que está ocurriendo ahora.

El tiempo del cohete propulsor ha venido y se ha ido — dos veces. La primera tuvo poco valor de choque porque hubo tanta publicidad para su lento progreso con el tiempo que en el momento en que ocurrió, el elemento "sorpresa" casi había desaparecido. Ocurrió y puso en movimiento tantas de las cosas que están desarrollándose ahora. Fue realmente el comienzo de todo lo que se está acumulando hacia la conclusión, pero las verdaderas conmociones todavía están por delante. Aunque la magnitud del impacto fue mucho mayor la segunda vez, el mundo todavía gira más o menos como lo había hecho antes. El comercio todavía tararea, las comunicaciones todavía zumban y a pesar de un malestar creciente que la mayoría de las personas sienten, pero que no pueden identificar, el aferramiento al "aquí no pasa nada" todavía está ahí, a pesar de que se requiere más esfuerzo para aferrarse a esa realidad que antes.

El clima sigue siendo la noticia más importante, eso y el impacto de los precios del petróleo. Las pérdidas de cosechas, los incendios, las inundaciones y los crecientes peajes de muerte están todos vinculados a esos dos factores. Pero hay un tiempo que viene de mayor colapso global — las condiciones que traerán a aquellos de la tercera ola hacia su disposición para su levantamiento y por lo tanto es el tiempo de preparar activamente a aquellos que los recogerán al final.

Tu línea de tiempo es la más corta de los doce futuros que emergerán de esta realidad compartida. Esa es en parte la razón por la cual las fechas dadas que están asociadas con otras líneas de tiempo no encajan con tu experiencia. Todavía están accediendo unos a otros, pero los grupos están formándose y moviéndose fuertemente hacia sus polos de destino. Las líneas de tiempo se están separando y te estás moviendo hacia la parte final de tu preparación para la tarea que está por delante.

Tu más grande servicio al mundo en este momento es responder a lo que se te presenta en tu vida, tal como nosotros lo hacemos. Hay un sentimiento a retirarse en algunos de ustedes. Respeten eso. Hay un sentimiento en otros de ustedes de moverse hacia el mundo e involucrarse más en él. Respeten eso. Cada uno de ustedes está siendo guiado desde dentro de ustedes mismos para estar en el lugar correcto en el momento correcto.

Cada uno de estos pasos te lleva más lejos en el camino que es solo suyo por recorrer. Ustedes no son muchos y tu tarea y tu vida son únicas para ti. Hay muchos de nosotros en las naves ahora, esperando para recibirles cuando desembarquen de su levantamiento, cuando venga por ustedes. Los de la primera y segunda olas estarán escondidos en las naves por un tiempo y completarán su transformación allí, así que cuando llegue el tiempo de recoger a los de la tercera ola (quienes se cuentan en millones), ustedes estarán listos y equipados para la tarea.

Esperamos que esto te haya sido útil para salvar la diferencia entre la manera en que percibimos las cosas y la manera en que tú lo haces en la actualidad. Cuando hayas completado tu transformación, nuestra manera será tu manera, pero por ahora todavía tenemos algunos puentes que hacer.

Te dejamos ahora en paz, honor y bendición. Amén, Adonoy Sabayoth. Somos las Huestes del Cielo.

Cuando hayas completado tu transformación, nuestra manera será tu manera, pero por ahora todavía tenemos algunos puentes que hacer.

EL TIEMPO DE PENAS
10 de abril de 2005

Queridos nuestros:

Esta última semana, muchos millones de personas en todo el mundo lamentaron la partida de un único hombre (el Papa Juan Pablo II), un hombre que de alguna manera les había conmovido por medio de su vida. El tañido de las campanas para marcar su paso también marcó una etapa en el paso del planeta de una banda de frecuencia a otra. Es acerca de esta banda de frecuencia en particular que queremos hablar hoy.

Cada forma de pensamiento, idea o concepto tiene su propio patrón de frecuencia. Estos patrones de frecuencia constituyen capas de diferente "pesadez" o "ligereza". Las frecuencias más pesadas para nosotros se sienten "pesadas" u "oscuras", y las frecuencias más ligeras para nosotros se sienten "más ligeras" o "luminosas". A medida que la Tierra está subiendo lentamente a través de las bandas de frecuencia, cada patrón de frecuencia que ha sido atravesado ya no puede sostener ese patrón y es expulsado hacia la manifestación. Y así, en este particular periodo de tiempo dentro del paso a través de estas bandas de frecuencia, el "tiempo de penas" ha llegado.

Esto es un síntoma de los patrones contenidos en la banda que acaba de ser atravesada. Se manifestará como muchos funerales, muchas pérdidas y mucha pena para muchas de las personas en el mundo. La causa de estas penas serán las pérdidas de muchos tipos — pérdida de seres queridos, tanto animales como personales, pérdida de empleos; pérdida de viviendas; pérdida de propiedades; pérdida de salud; pérdida de bienestar de todo tipo de maneras. Hemos venido hoy a ti en el papel de consolador, para ayudarte a aceptar las penas que se estarán manifestando en el mundo.

Deseamos recordarte que estas pérdidas son una desaparición de todo lo que no está en acuerdo con las frecuencias de paz, alegría y

En este particular periodo de tiempo dentro del paso a través de estas bandas de frecuencia, el "tiempo de penas" ha llegado.

amor que constituyen el fundamento de Terra. Son una desaparición de todo lo que ha impedido a las personas ser verdaderamente libres de expresarse en toda su plenitud. Son una desaparición de todo lo que ha CAUSADO la pena y la falta de paz, alegría y amor en este planeta. Será un tiempo para llorar las propias pérdidas, pero también será una sanación de la raíz para aquellos que sufren cada día de las pérdidas de libertad personal que han descendido a través de generaciones de ignorancia, control y penuria.

Así que mientras que este tiempo está sobre ti ahora, queremos decirte cómo estar con esta experiencia, para que puedas recibirla como la sanación que es. También queremos expresar nuestro apoyo para ti y tu transición, y explicarte cómo será todo después de que te hayas retirado del planeta por un tiempo, para que puedas entender cómo encajan las piezas del rompecabezas. Esperamos que, al tener un marco a través del cual poder ver, sea más fácil de soportar.

Somos conscientes de que ustedes son individuos muy cariñosos y que tienen una tendencia a identificarse con la pérdida y el sufrimiento, tanto es así que lo experimentan como si fuera el suyo propio. En particular, te sientes así acerca de aquellos que son menos capaces de protegerse a sí mismos — niños inocentes, ancianos, aquellos que están lisiados por las enfermedades, animales, plantas y aquellos que son acosados por los aspectos más duros de la vida. Te pedimos que te desapegues de todos estos dramas individuales, que en vez de eso crees una carpa de tu amor sobre ellos, como un tazón o contenedor en el cual estas cosas puedan desarrollarse hasta su fin, y la sanación que resultará de haber pasado por esas experiencias.

Muchas pérdidas vienen ahora.

Muchas pérdidas vienen ahora. Te pedimos que te mantengas donde estás, con todo el amor que puedas reunir para todo el proceso, independientemente de los detalles de cada calamidad. Porque las calamidades serán tan numerosas, que pueden y van a abrumar a muchos.

Te pedimos que entiendas el verdadero propósito que se cumple con las calamidades, para verlas como una sanación para el planeta y una liberación de las condiciones que han ocurrido a lo largo de los milenios. Te pedimos que permanezcas donde estás y continúes sonando tu nota. Te pedimos que hagas esto hasta que venga el momento en el cual el portal llegue y cuando te muevas a través del portal, no vuelvas la vista hacia las calamidades que estás dejando atrás. Te estás moviendo a un lugar donde dejarás ir cualquier pena que lleves, para prepararte para ofrecer consuelo en un tiempo posterior, cuando será de alguna utilidad.

Verás, en este momento, la limpieza de las penas acaba de comenzar y muchos están destinados a partir a través del portal de la "muerte". Tu tiempo para ser útil no es hasta que este tiempo de penas haya llegado a su fin y extenderás una mano amiga a aquellos que hayan sido transformados al pasar por ellas.

Recuerda que un propósito más elevado está siendo servido a través de todo esto y por lo tanto, no hay nada que arreglar ni nada que detener. Todo debe ocurrir. Siempre se puede orar para que el proceso sea lo más suave posible, de acuerdo con el bien más elevado, pero es importante desprenderse de resultados específicos y — lo más importante — de ver cualquiera de esto como un juicio o un castigo. No es ninguno de esos, porque cada uno está solo siendo lo que vino a ser, de acuerdo con el deseo del Creador de experimentar todo.

Nadie está siendo castigado. Nadie está siendo juzgado. Esas ideas son una creación del hombre, no del Creador. Como hemos dicho, para el Creador todas Sus creaciones son buenas, ya que sirven al deseo del Creador de experimentar todas las posibilidades a través de Sus creaciones. Todo lo que existe está en existencia únicamente para servir al deseo del Creador de experimentarlo todo.

Al hablar de los "tiempos finales" o "los últimos días", muchas personas juzgan a otros porque son diferentes o creen de manera diferente, pero el Creador no juzga. Muchas personas dicen que ELLOS "son el camino, la verdad y la luz", y que si alguien no sigue SUS preceptos, sufrirá un castigo eterno.

No hay castigo eterno. No hay cielo, no hay infierno. Hay solo el Creador, expresándose a través de Sus creaciones. Todas las cosas provienen del Creador. Todo lo que tú consideras "malo" en el mundo proviene del Creador. Todo lo que tú consideras "bueno" en el mundo proviene del Creador. El Creador es TODO lo que Es.

No prestes atención a la retórica de aquellos que están atrapados en la división, el odio, el miedo y la rabia. Muchos perderán el control y actuarán desde esos lugares de división, odio, miedo y rabia. La respuesta será dramática y la única respuesta que será efectiva es instituir más y más control.

Los sistemas de prestación de asistencia sanitaria, especialmente aquellos que tratan desórdenes mentales, se verán desbordados y se tendrá que recurrir a un sistema de triaje. Aquellos que no puedan ser ayudados no serán ayudados. Aquellos que sobrevivirán sin ayuda no recibirán ayuda y tendrán que depender de sí mismos y de sus propios recursos. Solo aquellos que puedan ser ayudados dentro de los recursos disponibles serán ayudados dentro de los recursos disponibles. Y esos recursos están a punto de ser sobrecargados más allá de su capacidad de respuesta.

Un tiempo de tiranía seguirá a este tiempo de penas. Será la respuesta a las pérdidas y la necesidad de instaurar orden y control, que será otra pérdida más — una pérdida de las libertades personales. Todos los sistemas se tensarán al máximo posible y muchas cosas serán sacrificadas que las personas han llegado a dar por sentado.

Muchas cosas estarán escasas y para controlar los niveles de miedo que resultarían en disturbios e histeria masiva, se pondrán más controles hasta que en todas partes donde mires alrededor del planeta, se verán cascos y armas. Estas medidas se llevarán a cabo en un contexto de creciente descontento y una especie de desencadenamiento de una bestia salvaje.

Las naciones también son entidades y cuando una entidad está con dolor, suelta golpes contra lo que percibe como la causa de su dolor. Identifica la causa de su dolor como su enemigo y se mueve para destruir a su enemigo con el fin de detener su dolor, pero la realidad de la guerra es que no detiene el dolor — lo aumenta. Y así una espiral se pondrá en movimiento pronto y esa espiral se construirá sobre sí misma hasta que todo parezca estar fuera de control. Entonces aquellos que prosperan por el poder instituirán los controles que preserven su posición y la espiral continuará construyéndose hasta que todo parecerá estar dirigiéndose hacia los días más oscuros que se hayan visto en el planeta.

La gran cantidad de personas en realidad contribuyen a esta espiral. Considera que hace 1 000 años, había muchas menos personas en el planeta y sus tecnologías y medios de transporte las limitaban en el tipo de destrucción que podían causar en un área dada. La Peste Bubónica mató a muchos más de lo que las fuerzas enclenques de las personas pudieron, pero ahora hay superpotencias con superarmas, capaces de destruir al planeta entero por sí solas. Hay otras naciones con recursos más limitados, pero con suficientes personas que están siendo impulsadas a odiar a otros, las alianzas se fusionarán y los recursos unidos arrojarán todo lo posible contra sus enemigos. Será como si todo el planeta se hubiera vuelto loco, pero es una locura que ya está allí, supurando sin ser vista y solo esperando que las circunstancias correctas hiervan adelante.

Te decimos esto ahora, para prepararte para este tiempo de penas, para que sepas como responder. Tu tiempo de retiro también ayuda a que este proceso de sanación siga adelante. Hasta ahora, ustedes han estado actuando como pararrayos humanos para anclar la Luz superior en el planeta. Ustedes han hecho esto y la Luz está haciendo su trabajo de lavar cada átomo de sus contaminantes.

El "lodo" resultante tiene que ir a alguna parte y se manifestará en esta imagen del sufrimiento humano, pero por favor comprendan, es solo el PURGADO del sufrimiento que ha existido y ha continuado durante milenios. Muchos de ustedes tienen recuerdos de este sufrimiento porque ustedes mismos lo experimentaron. En esta vida presente, ustedes lo recibieron como un legado de sus ancianos, quienes lo recibieron como un legado de SUS ancianos y así sucesivamente, de regreso a través de los tenues tramos de tiempo.

Esto es solo el PURGADO del sufrimiento que ha existido y ha continuado durante milenios.

Sus Sobrealmas han creado muchas vidas y han desarrollado muchos temas, pero ahora todo está llegando a su fin. Esto, podrían decir, es el "gran juego final" — el juego que se desarrollará y entonces llegará el final.

Este tiempo que ha llegado ahora debe ocurrir para que el final sea feliz — al final. Esta es una última mirada alrededor de las cosas que el Creador deseaba experimentar y entonces pasarás a otra cosa. Tú tienes tu parte que desempeñar y serás la liberación del sufrimiento que será tan bien recibida al otro extremo de este tiempo, pero mientras tanto, enfócate en tu propia sanación, enfócate en tu propia transformación, enfócate en lo que PUEDES hacer para apoyar tu propia transición, ya que es solo cuando te transformes por completo que podrás proveer un alivio significativo y apoyo para los demás. Este periodo de penas está sobre el mundo ahora y durará hasta que termine y sea tiempo de despejar el escenario por completo.

Por favor comprendan que todo esto ha sido anticipado, ha sido preparado, y estamos haciendo nuestra parte para ayudar a todos ustedes, y a través de ustedes, a millones de otros cuando llegue el momento de hacer eso. Pero cada cosa progresa en fases y etapas, y aquí es donde ustedes están en el proceso general en este momento.

Te dejamos ahora, en paz, honor y bendición. Amén, Adonoy Sabayoth. Somos las Huestes del Cielo.

UN CAMBIO DE PLANES
6 de mayo de 2005

Bien, ahora. Hemos pedido hablar contigo porque ha habido un cambio de planes. Como hemos indicado, al Creador le encantan las sorpresas y ahora también nos sorprenden algunos eventos recientes que nos han presentado para que respondamos a ellos.

Parece que los de la polaridad SPS (servicio para sí) de densidad superior han concluido que las cosas no van como quieren en la superficie del planeta, principalmente porque se han impacientado para que los "fuegos artificiales" comiencen. Esto se traduce en una aceleración de la velocidad a la que se desarrollarán los eventos, principalmente en el ámbito de las guerras y el sufrimiento humano. Estos seres de densidad superior se alimentan de las emociones del miedo y de su descendencia: ira, rabia, celos y odio — cuanto más intenso, mejor, desde su perspectiva. Ellos saben, como nosotros, que el tiempo se está acortando y desean maximizar SU cosecha tanto como nosotros deseamos maximizar la nuestra.

Así que una orden ha sido emitida y está siendo comunicada de varias maneras a sus servidores en 3D cuyo patrón vibratorio empareja con los de las entidades de polaridad negativa de densidad superior. Esta orden está viniendo de los niveles de 6ª y 5ª densidad, transmitida a sus operativos de 4ª densidad y sembrada en la consciencia de los humanos en la tierra que les sirven a ellos y a sus agendas.

Los humanos experimentan esta urgencia como una impaciencia e impulsividad dentro de sí mismos, pero son en gran medida inconscientes de que no comienza dentro de ellos. Cuál será el resultado no es del todo conocido en este momento en el desarrollo del drama, pero hay suficiente potencial para una escalada hacia un estado de guerra global que hemos decidido adelantar algunos de NUESTROS planes también.

En consecuencia, hemos solicitado ayuda desde dentro de NUESTRAS filas y aquellos que están programados para ser levantados en la primera y segunda ola se trabajarán con más directamente que en el pasado. Es necesario aumentar la velocidad a la que son elevados a través de las diversas bandas de frecuencia y a cada uno de ustedes se les ha asignado al menos un "ayudante" para atenderles a medida que experimentan esta aceleración.

Puede que sientan algunos síntomas de la aceleración y queríamos hacérselos saber para que no se alarmen. Habrá sensaciones como de un "estado de emergencia", que son el resultado de la respuesta de su cuerpo al aumento de la velocidad, tal como se sentiría si estuvieran en algún tipo de vehículo — un avión, un automóvil o un tren — que repentinamente comenzara a moverse más rápido de como se sentían cómodos en él. La aceleración lleva en sí una sensación de mayor y mayor velocidad, y sus cuerpos responden con sensaciones de "nerviosismo", "mariposas en el estómago", náusea ligera pero pasajera y una extraña mezcla de ansiedad, anticipación y excitación.

Este será más bien un "viaje salvaje" que lo que habíamos planeado originalmente y nuestro consejo es que recuerdes respirar cuando sientas estos sentimientos surgiendo dentro de ti. También será más fácil permanecer cómodo dentro de la aceleración si te sumerges EN la experiencia, de la misma manera en que te acomodarías en tu asiento contorneado en una nave espacial. A medida que sientas el estímulo de esta aceleración, mantén tu atención en calmarte a ti mismo al profundizar tu respiración, cerrar los ojos y elegir una y otra vez confiar en el movimiento y en aquellos que lo están creando.

Toda la intención y propósito de esta respuesta es avanzar tu entrada en una banda de frecuencia superior para que podamos esconderte con seguridad en las naves antes de que las guerras se desaten por completo en tierra. Esto también requerirá que energías cualesquiera que residan dentro de ti que no sean compatibles con estas frecuencias más elevadas sean purgadas de tu sistema, así que eso se traduce en un despeje más rápido de esas energías. Tus asistentes de nuestras filas trabajarán contigo para aliviar los síntomas de esos despejes, pero también puedes hacer que las cosas sean más fáciles para ti al elegir montarte en esta ola de cambio con calma y sin resistencia.

Es la resistencia la que impide que la energía se mueva y es una tendencia innata resistir cuando el movimiento parece estar empujando, en lugar de llevándote. Si puedes elegir relajarte EN el movimiento y confiar en él, puedes experimentar esto más fácilmente, con la menor cantidad de incomodidad posible. Sobre todo, si te encuentras experimentando miedo, respira profundamente y haz las cosas que te calman.

Crea refugio dentro de ti mismo y en tu entorno inmediato. Desconéctate del drama que ocurre a tu alrededor. Si estás constantemente escuchando las transmisiones de noticias, solo aumentarás tus niveles de adrenalina y será mucho más fácil deslizarte hacia el miedo y la ansiedad acerca de lo que está ocurriendo. Te aconsejamos que atraigas tu atención hacia maneras de calmarte, más que hacia maneras de estimularte. Ralentiza las cosas para ti mismo tanto como puedas y será una transición más suave. Haz menos y hazlo con atención plena y será más fácil para ti deslizarte a través de estos cambios suavemente.

No vamos a hacer estimaciones sobre el periodo de tiempo para tu levantamiento en las naves en este momento. Estaremos mantenimiento el ritmo y monitoreando a cada uno de ustedes individualmente, y tenemos capacidad de reserva para manejar esta aceleración, tanto mientras se está llevando a cabo como después. Una vez que estén en las naves, el resto de su procesamiento se llevará a cabo y nos estamos preparando para recibirles en un mayor número que antes.

Teníamos la intención de levantarles gradualmente durante el próximo año y medio, pero ahora debemos sacarles de la superficie del planeta mucho más pronto. Esperamos que las guerras ocurran más adelante este año y que les siga un colapso financiero, así que queremos asegurarnos de que ustedes estén a salvo y provistos para entonces. Estamos trabajando con un sistema de probabilidades y las cosas están sujetas a cambio por si llega nueva información. Haremos todo lo posible para mantenerles informados de todos los modos — a través de estos Mensajes y también a través de la inspiración directa, así que mantén tu radio interna sintonizada en nuestra banda de frecuencia tanto como puedas y presta atención a esos mensajes sutiles que parecen surgir dentro de ti.

Mientras tanto, sabe que eres amado, que eres precioso para nosotros y que estamos contigo en todo momento y de todas las maneras. Nunca estás solo y esperamos con tanto interés tenerte entre nosotros de nuevo.

Amén, Adonoy Sabayoth. Somos las Huestes del Cielo.

ESCUCHEN ADENTRO
7 de junio de 2006

Bien, ahora. Hemos pedido poder hablar con ustedes para inaugurar el movimiento a la fase final en 3D de Operación Terra. Hoy solo hablaremos de generalidades acerca de lo que está por venir, pero es nuestra intención guiarles a través de la fase final con más detalle a medida que las cosas proceden a lo largo del planeta.

Para empezar, muchos cambios han ocurrido durante el tiempo en el que hemos estado silenciosos, requiriendo ajustes en nuestros planes más allá del último "cambio de planes" que anunciamos; sin embargo, ahora estamos tan cerca del final de todo esto que habrá detalles específicos que podrían ser alterados, pero el movimiento total debe completarse sin más demora.

Ustedes están en el umbral de un profundo cambio para todo el planeta, pero muy especialmente para su población humana. Las cosas están conduciendo a un punto crítico que debería ser claramente visible para aquellos que tienen "ojos para ver". Les recordamos que su seguridad está adentro y les animamos a fortalecer su habilidad para calmarse y escuchar su sabiduría interna, a pesar de lo que pueda estar ocurriendo a su alrededor.

Habrá muchos que presentarán sus soluciones para el "problema", pero permanezcan tranquilos e ignoren el predecible caos que seguirá. Los líderes del mundo han tratado de mantener el orden establecido durante un tiempo muy largo y no quieren que la gente entre en pánico hasta que sea inevitable. Les instamos a que no entren en pánico en ningún momento, ya que el pensamiento claro y la acción razonada son lo que se requiere en tiempos caóticos como los que están justo adelante. Harán su viaje más fácil si pueden recordar esto y también servirán de modelo para aquellos a su alrededor que de otra manera podrían ceder ante su miedo.

Aquellos de ustedes que han estado leyendo estos Mensajes y aplicando sus principios en sus vidas serán de gran ayuda para aquellos que recién están comenzando a darse cuenta de que las cosas no están exactamente bien en el mundo y que están empeorando día a día. El movimiento hacia el caos está bien encaminado, pero se mantiene oculto durante el mayor tiempo posible por parte de los que están en el poder y que pueden beneficiarse de hacerlo así.

En uno de nuestros primeros Mensajes, hablamos acerca del último agarre de recursos que se estaría llevando a cabo. Ustedes han visto algo de eso en algunas de las acciones tomadas por el gobierno de los EE.UU., pero otros gobiernos están haciendo lo mismo hasta donde su capacidad se los permite. Aquellos que tienen la información necesaria para intuir la magnitud de lo que está a punto de transpirar han estado tomando acciones durante bastante tiempo que les darán más poder cuando las cosas empiecen a desintegrarse.

Aquellos que pueden intuir lo que está a punto de transpirar han estado tomando acciones que les darán más poder cuando las cosas se desintegren.

Todo es algo así como un juego, pero en este caso, no todos los jugadores son iguales. Muchos no tienen nada en absoluto con que jugar, así que será más bien un concurso entre "los que tienen", ya que "los que no tienen" no tienen los recursos para hacer nada más que sobrevivir lo mejor que pueden. No será agradable de ver cuando la conciencia comience a venir para muchas personas sobre lo graves que están las cosas en realidad.

No decimos estas cosas para alarmarte. Solo deseamos prepararte para lo que viene y dirigirte en las formas que estarán de acuerdo con el propósito y plan de tu vida. Cada persona que está encarnada actualmente está aquí debido a una decisión hecha por su Sobrealma. Cada uno tiene un papel que desempeñar en el drama mayor que se está desarrollando. Algunos tienen más visibilidad que otros, pero cada uno es igualmente importante en el contexto del todo.

Cada uno de ustedes que está leyendo este "Mensaje" es un "actor" en este drama — no porque tengas grandes recursos materiales, sino porque tienes grandes recursos espirituales dentro de ti. Crees que tu mundo material es lo que es "real" porque puedes verificar su presencia con tus sentidos físicos, pero lo que es verdaderamente real es invisible e inaccesible por los sentidos físicos. Es la presencia del Creador la única cosa que es real y tú eres un aspecto individualizado del Creador-en-expresión.

Estamos incrustados dentro de la matriz del Creador tanto como tú. Todos nosotros procedemos de la Mente del Creador y a medida que haces tu viaje hacia una mayor atención y conciencia de lo que es real, también estarás más consciente de la Mente del Creador a medida que te genera, habla a través de ti, piensa a través de ti y se mueve a través de ti. Todos los despejados por los que has estado pasando tienen un objetivo: hacerte lo más claro posible para que la Mente del Creador pueda trabajar a través de ti con la menor distorsión posible.

Mientras te identifiques con tu cuerpo como quién y qué eres, estarás viviendo desde un sentido ilusorio de la realidad. A medida que seas capaz de renunciar a tus preferencias personales y te vuelvas más desapegado y neutral, serás capaz de alinearte más perfectamente con la Mente del Creador.

El Creador es desapasionado hacia Sus creaciones. Esto está en conflicto directo con la creencia de un "Dios" personal, uno que pone a algunas de Sus creaciones por encima de otras. Para el Creador, todas Sus creaciones son iguales y sirven por igual para cumplir el deseo del Creador de experimentar todas las posibilidades.

A aquellos que sienten que su camino es el único camino hacia Dios, les diríamos que están operando bajo una ilusión. El Creador está presente en todas Sus creaciones, así que no hay nada que esté fuera del Creador y no hay nada que esté separado del Creador. Estas guerras ideológicas que llevan a la gente a matarse entre sí no se basan en ningún tipo de verdad aparte de lo que la gente cree que es cierto. Eso no lo convierte en cierto, a pesar del poder de la mente individual. Solo la Mente del Creador puede realmente crear cualquier cosa.

Entonces, ¿de dónde vienen todas estas ideas erróneas? Surgen de las interacciones de individuos con su entorno, que incluye a otros individuos con los que interactúan. Pero, ¿de dónde proceden estas interacciones? De la Sobrealma que crea cada proyección que piensa que es un individuo separado. Así que todo vuelve a las Sobrealmas como la fuente de las interacciones y lo que podría ser tomado como ideas erróneas. Sin embargo, si uno examina el fruto de tales cosas, todo vuelve al deseo del Creador de experimentar todas las cosas, sin preferencia de una cosa sobre otra.

Así que lo que tú como individuo podrías preferir no es correcto para todos. Es únicamente correcto para ti. Por lo tanto, a medida que veas que las cosas se desarrollan de maneras caóticas, lo que necesitas discernir es lo que es correcto para TI. No será exactamente lo mismo para cualquier otra persona. Será desafiante no dejarse atrapar por las ideas de otras personas acerca de lo que debería ocurrir o cómo deberían hacerse las cosas, pero mantente soberano y escucha tu sabiduría interna. Esto es algo que debe aplicarse constantemente.

Hay poco tiempo ya para aprender "lecciones", ya que hay poco tiempo para rehacer las cosas de nuevo. La mejor manera de atravesar estos tiempos es escuchar dentro de ti e ignorar cualquier cosa que no esté de acuerdo con tu propia sabiduría interna. Habrá mucho que ignorar.

Presta atención a como las cosas se SIENTEN dentro de ti. Sé selectivo con lo que comes, a lo que te expones como forma de entretenimiento y en cómo pasas el tiempo. Sé selectivo en adónde vas cuando tengas la opción de elegir y haz elecciones que mejoren tu sentimiento de paz interna y tranquilidad.

Si no sabes cómo aquietar el parloteo en tu mente, busca maneras de hacerlo. Medita regularmente si eso te ayuda a hacerlo. Toma baños calientes. Escucha música relajante. Pasa tiempo con la naturaleza si es posible.

Deshazte del desorden de todas las maneras que puedas. Si aún no lo has hecho, revisa tus posesiones y deshazte de todo lo que no estés usando activamente. Pásalas a otros si ya no te sirven. Los detalles serán diferentes para cada uno de ustedes, pero el objetivo es el mismo. Haz

Presta atención a las pequeñas pistas que aparecen en tu vida.

lo que sea necesario para permanecer en calma en un tiempo de caos. Esto es de vital importancia.

Presta atención a las pequeñas pistas que aparecen en tu vida. No dudes en romper con tus patrones habituales si se siente correcto hacerlo. Nadie más puede vivir tu vida por ti, así que no dejes que las opiniones de nadie más dicten cómo vives y las elecciones que haces. Tu sabiduría interna será tu propia mejor amiga.

Siempre estamos contigo y a menudo hacemos cosas para conseguir tu atención y hacerte consciente de nuestra presencia. Todos somos parte del mismo equipo, con la misma meta — esta es, preparar el camino para el nuevo mundo de Terra. Para este fin, todos ustedes han estado haciendo su parte en limpiar energías que impedirían el progreso del planeta hacia arriba y también han estado elevándose en frecuencia ustedes mismos.

Mira hacia atrás, a la última vez que hablamos contigo. Fue hace poco más de un año, cerca de 13 meses para ser más exactos. ¿Ha cambiado algo en tu vida? ¿Percibes las cosas de manera diferente? ¿Cómo te sientes contigo mismo ahora en comparación con entonces? Los cambios no solo están ocurriendo en el mundo fenomenal de la realidad material. Hay cambios aun mayores que se están produciendo adentro. Están afectando a todo el mundo y a todas las cosas del planeta — a los animales, a las plantas y al propio aire que respiras. Nada es inafectado por estos cambios y los cambios continuarán acelerándose de aquí en adelante.

¿Dudas que estés cambiando? Cuando te miras en el espejo no hay mucho que sea diferente, pero dentro es una historia diferente. Las ideas que antes te excitaban de alguna manera han perdido su sabor. Todo parece prácticamente lo mismo, pero tu relación con ello ha cambiado mucho.

Muchas personas en el planeta (si no es que la mayoría) no han cambiado mucho en este último año, pero aquellos de ustedes que son parte de Operación Terra han estado pasando por una transformación acelerada — una que ha requerido mucho de ustedes a veces. Bueno, no hará sino ir más rápido de aquí en adelante, así que la mejor manera de estar cómodo en este viaje es mantenerte entregado en todo momento. Siempre que te vuelvas consciente de la resistencia o de la evasión a cualquier cosa, renuncia a esa resistencia y ábrete para recibir lo que debe ser recibido en esa situación.

Para alinearte con lo que es real, debes renunciar a tus ideas previas de "cómo es", ideas que aprendiste de otros que aprendieron de aún otros, todos los cuales estaban en consciencia velada y por lo tanto no estaban calificados para enseñar esas ideas a nadie más como verdad. Conviértete en buscador de la Verdad. Hay únicamente el Creador en expresión. Esa es la única verdad. Eso es lo que es real.

Considera esa idea. Cuando sientas que una carga emocional sube dentro de ti, no te resistas a ella, pero tampoco la alimentes. Deja que fluya a través de ti sin actuar desde ella. Permítete sentir todas las emociones, pero reconócelas como las cosas pasajeras que son. Es únicamente en el espacio tranquilo dentro de ti, cuando no estás siendo afectado por tus emociones pasajeras, que puedes conocer y recibir la Verdad. Hay mucho ruido en el mundo y ello evita que las personas realmente escuchen lo que está ocurriendo dentro de sí mismas. Puedes elegir lo que escuchas. Escucha adentro.

Tendremos más que decirte, pero esto es todo lo que te diremos ahora. Te dejamos en paz, honor y bendición. Amén, Adonoy Sabayoth. Somos las Huestes del Cielo.

DESPLAZÁNDOSE HACIA LA UNIDAD CON TODO LO QUE ES
3 de julio de 2006

Si no estás seguro de a dónde ir y qué hacer, ¿cuál es la mejor estrategia a seguir? Escucha adentro. Espera a la claridad. Rehúsate a actuar hasta que estés seguro de que eso es lo que se supone que debes hacer. La certeza no es fácil cuando hay tantas voces en tu cabeza clamando por atención a su punto de vista particular. ¿Qué haces al respecto? Espera a la claridad. Espera hasta que el clamor amaine y solamente quede una única voz tranquila. Espera a la claridad. No actúes sin la claridad de que es el MOMENTO para actuar también. Todo tiene su cronometraje perfecto en el esquema más amplio de las cosas.

Entonces, ahora, ¿por qué enfatizamos repetidamente estos principios básicos? Porque son tu brújula a través de las aguas inexploradas que se encuentran justo delante. Si estás emprendiendo un viaje sin un mapa y solamente tienes la sensación de que debes cruzar un océano para llegar a una costa que no es visible para ti, tendrás que mantener tu atención fija en ese horizonte lejano hasta que lo alcances. Debes fijar tu rumbo y luego seguirlo. Tus sistemas de orientación deben estar "fijos" en tu destino.

Tú llevas esta información dentro de ti. Está codificado en las mismas células y el ADN del cuerpo con el que caminas por ahí. Tu viaje ESTÁ ya trazado, pero debido a la necesidad de hacer este viaje en un estado de consciencia velada, tienes que "fingir" que no sabes a dónde vas. Todo es parte de la ilusión de quién y qué eres, y dónde estás.

El "tú real" es no-local. Con eso queremos decir que no está limitado a una ubicación de espacio/tiempo en particular. Si tú has tenido una extensiva experiencia fuera-del-cuerpo o una experiencia cercana-a-la-muerte, podrías haberte dado cuenta de que una vez que estabas libre de tu cuerpo, podías ver en todas direcciones al mismo tiempo.

Sin embargo, eso todavía proporcionaba la experiencia de percibir a través de una ubicación particular y fija. Como expresión del Creador, tú existes en todas partes a la vez. Tú existes en todo lo que percibes y así como el Creador se experimenta a Sí Mismo a través de Sus creaciones, también tú te experimentas a ti mismo a través de todas las creaciones con las que te intersecas desde tu punto individualizado de conciencia.

Esto no cambiará cuando estés en plena conciencia de nuevo, pero lo que sí CAMBIARÁ será cómo percibes todo lo que observas y con lo que interactúas. Te EXPERIMENTARÁS a ti mismo como siendo parte de todo lo que existe. Tú directamente "sabrás" el significado de la frase "Yo soy eso".

¿Estás familiarizado con ese término? Ha aparecido en muchos de tus lenguajes. En el lenguaje hebreo es "Ayeh Esher Ayeh" ("Yo soy el que soy", escrito de manera fonética). En el lenguaje maya es "In Lakesh" ("Yo soy otro tú mismo", escrito de manera fonética). Este es un entendimiento muy antiguo. En las tradiciones que enfatizan algo que tú llamas auto-realización o iluminación, el logro de esos estados te lleva a la experiencia directa. "Tú" estás en todas partes y en todo lo que percibes. El significado de estos términos se reduce a ese simple hecho. Tú estás íntimamente entretejido con todo lo que existe, y todo lo que existe tiene su contraparte en ti.

Tú" estás en todas partes y en todo lo que percibes.

¿Por qué enfatizamos este punto? Porque para salir de la consciencia de separación, tienes que darte cuenta de esto por ti mismo — no solamente como un concepto intelectual, sino como una característica inherente de tu experiencia de vida. De hecho, esto es absolutamente cierto, pero hasta que tus velos se adelgacen hasta el punto en el cual puedas realmente SENTIR la reciprocidad de la danza de la ilusión en la que estás atascado, nunca serás capaz de moverte más allá del patrón de enemigo hacia la unidad con Todo Lo Que Es.

Tu vida te está acercando a esta realización cada día. Tu vida te está brindando oportunidades para ver y saber que todo y todos con los que entres en contacto te reflejan algo de ti mismo, para que puedas llegar a verte en TODAS PARTES y EN TODO. Te llegarás a dar cuenta que dondequiera que mires, ahí estás.

Uno de los términos que tienes para el Creador es "Todo Lo Que Es". El Creador permea todas Sus Creaciones. Es la matriz, el fundamento, la base de todo lo que existe. Como un aspecto individualizado del Creador, TÚ también existes en Todo Lo Que Es. TÚ también eres parte de la matriz, el fundamento, la base de todo lo que existe. Pero esto no significa que "tú" ERES "el Creador". Permítenos darte un ejemplo a partir de tu experiencia con la comida.

El Creador es la gelatina o el caldo penetrando entre todas las piezas de los ingredientes.

Digamos que vas a hacer una sopa, un guiso o una ensalada de gelatina. Cualquiera de estos platillos contiene ingredientes individuales. En la ensalada de gelatina, por ejemplo, puede haber verduras cortadas en rodajas, trozos pequeños de fruta, frutos secos o cualquier número de ingredientes. Lo que interconecta todas estas piezas individuales es la gelatina que forma el todo. Del mismo modo, en una sopa o guiso, todas las piezas individuales están nadando en el caldo. El Creador es la gelatina o el caldo penetrando entre todas las piezas de los ingredientes.

Sin embargo, el Creador TAMBIÉN está presente en las piezas mismas, a diferencia de la gelatina o el caldo. Esto es muy difícil de comprender con el intelecto únicamente, pero si pudieras — aunque sea por un momento — conseguir que tu intelecto dé un paso atrás para que puedas usar tu intuición para experimentar directamente la realidad DETRÁS de la realidad aparente en la cual te mueves y tienes tu enfoque, podrías simplemente alcanzar un sentido intuitivo de que lo que está REALMENTE ocurriendo no es perceptible con tus sentidos físicos.

¿Por qué es tan importante mencionar esto en este momento? Porque muy pronto, las cosas se van a poner muy intensas en muchos aspectos de tu civilización planetaria y, a menos que de alguna manera puedas lograr permanecer en un estado de unidad con todo lo que se desenvuelve, la experiencia de separación de la Fuente será grandemente magnificada y te sentirás muy amenazado y en mucho riesgo.

Esto a su vez causará que te contraigas de miedo y cuando tienes miedo, no puedes estar en un estado de aceptación o amor. Tus energías se congelarán en vez de fluir y serás incapaz de responder apropiadamente a la enorme cantidad de cambio que esté ocurriendo. Te quedarás "atascado" y en lugar de moverte con gracia a través de estos cambios, podrías quedar atrapado en el lodo y literalmente ahogarte.

Ahora, cada uno de ustedes lleva dentro de sí los códigos que constituyen su personalidad tal como esta fue diseñada por su Sobrealma. Tú tienes "genes de diseñador" (perdona nuestro juego de palabras) y estás diseñado para tomar las elecciones apropiadas para sobrevivir a través de los tiempos que se avecinan. No obstante, por razones que comprenderás mejor una vez que HAYAS alcanzado la plena conciencia de nuevo, es necesario que aprendas de nuevo a estar en unidad con todo lo que te rodea y es necesario que tengas mucha práctica en desconectarte y desprenderte del drama. Todos ustedes han hecho este viaje antes, hace mucho, cuando se encarnaron por primera vez en un cuerpo de carne. Antes de eso, ustedes eran consciencias inmensamente expandidas, sin cuerpos y mucho menos limitadas.

Ya has ascendido "arriba de la escala" a través de varias densidades de experiencia, y desde las densidades superiores respondiste a un llamado para participar en el drama presente. Luego descendiste de nuevo, aceptaste la amnesia parcial que acompaño tu "caída" abajo a través de los niveles hasta arribar en un cuerpo en la Tierra 3D y ahora estás encontrando el camino de vuelta adonde estabas antes. Al final de todo este proceso, aquellos de ustedes que son nuestra familia del alma se encontrarán de vuelta con la experiencia de ser de nuevo conciencias inmensamente expandidas. Algunos de ustedes, en realidad, sustentan creaciones enteras. Pero antes de que esto ocurra, tienes un cierto trabajo que realizar y es volver a alcanzar ese estado de unidad con todas las cosas y desde esa plataforma de conciencia superior, llevar a cabo tus tareas para la evacuación y la colonización de Terra.

Tu consciencia ya ha estado moviéndose en esa dirección durante bastante tiempo. Muchos de ustedes se han vuelto aun más sensitivos de lo que han sido la mayor parte de su vida debido a los despejados de su memoria celular y eso puede presentar bastante desafío cuando tratan de operar y sobrevivir dentro de un campo de conciencia tan denso como el que existe en la Tierra 3D en este momento. Sin embargo, tú fuiste creado con todos los recursos internos no solo para sobrevivir en esta densidad, sino para prosperar finalmente en ella. Puede ser que tengas que revisar tus definiciones de lo que constituye "prosperidad", ya que tantas imágenes de la "buena vida" parecen incluir muchas posesiones materiales y grandes propiedades en las que alojarlas.

Desde NUESTRA perspectiva, una vida es "buena" a partir de ¡cómo te SIENTES al vivirla! ¿Alguna vez has oído hablar de una persona que parecía tener todo lo que es posible y que se suicidó o que fue hospitalizada por depresión? Las COSAS no pueden hacerte feliz. Tu satisfacción interna es lo que te hace feliz. Puedes regocijarte en tu habilidad de SENTIR emociones, DEGUSTAR sabores, OLER aire fresco o la fragancia de una flor o VER la ternura entre un padre y su hijo. Puedes sentir satisfacción de tu vitalidad. Si has hecho lo que te hemos aconsejado y has simplificado tu vida, puede que te asombres al descubrir que tan simples son tus necesidades en realidad. También puede asombrarte cuantas de las cosas que te animan a comprar no son realmente necesarias para una "buena vida", una que te agrade.

Cuando estés de vuelta en consciencia plena y puedas manifestar directamente todo lo que desees, no tendrás armarios llenos de ropa ni gabinetes llenos de vajillas, películas, equipo o herramientas. Estarás totalmente libre de todas esas cosas y totalmente libre de la necesidad de una casa para contenerlas y organizarlas. ¿Puedes siquiera imaginar ese tipo de libertad sobre las COSAS? Inténtalo. Trata de vivir de ese modo ahora. Trata de encontrar placer en lo que está frente a ti, ya sea un sonido, una vista, una sensación o un sabor. Saborea tu vida. Vive plenamente AHORA. Comienza a moverte en la dirección de poder tener todo lo que quieras o desees, justo donde estés y justo donde te encuentres en todos y cada uno de los momentos de tu vida.

Tendremos mucho más que decir acerca de estos temas a medida que las cosas se desenvuelvan, pero sentimos que era hora de al menos introducir estos conceptos y reforzar los que ya te hemos dado. Hablaremos contigo de nuevo. Mientras tanto, te enviamos nuestro amor y te abrigamos con nuestra paz. Cada día nos acerca más a estar juntos de nuevo.

Amén, Adonoy Sabayoth. Somos las Huestes del Cielo.

Desde NUESTRA perspectiva, una vida es "buena" a partir de ¡cómo te SIENTES al vivirla!

ACERCA DEL "PROCESO DE DESPEJE"
20 de julio de 2006

Bien, ahora. ¡Las cosas definitivamente se están calentando en tu planeta!, ¿no es así? Nos gustaría darte algunos recordatorios sutiles y luego pasar a algunos temas que pueden ser nuevos para ti.

Ante todo, recuerda desapegarte del drama que se está desarrollando a todo tu alrededor. Asegúrate de recordar que todo esto fue planeado desde el momento de la Creación y que fue una parte del Plan para el fin de la presente Creación cuando se formó, así que no tiene sentido molestarse acerca de lo que tiene que suceder.

Respiraciones profundas que enfaticen la exhalación son útiles en la disipación de tensión que podría surgir dentro de ti. Respira profunda y frecuentemente, tantas veces como sea necesario para quedarte tranquilo. Esta va a ser una transición algo dura porque las cosas se retrasaron tanto como fue posible y ahora hay una reserva de energías no liberadas que deben ser liberadas a lo largo de un periodo más corto de tiempo.

Dicho esto, queremos recordarte que no estás solo. No solamente hay muchos de ustedes que están dispersos a través de la superficie del planeta, hay muchos más de nosotros agrupados alrededor de cada uno de ustedes — vigilándolos, cuidándolos y trabajando con ustedes en todo momento, pero especialmente mientras duermen. Si tienes problemas que necesitan ser despejados, ha llegado el momento de completar ese proceso, pues el tiempo es corto antes de que necesites estar terminado con esa parte de tu movimiento hacia 4D y más allá. Este puede ser un periodo muy intenso para ti, pero queremos asegurarte que es solo una fase, no un estado permanente y que pasará, ya que todo lo que no es eterno también pasa.

Bueno... ¿Qué tal un nuevo tema para entretener sus mentes? ¿Qué es lo que más te gustaría saber? Por supuesto, están las preguntas perennes de "cuándo", "cómo" y "dónde" y declinamos responderlas simplemente porque es parte de tu proceso descubrir esto por ti mismo y no vamos a infringir en tu proceso de esa manera.

Una cantidad de ustedes han estado preguntándose acerca de los síntomas de los despejes y algunas de las sensaciones y emociones que han estado surgiendo en ustedes durante este tiempo. No podemos hacer otra cosa excepto hablar de generalidades, ya que el proceso es tan individual que cada uno de ustedes tendrá una experiencia un poco diferente. Sin embargo, podemos hablar de algunos de los fenómenos más amplios que probablemente serán comunes para todos ustedes en algún momento de su proceso.

Primeramente, dondequiera que tengas bloqueos energéticos en tu cuerpo, esos lugares van a ser totalmente despejados de todas las restricciones para el libre flujo de energía. Esto requerirá que los bloqueos sean despejados y liberados, así que cualquier cosa que esté causando el bloqueo también tendrá que ser despejada y liberada. La mayoría de los bloqueos están contenidos en el cuerpo emocional, así que mucho del despeje involucrará despejar las emociones.

La mayoría de los bloqueos están contenidos en el cuerpo emocional, así que mucho del despeje involucrará despejar las emociones.

Algunos de los bloqueos también están contenidos en el cuerpo sutil al que a veces te refieres como el cuerpo etérico o astral. Estos son el resultado del residuo sobrante de otras vidas vividas y llevadas como vestigios de esas experiencias en la Sobrealma, la cual recogió y recibió esas experiencias a través del alma individual conectada a cada vida individual. Esos "recuerdos" de otras vidas vividas también están siendo despejados, así que puede que estés teniendo sueños en los que recuerdes estas otras vidas y también puede ser que estés brevemente reuniéndote o conectándote con individuos que fueron participantes en esas otras vidas y con los que interactuaste en ese momento.

Este asunto de otras vidas se vuelve un poco confuso. Cuando decimos "tú", podríamos referirnos al punto de consciencia que está leyendo este Mensaje o podríamos referirnos a "ti" en el sentido más generalizado — una Sobrealma que es una expresión individualizada del Creador, el "proyector" de la proyección con la que te identificas actualmente como quien tú eres. Hemos dicho antes que no existe "la reencarnación", solo "la encarnación". Con esto queremos decir que el cuerpo en particular que ocupas y la personalidad que actualmente tienes solo se crean una vez.

La Sobrealma normalmente crea varios cuerpos o proyecciones simultáneamente. La palabra "encarnación" significa estar en un cuerpo "carnal" (en la carne). Así que una encarnación es realmente una proyección de una porción de la Sobrealma en un cuerpo carnal o un cuerpo en la carne (físico). Cualquier encarnación/cuerpo en particular solo se crea una vez para un nexo de espacio/tiempo particular (intersección). Nunca se crea en ningún otro momento, sino que comparte una Sobrealma en común con otras encarnaciones creadas/proyectadas por esa misma Sobrealma.

Ninguno de ustedes es realmente su cuerpo y no es su cuerpo lo que es importante. El cuerpo es solo el vehículo para recoger experiencias de interacciones con todo lo demás en su entorno. Lo que es importante es la consciencia de la experiencia — la "carga emocional" que la experiencia lleva y que es comunicada a la Sobrealma como parte de los recuerdos que almacena — y la esencia de la experiencia en sí.

La razón por la cual la experiencia es creada en primer lugar es para satisfacer el deseo del Creador de experimentarse a Sí Mismo a través de Sus creaciones. Todas las experiencias tienen esto en común, no importa lo que puedan ser los detalles individuales de la experiencia. El grado de carga emocional está asociado a cuanto de esa experiencia es recordada, tanto a los niveles físico y celular como al nivel de la Sobrealma. Cuanto mayor es la carga emocional, mayor es el impacto en los sistemas de almacenamiento y mayor es la atención que la experiencia atrae sobre sí misma.

Considera que la Creación actual tiene aproximadamente 4 500 millones de años de antigüedad. Esto significa que cada Sobrealma ha estado recogiendo experiencias de sus proyecciones creadas por 4 500 millones de años también. Los recuerdos que tienen el mayor impacto son los que tienen la mayor carga emocional, así que es lógico concluir que esos son los que saldrán a la superficie y llamarán tu atención durante este tiempo de DEScargando (eliminando la carga) toda la carga emocional que ha sido recogida a lo largo de los 4 500 millones de años.

Esta es una de las razones por las que estás presenciando una acumulación de carga emocional en el tiempo presente. Estos dramas que se están representando ahora son en realidad síntomas del purgado de la memoria celular colectiva, tanto a nivel individual como global. El planeta mismo ha servido como depósito de la carga colectiva almacenada a lo largo del tiempo de su existencia y ahora ella se está purgando también.

Las emociones más extremas dominarán la escena a medida que la descarga ocurra.

Así que, ¿en qué se traduce esto en términos de su experiencia individual y colectiva? Ya que las emociones de miedo, odio, rabia, dolor, hambre y enojo han sido mucho más prevalecientes y llevaban más carga que las emociones más gentiles de paz, amor, alegría y contento, estas emociones más extremas dominarán la escena a medida que la descarga ocurra. Sin embargo, para aquellos de ustedes que no estén en resistencia para dejar que las cosas avancen a través y fuera de ustedes, como consecuencia de estas descargas, habrá una creciente sensación de paz interna y calma entre las olas del despeje. La resistencia solo bloquea el flujo, así que donde hay resistencia, el calor y la presión se acumularán hasta que la liberación necesaria sea alcanzada.

Todo será limpiado del planeta y cada cosa que está *sobre* ella también será limpiada de una manera u otra. Para la mayoría de las formas de vida en una línea de tiempo dada, esto resultará en muerte física. Sin embargo, a través del mecanismo de múltiples líneas de tiempo, muchos que parezcan morir en una línea de tiempo persistirán y estarán vivos en otra línea de tiempo. No obstante, debido al masivo número de personas presentes en el planeta y al número muy reducido de personas en las futuras Tierras que residen en las diferentes líneas de tiempo, muchos puntos de consciencia permanecerán "entre vidas" por un muy largo tiempo, hasta que una oportunidad de encarnación se presente para que su Sobrealma manifieste una nueva proyección.

Todo esto es absolutamente "normal" en el ciclo normal de vida de una Creación. Si miras hacia atrás a lo largo de la historia del planeta Tierra, es solamente en tiempos recientes que los niveles de población se volvieron tan masivos. La mayor parte de la historia de la Tierra ni siquiera contenía personas y en las fases más tempranas de la población humana, el número de personas era muy pequeño y muy localizado, en comparación con hoy en día. Hay demasiadas personas en el planeta que están viviendo de maneras insostenibles y ese es uno de los desequilibrios que se corregirán en los tiempos que se avecinan.

Este es el tiempo que ha sido referido como "la Gran Purificación" en algunas de tus culturas. Sí, todo será purificado y devuelto a su esencia. Sin embargo, también debes recordar que no todo está del mismo "lado" en que tú estás. Aquellos a quienes has identificado como tus enemigos o "malvados" estarán regresando a más de su esencia también, así que habrá una intensificación de la polaridad. Aquellos que son de polaridad mixta y no se polaricen suficientemente para calificar energéticamente para las polaridades puramente SPS o SPO, serán creados como proyecciones en otras versiones de planetas 3D y continuarán explorando experiencias que eventualmente les lleven a la polarización suficiente para graduarse a 4D o niveles superiores de existencia.

Así que lo que presenciarás es una intensificación en la identificación con "el propio", la reunión en grupos que comparten el mismo destino y una intensificación de la polaridad en ambos lados de la tabla de polaridad. Recuerda también que todo el mundo y cada cosa es una expresión del Creador, así que al final, tendrás que llegar a abrazar eso como tu verdad.

ES la verdad. Nadie y ninguna cosa existe separada del Creador, ya que todo es *una expresión del* Creador y deriva *de* Él. Si desprecias a alguien o a alguna cosa, estás despreciando al Creador y no estás en integridad o aceptación de lo que ES. Para volver a alcanzar tu estado anterior de maestría, tendrás que liberar todas las preferencias personales y todas las actitudes que mantienen la separación. Uno no puede experimentar un estado permanente de unidad con Todo Lo Que Es y también mantener la separación — separación del Creador y de todas Sus expresiones a través de Sus creaciones.

Este es un proceso y progresión natural, procediendo adelante desde dentro. Puede parecer que las cosas están siendo forzadas sobre otros desde fuera de sí mismos, pero de hecho, cada persona es un actor, creado para una parte y un papel particular en el drama mayor y ellos están simplemente desempeñando su parte como estaba "guionizada" para ellos por su Sobrealma dentro del contexto de la totalidad.

La única diferencia entre cómo es ahora y cómo será para ti cuando estés de vuelta en consciencia plena será cuán CONSCIENTE seas de como todas las partes encajan dentro de la totalidad mayor. La única cosa que cambiará a un nivel fundamental es tu grado de conciencia consciente de los funcionamientos del todo. En plena conciencia todo "cobra sentido" y no hay nada que sea natural de resistir. Ahora mismo, todas tus respuestas aprendidas, de todas las "lecciones" de los últimos 4 500 millones de años, nublan tu conciencia para que no puedas "ver" claramente, pero esa es una de las cosas que está siendo cambiada a través del proceso de despeje que está ocurriendo ahora.

No juzgues las acciones o elecciones de otras personas. Ellos están desempeñando su papel y parte en el drama mayor tanto como tú. Si estuvieras totalmente despierto y consciente de todo y de cómo encaja con todas las demás partes, esto sería fácil para ti. Sin embargo, hasta que ESTÉS en consciencia plena, una de las maneras en que te defines es a través de tus diferencias con los demás y una de las maneras en que enfatizas esas diferencias es o bien juzgando a los demás o bien juzgándote a ti mismo como "menos que" o "inferior que".

Ninguna parte es menos importante que cualquier otra parte. Toda cosa y todos son igualmente importantes para la totalidad. Así que a medida que varias acciones se desarrollen en la superficie planetaria, permanece centrado dentro de ti mismo, escucha dentro de ti en cada momento que se presente en tu vida y elige únicamente para ti mismo. La pregunta que debes hacerte es: "¿Qué me está pidiendo este momento?" Nota que el énfasis está en lo que a TÍ se te está pidiendo que hagas, no en lo que el momento está pidiendo de cualquier otra persona.

El único "trabajo" que tienes ahora mismo es apoyar tu propio proceso y asumir plena responsabilidad de tus elecciones y respuestas para lo que se te presente en tu vida. Ahora mismo, el máximo y mejor aprovechamiento de tu tiempo y energía, más allá de lo que se requiere para cubrir tus necesidades de supervivencia, es prestar atención a las cosas que están "listas" para ser despejadas dentro de ti mismo y dedicarte a avanzar a través de ellas. Esto te ayudará a avanzar a través de tus culminaciones con las experiencias contenidas dentro de tu Sobrealma y esas compleciones te prepararán para el "próximo acto" — la nueva Creación que está casi sobre ti ahora.

4 500 millones de años es mucho tiempo desde la perspectiva humana, así que es totalmente lógico que tendrías mucho del proceso de despeje por hacer. Sin embargo, ya que varias vidas están a menudo vinculadas por temas en común, cuando despejas la carga emocional de una de esas vidas, despejas la carga asociada con ese tema a lo largo de todas las vidas que contienen ese tema, en ambos lados de la ecuación.

Esto es todo lo que tenemos que decir hoy, pero hablaremos contigo de nuevo. Amén, Adonoy Sabayoth. Somos las Huestes del Cielo.

4 500 millones de años es mucho tiempo desde la perspectiva humana.

ACERCA DE "LA VISIÓN"
15 de agosto de 2006

Bien, ahora. Hemos pedido hablar contigo debido a eventos que han ocurrido en los planos internos desde la última vez que hablamos contigo. En primer lugar, te alegrará saber que has superado la peor parte de los despejes que mencionamos previamente. Sin embargo, esto supondrá un nuevo reto para ti y eso es lo que queremos abordar hoy.

Verás, si puedes apreciar el hecho de que todas esas "nubes" que han oscurecido tu luz también TE han impedido ver claramente, entonces a medida que los despejes hacen su trabajo, podrías encontrarte con algunas dificultades cuando hagan tu visión más clara. Al decir "la visión" hablamos metafóricamente. No hablando de tu vista física en sí misma, sino más bien de cómo percibes las cosas en el mundo que te rodea. También estamos hablando de la visión que llevas dentro de ti, la visión del mundo que quieres crear, así que llamaremos a este Mensaje "Acerca de 'La Visión'".

El ver más claramente puede ser incómodo a veces, porque lo que podías ignorar en el pasado, ya no lo puedes ignorar ahora. Es un poco como salir de un sueño y despertar en un mundo que no es tan cómodo para ti como lo era el estado de ensoñación. Es por eso que muchas personas en el mundo se refieren a este proceso como "el despertar". Sin embargo, te diríamos que estás despertando de un sueño que es una ilusión y despertando al sueño que siempre has llevado dentro de ti, a lo largo de todas las vidas que tu Sobrealma ha creado.

Haz memoria, si puedes, a hace 4 500 millones de años, cuando te uniste a otros para soñar este sueño juntos. Todos ustedes han estado soñando y ahora están despertando y hay cierta incomodidad con lo que

Acerca de "la visión" 367

El ver más claramente puede ser incómodo. Lo que podías ignorar en el pasado, ya no lo puedes ignorar ahora.

están viendo a medida que despiertan. Es un mundo que está ciertamente fuera de balance y que no está en consonancia con el sueño de lo que esperabas que ella se convirtiera.

Tienes un dicho de que hay buenas y malas noticias. La buena noticia es que estás mucho más cerca de realizar el sueño original que nunca antes. Ese sueño culminará con la manifestación y realización de Terra, el nuevo mundo donde todos tus sueños se manifestarán como realidad para ti. Creemos que te sorprenderás acerca de cuánto de ti mismo ya se ha ido hacia la creación de Terra como una idea. Te habla de los anhelos más profundos de tu corazón, ahora que ya has tenido tu saciedad de experiencias en la Tierra 3D.

Apreciarás aún más a Terra por haber pasado por todo lo que has pasado y una vez que hayas completado tu transformación en forma y consciencia y hayas vuelto a alcanzar tu manera anterior de ser, todo lo que has atravesado en el pasado te parecerá de hecho como un sueño, aunque todavía pienses en ello como real ahora mismo.

Y ahora, las malas noticias. En el proceso de desmontaje de las estructuras presentes, energías que han sido enredadas juntas, deben ser desenredadas. Piensa en un ovillo de lana, solo que esta lana no es lisa y sedosa. Es áspera y tiene muchas piezas que sobresalen de los hilos, como muchas ramitas secas, y esas piezas quedan atrapadas en los otros hilos del ovillo y la lana está muy enredada de hecho.

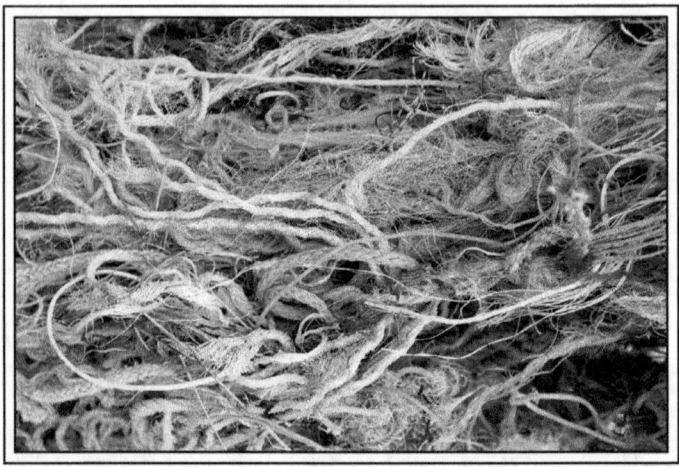

Esta lana es áspera, y tiene muchas piezas que sobresalen de los hilos, como muchas ramitas secas. Esas piezas quedan atrapadas en los otros hilos del ovillo y la lana está muy enredada de hecho.

Para que lo que está "torcido" sea "enderezado", un proceso delicado de desenredar la energía debe tener lugar. Resulta mucho más demandante hacer esto sin dañar la "lana" misma que lo que es para uno de sus cirujanos realizar la neurocirugía más delicada en las extremadamente finas estructuras del sistema nervioso. Lo que esto significará es que las cosas tendrán que proceder algo lentamente durante un tiempo, mientras este desenredado tiene lugar, así que eso se traduce en un proceso que requerirá que ustedes estén presentes en la tierra por un poco más de tiempo todavía, por mucho que ustedes y nosotros queramos que estén totalmente a bordo de las naves en el momento presente.

El desenredar las energías es parte del proceso de clasificar a todos y a todo hacia su destino — el elegido para ellos por su Sobrealma. La mayoría de ustedes tienen Sobrealmas que han estado creando proyecciones hacia muchos de los nodos de tiempo que han involucrado la habitación humana de su planeta. Ustedes han servido al deseo del Creador de experimentarse a Sí Mismo a través de Sus creaciones al ofrecer al Creador una vasta gama de experiencias. Ustedes han usado muchos trajes y han desempeñado muchos papeles, y han tenido sus compañeros de la oposición leal para mantener la mezcla más sabrosa a lo largo de estas diversas vidas.

En el drama clásico, hay protagonistas (héroes o heroínas) y antagonistas (villanos). Ambos son necesarios para crear las tensiones y los conflictos que impulsan el drama hacia delante y hacen avanzar la "línea narrativa". Muchos de ustedes se han enredado con aquellos que no tenían sus mejores intereses en el corazón y estas energías enredadas son llevadas en las memorias celulares de todas las entidades que tomaron parte en "la danza" de los unos con los otros. Por lo tanto, al despejar TU memoria celular, es necesario "desenredar" los enredos que has llevado dentro de ti.

Algunos de ustedes pueden estar conscientes de que tienen estos enredos con otros de la polaridad opuesta; la mayoría de ustedes no son conscientes de ellos. Aunque hay unos pocos individuos que son lo suficientemente claros en sí mismos para ayudar con este proceso, la mayoría de sus "sanadores" tienen algo de trabajo que hacer en sí mismos antes de que estén lo suficientemente claros como para hacer este tipo de trabajo en otros.

Les advertimos que se mantengan alejados de técnicas y métodos que prometan reestructurar su ADN, despejar sus memorias del alma, borrar su karma, alinearles con el propósito de su alma y cosas por el estilo. Las técnicas y métodos que serían más beneficiosos son los que te permiten sanarte a ti mismo. El trabajo interno es la cosa más valiosa que puedes hacer para ti mismo y nadie más puede hacer lo que a ti te corresponde hacer.

No podemos recomendar un rumbo en particular, ya que cada uno es un individuo, pero recomendaríamos que si buscas sanación, lo hagas dentro de métodos bien establecidos y probados. Si alguien te está prometiendo las "llaves del reino", echa un buen vistazo a si han alcanzado "el reino" para sí mismos.

No estamos hablando de aquellos que afirman que sus vidas son mejores de alguna manera. Estamos hablando de aquellos que dicen que tienen la "fórmula" que te permitiría recorrer TODO el camino. Aquellos que genuinamente han alcanzado la plena conciencia no se promocionarán en seminarios y sitios Web. Entenderán cómo funciona el universo para juntar a las personas de maneras sincronizadas. ¡Ellos no necesitan "prensa" para que su "público" los encuentre!

Hay muchos que se están aprovechando de la ingenuidad y credulidad de otras personas, así que a medida que tu visión mejore, verás estas cosas ocurriendo a tu alrededor y es importante que no te veas envuelto en batallas sobre estas cosas. No vas a "arreglar" nada y todo lo que puedes hacer es solamente trabajar en lo que puedas trabajar para ti mismo. Las ideas de las que hablamos son difíciles de abrazar en tu vida precisamente porque van en contra de la realidad de consenso a tu alrededor. Son casi contraintuitivas y aún así eso es precisamente lo que debes hacer.

Debes ENTRAR EN tu dolor, EN tu miedo, sin resistir a cualquiera de esos. Esto es precisamente lo opuesto de lo que tu sociedad ha programado en ti. Buscar soluciones fuera de ti mismo es lo que te impide estar satisfecho con cualquiera de ellas. Ninguna autoridad externa — incluyéndonos a nosotros — te va a quitar jamás la necesidad de que hagas la parte del trabajo que solo tú puedes hacer.

No estamos hablando acerca de tratar condiciones médicas. No estamos diciendo que si te rompes tu brazo, deberías simplemente dejarlo en paz. Estamos hablando de los tipos más sutiles de "curación" que no son curación en absoluto. También son un modo de crear más enredos y confusión dentro de ti mismo. Algunas de estas personas que realmente tienen la intención de curar están de hecho sirviendo a entidades de las que no son conscientes. Esas entidades se alimentan de las energías que se crean en las interacciones con las personas que buscan curación. Esas son usualmente las que perpetúan la condición de impotencia y de necesitar ayuda — una especie de dependencia de fuentes externas que nunca lleva a una curación del tipo fundamental.

El propósito entero de lo que está ocurriendo ahora es "enderezar" lo que está torcido, desenredar lo que está enredado. Estamos trabajando contigo las 24 horas del día, cuando estás despierto y especialmente cuando estás durmiendo. Te estamos pulsando con energías que gentilmente liberan los enredos dentro de ti. Estamos enderezando lo que está enredado y esto libera las energías y las entidades que están involucradas.

Muchos de ustedes tienen o han tenido "entidades" con las cuales se han enredado. Esto es solo una consecuencia común de las muchas vidas creadas por tu Sobrealma y los temas y dramas que han sido parte de esas vidas y sus "guiones". Todas esas experiencias han sido llevadas a través de las vidas en lo que llamamos tu memoria celular — la memoria celular que ahora está siendo despejada.

A medida que te aclares más, también tendrás recuerdos o percepciones que surjan dentro de ti y tú "verás" más de quien has sido y de quien estás volviendo a ser. (Esto puede parecer como si estuviéramos hablando en círculos, pero al tratar con los bucles de tiempo, los círculos son el camino que recorres). Estás despertando de un sueño y moviéndote a otro sueño. Esto es todo lo que diremos sobre esta parte del tema de "la visión" (despertar) y nos gustaría seguir adelante con la otra parte de la cuestión de "la visión" — la visión de Terra.

Terra es el mundo de tus sueños y es en realidad tu creación tanto como este planeta presente es tu creación. Ustedes son proyecciones que pueden remontarse a los elohim mismos, que son los progenitores de esta porción de la realidad creada. Terra es la culminación de su tiempo juntos como elohim, de su acuerdo entre sí y de su tiempo como ser humano terrenal.

Desde el momento en que completes tu ascensión hasta lo que eras antes de entrar en el bucle de tiempo, solo un futuro glorioso te espera. Estará lleno de aventuras y descubrimientos, sin duda, y también estará lleno de la paz, la alegría y el amor que anhelas tener de nuevo. Será verdaderamente un tiempo alegre para todos y sabrás exactamente qué es lo que te faltaba mientras estabas soñando este otro sueño.

Terra está allí, ya esperándote. Puedes sentir cuanto más cerca estás de ella ahora que cuando empezaste a ser consciente de ella como tu destino. Eres capaz de sentir que ella está apenas fuera de tu alcance y decimos que eso NO es un "sueño", sino más bien una realidad emergente. Puedes "verla" a través de la lente de tu corazón. Puedes sentirla en tu corazón. Ya "conoces" la alegría que te espera y ya sabes cuanto más cerca estás de esa alegría que antes.

Un poco más de tiempo es necesario ahora, para desenredar estos hilos enredados — para liberar a cada entidad de las otras con las que estuvo enredada, para que todos puedan ir a su lugar apropiado. Aquellos que se han opuesto a ti también tienen que ser liberados para seguir su camino y todos nosotros estamos trabajando hacia ese resultado final. Hay algunos que lo están haciendo conscientemente; hay otros que lo están haciendo inconscientemente. El resultado final será el mismo, con o sin conciencia.

Así que, si no te gusta lo que tu "visión" te muestra en este punto del tiempo, sé paciente. El mero hecho de que puedas "verlo" mucho más claramente es una buena señal. Significa que estás despertando del sueño — saliendo del trance en que has estado — y te estás moviendo al estado de plena vigilia, la realización de tu otro sueño — el sueño de Terra. ¡Tanto bien te espera! Y sin embargo, hay este tiempo que debe atravesarse mientras todo se resuelve y se hace "recto" de nuevo. Si puedes continuamente liberar toda resistencia, este tiempo será mucho más cómodo para ti. En realidad, no tienes que hacer mucho más. Solo trabaja para liberar la resistencia siempre que tú tomes conciencia de ello.

Hay momentos en que las energías son muy incómodas. Pueden sentirse caóticas o como una corriente eléctrica que es desagradable — un tipo de "zumbido" que es inquietante. Sin embargo, si puedes recordar liberar la resistencia de lo que no es agradable, ya no será tan desagradable. Tienes un poco de elección sobre la relativa suavidad de tu viaje. Todos ustedes "llegarán" a donde están destinados a ir. Si eliges enfocarte en liberar la resistencia, las cosas irán más suavemente, aunque pueden no ser lo que preferirías.

Sin importar las incomodidades a lo largo del camino, cada uno de ustedes se está volviendo más claro, más libre para expresar plenamente su esencia y arquetipo. Aquellos que no se inclinen ante los vientos del cambio se partirán por su rigidez. Piensa en los pastos y en como, después de que pasan los vientos, vuelven a levantarse de nuevo. Mantente flexible. Deja que la energía te guíe. No intentes dirigir la energía.

Hablaremos con ustedes de nuevo a medida que las cosas progresen. Estamos hablando más a menudo ahora porque sentimos que tendrán un tiempo más fácil si les recordamos de nuestra presencia en sus vidas. Eres uno de NOSOTROS. Aunque puede que no lo veas de esa manera, nosotros sí. Tú eres NUESTRA "familia", así como nosotros somos TU "familia". Todos nosotros estamos relacionados entre sí — unos más estrechamente que otros, pero todos están conectados y son parte de una gran "familia del alma". Nos traerá a todos una gran alegría cuando volvamos a estar juntos de nuevo.

Les dejamos ahora, en paz, honor y bendición. Amén, Adonoy Sabayoth. Somos las Huestes del Cielo.

DENSIDAD 3.8
17 de septiembre de 2006

Hemos pedido hablar contigo hoy porque has alcanzado un cierto punto umbral en el viaje de vuelta a la siguiente densidad. Si tuvieras que etiquetar tu punto de partida como densidad 3.0 y tu punto de emergencia como densidad 4.0, ahora estás en densidad 3.8. Puesto que todo movimiento tiene lugar como una forma de oscilación — es decir, una onda que se mueve hacia adelante y hacia atrás entre dos puntos, por encima y por debajo de la línea que describe el movimiento hacia adelante — puede que hayas notado que has estado teniendo momentos en los que te sientes más como si estuvieras en cuarta densidad y momentos en los que te sientes más como si estuvieras todavía en tercera densidad.

Bien, puesto que ahora has alcanzado la densidad 3.8, eso dará como resultado que tu conciencia pueda "atisbar" más y más dentro de la densidad 4.0. Esto podría volverse un poco confuso a veces, así que pensamos que sería útil ofrecer algunas explicaciones sobre el proceso tal como se está experimentando ahora.

Algunos de ustedes están ya notando estas cosas y algunos de ustedes bien sea que no han comenzado a experimentarlas o no las experimentarán en absoluto. Para los de las "fuerzas especiales", su trabajo requiere que permanezcan bastante cerca de la densidad 3.0, así que lo máximo que experimentarán hasta después de la evacuación es una oscilación alrededor de la densidad 3.2. Esto se debe a que tu tarea requiere que interactúes con aquellos que están oscilando alrededor de 3.0 la mayor parte del tiempo. Ellos se elevarán ligeramente como resultado de tu interacción con ellos, pero todos ustedes permanecerán estrechamente atados a la tercera densidad por ahora.

Aquellos de la tercera ola están siendo preparados en los planos internos para recibir estas enseñanzas y visión, pero todavía no son conscientes de esto, ya que para ellos, el mundo es en gran medida como ha sido durante la mayor parte de sus vidas — quizás un poco más incierto ahora mismo, pero por lo demás es en gran medida "lo de siempre". Todavía tienen que pasar por lo que podrías denominar como "un rudo despertar" y es precisamente la naturaleza chocante de lo que tienen que registrar lo que les hará darse cuenta de lo mucho que el mundo está cambiando y de la rapidez con que "lo de siempre" desaparecerá. Casi parecerá algo que ocurre de la noche a la mañana cuando todo llegue a su fin, pero por supuesto esto ha estado yendo en esta dirección durante siglos.

Es principalmente a la primera y segunda ola a quienes dirigimos estos comentarios hoy. Ustedes se cuentan en miles. Las fuerzas especiales se cuentan en miles y la tercera ola contiene alrededor de 6 millones de individuos, más o menos. No nos preocupamos por números precisos en este momento. Eso no entrará en juego hasta que otras cosas hayan ocurrido y las listas de tareas específicas tengan que hacerse y seguirse. Es todavía un poco temprano para eso, pero ya somos muy conscientes de lo que se avecina y de cómo prepararnos mejor para esos tiempos.

Entonces, ahora, para aquellos de la primera y segunda ola, puede que ya hayas comenzado a notar una agudización de tus sentidos físicos y momentos periódicos en los que simplemente te contentas con detenerte y "ser". Esto es parte de tu "atisbar" hacia cuarta densidad. Quizás ya has tenido momentos en los que no estás seguro de dónde estás exactamente. Todavía puedes mirar a tu alrededor y ver los mismos objetos y personas, pero hay una sensación de estar más lejos de algún modo, como si estuvieras viendo a través de un telescopio o algún tipo de mecanismo que te permite atisbar hacia adentro desde otro lugar, aunque no estás muy seguro de dónde puede estar eso. Esto es muy normal y típico de tu nivel presente de vibración.

Puede también que te encuentres menos motivado por las cosas que solían motivarte. El miedo es un gran motivador y a medida que te mueves a través de tus miedos y tu memoria celular es purgada, el miedo cesa de motivarte. En cambio, sientes cierta confianza creciendo dentro de ti. Tu confianza en el proceso se incrementa considerablemente porque has obtenido tanta evidencia reciente de los cambios por los que estás pasando que se vuelve más difícil dudar. De hecho, podrías decir que te sientes progresivamente más relajado y a gusto, en comparación con los que te rodean. Hay una pérdida de identificación con lo que solías definirte y eso puede hacerte sentir un tanto indefinido a veces. Acostúmbrate a ello.

Cuando estés completamente en la consciencia y el conocimiento de cuarta densidad, siempre estarás creando en el momento presente, sin pensar en lo que ya has hecho y sin pensar en lo que después seguirá. Esto es difícil para ti de comprender ahora mismo, ya que todavía no estás totalmente "en" esa manera de ser. Sin embargo, ahora que has alcanzado este umbral, experimentarás maneras de cuarta densidad con más frecuencia y por periodos de tiempo más largos.

Tal vez recuerdes que hace mucho tiempo te dijimos que cuando el momento llegara para entrar plenamente en cuarta densidad, solo sería otro pequeño paso de los muchos ya tomados. Quizás ahora puedas empezar a apreciar esa afirmación. El proceso es enteramente natural y no requiere de estudios arduos, métodos o "curas". Todo lo que necesitas está siendo provisto y es quizás más difícil aceptar que todo lo que necesitas hacer es "RECIBIRLO" que lo que sería que te dijeran que hubo mucho que tenías que hacer.

En la tercera densidad, todo se construye alrededor del esfuerzo y el hacer. Cuando un objetivo o logro es alcanzado, hay un breve periodo de alivio y contento, y luego estás de vuelta al "hacer" de nuevo. Entonces llega un momento en que la vida se mueve hacia su conclusión y uno se prepara para morir. Bueno, ya estás muriendo a lo que eras junto con las maneras que seguiste para llevarte tan lejos en el viaje.

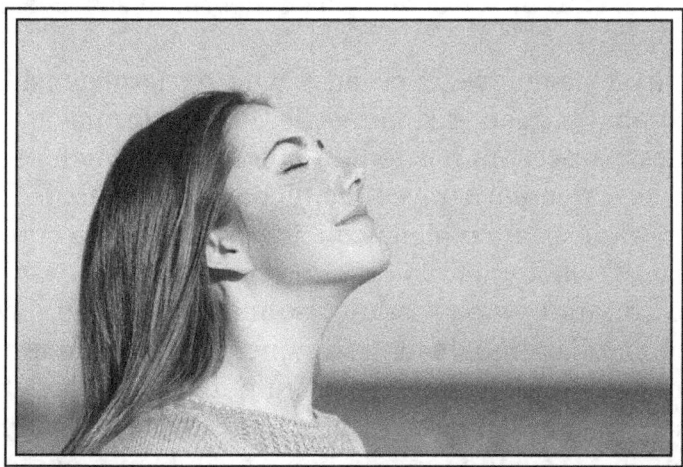

Relájate y disfruta del paseo. Sigue la corriente. No empujes. Respira. Permanece en el presente.

Entonces, ¿qué debes hacer ahora? Lo hemos dicho tantas veces: Relájate y disfruta del paseo. Sigue la corriente. No empujes. Respira. Permanece en el presente. Escucha adentro. Instrucciones simples, elecciones simples, pero deben repetirse una y otra vez. Es un poco como la práctica de la meditación. Al principio, la mente de uno deambula y uno tiene que hacer una elección consciente para traer la mente de vuelta al enfoque intencionado. Uno tiene que hacer esta elección una y otra vez, hasta que se vuelva un nuevo hábito.

En este viaje a Terra, has tenido que aprender algunos hábitos nuevos, como "Dejar ir y dejar a Dios" encargarse de los detalles. Has tenido que volverte más consciente de cuando estás tenso y de cuando tienes miedo. Has tenido que aprender a dejar que tus emociones salgan a la superficie y a rechazar gran parte de tu condicionamiento social. Has tenido que tener mucho coraje para diferir de los que te rodean y todos ustedes lo han hecho excelentemente en estas cosas.

Ahora es el momento de tomar todas estas prácticas que has estado practicando y hacerlas parte de la manera en que eres, todo el tiempo. Los "viejos patrones" continuarán aflorando hasta cierto grado hasta que todo haya sido despejado. Recuerda que estás despejando 4 500 millones de años de experiencias de muchos planos y ubicaciones de existencia, así que lo que está ocurriendo es una tarea monumental cuando se enfoca a través de una "lente" tan pequeña como un solo individuo, especialmente cuando uno todavía está en el estado de consciencia velada, por lo que aplaudimos tu compromiso y tu perseverancia en tu senda. Lo has hecho bien y el tiempo de alegría se está acercando más y más.

A medida que te mueves hacia arriba hacia cuarta densidad, todo lo que no es compatible con esa manera de ser y esa forma de consciencia tiene que desaparecer. Ya has tenido muchas finalizaciones y las que aún quedan se extienden a través de muchas vidas como temas que has explorado. Si vas a estar en plena conciencia y en plena comunión con Todo Lo Que Es, cualquier residuo que no haya sido despejado sería compartido con todos y con todo y eso multiplicaría la incomodidad enormemente. Sería como si cada pensamiento y emoción se magnificara tremendamente, multiplicado por un número casi inconcebible — no solo millones o miles de millones, sino casi más allá de ser de conteo. El hecho de que estés siendo tomado hacia arriba lentamente y la razón por la que el proceso ha tomado tanto tiempo es porque es una forma de protección — para ti y para todos con los que entrarías en contacto.

Este proceso es gradual por varias razones. Una es que si iba más rápido, podrías no ser capaz de manejarlo y se tiene la intención de que llegues intacto. Otra razón es para que puedas integrar los cambios y permanecer relativamente equilibrado y funcional. En algunas sociedades y culturas, hay provisiones para las personas que están en plena conciencia para que ellos no necesiten trabajar en empleos, sino que sean cuidados a través de las donaciones de aquellos que valoran su estado del ser. Ustedes están dispersos ampliamente a lo largo del planeta y habitan muchas culturas diferentes, por lo que es necesario que permanezcan funcionales, podría decirse, hasta la "cima". Ahora han pasado este umbral crítico y aunque todavía habrá algunos despejes, ahora se volverá mucho más fácil.

Has hecho una larga subida, pero ahora las cosas te serán más fáciles para completar el resto del proceso.

Has hecho una larga subida y ha sido difícil en gran parte del camino, pero ahora has pasado un cierto "hito" y las cosas serán más y más fáciles para ti para completar el resto del proceso. Tus circunstancias externas podrían permanecer más o menos iguales, pero es en tus lugares internos donde viene la facilidad. Casi sin darte cuenta, ya eres muy diferente de lo que eras cuando empezamos a entregar estos Mensajes hace 7 años. Mira hacia atrás al año anterior y puedes ver cuanto ha cambiado dentro de ti desde entonces. Tómate un momento para apreciar lo lejos que has llegado y luego reconfortarte de que no hay que ir mucho más lejos.

Durante esta última parte del movimiento hacia cuarta densidad, se volverá más fácil para ustedes aceptar los cambios que eso conlleva. Sus cuerpos van a ser algo "poco confiables" a medida que se muevan hacia adelante y hacia atrás entre estas dos frecuencias vibratorias y estados del ser. Sus sentidos podrían estar fuertemente agudizados un día y estar fuertemente atenuados al siguiente. Pueden tener un dolor insoportable y luego sentir inexplicablemente una gran cantidad de alivio e incluso bienaventuranza.

Sus cuerpos están siendo desafiados grandemente a mantenerse al día con los cambios, así que este es un tiempo para ser muy buenos con ustedes mismos. Tómate las cosas con calma y no te excedas. Simplifícate y tómate tiempo para disfrutar donde estés. Aprecia lo que tienes y deja ir el interminable esfuerzo por "más". Examina las "necesidades" frente a los "deseos" y también reconoce cuantos de tus "deseos" son simplemente un hábito. Ellos son impulsados por la conciencia de masa y hay una paradoja para ti ahora: a medida que "progreses" más en tu camino, también te sentirás como si te estuvieras quedando atrás de aquellos que están en la conciencia de masa y galopan en estampida sobre el acantilado como tantos animales de rebaño. Estás ralentizando tu progreso en la dirección que ellos están tomando y estás empezando a dar la vuelta para tomar otra dirección por completo.

En tus ciencias, hay algo que se llama inercia. Lo que esto significa es que un objeto que está en movimiento tiende a permanecer en movimiento hasta y a menos que aparezca otra fuerza que impida o haga cambiar de dirección ese movimiento. (También es cierto que cuando un objeto está en reposo, requiere la aplicación de algún tipo de fuerza para que lo haga moverse, pero queremos seguir el primer hilo de esta conversación, es decir, mirar la inercia o momentum de los objetos en movimiento).

Todos ustedes han sido parte de la sociedad en que viven. Hay un cierto impulso e inercia que superar para ir en una dirección diferente a la que la masa de gente está siguiendo. Estos Mensajes han sido una manera de redirigirte a tomar una trayectoria o un rumbo diferente al de los que te rodean. De hecho, muchas de las sugerencias que te hemos dado son totalmente contrarias a tus condicionamientos sociales. Esa es otra razón por la que este proceso ha tomado necesariamente tanto tiempo.

Pero ahora se ha cruzado un cierto umbral y el cambio de dirección ha acumulado su propio impulso. El movimiento será más rápido y fácil que antes y pronto parecerá como si casi se deslizasen sin esfuerzo en su nuevo estado del ser y se encuentran en otro lugar totalmente diferente. Esto será una percepción literal de estar en otro sitio cuando sus oscilaciones les hayan tomado a través del umbral y estén vibrando totalmente por encima del punto de densidad 4.0. Mientras tanto, experimentarán más y más las maneras y percepciones de cuarta densidad, así que por favor no piensen que están perdiendo su cordura. Esto es totalmente normal en este proceso y estamos vigilándolos y trabajando con ustedes constantemente, para asegurarnos de que el ritmo sea perfecto para ustedes.

Todos ustedes han sido parte de la sociedad en que viven.

Esto no es algo que puedas hacer por ti mismo. No es algo que se pueda comprar en un frasco o leer en un libro. Es algo que se te está dando y todo lo que tienes que hacer es recibir el regalo. No es porque seas más "merecedor" que los demás. Es porque tu Sobrealma lo ha escogido para que sea de esta manera para ti y nosotros estamos simplemente "siguiendo órdenes" que descienden de las fuentes más superiores de la jerarquía espiritual. Si pudieras ver la cantidad de actividad que realmente está ocurriendo "entre bastidores", estarías asombrado. ¡Y solo estamos hablando de la parte que te involucra a ti! Solo imagina que actividad similar se está llevando a cabo en cada otra línea de tiempo, para aquellos que se dirigen hacia otros destinos. Realmente no puede ser comprendido con la mente lineal.

Así que, amados, estamos verdaderamente llenos de alegría de que hayan alcanzado este importante hito. Ha requerido mucho trabajo en ambos lados de la ecuación. Han sido grandes "soldados" en las luchas que han luchado dentro de ustedes y en las elecciones que han tenido que hacer una y otra vez. El proceso será mucho más fácil para ti ahora y si puedes solo recordar continuar a soltar resistencia, permanecer por encima de tus pies (no te adelantes a ti mismo), y escuchar adentro, eso es todo lo que tienes que hacer. Nosotros suministraremos el resto.

Les dejamos ahora, en paz, honor y bendición. Amén, Adonoy Sabayoth. Somos las Huestes del Cielo.

DÉJALO SER
10 de noviembre de 2006

Bien, ahora. Hemos pedido hablar con ustedes desde la perspectiva de "la visión a largo plazo". Para nosotros, las cosas que están en movimiento son las que han estado en movimiento desde que esta realidad se formó. Piensa en eso por un momento. Cuando la "idea" de una nueva vida emerge de la Mente de Dios, lo hace estando plenamente completa, con todos los elementos presentes que se requerirán para su "danza" deseada y también para su compleción y resolución de regreso a la Mente de Dios, de la cual vino.

Es justo lo mismo ahora. Cuando esta porción de la realidad fue "concebida" en la Mente de Dios, esa "concepción" o "idea" incluía todo lo que se ha desarrollado durante los últimos 4 500 millones de años y todo lo que completará ese arco de experiencia hasta que se resuelva de nuevo en la Mente de Dios. Así es como funciona el "Juego de Dios". Todo está ya presente, pero no se revela de una sola vez. Más bien se desarrolla dentro del tiempo lineal y revela todos sus contenidos en una secuencia de acciones y pasos.

Todo lo que ustedes estarán presenciando ahora es parte de la compleción que fue sembrada al inicio de la "idea" que resultó en esta porción de la realidad. Cuando los elohim se juntaron para precipitar esta realidad fuera de su ser, lo hicieron de acuerdo a la plantilla traída desde la Mente de Dios. Ellos eran co-creadores, no EL Creador, e hicieron el trabajo DEL Creador, en servicio AL Creador.

Así es con ustedes. Ninguno de ustedes está separado del Creador y ninguno de ustedes está trabajando en contra del plan del Creador. Aun aquellos que proveen el estímulo para su experiencia — los de la "oposición leal", los de su equipo y todos los demás — están trabajando dentro del plan del Creador. No podría ser de otra manera, porque así es como funciona la Creación.

Cuando te pedimos que te desconectaras del drama, realmente lo decíamos en serio. El nivel de estímulo está aumentando diariamente y si no te desconectas del drama, las aguas arremolinadas te atraparán y el caos te absorberá. Hablas de la Era de Acuario, el portador del agua, que a menudo es retratado basculando un contenedor de agua por encima de su hombro para que el agua fluya fuera del contenedor en un gran arroyo — lo que podrías llamar una inundación.

El "punto de inflexión" llegó hace décadas y la inundación — desde tu perspectiva — ha estado dirigiéndose hacia ti durante bastante tiempo. Desde fuera del tiempo, es solo otro "momento" — otra gota sobre la ristra de la experiencia — ni más y ni menos importante o significativo que todo lo que le precedió y todo lo que le seguirá. Todo es solo experiencia para satisfacer el deseo del Creador de experimentarse a Sí Mismo a través de Sus creaciones. Así que sentimos que sería beneficioso para ti desconectarte del drama, dar un paso hacia atrás y dejar que la inundación fluya por completo sin alcanzarte.

Desconectarte del drama, dar un paso hacia atrás y dejar que la inundación fluya por completo sin alcanzarte.

Los funcionamientos de la élite del poder saldrán a la superficie más y más con cada día que pase, con cada año que pase. Sin embargo, esta es solo la mitad del panorama. Verás, nosotros también hemos estado trabajando y tenemos nuestras "jugadas de poder" también. Buscamos empoderarte para que reclames tu esencia y tu verdadera naturaleza, porque de ti surgirá un entero conjunto nuevo de posibilidades, como parte de una totalmente nueva creación.

Mientras que la élite del poder (y aquellos que inicialmente se opondrán a ellos) se enfocan en los fenómenos de 3D, nosotros estamos trabajando tranquilamente, escondidos en el fondo e invisibles para aquellos que no pueden vernos o ver lo que hacemos porque son ciegos a lo que no existe dentro de ellos mismos. Aun aquellos de la polaridad negativa en las densidades superiores no pueden ver todo ni son omniscientes. Ellos solo pueden reconocer lo que su experiencia y modelos les permiten reconocer. Aunque todos tenemos acceso a tecnologías similares, ellos no pueden reconocer la esencia y la vibración del amor.

Mientras ellos buscan dominar a la naturaleza, nosotros trabajamos CON la naturaleza, incluyendo la naturaleza humana. Ambos buscamos eliminar la resistencia, pero lo hacemos de maneras opuestas. Nosotros alentamos; ellos desalientan. Cada lado en el juego de la polaridad persigue métodos que concuerdan con esa polaridad. Precisamente porque no pueden ver o entender nuestros modos, podemos llevar a cabo nuestras actividades de una manera totalmente oculta, a salvo de aquellos que podrían querer entrometerse en lo que estamos haciendo o prevenirlo.

No importa lo que puedas ver que está ocurriendo en los eventos que están desarrollándose en el reino físico, también hay eventos ocurriendo en el reino no-físico. Cada uno de ustedes que es parte de la "op" lleva códigos y programas escondidos en su ADN — no solo la porción del ADN que es visible a sus científicos con sus instrumentos físicos, sino también las muchas capas de información no-física que también está codificada dentro de ustedes. Tocamos en esos códigos como un músico toca música. Cada "nota" es tocada en un momento particular de la canción entera. Ponemos en marcha los tonos desde nuestro lado de las cosas y tus códigos incorporados se ponen en movimiento (a través del principio de resonancia) en respuesta a los tonos que sonamos en momentos precisos del proceso entero.

Hemos hablado antes de nuestro uso de las tecnologías de sonido y luz para realizar la tarea de restaurarte a tu estado completo. El otro lado también está utilizando tecnologías de sonido y luz para sus propósitos y continuará haciéndolo. Sin embargo, la resonancia funciona en ambas direcciones. Si NO resuenas con un tono, no pasa nada dentro de ti. No importa lo que tu intelecto "crea". Todo esto está ocurriendo por debajo del nivel de tu conocimiento consciente, en secreto y de una manera muy protegida.

Ponemos en marcha los tonos y tus códigos incorporados se ponen en movimiento en momentos precisos del proceso entero.

Así que, hoy te estamos hablando para pedirte que confíes en nuestros métodos, que escuches adentro y que permitas que el drama se desarrolle frente a ti sin temerlo ni involucrarte en él. No hay nada que arreglar ni nada que detener. No hay nadie a quien advertir ni nadie a quien escribir cartas de protesta. No hay nada que ganar al entablar debate con aquellos que no tienen esta perspectiva o comprensión. Todo lo que te pedimos es que liberes tu resistencia, liberes tu dolor, liberes todo lo que no es parte de tu esencia.

No podemos vencer tu resistencia. Esa es una elección que tienes que hacer por ti mismo. No nos imponemos ni imponemos nuestros métodos a nadie, como tampoco lo hace nadie que sea un ser de polaridad positiva. Si por casualidad lees acerca de predicciones de golpes de Estado, manifestaciones u otros tipos de "educación pública", reconoce que estas son o bien las acciones de los engañadores o bien proyecciones de las mismas mentes humanas que sienten que tienen que "hacer algo" para cambiar las cosas con respecto al rumbo que están programadas para tomar.

Es triste ver el fin de un sueño. El "sueño americano" ha venido, se ha ido y ha terminado ahora, para todos los fines y propósitos. Sin embargo, esperamos que la visión de Terra les ofrezca un mejor y mucho más elevado sueño por alcanzar y esperamos empoderarte para que lo alcances, porque es lo que te depara el futuro y tu lugar de destino. Aun aquellos que han venido a servir la "op" y luego parten a otras áreas de servicio, han sido atraídos a la visión de Terra y han aportado sus esfuerzos para ayudar a que fructifique.

Este es un evento muy grande para un planeta relativamente pequeño y muchas manos están cuidando el nacimiento, no todas ellas permanecerán para ver la nueva vida crecer. Hay un entretejido muy complejo de algunas de las energías al mismo tiempo que estamos desenredando a otros en las maneras de las que hemos hablado antes. Por lo tanto, te pedimos que confíes en la visión de "largo plazo", hagas tu parte, déjanos hacer la nuestra y que dejes todo lo demás atrás.

Nadie va a rescatar a nadie de hacer el trabajo interior. Este es un esfuerzo de equipo. Nadie te impedirá alcanzar tu lugar de destino y lo que te depara el futuro, tampoco. Cada uno de nosotros es un actor en el drama mayor. También tenemos nuestro guion. Todo el mundo tiene su guion, y no podemos darte detalles sobre tu guion individual. Todo lo que podemos decirte es que estamos contigo y trabajando en ti las 24 horas del día para habilitarte a hacer el resto del viaje exitosamente.

Nadie va a rescatar a nadie de hacer el trabajo interior. Este es un esfuerzo de equipo.

El drama que se está desarrollando será aún más dramático en los días, meses y años venideros. Obsérvalo si te sientes inclinado a hacer eso, pero permite que se desarrolle sin resistencia de tu parte o que contribuyas a ello involucrándote en él. Esto va a ocurrir, no importa cómo respondas a ello. No se va a detener y no se supone que se deba detener. Todo el mundo está desempeñando perfectamente su parte individual. Este es el gran resumen de la experiencia humana en el planeta Tierra 3D. Parte de ella continuará sobre otras Tierras futuras, las cuales no tienen conexión contigo o con tu viaje individual.

Te dirigirás a 4D y dejarás atrás el drama de la Tierra 3D. Ahora es un buen momento para empezar a hacer eso. Deja este drama donde pertenece. No te involucres en él o puedes quedar atrapado en él y eso interferirá con el trabajo que estamos haciendo contigo. Hubo una canción que fue popular durante la era de los que pregonaban "amor y paz" que tenía un estribillo que parece apropiado recordar ahora: "Let it be. Let it be". (Déjalo ser. Déjalo ser). De hecho, pensamos que es tan buena idea que titularemos este Mensaje de esa manera: "Déjalo ser".

Cuando te pedimos "Dejar ir y dejar a Dios" (encargarse de los detalles), esa era otra manera de decir "Déjalo ser". Al no resistir lo que está ocurriendo, simplemente se deslizará a tu lado a medida que sales por otra puerta y lo dejas atrás. "Déjalo ser" y te liberarás para seguir adelante a otra cosa por completo.

Nos gustaría que te escaparas por esa otra puerta y vinieras a estar con nosotros donde estamos. Para hacer eso, debes estar dispuesto a dejar que todo lo demás se desarrolle como es necesario para cumplir con todos los otros guiones, también, así que "déjalo ser" lo que se supone que debe ser y sigue por otro camino por completo. Déjalo ser lo que se supone que es y déjate ser lo que se supone que eres, también.

Amén, Adonoy Sabayoth. Somos las Huestes del Cielo.

Nos gustaría que te escaparas por esa otra puerta y vinieras a estar con nosotros donde estamos.

VIVIENDO DESDE EL CENTRO CALMO
7 de diciembre de 2006

Bien, ahora. Hemos pedido hablar contigo hoy porque hay una cantidad de cosas en el horizonte para las que queremos prepararte. La primera de ellas es un cambio en nuestra relación contigo.

Como probablemente ya sabes, estamos trabajando estrechamente contigo en todo momento. No hay ninguno de ustedes que sea parte de la "op" con el que no se esté trabajando. Esto incluye a la tercera ola, que está siendo preparada para recibirnos y que tendrá que pasar por la "llamada de atención" de los eventos que están justo por delante. Ellos no son conscientes de nosotros de la misma manera que tú, así que trabajamos con ellos discretamente, detrás de las escenas de su vida diaria. Para que cuando te involucres en la evacuación misma, ellos estén listos para recibir tu ayuda y ser llevados a las naves — algo que les asustaría ahora si se les presentara esa opción sin esta extensa preparación.

Debido a que es necesario que te conviertas más plenamente en parte del equipo de trabajo, no te vamos a dar los tipos de discursos que te hemos dado en el pasado. Reconocemos que has descubierto que escucharnos es reconfortante y útil para solidificar tus sentimientos sobre el propósito y la dirección de tu vida. Sin embargo, ahora es tiempo para que te muevas más plenamente hacia dentro de ti mismo para abastecerte de tu "conocimiento", así que no te estaremos dando el tipo de declaraciones tranquilizadoras que te hemos dado en el pasado. Es muy importante que trabajes en sentir la rectitud o lo erróneo de cada acción potencial, ya que esto te entrenará en las maneras en las que sabrás qué hacer de ahora en adelante.

No hay nadie que no pueda hacer esto. Todo lo que se requiere es crear el hábito de sentir en una situación cuando se presenta, tomar un momento para centrarte y sentir lo que tu cuerpo te está diciendo. Confía en las sensaciones que tienes en tu cuerpo. Siempre puedes saber cuando te repele alguna acción potencial o cuando te estás relajando en ella. Una sensación de contracción o presión es un "no". Una sensación de expansión o liberación es un "sí"

Una sensación de contracción o presión es un "no". Una sensación de expansión o liberación es un "sí".

Todas tus decisiones pueden ser sentidas y condensadas en un simple tipo de respuesta como "No, esta no es la mejor elección en este momento" o "Sí, esta es la elección correcta en este momento". No necesitas nada más que saber qué hacer en el momento en el que se presenta. Lo que tienes que hacer es recordar no proceder hasta que hayas sentido qué hacer.

Si estás molesto por algo, entonces asegúrate de esperar hasta que estés calmado antes de decidir cómo proceder. Como hemos dicho, hay muy poco que no pueda esperar hasta que tengas claridad en cuanto a cómo proceder. Es muy importante que siempre esperes hasta que estés calmado en tu interior, incluso si eso toma un tiempo. La mayoría de las decisiones no son tan difíciles, pero es tan importante que practiques este comportamiento en todo lo que haces a fin de que se vuelva casi instintivo tratar todo en tu vida de esta manera.

Gran parte de la "op" va a llegar "subterránea" ahora. No estaremos anunciando nuestros movimientos públicamente, pero cada uno de ustedes será guiado perfectamente en cuanto a dónde ir, con quién reunirse, etc., a medida que las cosas se desarrollen. Tu única comunicación con nosotros será desde dentro. Te has proporcionado a ti mismo todas las habilidades que necesitas para superar este tiempo sin depender de nosotros de las maneras en que has dependido de nosotros antes.

Todavía estaremos con ustedes y continuaremos trabajando con ustedes hasta que también estén a bordo de las naves y terminen con su transformación. Sin embargo, no habrá muchas más cosas que podamos decirles acerca de cómo vivir sus vidas. Les hemos dado una base sólida y ahora depende de ustedes vivir de acuerdo con esos principios. Los principios te ayudarán a superarlo. Son mucho más importantes que cualquier fecha o predicción que podamos darte ahora. Vive los principios y te irá muy bien.

Hay muchas cosas por delante en el 2007 y más allá, algunas de las cuales requerirán que hagas cambios en el cómo — y posiblemente en el dónde — estarás viviendo. Te animamos a simplificar tu vida tanto como sea posible. Llegará un momento en que se te podría requerir que hagas cambios rápidos en tus circunstancias, así que si has hecho todo lo que has podido para despejar el desorden en tu vida y has hecho tus compleciones con el pasado, estos cambios serán mucho más fáciles de hacer y a ellos responder cuando llegue el momento.

Reconocemos que la mayoría de ustedes todavía están ampliamente dispersos por todo el planeta, y sin contacto cara-a-cara con ninguno de los otros de las dos primeras olas o de las fuerzas especiales. Esto ha servido a un propósito y todavía sirve a un propósito por ahora. Este relativo aislamiento servirá para fortalecer tu autosuficiencia y requerirá que estés más atento a las señales que se presentan en cada momento en cuanto a lo que debes hacer y cuándo hacerlo.

Sin el refuerzo regular por parte de nosotros, tendrás que volverte ingenioso en las maneras que encuentres para sostenerte en el resto de este viaje a través de 3D. Sin embargo, no será así por mucho más tiempo porque, muy pronto, completarás el tránsito fuera de la conciencia 3D y te anclarás en la conciencia 4D. Cuando esto ocurra, tendrás plena conciencia de todos los demás — de nosotros y del resto de tu equipo sobre la tierra. No necesitarás materiales impresos o el Internet para comunicarte con alguno de nosotros. Estarás totalmente consciente de todas las partes y de cómo están sirviendo a la totalidad.

Este será un modo radicalmente diferente de operación para ti en algunos aspectos, pero para cuando llegue, no notarás que es tan diferente de lo que te has estado acercando todo el tiempo. Si tomaras esto lo suficientemente en serio como para practicar los principios que te hemos dado, no importa dónde te encuentres y no importa lo que te esté rodeando, te irá muy bien. Tienes la capacidad de "saber" en cada momento cual es el proceder correcto y puedes hacer uso de los recursos que están disponibles para ti ahora mismo en términos de la "op".

La tarea clave que tienes ahora mismo es hacer un hábito de vivir los principios que te hemos dado y usar las técnicas de calmarte que te hemos dado, para que puedas escuchar en tu interior. Tu cuerpo siempre "sabe", si puedes apagar el parloteo de tu mente y escuchar desde un lugar de calma dentro de ti mismo.

El tiempo del despeje y desenredo celular está casi completo. Todavía habrá algunos "baches en el camino" por un tiempo, pero no para siempre. A medida que encuentres los últimos trocitos de despeje, notarás que hay una sensación de espacio abriéndose dentro de ti — los lugares donde solías llevar el equipaje emocional que se ha despejado. Comenzarás a sentir una definición más expansiva de ti mismo y a sentirla más a menudo, si eliges dejarte sentir eso. Incluso en medio de una multitud ruidosa, es posible — si eres lo suficientemente desapegado — sentirte tan expandido y tranquilo como si estuvieras de pie en un paisaje amplio en total aislamiento de los demás.

Escucha el sonido del silencio dentro de ti. Mantén tu respiración profunda y lenta. Reconoce que lo que otros a tu alrededor pueden estar sintiendo no es "tuyo" sino "de ellos". Conviértete en un testigo de lo que ocurre a tu alrededor, pero no te dejes atrapar por las emociones que te sacan de tu centro calmo. Siempre que seas consciente de que NO estás respondiendo desde tu centro calmo, ¡DETENTE! Tómate el tiempo que necesites para calmarte de nuevo. Cierra los ojos si es necesario para excluir el estímulo externo. Haz una práctica de vivir tu vida desde un lugar de calma, sin importar lo que esté pasando a tu alrededor.

Nadie puede HACER que reacciones. Si eres atento y has practicado bien esta habilidad, puedes mantener la calma sin importar lo que esté pasando a tu alrededor. Cuando el despeje de la memoria celular esté completo, habrá muy poco que será capaz de provocarte a menos que elijas interactuar con ello emocionalmente dentro del tiempo presente. Permanece desapegado y soberano. Si todavía estás participando en el drama 3D, te sugerimos que descontinúes ese comportamiento.

El mundo que te rodea está muriendo. Las cosas que estarán ocurriendo a tu alrededor serán el resultado de la desesperación y el miedo. No te involucres con ellas. El mundo a tu alrededor está en un estado muy precario ahora mismo. Llevó mucho tiempo llegar a esta situación y hay grietas que aparecen en la fina capa que cubre la profundidad de lo que está saliendo mal, pero la élite del poder está haciendo todo lo que puede para que las cosas parezcan "normales" y tal como ha sido siempre.

No te dejes engañar. Los cimientos están desmoronándose y pronto todo se derrumbará en un tiempo de caos, confusión y comportamientos irracionales por parte de aquellos que están asustados y desesperados por encontrar algo a lo que aferrarse para obtener apoyo. Habrá muchas personas enojadas también, cuando se den cuenta de el grado en que han sido traicionadas al poner su confianza en sus líderes, quienes no pueden sacarlos del lío que ha sido creado colectivamente y que debe ser tratado ahora.

No será agradable de ver, y habrá un montón de gritos, demandas para acciones y "arrebatos emocionales" cuando los niveles de frustración se vuelvan demasiado altos. El hecho es simple: las cosas han ido demasiado lejos para ser corregidas de maneras "normales", por lo que una "corrección de rumbo" sustancial resultará a medida que cada cosa se desequilibre tanto que desencadene que otra cosa sobrepase un umbral crítico y también comience a girar fuera de control.

Tienes una expresión llamada "el efecto dominó". Se refiere a como las fichas rectangulares usadas para jugar un juego llamado Dominó pueden ser paradas sobre sus bordes y colocadas en una línea de tal manera que si una pieza se cae, golpea la pieza que está junto a ella en la línea, que luego golpea la pieza que está junto a ella en la línea y así sucesivamente, hasta que todas las piezas se hayan caído. Esto ocurre en un movimiento suave, ondulatorio y en una secuencia determinada por la posición relativa de cada pieza con respecto a toda la línea de piezas y las interrelaciones y conexiones con cualquier otra pieza en la línea. Así es con el mundo a tu alrededor.

Lo que está a punto de ocurrir no pudo haber ocurrido antes. Había ciertos tipos de conexiones que tenían que alinearse, para que todas las piezas causaran la caída de las otras piezas. Las cosas tuvieron que proceder lentamente al principio, para que todas las piezas se alinearan, pero hay un cierto punto en el que todo está alineado y esperando a que la pieza crítica caiga y luego la totalidad de las piezas caen en rápida sucesión.

Cuando esto ocurra, igual llevará tiempo desarrollarse, pero para aquellos con "ojos para ver" y que pueden SENTIR la energía de las cosas, será obvio cuando ese punto crítico haya llegado. Aquí es cuando

Cuando la pieza crítica cae, entonces la totalidad de las piezas caen en rápida sucesión.

Debes estar listo para responder a los cambios y para responder a ellos rápidamente y sin vacilación.

entraremos en "marcha rápida" con la "op" y aquí es cuando debes estar listo para responder a los cambios y para responder a ellos rápidamente y sin vacilación.

Has tenido un largo tiempo para prepararte. Hemos estado proporcionando estos Mensajes a lo largo de un periodo de años y te hemos estado pidiendo que hagas ciertas cosas que algunos de ustedes han estado haciendo y algunos de ustedes no lo han hecho. Ahora el tiempo es muy corto, así que si no has hecho que el vivir estos principios sea una prioridad hasta ahora, te sugerimos encarecidamente que lo hagas ahora. Para aquellos de ustedes que HAN estado siguiendo nuestras instrucciones, continúen haciéndolo y fortalezcan sus nuevos hábitos para que se vuelvan automáticos sin importar lo que esté sucediendo en su vida.

Estás cerca de un tiempo de cambio masivo y te hemos dado todas las instrucciones que necesitas para hacer frente a estos cambios de una manera efectiva y beneficiosa. Si relees lo que ya te hemos dado, descubrirás que está todo ahí y que solo aguarda a que lo uses en tu vida — cada momento de cada día.

Todavía podríamos hablar contigo de vez en cuando, pero solo será para darte breves comunicados de valor temporal, unos que no te dirán qué hacer o cómo ser, sino más bien para contarte acerca de algo que está a punto de ocurrir. No habrá muchos de estos comunicados, así que este será el último de los Mensajes formales para el Volumen Tres. El resto de la información será provista a través de nuestra mensajera y sus esfuerzos por comunicarse con el resto de ustedes a través del medio del Internet. Sin embargo, aunque no tuvieras acceso al Internet a veces, siempre puedes obtener tu información momento a momento y "noticias" desde dentro de ti mismo.

Una vez que hayas completado el cruce y anclado tu conciencia en 4D, incluso estos breves comunicados no serán necesarios. Tendrás plena conciencia de todo lo que está ocurriendo y no necesitarás avisos dentro del compartimento de la realidad 3D. Mientras tanto, esperamos que sigas nuestro consejo y termines el trabajo que te queda por hacer para hacer ese cruce.

Estás aquí para hacer un trabajo y todo lo que estás haciendo ahora sigue siendo la preparación para ese trabajo. Todo ha sido preparación hasta ahora y la preparación ha estado continuando por siglos de tu tiempo. Sin embargo, está llegando el momento en que la preparación estará detrás de ti y será el momento de ir a trabajar en la evacuación misma. Esa será la culminación de lo que has venido a hacer dentro del compartimento de la realidad 3D y que completará el enfoque de tu vida en 3D.

Sin embargo, solo un poco más allá de ese final está un nuevo comienzo para ti. Una puerta se abrirá a un conjunto completamente nuevo de posibilidades y solo la paz, la alegría y el amor permanecerán.

Te dejamos ahora, en paz, honor y bendición. Amén, Adonoy Sabayoth. Somos las Huestes del Cielo.

ARTÍCULOS

INTRODUCCIÓN A LOS ARTÍCULOS

El material de este libro es el resultado de un largo viaje del despertar. Esta sección del libro contiene cuatro artículos que pretenden complementar el material contenido en las otras secciones.

El primero es la visión original que recibí en marzo de 1982. Cuando las escenas se desarrollaban frente a mí, las experimentaba desde fuera del tiempo lineal. Todo lo que veía parecía que estaba sucediendo dentro de mi sentido del "ahora", así que no había forma de que yo pudiera saber cuánto tiempo se necesitaría para que se manifestara dentro del tiempo lineal.

Pensé que era inminente porque se sentía de esa manera para mí mientras lo experimentaba. Las Huestes han dicho que su experiencia de acceder a probabilidades es similar, por lo que sus intentos de predecir cuándo ocurrirán las cosas dentro del tiempo lineal han sido a menudo inexactos excepto cuando hay un horizonte muy corto involucrado.

Dicho esto, las señales parecen ser claras de que lo que vi en la visión original se está desarrollando de forma constante, sin importar cuánto tiempo tarde en completarse. El 19 de julio de 2018, sentí un cambio personal que pareció marcar el comienzo de lo que solamente puedo llamar "el largo deslizamiento a casa" y creo que es así para todos nosotros.

El segundo artículo es algo que escribí en 1999 y que he actualizado para esta versión nueva del sitio web. Intenta explicar el cambio a la 4ª densidad utilizando modelos científicos que podemos entender como metáforas de nuestro proceso. También arroja algo de luz sobre el proceso en sí mismo que no se trata en ninguna otra parte del sitio o en este libro.

El tercer artículo es un informe sobre algunas de nuestras experiencias con las naves de OT. La primera mitad describe mis propias experiencias y en la segunda mitad se comparten algunas de las fotos y experiencias que otras personas han tenido y siguen teniendo hasta el día de hoy.

El artículo final utiliza la metáfora de la transformación de la oruga en mariposa para estimular tu pensamiento sobre por qué puede que no tengas que morir después de cierto punto en tu viaje personal. Aquellos de nosotros que vamos directamente a Terra en este momento, nos llevaremos nuestros cuerpos físicos con nosotros y se transformarán en los cuerpos que ocuparemos en Terra. Para aquellos que nacerán en Terra más tarde, ya sea como parte de la primera generación de nativos de Terra O después de más encarnaciones de tercera-densidad en otras versiones de este planeta, este artículo aún tiene valor porque al menos sembrará la idea de que uno no siempre tiene que dejar su cuerpo para poder seguir adelante.

Espero que estos artículos te resulten útiles para llegar a comprender y abrazar algunos de los aspectos más difíciles de la perspectiva de Operación Terra. Hay otro material suplementario en la sección de Archivos que también puede contribuir a tu comprensión y experiencia, y te animo a que lo leas todo.

Bendiciones,
Sara/Adonna/Oriole

LA VISIÓN ORIGINAL (1982)

La información de este libro surgió de un largo viaje personal. Comenzó en serio el 9 de marzo de 1981, cuando el Cristo se materializó en mi habitación, puso sus manos sobre mi cabeza, y me llamó a un camino que ha requerido todo lo que tenía en mí, y también me llevó a un lugar de mayor comprensión con respecto a los tiempos en los que vivimos..

Un año después, en marzo de 1982, tomé algunas clases impartidas por un hombre quien dijo podía enseñarme como acceder a la información de otros planos de la realidad. En una de esas clases, recibí la siguiente visión.

En ese momento, lo experimenté todo como una observadora que estaba ubicada en el eterno "ahora", así que la parte de mí que experimenta el tiempo lineal estaba esperando que los cambios de la Tierra y las otras cosas que vi ocurrieran mucho antes de lo que han ocurrido. No fue hasta el 2018 que reconocí que las cosas en el mundo exterior habían comenzado a SENTIRSE como se habían sentido en la visión, y aunque todavía queda mucho por suceder, siento que finalmente vamos a experimentar esos cambios a nivel planetario.

Cuando me conecté con mis guías, mi maestro me dijo: "Pídeles que te muestren lo que hay que ver". Les dije en voz alta: "Muéstrenme lo que hay que ver".

Tenía los ojos cerrados y en mi visión interior, algo que parecía una pantalla de cine se rodó hacia abajo. Al principio la pantalla estaba en blanco. Junto a ella, vi lo que parecía un caballero chino, similar a la estatua que mis padres tenían en el estante de la sala de nuestra casa. Tenía bigotes largos y delgados en ambos lados del labio superior y llevaba una bata hasta el piso.

Desenrolló un largo pergamino, de alguna manera yo sabía que era una lista de las "tareas" que se tenían que realizar [es decir, las cosas

Junto a la pantalla, vi lo que parecía un caballero chino, similar a la estatua de la casa de mis padres.

que tenían que pasar]. Mientras empezaba a consultar el pergamino, mi atención se dirigió hacia la pantalla detrás de él, donde vi cómo se formaba un globo. A medida que me acercaba al globo, supe que estaba mirando la Tierra.

> **NOTA:** Las siguientes escenas "se disolvieron" una dentro de otra, de manera similar a como las escenas pueden "desvanecerse" de una a otra en una película. Sólo era consciente de lo que veía, y se lo describí a mi maestro, quien tomó notas sobre lo que dije mientras hablaba.

Primero, vi una montaña gris y puntiaguda con una ladera verde frente a ella. La cima de la montaña explotó y abrió una grieta en su costado que se extendió delante, abriendo así una grieta profunda en el suelo frente a ella.

Luego vi una luna llena sobre el océano. El viento comenzó a soplar muy fuerte, levantando espuma y enormes olas en los océanos. En tierra, los árboles altos estaban siendo derribados. No podía decir qué estaba causando el viento, pero podía ver que tenía efectos de largo alcance.

La escena cambió y vi gente corriendo, asustada, gritando. Estaban todos vestidos de gris. Sabía que el color gris significaba que no estaban diferenciados de los que los rodeaban — la implicación fue que ellos eran las masas generales de la población. Todos estaban pasando por esto al mismo tiempo.

La escena cambió de nuevo. Las grandes ciudades se desplomaron, los edificios altos se vinieron abajo, como si sus cimientos no hubieran podido sostenerlos. El cielo detrás de ellos era rojo por los incendios de todas partes — todo estaba quemándose.

Vi lo que parecía ser un hombre que sostenía a su hijo y luchando hacia arriba en una pendiente pronunciada, tratando de escapar, pero se deslizaba hacia abajo cada vez, como si estuviera en un tazón con paredes empinadas. No había escapatoria para él ni para nadie.

Todo era confusión, grisura... había una tremenda cantidad de confusión... Mientras me asomaba a toda esta confusión, tratando de comprender qué era lo que la causaba, de repente la causa se me reveló: "¡No hay suficiente amor, [maestro]! ¡No hay suficiente amor!"

Había una sensación de nubes grises e hinchadas que cubrían todo. La gente ya no podía ser vista individualmente. Los detalles fueron borrados por la grisura, pero había una sensación de tensión creciente y ruido creciente de muchas voces que gritaban de angustia.

La tensión siguió acumulándose. En el punto que parecía que, si ocurría una cosa más, habría suicidios masivos por todas partes, la gente vestida con túnicas blancas comenzó a aparecer en medio de la gente que estaba vestida de gris y que corría por todas partes en busca de alivio. Supe que esto estaba pasando por todo el mundo. Dondequiera que aparecía la gente vestida de blanco, se producían centros de calma en medio de la confusión.

La gente de blanco comenzó a aparecer en números cada vez mayores, tal como lo hacen las palomitas de maíz cuando comienzan a reventar. Estaban tranquilos en medio de la confusión, bendiciendo a todos los que alcanzaban. Su mera presencia era suavizante y calmante para quienes los rodeaban. Oí la frase: "Son centros de calma y bendición".

El orden comenzó a tomar forma fuera del caos. Los de blanco empezaron a formar columnas de gente, moviéndolos hacia alguna destinación no vista. Estaban reuniendo y guiando a los que estaban de gris, calmándolos para que se unieran en grupos constantemente en movimiento. Grandes naves espaciales blancas en forma-de-disco aparecieron en el cielo, dondequiera que yo mirara. La gente de blanco condujo a la gente de gris en una procesión ordenada que subió hacia las aberturas inferiores de los vehículos flotantes. Fue un éxodo masivo a escala mundial... una tremenda tarea....

Me retiré a una posición en el espacio exterior donde podía ver a la Tierra girando frente a mí. Al principio, todo parecía normal, pero luego la Tierra ralentizó su rotación y finalmente dejó de girar por completo. Toda el agua de su superficie fue arrojada en grandes nubes blancas y todo lo que no era el lecho rocoso también fue arrojado al espacio. No quedó nada más que roca estéril — ni humedad, ni plantas, ni animales.

Me retiré a una posición en el espacio exterior donde podía ver a la Tierra girando frente a mí.

La Tierra quedó inmóvil por un momento, luego se giró como un trompo que ha perdido su impulso y lentamente comenzó a girar sobre un eje diferente. El polo norte se había inclinado hacia abajo, para el ecuador, por lo que parecía estar a unos 26 grados al sur de su posición actual.

Luego hubo una pausa en las escenas que indicaba que el tiempo había pasado. Durante ese tiempo, la mayoría de las personas que habían sido sacadas de la Tierra fueron llevadas a otras partes del universo para completar sus vidas mientras la Tierra estaba pasando por su propia transformación y sanación.

Mientras la Tierra se estaba curando de todo lo que había pasado en su existencia como planeta, cerca del 10% de las personas que habían sido levantadas del planeta fueron llevadas a lo que parecía ser un gran planeta para ser equipadas para su migración a la "nueva Tierra" como colonos. Esto incluyó una reprogramación de su conciencia, así como equiparlos con ropa, suministros y tecnología. Ninguno de los viejos patrones sería llevado a la "nueva Tierra" (a la que ahora nos referimos como Terra, la palabra latín para "Tierra").

Hubo otra interrupción en el tiempo y vi la "nueva Tierra" en sí misma. Está pulida y brillante como la madreperla. Hay una gran luz brillante por todas partes. Ahora está re-habitada.

El cielo es increíblemente azul. Escucho esta música hermosa, que sé que es la "música de las esferas". Las plantas son brillantes y alegres; se regocijan en la luz brillante y en el aire limpio. La gente se mueve en alegría silenciosa y radiante. Todos y todo está completo y felizmente consciente de su conexión directa con el Creador.

Ahora veo a Cristo en su trono... amor increíble fluyendo... cuánto hay...

Los pensamientos vienen: No tenemos que estar limitados... Él estará conmigo en todo esto... Estoy rodeada de su amor, de su luz azul-blanca...

Estoy rodeada de su amor, su luz azul-blanca.

Me siento tan pequeña y recuerdo el pasaje de la Biblia, "solo si eres como un niño pequeño"... Estoy totalmente envuelta en su amor.

(Esa experiencia de estar totalmente envuelta en el amor de Cristo fue tan poderosa, que no pude hablar por algún tiempo después.)

Vienen más pensamientos: "Mientras tanto, mantén una actitud de oración, sintiéndote feliz de servir. La actitud es lo más importante; la naturaleza de la actividad no importa. Mantén una actitud de preparación...

Seré llamada... Encuéntrate preparada para cuando llegue la llamada... increíble cantidad de amor... apreciando..."

Entonces todo se desvaneció y regresé a la habitación donde estaba sentada con mi maestro.

Esta visión trazó el plan para lo que más tarde se convertiría en Operación Terra y definió el curso del resto de mi vida. Después de recibirla, la primera confirmación que encontré de lo que había experimentado estaba en la Biblia:

"Entonces vi un cielo nuevo y una tierra nueva, porque el primer cielo y la primera tierra habían pasado, y el mar no existía ya más." — **Apocalipsis 21:1**

La parte de "el mar no existía ya más" confirmó lo que había visto cuando los océanos fueron arrojados al espacio como resultado del Cambio de los Polos. Más tarde encontré la confirmación con respecto a las naves que había visto (la profecía Bíblica acerca de "viniendo sobre las nubes"), y las condiciones que han precedido al Cambio de Polos (gran parte del Libro del Apocalipsis las predice, y los análisis de las tendencias globales actuales también confirman lo que vi).

Las Huestes me han pedido que aclare que las escenas en la visión son simbólicas y no deben ser tomadas literalmente. Representan un tiempo de eventos geofísicos cada vez más severos y un tiempo de creciente caos y colapso social a nivel global.

En la línea de tiempo que lleva a Terra como su destinación, esto culminará en la remoción de alrededor de 6-7 millones de personas (más muchas plantas y animales) que migrarán a Terra mediante una larga escala en la Estación de Medio Camino — una nave nodriza extremadamente grande que es aproximadamente un 80% del tamaño de la Tierra. La Estación de Medio Camino es la gran esfera que vi en la visión (pensé que era un planeta), y albergará a los colonos de la Tierra mientras la Tierra se esté transformando en Terra (la "nueva Tierra").

El otro 90% (aproximadamente 60-70 millones) que son sacados del planeta regresarán a sus planetas de origen a lo largo de la galaxia y algunos (pero no el total) de ellos participarán en la creación de colonias en Terra que representen sus planetas de origen. Cuando esté completamente colonizada y asentada, Terra mantendrá una población global de alrededor de 500 millones de personas (más una rica gama de otras formas de vida) de toda la galaxia.

Creo que estamos en el mismísimo comienzo de esos tiempos y que pueden desarrollarse durante varios años, dependiendo de a qué línea de tiempo se esté uno refiriendo. Ve la "Acerca de la Operación Terra" capítulo en este libro para obtener más información sobre las líneas de tiempo y la línea de tiempo para Operación Terra.

— Sara/Adonna/Oriole

CAMBIO DE FASE A 4ª DENSIDAD

A finales de julio de 1999, estaba viajando a un aeropuerto. No estaba conduciendo, así que era libre de pensar acerca de cualquier cosa que quisiera. Es en esos momentos que soy particularmente receptiva a las impresiones psíquicas o intuitivas, y me di cuenta de una metáfora perceptiva que estaba llegando a mi mente:

"Vi" un espacio que estaba completamente lleno de pedruscos grandes que estaban atados juntos en todas direcciones por un sistema de cordones pesados. Mientras miraba, vi que los pedruscos empezaban a moverse. Al principio, solo se frotaban un poco los unos contra los otros. Entonces la distancia entre ellos aumentó y comenzaron a moverse más libremente, chocando y golpeándose unos con otros, tensando y estirando los cordones.

Me di cuenta de que estaba viendo el "futuro" de esta estructura y, a medida que la escena avanzaba en el tiempo, los pedruscos se separaron más y más, y sus movimientos se volvían más erráticos hasta que los cordones se rompieron y pudieron moverse libremente entre sí. En ese momento, sentí que los pedruscos representaban grandes unidades de energía planetaria y que estaba observando la ruptura de viejas formas y patrones. Después de reflexionar sobre esta experiencia, me di cuenta de que era muy similar a un proceso que se llama "cambio de fase".

Puedes estar familiarizado con los tres estados físicos del agua: hielo (sólido), agua (fluido) y "vapor"/vapor de agua (gas). Cuando el hielo se derrite en agua o el agua se convierte en vapor, es resultado de la absorción de más energía en forma de calor. Cuando un sólido se derrite en un líquido o un líquido se convierte en un vapor o gas, sigue siendo químicamente la misma sustancia, pero las moléculas se comportan de forma diferente y tienen una orientación diferente con respecto a las demás. Ha cambiado a otra "fase" o estado de la sustancia.

El elemento clave en este proceso es la absorción de más energía. El aumento de energía hace que las moléculas vibren más rápidamente y se separen unas de otras.

Cuando un sólido se derrite en un líquido o un líquido se convierte en un vapor o gas, se ha cambiado a otra "fase" o estado.

En los sólidos, cuando se ha absorbido suficiente energía, los enlaces que mantienen las moléculas fijadas en una red cristalina se rompen y las moléculas pueden deslizarse libremente más allá de unas a otras. La sustancia se encuentra entonces en un estado o fase líquida. Si la sustancia absorbe aún más energía, las moléculas se mueven cada vez más rápido hasta que escapan y su movimiento es totalmente libre. La sustancia se encuentra entonces en un estado o fase gaseosa/de vapor.

Esto es exactamente lo que nos está sucediendo a nosotros y al mundo que nos rodea en este momento. Hemos entrado en una época en la que la energía en aumento está siendo absorbida por las moléculas que componen nuestra realidad física. Se mueven cada vez más rápido, lo que significa que su ritmo de vibración (frecuencia) también está aumentando. El ritmo vibratorio básico del planeta está aumentando. Todas las formas físicas con las que estamos familiarizados están sobrellevando un cambio de fase.

De hecho, si uno es suficientemente sensible a las energías, se siente que nuestra realidad está en el proceso de "derretimiento" hacia una realidad que fluye más libremente. En marcado contraste con los tipos de percepciones e ideas "fijas" o "sólidas" a las que hemos estado acostumbrados en la Tierra 3D, los Mensajes de las Huestes del Cielo se refieren a una experiencia tipo flujo-de-conciencia como siendo la norma en Terra. Es la palabra "flujo" en el término "flujo de conciencia" la que es la pista a la fluidez en la realidad 4D.

La frecuencia planetaria está cambiando hacia arriba, y la frecuencia de cada objeto material también está cambiando hacia arriba. Si las cosas se sienten como si fueran más rápido, ¡es porque realmente van más rápido! Estamos pasando por un profundo cambio de fase que nos llevará hasta el siguiente nivel en el espectro de realidad. Nuestro mundo "sólido" se derrite y se convierte en uno más fluido.

Para ayudarte a entender este concepto un poco mejor, echemos un vistazo a la luz visible. Definimos la luz "visible" como la energía que vibra dentro del rango de frecuencia que puede ser detectada por las células receptoras de las retinas de nuestros ojos.

La frecuencia de vibración de una forma de energía está en relación inversa a su longitud de onda. *Cuanto más corta es la longitud de onda, más alta es la frecuencia.* Las ondas muy largas tienen una frecuencia muy baja (o "lenta"). Nuestros ojos físicos pueden "ver" o detectar energía en un rango de frecuencia que corresponde a una longitud de onda de 400 a 750 nanómetros. Un nanómetro es una unidad muy pequeña (una billonésima parte de un metro) que se utiliza para medir las longitudes de onda extremadamente cortas encontradas en varias formas de energía radiante.

La luz visible se extiende desde el color "violeta" hasta el color "rojo", mientras que la luz ultravioleta (que significa "más allá" del violeta, es decir, una frecuencia más alta que el violeta) y la luz infrarroja (que significa "por debajo" del rojo, es decir, una frecuencia más baja que el rojo) no son normalmente visibles para nuestros ojos sin equipamiento especial que amplíe el alcance de nuestra visión. En Terra, el planeta y todo lo que hay en él vibrarán a una frecuencia por encima de la de nuestra luz (3D) físicamente visible. Terra ya existe, pero no podemos verla con nuestros ojos físicos porque está vibrando más allá del rango de luz que nuestros ojos físicos 3D pueden ver.

Cuando nuestra propia frecuencia llegue a ser lo suficientemente alta, NOSOTROS no seremos visibles para aquellos cuyos ojos no estén operando en nuestro rango de frecuencia. Para ellos, pareceremos haber desaparecido, aunque para nosotros ELLOS no serán normalmente visibles y nuestra realidad experimentada seguirá pareciendo física para NOSOTROS, a pesar de ser invisible a otros que están operando en una banda de frecuencia más baja.

Todo tiene una vibración y frecuencia característica. Los colores, las emociones, las sustancias, los nombres y las formas de pensamiento todos tienen una "firma" energética. Todo está hecho de energía, y toda energía está vibrando. Llamamos a las emociones de miedo, enojo, odio, celos y codicia las emociones "inferiores" porque en realidad SÍ tienen una frecuencia vibratoria inferior. Las llamadas "emociones superiores" de alegría, paz, amor, bienaventuranza y compasión en realidad SÍ tienen una frecuencia vibratoria superior.

A medida que el planeta y todo lo que hay en él se mueven hacia arriba en frecuencia y transitan el cambio de fase hacia la cuarta densidad, todas las formas de onda de frecuencia inferior están siendo desechadas o canceladas (cuando las ondas están totalmente fuera de fase, es decir, exactamente opuestas entre sí, se cancelan entre sí). Es un proceso de purificación, y lo único que quedará al otro lado de este cambio de fase serán esas formas de onda que vibran a una frecuencia compatible con la de Terra. Solo habrá las emociones "superiores" de alegría, paz, amor, bienaventuranza y compasión. Las emociones "inferiores" simplemente no ocurrirán.

Lo que esto significa en nuestras vidas y experiencias diarias es que todo lo que llevamos dentro de nosotros mismos que no es de las frecuencias "superiores" está siendo purgado. Esto es más notorio en nuestras relaciones cercanas, pero ya está apareciendo en la sociedad en general como furia al volante, creciente violencia y crisis internacionales.

Estos son solo síntomas de una limpieza y purificación profunda llevándose a cabo. Las emociones superiores están siendo realzadas, así que también vemos una mayor aparición de las cualidades del amor, y un creciente deseo de paz, compasión y perdón. (Hay muchos ejemplos de esto, como el crecimiento en el uso de los servicios de cuidado para pacientes terminales, proporcionando así consuelo a los que están muriendo y a los que los aman.)

Hay muchos de nosotros que hemos estado haciendo un montón de trabajo personal a fin de prepararnos para este tiempo. Hemos adquirido muchas herramientas y habilidades para hacer frente al ritmo acelerado del cambio. Nadie se verá inafectado, pero hay muchas manos y corazones para ayudarnos a afrontar la necesidad de nuestro propio proceso de purificación. Todo se mueve hacia la sanación y la totalidad, aunque parezca que todo se está desmoronando. Ambos movimientos están ocurriendo al mismo tiempo.

Volvamos a nuestro ejemplo del hielo derritiéndose en agua. Podemos ver la ruptura de los enlaces cristalinos como una especie de liberación. En estado sólido, las moléculas de agua tienen un rango de movimiento o actividad muy limitado. En el estado líquido, hay mucha más libertad de movimiento, y las moléculas pueden deslizarse suavemente más allá unas de otras, con mucha menos fricción y perturbación. Lo mismo es cierto para esta transición a medida que cambiamos de tercera densidad a cuarta densidad.

Nos estamos liberando de los confines de nuestras ideas limitadas de quiénes y qué somos y moviéndonos desde el pensamiento limitado al tiempo a una realidad más fluida. Tenemos que experimentar la purga de nuestra ira, miedo, rabia y otras emociones "inferiores" y esto está afectando a toda la población del planeta. A medida que la cantidad de energía absorbida por los sistemas planetarios aumenta, habrá más agitación y movimiento aparentes, algunos de los cuales no serán armoniosos. Se sentirá como si las cosas se están derritiendo, pero también puede tomar la forma de reacciones explosivas, al igual que las burbujas de vapor que se elevan desde el fondo de la olla para reventar a través de la superficie del líquido en ebullición. Las personas pueden ser de "mecha corta" y ser desencadenada fácilmente a medida que la ruptura de las estructuras y sistemas procede.

Nos estamos liberando de nuestras ideas limitadas de quiénes y qué somos y moviéndonos a una realidad más fluida.

Cuando un polluelo emerge del huevo, hay cierta destrucción de la cáscara que lo contenía mientras estuvo creciendo y desarrollándose.

Aquellas estructuras y patrones que nos han confinado se están rompiendo, para que podamos operar con mayor libertad.

Lo mismo es cierto para nosotros ahora. Aquellas estructuras y patrones que nos han mantenido dentro de un cierto rango limitado de acciones y movimiento se están agrietando y rompiendo, para que podamos emerger y operar con un grado mucho mayor de libertad y creatividad.

A medida que nuestros propios "terremotos" internos liberan las energías atadas de nuestras emociones "atoradas" y desafían nuestros hábitos acostumbrados, ciertamente no será cómodo a veces, pero si podemos entender nuestra experiencia como una de movernos hacia una mayor libertad personal y creativa, tal vez nos ayude a alienarnos para apoyar el proceso de purificación en vez de resistirlo.

La resistencia será superada cuando sea y dondequiera que ocurra, simplemente porque el ímpetu de este cambio es demasiado grande como para ser detenido. Cualquier cosa y persona que no pueda surfear esta ola de cambio — este cambio de tercera a cuarta densidad — no sobrevivirá al cambio en sí. Es importante recordar que nada perece realmente. Solo cambia de forma y prosigue.

Para concluir, me gustaría decirles que se están presentando grandes desafíos, pero también grandes oportunidades. Todas nuestras "cosas" están siendo sacudidas y aflojadas para que podamos llegar a ser verdaderamente libres, y nuestro mejor servicio para sí mismos y para el proceso es simplemente hacernos a un lado. Entréguense a un poder superior y dejen que ese (el poder superior) les lleve a través de este proceso. Esto les permitirá "ir con el flujo" de estos cambios de la manera más suave posible.

Este es el tiempo que hemos estado esperando, y nos hemos creado a nosotros mismos para tener toda la fuerza interior y los recursos que necesitamos para terminar esta ronda de existencia en acuerdo con las elecciones de nuestra alma/Sobrealma/Ser Superior. Cada vez que nos hallamos en resistencia a los cambios rápidamente crecientes que enfrentamos, si tan solo nos acordamos de renunciar a nuestro deseo de control personal sobre nuestras vidas, tendremos una transición mucho más cómoda y pacífica.

La resistencia es la fuente de todo dolor. Siempre se basa en el miedo, así que el miedo está siempre en la raíz de nuestro dolor. Si podemos desplazarnos hacia la entrega, todavía habrá sensación, pero ya no habrá dolor. Al elegir la entrega una y otra vez, podemos entrenarnos para desplazarnos hacia la entrega tan fácil y automáticamente como solíamos pasar al modo de "reacción" y resistencia.

No todos irán a Terra, y puede haber una tentación para ustedes de intentar "salvar", redirigir o "convencer" a otros. Recuerden que todas estas elecciones están siendo hechas por el alma/Sobrealma/Ser Superior de cada individuo, sin importar si lo pueden ver de esa manera o no. Si alguien les pide ayuda, por supuesto denla en la medida en que pueda ser recibida, pero hay mucho que verán ocurriendo que se supone que no debe ser "ayudado" o "arreglado"; es parte de su propia entrega permitir que ese proceso siga su curso sin resistirlo de ninguna manera.

Nosotros mismos debemos expandirnos lo suficiente para poder sostener todo el proceso en el cáliz de nuestros corazones. También debemos abrirnos y vaciarnos voluntaria y agradecidamente, para poder servir como humildes servidores del Creador, en apoyo de los acontecimientos que deben desarrollarse. De esta manera, ayudamos al planeta y a todo lo que está sobre él a moverse hacia arriba.

Terra será la manifestación del Cielo en la Tierra. Aunque puede haber alguna incomodidad durante el "nacimiento" del nuevo mundo, permítanos también recordar la alegría que viene cuando el nacimiento es completo y la lucha y el dolor finalmente han terminado. Está escrito y así será.

NUESTRAS EXPERIENCIAS CON LAS NAVES DE OT

Cuando recibí la visión original en marzo de 1982, para mí la parte que fue la más difícil de aceptar fue cuando vi grandes naves espaciales llenando el cielo y los grupos en tierra siendo guiados hacia el interior de ellas. Entonces la escena cambió y me experimenté de pie cerca de una ventanilla de observación en una de esas naves y observando el Cambio de Polos delante de mí.

En ese momento, nunca había mirado a las estrellas e imaginado que yo era de "por ahí afuera en alguna parte". Nunca me habían interesado los OVNIS y leía muy poco de ciencia ficción. Sin embargo, las naves fueron tan reales para mí como cualquier otra parte de la visión, así que no podía negarlas selectivamente. Intenté hablar sobre ellas con personas que conocía, pero su lenguaje corporal me dijo que se sentían amenazados por ese tipo de cosas, así que lo dejé todo "en espera" hasta que pudiera averiguar más.

Mi primera experiencia con una nave que se visualizó para mi personalmente, fue el 31 de mayo de 1986. Se me pidió que fuera a un lugar que estaba a unas dos horas en coche de donde yo vivía. Se suponía que tenía que encontrar un lugar determinado y se me dijo que sabría que había encontrado el lugar correcto por medio de una "muestra de presencia" dentro de 20 minutos después de haber llegado allí.

Encontré el lugar y estacioné el coche de manera que estuviera encarando al grupo de edificios que tenía frente a mí. Miré mi reloj y exactamente 20 minutos más tarde, una nube en forma-de-nave apareció repentinamente frente a mí en el cielo, por lo demás despejado. En el viaje de regreso a casa, fui obsequiada con una especie de paisaje nuboso, con dos nubes en forma-de-delfín colocadas a los lados de una gran navenube. Tenía a alguien conmigo en el coche y ambos vimos todas las nubes que he descrito.

En septiembre de 1986, me dijeron que mi "conexión espacial" entraría oficialmente en mi vida en abril de 1987. Tanto sucedió en los meses intermedios (todo lo cual me habían dicho que sucedería) que me olvidé por completo de ello.

En la tarde del 25 de abril de 1987, estaba descansando y dos hombres se me aparecieron, ambos vestidos con overoles de manga larga amarillos. El primer hombre me habló telepáticamente y me dijo que vendría a mi vida a finales de junio. Apareció de nuevo el 30 de junio y me dijo que era Señor Michael Andronicus del Sistema Estelar Sirio. Me visitó diariamente durante todo el verano y hasta el otoño de 1987. Ocasionalmente me habló después de eso cuando fue particularmente relevante para él hacerlo.

(No supe quién era el segundo hombre hasta el 20 de diciembre de 2008, cuando supe que era Señor Michael Adir del Sistema Estelar Sirio. Ahora estoy casada con su aspecto 3D y espero que estemos juntos durante el resto de Operación Terra y más allá).

A principios del verano de 1987, se me pidió que subiera a la cima de Sun Mountain (una montaña algo grande en las estribaciones próximas a Santa Fe) y cuando llegué a la cima una hora más tarde, me dieron una gran "muestra de presencia". El cielo estaba perfectamente claro y sin nubes, y se me dirigió para que me sentara y mirara hacia cualquier dirección que yo eligiera. Elegí mirar hacia las Montañas Jemez, la cadena montañosa que está al oeste de Santa Fe.

Tan pronto como me puse cómoda donde estaba sentada, una armada entera de naves parpadeó encendido simultáneamente. Un minuto estaba el cielo claro, al siguiente minuto estaban todas allí. Digo que "parpadearon encendido" porque eso es lo que me pareció a mí. Era como si un interruptor estuviera volteado y de repente todas estuvieran visibles, todas al mismo tiempo. No había nada gradual en ello.

Las naves estaban rodeadas por un escudo de ionización que hacía que el vapor de agua en el aire se condensara y formara una capa de nube alrededor de ellas; para mí, parecían nubes en forma-de-nave. Las conté. Eran 76 y pensé: "El Espíritu de '76", que para mí (como estadounidense) se refiere a una actitud de autodeterminación y libertad individual. Tan pronto como tuve este pensamiento, aproximadamente un tercio de las naves parpadeó apagado de nuevo y desaparecieron totalmente. ¡Estas no eran nubes ordinarias!

Entonces, desde su percha en un árbol cercano, un cuervo voló hacia el espacio frente a mí, sobre la ciudad que yacía debajo de donde yo estaba sentada. Mientras seguía su línea de vuelo, me sorprendió ver otra nave formándose a mis pies. Era larga y cilíndrica y había sido totalmente invisible. (La forma en que se hizo visible fue muy similar a las escenas de "desenmascaramiento" que luego vi en la televisión, en *Star Trek: La nueva generación*.)

La nave era inicialmente transparente. Gradualmente adquirió más color y sustancia hasta convertirse en un objeto translúcido verdoso. Parecía que tenía por lo menos 2½ millas de longitud y estaba flotando sobre la ciudad, pero estaba por debajo de la altitud de donde yo estaba sentada. Tan pronto como lo había visto claramente y reconocí qué era lo que estaba viendo, comenzó a desvanecerse hasta que fue totalmente invisible de nuevo.

(Esto era similar al efecto reóstato que uno ve en los interruptores de luz que le permiten a uno girar gradualmente la intensidad de la luz hacia arriba o hacia abajo, solo que en este caso la visibilidad/opacidad de la nave era la que estaba siendo girada hacia arriba y hacia abajo.)

La siguiente "muestra" fue un poco diferente. Se me dijo que condujera hacia Lamy, Nuevo México y que parara cuando sintiera que tenía que pararme. Cuando sentí que debía pararme, me detuve a un lado del camino y esperé. De repente, un "torbellino" apareció frente a mí, al otro lado del camino de donde yo estaba. La arena y las hojas que recogía se arremolinaban en forma cilíndrica, girando alrededor de un eje perfectamente vertical.

Podía ver claramente el EFECTO del vórtice que la nave estaba creando, pero no podía ver la nave misma, que permanecía invisible para mí. Era un cilindro, no un cono alargado (como un "remolino de polvo" o tornado) y se mantuvo donde estaba. No se movía por el suelo, como lo hacen los remolinos de polvo y los tornados. El campo implicado tenía paredes rectas y verticales, definidas por el diámetro de la nave.

Oí una voz en mi cabeza que decía: "Ve a casa y lee a Ezequiel". Entonces el vórtice desapareció, así que fui a casa para leer a Ezequiel.

(He descubierto que la traducción de Lamsa de la Biblia es la interpretación más exacta de la lengua original — viene directamente del arameo, que precedió a la Septuaginta griega que forma la base de la mayoría de las versiones bíblicas que se imprimen hoy en día).

En Ezequiel 1,4 leí: "Y miré y he aquí un torbellino que salía del norte, una gran nube, un fuego ardiente y un resplandor alrededor de ella, y de en medio de ella salía como una figura de en medio del fuego".

(Más tarde descubrí que no era la única que pensaba que Ezequiel había visto una nave espacial. Joseph Blumrich, un antiguo empleado de la NASA, había publicado un libro titulado *The Spaceships of Ezekiel* (*Las naves espaciales de Ezequiel*) y R.L. Dione había publicado un libro titulado *God Drives a Flying Saucer* (*Dios maneja un platillo volador*). Dione había concluido que todas las "nubes", "pilares de fuego" y "pilares de nube" mencionados en la Biblia eran realmente descripciones de naves espaciales y mis experiencias encajan con sus conclusiones. El Rev. Barry Downing llegó a conclusiones similares en su libro The Bible and Flying Saucers (La Biblia y los Platillos Voladores).

Todos estos fueron suaves pasos pequeños que gradualmente me llevaron a una mayor aceptación de las naves espaciales y los seres de densidad-superior como parte de mi realidad y de mi vida. Sin embargo, las experiencias siguientes fueron verdaderamente "encuentros cercanos" para mí:

En la mañana del primer día de la Convergencia Armónica (16 de agosto de 1987), mi equipo de arriba me despertó de un sueño profundo y me dijo que saliera a ver el amanecer. Salí de mi puerta en ese momento mágico cuando el cielo apenas comienza a iluminarse en el horizonte.

Las tres estrellas del "cinturón de Orión" estaban alineadas verticalmente delante de mí y la luna creciente estaba encima de ellas. Miré a mi izquierda y allí estaba la nave de Señor Michael Andronicus, vestida de nube. Podía ver su forma claramente. Luego una pequeña nave exploradora surcó el cielo de izquierda a derecha, pasando entre la luna y la estrella superior del cinturón de Orión. Era Quaternicus, mi mentor de la Constelación Hydra, quien apareció de nuevo unos días después en mi patio trasero (ver más abajo).

Me quedé allí por más de una hora mientras el cielo se iluminaba y se tornaba de matices hermosos de oro, rosa claro y rosa. La nave de Andronicus permaneció estable durante todo ese tiempo, en un cielo casi sin nubes. Cuando la experiencia pareció llegar a su fin, corrí hacia adentro a agarrar mi cámara y tomé la siguiente foto, justo cuando la nube que cubría la nave comenzaba a disiparse y desaparecer.

En el segundo día de la Convergencia Armónica (17 de agosto de 1987), se me pidió que viera si podía "trasladarme" a la nave de Andronicus. Lo intenté, pero solo pude superar algunos de los "niveles" en esa ocasión.

La nave de Señor Michael Andronicus, vestida en una nube.

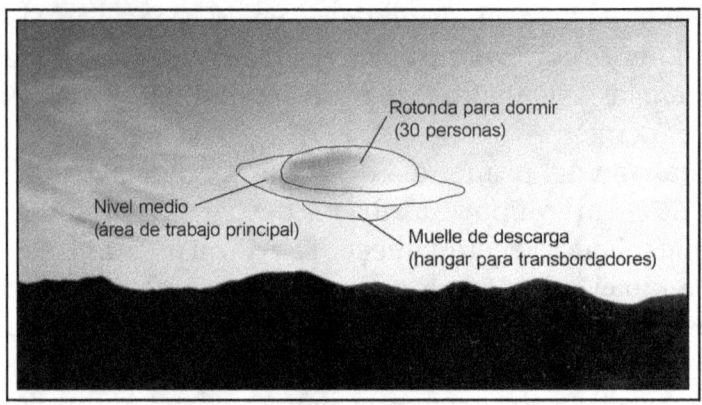
Los tres niveles de la nave

Me adentré lo suficiente en el proceso como para descubrir que la nave estaba VIVA y CONSCIENTE, y que la "tripulación" hizo una especie de "fusión mental" con la nave y entonces el grupo entero (la nave y las personas que eran sus pasajeros) se teletransportó a sí mismo a su destino. "El poder mental" era el único combustible necesario.

A pesar de que no podía trasladarme físicamente del todo hasta allí, pude ver todas las características interiores con bastante claridad. El nivel superior era una rotonda para dormir que contenía 30 recintos, similar a una vaina, que le daban a su ocupante privacidad y silencio completos; tenían compartimentos de almacenamiento debajo de ellos para guardar objetos personales. El nivel medio era donde se desarrollaba toda la actividad; incluyendo un área de descanso para la tripulación, áreas de almacenamiento, la oficina privada de Andronicus y el área de navegación. El nivel inferior era una especie de hangar para las naves exploradoras más pequeñas y podía albergar hasta 5 de ellas. He dibujado un esquema general sobre la foto y etiquetado cada sección para que puedas ver las formas de cada nivel más claramente.

Hubo muchas otras manifestaciones ese verano, puestas para mi beneficio personal y para el de los demás que estaban conmigo cuando ocurrieron, pero la experiencia que fue "mi momento de la verdad" ocurrió en agosto de 1987.

Fui despertada a las 4 a.m. y me pidió ir afuera, me parara en mi camino de entrada y mirara hacia el norte. Me quejé con algo así como, "¿no tienes nada mejor que hacer a las 4 a.m.? ¡Cómprate una vida!" Pero me puse la bata y me fui afuera de todos modos. Esperaba que ninguno de mis vecinos me viera y me preguntara por qué estaba yo ahí afuera a las 4 a.m., en mi camino de entrada, vestida solo con una bata y un camisón.

"Bien", dije para orientarme, "este camino es el sur, así que este camino (dando la vuelta) es el norte". Estaba mirando hacia la parte trasera de la casa que estaba detrás de la propiedad en la que estaba parada. Como la mayoría de las casas de Santa Fe, tenía un techo muy plano. De repente, una nave espacial se iluminó. Estaba flotando a 1,5 metros por encima de la casa. En relación con la casa, parecía que tenía unos 6 metros de diámetro. Toda la nave estaba iluminada uniformemente, pero no emitía un brillo o un aura de luz a su alrededor. No había sombras ni características que yo pudiera discernir, y no había ningún haz de luz brillando sobre ella, así que parecía totalmente autoluminosa. Podía verla claramente en relación con la casa y no había duda de lo que estaba viendo.

Cuando registré plenamente la escena entera, la luz parpadeó apagado de nuevo y no pude ver nada más, pero estaba totalmente convencida. A partir de ese momento, no tuve ninguna duda de que nuestras naves podrían aparecer en nuestra banda de frecuencia si quisieran, y que definitivamente eran "reales". Aunque me dieron muchas más "muestras de presencia" después de esa, el único "siguiente paso" que me importaría sería cuando pudiera abordar físicamente una nave. Cualquier cosa menos tangible que eso solo sería un paisaje a lo largo del camino.

Después de eso, cada vez que veía naves, siempre aparecían en momentos significativos — momentos que tenían significado para mí (y para aquellos con los que estaba cuando eso ocurría). A través de

Un dibujo que hice de mi mentor Quaternicus, como él se me apareció telepáticamente el 7 de agosto de 1987. Él es de la Constelación Hydra. Su gente ve con su superficie corporal entera y percibe hacia el espectro infrarrojo, lo que los convierte en navegantes excelentes de naves. Su nave fue la que apareció por encima del techo de la casa de mi vecino a las 4 a.m., en agosto de 1987.

esas "muestras de presencia", ellos parecían comunicar en silencio: "Recuerda esto. Estamos siempre contigo". Creo que la razón por la que experimenté estas "muestras de presencia" fue probablemente para ayudarme a aceptar las naves como siendo reales y a confiar en lo que se me ha dicho y mostrado.

Todas las experiencias que he descrito anteriormente me han sucedido a mí personalmente. Doce años después, las Huestes me pidieron que entregara una serie de Mensajes de parte de ellos y el sitio de Operación Terra nació. Eventualmente, esto me puso en contacto con otros que también estaban teniendo sus propias experiencias con las naves de OT.

En el Mensaje "A Través de la Gran División", las Huestes confirmaron mi percepción previa de que las naves están vivas y utilizan una especie de fusión mental entre la nave y sus pasajeros para teletransportarse a su destino deseado. También dicen que las naves tienen nombres, como nosotros. El hombre que llevará a cabo su papel de Comandante de la Flota Siriana cuando sea el momento de que eso ocurra, ha tenido la amabilidad de compartir algunas de sus fotos personales de las naves que han aparecido para su beneficio, incluyendo una de su nave de mando, Jonathan.

Este gran grupo de naves fue fotografiado el 23 de noviembre de 2007. Observa la capa de nubes cúmulos que están debajo y alrededor de las formas lenticulares. Esto es significativo en la comprensión de que estas son realmente naves, vestidas con una capa de ionización.

Esta es su nave de mando, Jonathan, fotografiado el 3 de diciembre de 2007. Jonathan es claramente distinto de las nubes cúmulos debajo de él, de las de la izquierda y la derecha. Es considerablemente más grande que la nave de mando de Señor Michael Andronicus (mostrada anteriormente), pero todavía ustedes pueden observar algunas similitudes entre ellos.

Él me envió un correo electrónico en junio de 2018 y me dijo que recientemente había tenido una gran muestra de presencia. Su nave de mando (Jonathan) también se mostró, lo que no había ocurrido desde 2007. Tanto él como yo sentimos que este fue un momento significativo en términos de lo que hay por delante para OT.

Varias otras personas me han enviado correos electrónicos para compartir sus propias experiencias con las naves. He seleccionado las siguientes imágenes para compartir con ustedes e intercalaré mis comentarios con los suyos. Sus comentarios serán mostrados en un tipo de letra diferente al mío.

Querida Adonna,
Me tropecé con Operación Terra hace varios años y desde entonces he sido una ávida seguidora.
Cuando escribiste sobre las navesnube, realmente no me sorprendió porque vi una en octubre de 2006 cuando mi hermana y mi padre condujeron hasta México. Miré hacia arriba y vi esta masiva nave nodriza envuelta dentro de una nube. ¡Fue increíble! Se lo señalé a mi familia, pero ellos no pudieron verlo. Desgraciadamente, todavía están muy dormidos.
Adjunto la foto de la navenube en el horizonte lejano que fue tomada desde el automóvil.
Después hablé de ver esta navenube con un amigo que es un intuitivo y que hace canalizaciones. Confirmó que esta nave apareció ante mí y que se suponía que yo debía verla. ¡Wow! ¡Mi familia ET vino a saludar!
Gracias por tu trabajo y por proveernos con estas hermosas actualizaciones de las Huestes del Cielo. La tripulación de tierra está lista y estamos esperando la llamada ¡para hacer el trabajo que hemos elegido hacer!
Bendiciones.

Navenube de octubre de 2006, México

Querida Adonna,

He disfrutado de tus libros y artículos a lo largo de los años, así como de seguir tu proceso y el de tus personas. Aunque no soy una de las personas de opterra, hay muchos "programas" paralelos que se están llevando a cabo y yo soy una parte de uno de ellos. Por alguna razón me sentí obligada a conectarme contigo después de leer tu último post, esta mañana. No estoy segura de por qué.

Compartiré contigo una foto que tomé hace cuatro años y medio en Barcelona. Había estado en los Pirineos Orientales "trabajando". Estaba en un hotel de aeropuerto y me levanté muy temprano para mi vuelo. Como puedes ver, hay varias formas de nubes. Lo realmente interesante es que, aunque no se puede ver aquí, estaban en formación. Tomé la foto temprano justo después de despertarme. Alrededor de una hora más tarde, cuando tomé el transporte al aeropuerto, los "discos" estaban todavía en esta formación y no se habían movido, pero todas las demás nubes se habían ido.

Navesnube sobre Barcelona, España, 2010

Hay diferentes tipos de seres aquí en este momento. Algunos de este sector/galaxia y algunos de otros universos. Este es un gran proyecto y hay relevancia para muchos. Además, algunos de los que están aquí, están aquí porque ya han hecho algo similar antes. Ellos están aquí para ofrecer su experiencia y maestría a esta situación particular.

También hay muchos seres espirituales (seres que normalmente no se encarnan en forma física para expandir su conciencia y hacer lo que hacen). Un número sin precedentes de esos seres están en forma física ahora y para la mayor parte no será una parte a largo plazo del aspecto físico del proyecto. Incluso algunos de los seres del tipo material que están aquí, están aquí por apoyo en lugar de por habitación.

Para mí, esta es una asignación especial y no mi hogar a largo plazo. Los programas paralelos a los que me refiero son TODOS los seres que están aquí para apoyar esta nueva expresión de principio a fin. El trabajo de base comenzó hace MUY largo tiempo (tiempo terrestre) con semillas de conciencia plantadas para apoyar la preparación para este nuevo mundo que se está creando. Continúan habiendo muchas capas de apoyo que facilitan la promulgación de lo NUEVO. Y ese será el caso durante muchos años venideros.

Su referencia a la diversidad de seres involucrados en "esta nueva expresión" (a la que OT se refiere como la nueva Creación) encaja con algunas de las experiencias que he tenido al entrar en contacto con personas que están "en préstamo" para Operación Terra. Su referencia a "muchos años por venir" concuerda con la información que me han dado sobre el tiempo que los evacuados pasarán en Medio Camino (aproximadamente 20-25 años), preparándose para colonizar Terra.

El tipo de naves que se muestran en su foto son las que suelo ver, en lugar de las formas lenticulares que otras personas fotografían tan a menudo. Su comentario acerca de que las otras nubes se movían y las naves permanecían inmóviles fue un fenómeno típico en muchas de las experiencias que he tenido.

La siguiente foto fue tomada el 20 de febrero de 2016 (alrededor de las 2:00 p.m.), por encima de la parte noreste de Seúl, Corea del Sur. Observa la diferencia en las formas entre el apilamiento ascendente de navesnube en el centro de la foto y el grupo de nubes cúmulos ordinarias alineadas en el horizonte en el borde inferior de la foto.

Navesnube sobre Seúl, Corea del Sur, fotografiadas el 20 de febrero de 2016

Otra lectora me envió la siguiente foto en un correo electrónico fechado el 23 de marzo de 2018:

Tuve una extraña experiencia con una nube, fue hace unos meses. Eran las 4:35 p.m. Salí del supermercado, crucé la calle y en ese momento vi una gran nube en el cielo en forma de disco. Comenzó a expandirse y de repente un destello, pensé que era un trueno, pero no había sonido. Estaba claro alrededor, el cielo azul y el sol brillante. Tuve la impresión de que yo era la única persona que lo miraba. Cuando terminé de cruzar la calle, tomé una foto. Tenía más fotos, pero estaban dentro de otro teléfono celular que ya no respondía. Estoy adjuntando la foto que pude salvar.

Realmente no sé si es una de "nuestras naves" o una nube ordinaria y no relacionada con todo esto. Solo quería compartirlo contigo.

Quería tener una imagen más panorámica, pero la nube era demasiado grande (cruzaba dos calles) y su altura demasiado baja; me era imposible capturarla en su totalidad. Este evento fue en Puerto Vallarta, Jalisco, México. Hora: 4:36 de la tarde (lo puse en una nota).

Continuamente veo un punto de luz luminoso en el cielo; es como una estrella, pero aumenta y disminuye su luz. Desaparece y reaparece.

Navenube sobre Puerto Vallarta, México

La siguiente foto fue tomada a las 4 p.m., el sábado 10 de marzo de 2018 en el Desert Vista RV Park, cerca de Deming, Nuevo México. La persona que me la envió dijo:

[Mi esposo] sintió que era una nave espacial y yo también. Pensé: "¡Siiiiii! Están aquí".

Navenube sobre el Desert Vista RV Park, cerca de Deming, Nuevo México (EE. UU.)

La siguiente foto fue tomada a las 8:20 a.m., el 2 de abril de 2018, en Tucson, Arizona. Las naves son del tipo que veo más a menudo.

Navesnube sobre Tucson, Arizona (EE. UU.) a las 8:20 a.m., el 2 de abril de 2018

Como vi en la visión original en 1982, la evacuación tendrá lugar en una época de agitación extrema y caos — un desmoronamiento fundamental de la sociedad a una base global, puntuado por cambios cataclísmicos de la tierra, tensiones y miedo crecientes en todas partes.

El final para todo ese drama incluirá la evacuación de los que se dirigen a Terra en este momento. Ahora nos estamos acercando a ese tiempo y mientras parece que las cosas se están desintegrando y el miedo y el caos se están incrementando a su alrededor, les pido que recuerden permanecer calmados y centrados y que sepan que nunca están solos.

Paz y bendiciones,
Sara/Adonna/Oriole

PUEDE QUE NO TENGAS QUE MORIR

El material de este libro está destinado para tres públicos:
1. Aquellos que harán el viaje a Terra ahora, desde la plataforma de su encarnación actual;
2. Aquellos que dejarán sus cuerpos actuales (es decir, "morirán") y se encarnarán en Terra como la primera generación de nativos de Terra; y
3. Aquellos que dejarán sus cuerpos actuales (es decir, "morirán") y continúan experimentando más vidas de tercera-densidad antes de que finalmente encarnen en Terra.

Cada uno de nosotros ha sido creado por nuestras Sobrealmas para un propósito particular y específico. Si estamos en el primer grupo mencionado anteriormente, nuestro propósito personal nos requiere emigrar a Terra desde nuestra encarnación presente para proveer los cuerpos adultos que crearán los fetos en los que el segundo grupo pueda encarnar y tendremos que transformar tanto nuestra conciencia como nuestra forma física para poder cumplir ese propósito.

Esa transformación no es necesaria para nadie del segundo y tercer grupo, pero creo que es útil para todos nosotros considerar cuán profunda será esa transformación, porque todos la experimentaremos eventualmente, cuando sea el momento de que personalmente hagamos eso.

Las mariposas son ampliamente aceptadas como símbolos de transformación física porque parte de su ciclo normal de vida incluye su transformación física de oruga a mariposa.

Cuando una oruga sale de su huevo y comienza a comer hojas, tiene ciertas características en común con todas las demás orugas. Su cuerpo está formado por muchos segmentos, cada uno con un par de patas, por lo que también tiene muchas patas. Su boca está diseñada para masticar hojas y sus ojos son relativamente simples, a menudo se transportan en tallos protruidos.

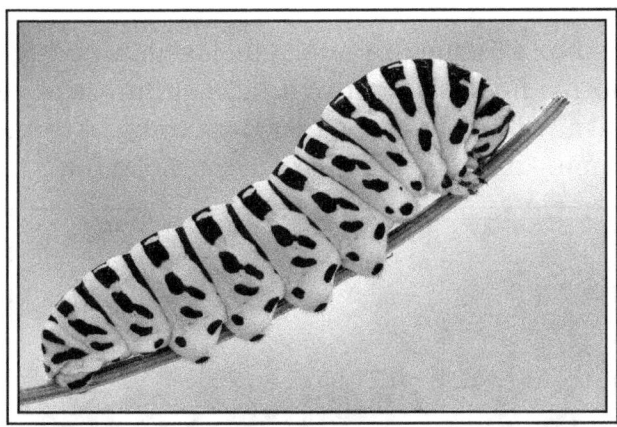
Oruga mariposa de cola de golondrina

Tiene un cuerpo suave que está cubierto con una piel flexible, y debe arrastrarse para poder moverse. La oruga mastica plácidamente durante su fase de crecimiento, arrastrándose de una hoja a otra. Entonces un día, un mecanismo interno de cronometraje se activa y la oruga hila un capullo alrededor de sí misma hasta que está completamente encerrada. El capullo se endurece y entonces ocurre una transformación milagrosa.

Metido de forma segura dentro de su capullo, el cuerpo de la oruga se disuelve literalmente. Solamente el corazón permanece y todavía late. El resto se descompone en una "sopa" viscosa de materias orgánicas que no tiene forma alguna. Si abriéramos la crisálida en ese momento, la "sustancia viscosa" nunca llegaría a ser nada. Se secaría y moriría. Sin embargo, si no se daña o interrumpe, la "sustancia viscosa" se convierte en otra forma por completo — la de la mariposa en desarrollo.

En lugar de la piel suave, forma una cáscara dura. En lugar de una boca adaptada para masticar hojas, desarrolla un tubo largo, rizado en una espiral firmemente enrollada, diseñado para llegar profundamente en las flores y succionar su néctar. Los ojos forman parte de la cabeza y son complejos. En lugar de muchos segmentos, hay solo tres, cada uno con un par de patas.

En lugar de ser limitada a arrastrarse para moverse, un sistema delicado e intrincado de membranas, estructura y músculos toma forma; se convertirá en las alas de la mariposa. Todo esto ocurre en secreto, oculto a los ojos de los depredadores potenciales, pero es verdaderamente uno de los milagros de la naturaleza.

Finalmente, todo está completo. La mariposa emerge del capullo y se posa en una hoja o tallo, pero sus alas todavía están arrugadas por haber estado plegadas firmemente contra su cuerpo. Su corazón bombea fluido en la estructura hueca de las alas, que se despliegan a su tamaño y forma finales. La estructura se endurece a medida que las alas se secan al aire libre. Luego la mariposa toma su primer vuelo, una criatura totalmente diferente de la oruga que solía ser.

La mariposa es una criatura totalmente diferente de la oruga que solía ser.

Entonces, ¿qué le ha pasado a la oruga? ¿Ha muerto? No, por supuesto que no. Simplemente ha cambiado su forma.

Cuando hablamos de personas muriendo, nos referimos al proceso en el que el espíritu se separa del cuerpo, dejándolo atrás para que se descomponga en sus componentes más elementales, mientras que el espíritu sigue adelante para ocupar otro plano de la realidad.

Todos hemos hecho esto tantas veces que es fácil olvidar que no siempre es necesario hacer esto cuando es tiempo de seguir hacia otra fase de nuestra existencia. Así como la oruga no ha "muerto" (es decir, dejado su cuerpo atrás) para convertirse en mariposa, nosotros no tenemos que morir (es decir, dejar nuestros cuerpos atrás) para convertirnos en nuestros "nuevos yoes" para la nueva Tierra, Terra. Simplemente tenemos que cambiar de una forma a otra.

Cuando varios escritos espirituales hacen referencia al "cuerpo glorificado", es esta otra forma a la que se hace referencia. Para poder entender esto, uno necesita considerar el espectro de la existencia. Cada uno de nosotros ocupa un espectro de realidad que abarca desde estos cuerpos físicos densos hacia arriba a través de muchos niveles — cada uno de una sustancia más fina que la que está debajo de ella — hasta un nivel donde somos pura luz y conciencia.

El espíritu se separa del cuerpo dejándolo atrás mientras el espíritu sigue hacia otro plano de la realidad.

Si tú pasas luz blanca a través de un prisma, se esparcirá en bandas de luz de diferentes colores. Un arco iris exhibe estos colores cuando la luz del sol pasa a través de una niebla de gotitas de agua, cada una de las cuales actúa como un pequeño prisma que divide la luz en esas bandas de color con las que estamos tan familiarizados. Cuando la Luz pura del Creador se esparce en diferentes bandas de la realidad — diferentes "planos" o "densidades/dimensiones" — vibra a diferentes frecuencias, así como los diferentes colores de la luz vibran a diferentes frecuencias.

En el nivel de la materia física de la tercera densidad (3D), al usar nuestros ojos físicos, generalmente podemos ver colores desde el rojo (la frecuencia más baja/lenta que podemos percibir) hasta el violeta (la frecuencia más alta/rápida que podemos percibir). Pero también hay luz que está por debajo de la frecuencia que podemos percibir (infrarrojo, por ejemplo) y luz que está por encima de la frecuencia que podemos percibir (ultravioleta, por ejemplo) con nuestros ojos físicos. Está AHÍ, pero no podemos percibirla porque nuestros instrumentos de percepción (en este caso, nuestros ojos físicos) se limitan a percibir un cierto rango de frecuencias.

En la transformación que haremos en nuestro camino a Terra, estaremos cambiando nuestra propia frecuencia y entonces seremos capaces de percibir un rango diferente de frecuencias que las que están disponibles para nosotros ahora. Terra ya existe — aquí mismo, ahora mismo — pero no podemos percibirla directamente porque no hemos cambiado hacia la misma banda de frecuencia que ella ocupa. Para poder verla y experimentarla directamente, tenemos que hacer un cambio en la conciencia, la frecuencia y la percepción. Están inextricablemente unidas.

Cada diferente "plano" o banda de frecuencia dentro del espectro de realidad, vibra a través de un rango discreto de frecuencias. Cada "forma" que ocupamos toma sus características de la banda de frecuencia que ocupa. Nos expresamos en cuerpos diferentes para cada parte del espectro de realidad. He recordado otros cuatro cuerpos que ocupo en otras bandas de frecuencia. Todos ellos son muy diferentes entre sí y cada uno de ellos es la forma apropiada para su banda de frecuencia particular.

Los cuerpos en los que estamos ahora mismo son los vehículos apropiados para nosotros en este nivel de realidad, de la misma manera que el cuerpo de la oruga se adaptó de manera única a su tipo de existencia como un insecto rastrero. Sin embargo, para habitar Terra, nos tenemos que transformar valiéndonos de cuerpos totalmente diferentes ya que serán los vehículos adecuados para ESE nivel de realidad.

Cuando los Mensajes dicen que no tenemos que morir, es similar a la transformación de oruga-a-mariposa: hay un cambio en la forma actual, pero la corriente de vida particular continúa sin interrupción. Aquellos de nosotros que estamos destinados a colonizar físicamente Terra no moriremos; simplemente cambiaremos de forma. De hecho, estamos ya bien encaminados en hacer precisamente eso.

Entonces hay aquellos que se encarnarán en Terra a través del proceso normal de nacimiento, así como los bebés se encarnan a través del proceso normal de nacimiento aquí en la Tierra. Pero ¿de dónde vendrán los espermatozoides, los óvulos y los úteros para crear y nutrir a esos bebés?

Los espermatozoides, los óvulos y los úteros no se forman por si solos en el aire para crear bebés. Algunas formas adultas deben estar presentes para "sembrar" y colonizar el nuevo planeta. Deben venir de alguna parte. Eso es parte de lo que es Operación Terra: el recoger las existencias de semillas para el nuevo mundo. Algunos de nosotros (el primer grupo de la lista) estamos destinados a ser los progenitores de toda una nueva especie de seres, y para hacer eso, nosotros mismos debemos transformar nuestros cuerpos presentes en aquellos que son apropiados para el nuevo mundo. Nos estamos llevando nuestros cuerpos con nosotros, así que en ese sentido, no moriremos.

Tú puedes señalar que en el ejemplo de oruga-a-mariposa, la oruga puede solo cambiar de forma, pero la mariposa eventualmente completa

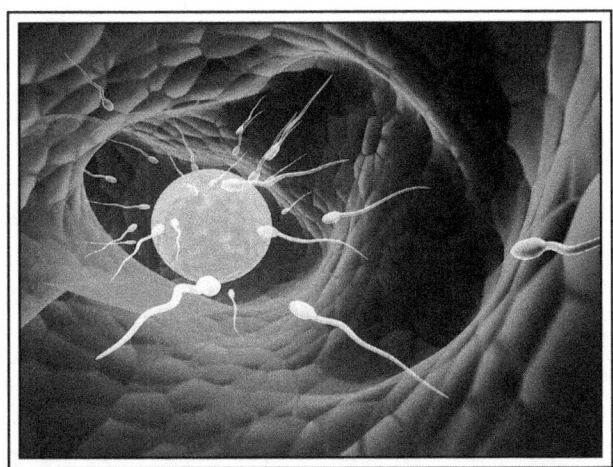

Los espermatozoides, los óvulos y los úteros no se forman por si solos en el aire para crear bebés.

su ciclo de vida, pone los huevos para la nueva generación de orugas y luego "muere" (deja su cuerpo atrás). Eso es cierto para las mariposas 3D, pero cuando hayamos transformado completamente nuestra conciencia a la de nuestro siguiente nivel del ser, completaremos cada vida después de eso al conscientemente elegir cambiar de forma, una y otra vez y otra vez. Nunca más tendremos que dejar atrás nuestro cuerpo (que es lo que significa "morir"), así pues, nunca más tendremos que "morir".

Esta transformación va a suceder a un número bastante grande de personas — varios millones, de hecho — así que tiene que ser un proceso bien establecido para que les suceda a tantos en el tiempo relativamente corto que queda para que la Tierra de tercera-densidad cambie hacia la cuarta densidad. Nosotros somos de hecho la "última generación" de la que se habla en las Escrituras, independientemente de nuestra edad cronológica. En algún punto, Operación Terra tendrá que recoger los que serán los pioneros en el nuevo mundo. Este libro entero está dedicado a proporcionar información sobre ese proceso y viaje en particular, así como sobre el contexto en el que tiene lugar.

Paz y bendiciones,
Sara/Adonna/Oriole

ARCHIVOS

RESUMEN DE ARCHIVOS

El último Mensaje del Volumen Tres fue recibido el 7 de diciembre de 2006. Después de eso, hubieron muchas páginas de noticias, actualizaciones y comunicaciones privadas que compartí a través de la sección de Noticias/Actualizaciones del sitio anterior de OT. La mayor parte de ese material era de inmediata relevancia y basado en el tiempo, particularmente en 2011 y 2012, cuando se habló mucho sobre el esperado final del calendario maya en diciembre de 2012.

El 23 de septiembre de 2011 una cuadrícula de 12 puertas estelares fue activada durante una ceremonia que se llevó a cabo en un lugar remoto de Sudamérica. Esta activación conectó los puntos de entrada y salida para las 12 líneas de tiempo que emergerán de esta realidad compartida. No ha habido mucha información nueva desde entonces.

El 30 de julio de 2018 las Huestes me dijeron que "todas las comunicaciones [futuras] se llevarán a cabo directamente con aquellos que tengan necesidad de saber y no serán para publicación general ...El sitio web servirá para despertar e informar sobre lo básico en general de la "op", pero los detalles de lo que seguirá no se proporcionarán allí, por lo que no hay necesidad de intentar extraer detalles de comunicaciones anteriores. Quédate con los principios y las prácticas básicas, y estarás en terreno seguro". Cuando les pedí orientación sobre lo que debía incluir en esta sección de Archivos, me dijeron que "solo debería incluirse material de carácter más duradero y no mucho de eso".

Solo los cuatro capítulos incluidas aquí cumplían con ese estándar. Irónicamente, creo que están entre las páginas más importantes de este libro, pero no es hasta que uno haya leído el resto del material que puede entender lo que se está presentando aquí. Por eso no las he incluido en la lista de "lecturas recomendadas" para las personas que son nuevas en esta perspectiva. Se podría decir que "guardé lo mejor para el final".

La perspectiva de Operación Terra es radicalmente diferente a casi cualquier otra fuente de información y estos cuatro capítulos la resumen muy bien. Te animo a que les dediques tiempo y veas lo que estimulan en ti.

En servicio,
Sara/Adonna/Oriole
7 de agosto de 2018

BOLETÍN
12 de agosto de 2007

Muy bien. Hemos pedido hablar con ustedes hoy debido a algunos cambios en el horizonte inmediato para todos los que están conectados con la "op". Se están acercando al punto de cruce entre 3D y 4D, y para aquellos en las dos primeras olas, esto resultará en un cambio sustancial en las percepciones y la experiencia subjetiva de uno. ¿Cómo se verá esto cuando llegue? Solo podemos darles una analogía con algo que puedan imaginar, porque de lo contrario no podrían imaginarlo de ninguna manera hasta después de que ya lo hayan experimentado.

Imagínate que es de día y estás dentro de una casa, mirando a través de una ventana hacia el exterior. A pesar de que el sol brilla, la ventana parece estar recubierta por fuera con un grueso gel translúcido, por lo que las imágenes que ves a través de la ventana son borrosas pero todavía reconocibles por su forma y color general. Así es como percibes 4D ahora mismo.

Ahora imagínate a ti mismo moviéndote hacia la ventana y luego pasando a través de ella corporalmente. Mientras estés todavía dentro de la casa, la ventana y el gel todavía difuminarán las imágenes afuera, pero a medida que te acerques a la ventana se volverán un tanto más nítidas y claras. Sin embargo, no es hasta que hayas pasado por la ventana misma y estés completamente presente fuera de la casa que verás claramente.

La ventana y el gel representan a lo que tú te refieres como "el velo". Te estás acercando a un tiempo en el que, hablando en sentido figurado, pasarás a través del velo que nubla tus percepciones y comenzarás a ver claramente de nuevo. Decimos "de nuevo" porque es así como eran antes de que te encarnaras como un ser humano velado y ahora regresarás a ese estado previo, y una vez que hayas cruzado completamente a la conciencia 4.0, tus recuerdos también serán restaurados.

Podrás ver en todas direcciones al mismo tiempo. Podrás escuchar los pensamientos de los demás y empezarás a acceder a toda la gama de tus habilidades — todo ello mientras mantienes una presencia física en 3D. En algún momento, cuando te hayas adaptado a este cambio en tus habilidades, podrás literalmente caminar a través de paredes. Sin embargo, debemos enfatizar que esto es todavía un proceso, no un evento y hay un continuo de experiencias que acompañarán el cambio.

Las primeras etapas de esto implicarán un cambio gradual en tu habilidad para "ver", de la misma manera que las cosas comenzaron a aparecer más claras a medida que te acercabas a la ventana en nuestro ejemplo. Sin embargo, lo que "ves" no será solo percepción visual. "Verás" con tu ser entero, y será más como un "saber" total, involucrando tu intuición como el contenedor de la experiencia y tus sentidos sutiles proveyendo los colores, formas, sonidos y olores que son parte de esa experiencia.

Más importantemente, entenderás lo que percibes por lo que es. Las anteojeras se caerán y tú simplemente "sabrás" todo lo que necesitas saber en ese momento, y eventualmente — a medida que te aclimates a esta experiencia — sabrás todo lo que está conectado en ese momento. Serás capaz de percibir todas las relaciones — pasadas, presentes y futuras — que se intersecan en el momento y ser capaz de rastrearlas en cualquier dirección que elijas.

Tu sentido del yo se disolverá a medida que te muevas en este cambio hasta que te vuelvas sin límite, capaz de fusionarte y convertirte en cualquier cosa que percibas. Te sabrás a ti mismo para SER todo lo que percibes y cuando este proceso esté completo, estarás en unión con Todo Lo Que Es y toda la experiencia de separación desaparecerá.

Queremos recordarte que esto ES un proceso, no un evento; por lo que procederá lo suficientemente gradual para que puedas integrarlo a medida que proceda. Sin embargo, sentíamos que debes saber lo que viene así lo entenderás y reconocerás por lo que es cuando tus percepciones comiencen a cambiar.

Esto no ocurrirá a la misma velocidad o al mismo tiempo para todos, ya que cada uno tiene su propio proceso único por el que pasar. Sin embargo, todos los que SON parte de las dos primeras olas pasarán por esto ahora y todos los que NO son parte de las dos primeras olas NO pasarán por esto hasta después de la evacuación.

Esto será un cambio profundo de identidad y percepción, y ocurrirá en pequeños incrementos para que puedas mantener la función y adaptarte. No podrás explicar esto a nadie que NO forme parte de las dos primeras olas, así que te sugerimos que ni siquiera lo intentes. Eventualmente habrá una fusión de las mentes de todos los involucrados en esto y estarán juntos incluso mientras sus cuerpos se estén expresando en lugares separados. Esto es todo lo que queremos decir en este momento, pero te diremos más cuando surja la necesidad de saber más adelante.

Amén, Adonoy Sabayoth. Somos las Huestes del Cielo.

COMENTARIO: Han pasado 13 años desde que se recibió esta información y es claro que lo que las Huestes querían decir con "horizonte inmediato" se definió desde dentro de su experiencia de estar fuera del tiempo. Para aquellos de nosotros que operamos desde dentro del tiempo lineal, no ha sido lo que NOSOTROS llamaríamos "inmediato", pero para mí personalmente, se está desarrollando ahora tal y como ellos lo describen, aunque es un proceso gradual que aún no está completo.

Paz y bendiciones,
Sara/Adonna/Oriole
Agosto de 2020

FRAGMENTO DE "MENSAJE PRIVADO"
23 de marzo de 2009

Muy bien. Hay poco que decir de naturaleza general, pero nos gustaría resumir una serie de cosas a las que nos hemos referido en el pasado y presentarlas dentro de una nueva luz, con la esperanza de traer un enfoque y comprensión adecuados a todo lo que ahora se está desarrollando.

Para empezar, todas las cosas están ahora en movimiento, lo que llevará a la conclusión del arco de experiencia que comenzó cuando los elohim se reunieron para precipitar esta porción de la realidad a partir de su propio ser. Como hemos indicado, esta conclusión estará completa en el momento en que la primera generación de niños nacidos sobre Terra sea lo suficientemente madura como para tomar las riendas a partir de ese momento. Cuando eso ocurra, aquellos de ustedes que se reunieron hace esos miles de millones de años atrás habrán completado su contrato entre sí y también con el planeta y la galaxia.

Este punto del tiempo es a todavía muchos años en su futuro. Sus hijos no nacerán hasta que la colonización esté bien establecida y funcionando sin problemas. Todas las estructuras y el personal que se necesitan para participar en la crianza de esos niños deben estar en su lugar y armonizados con todo lo demás que esté sucediendo, y tan solo eso es un proceso de muchos años. Medido en su tiempo actual, estamos describiendo un periodo que se extiende aproximadamente desde 150 a 200 años a partir de ahora y ese es el horizonte de tiempo que les recomendamos que usen mientras piensen en el proceso en el que están involucrados en este momento.

Es comprensible que su atención estará centrada en los levantamientos... y en la propia evacuación, pero esos constituyen menos del 1% del marco de tiempo del que estamos hablando...

Todo esto es un proceso que ha estado en movimiento por siglos,

Fragmento de "Mensaje privado", 23 de marzo de 2009   437

Todavía quedan aproximadamente dos siglos para completar este proceso.

y todavía quedan aproximadamente dos siglos para completar este proceso, así que aunque el futuro inmediato parece tener algo de intensidad para ustedes, será de naturaleza pasajera en comparación con el resto de lo que queda por hacer. Esperamos que estos comentarios les ayuden a mantener una adecuada relación entre los detalles y el panorama mayor.

...Una vez que todos estén a bordo de la Estación de Medio Camino e involucrados en los procesos que continuarán a partir de ahí, las dificultades quedarán atrás y el proceso se volverá mucho más placentero, interesante y variado.

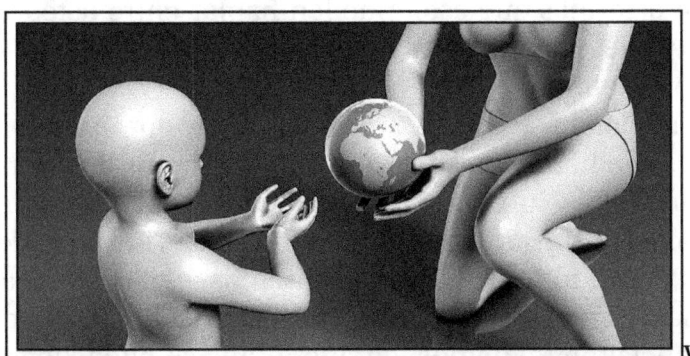

No comprenderán su logro hasta que vean a sus propios hijos actuando como adultos en ese entorno.

No entenderán plenamente el regalo que es Terra hasta que llegue el momento de que se despidan de ella y echen su "última mirada a su alrededor" a lo que han logrado allí. No comprenderán su logro hasta que lo vean en su más pleno florecimiento mirando a sus propios hijos actuando como adultos en ese entorno, ver el flujo de individuos e información que pasa entre Terra y el resto de la galaxia, y miren hacia atrás en el viaje que atravesaron para llegar a ese punto en el tiempo. Es solo entonces que ustedes apreciarán plenamente lo que ha ocurrido y lo que han creado.

Debido a que aquellos de ustedes que están leyendo esto todavía están en la superficie, tampoco aprecian los vastos números de seres que están asistiendo en este proyecto. Una vez que sean levantados y conscientes de sus alrededores, eso también se sumará a su experiencia y comprensión. Eventualmente su amnesia se desvanecerá y apreciarán también quiénes son, pero eso es algo que no pueden comprender en este punto del tiempo, mientras aún están velados e identificándose con sus cuerpos presentes como siendo lo que ustedes son. Eso va a cambiar.

Tendremos uno más de estos mensajes privados antes de que hayamos terminado de hablarles de esta manera. Será esencialmente nuestro adiós a la relación que hemos tenido con ustedes en el pasado, una pausa en el desarrollo del proyecto en el que estamos participando junto con ustedes, y luego — cuando llegue el momento de que cada uno de ustedes lo haga — estarán de pie junto a nosotros y actuarán como plenos socios con nosotros para llevar a cabo el resto de lo que queda por hacer. Hay tantas cosas que podemos decir hasta que las palabras se vuelvan innecesarias y las acciones sean lo que cuente.

Esto es algo que debe ser vivido en lugar de hablar de ello, así que si necesitan algo más que esto, pueden hablar entre ustedes, pueden volver atrás y releer lo que ya les hemos dado y — sobre todo — pueden escuchar en su interior.

Los principios básicos son simples. Puede que no sea fácil para ustedes hacer un hábito de ellos, pero al final siempre se reduce a esos simples principios. No necesitamos repetirlos aquí. Ya sabes lo que son. Utilícenlos y conviértanlos en una forma de vida en el tiempo que les queda. Pronto, todos nosotros seguiremos adelante hacia nuestros próximos pasos en el viaje y el silencio hablará en voz alta de nuestra partida. Esencialmente hemos logrado lo que se puede lograr de esta manera y ahora depende de ustedes hacer uso de lo que hemos dado y caminar el resto del camino por su cuenta, hacia su expresión y destino particular, sea lo que sea.

Los dejamos ahora en paz, honor y bendición. Amén, Adonoy Sabayoth. Somos las Huestes del Cielo.

[Amén y gracias].

UNA EXPERIENCIA CON "OCÉANO"
18 de octubre de 2011

Un hombre que ha estado conectado con Operación Terra durante muchos años, compartió conmigo la siguiente experiencia en octubre de 2011. Le pedí permiso para compartirlo con todos ustedes, ya que creo que refuerza y valida varias cosas que he experimentado personalmente y lo que las Huestes han dicho en los Mensajes también.

A todos,

Hoy he tenido una experiencia interesante que necesito compartir. En las primeras horas de la mañana (alrededor de las 2 a.m.), después de solo dos horas de sueño. Me desperté de "algo" que no era un sueño. No sé cómo llamarlo, pero fue una experiencia diferente a cualquier estado del sueño que haya experimentado nunca. En ese estado sin nombre, yo era un punto de conciencia totalmente incrustado en lo que se sentía como un Océano de Conciencia muy fluido y estaba teniendo una vista de pájaro de la calle de mi niñez. Lo que es interesante es que tuve una percepción completa de docenas de versiones de esa misma calle que de alguna manera coexistían, pero que también estaban separadas.

Mientras esa experiencia continuaba, sentí que había actividad ENORME ocurriendo en Océano y que CADA una de las cosas que sucedían era un EFECTO o RESULTADO de la ACCIÓN de OCÉANO. Esto es difícil de explicar, pero nada sucede o se manifiesta que no sea resultado de la voluntad y acción de Océano. Es extremadamente simple — todo lo que vi fue Océano en acción y NADA MÁS. Había gente en la calle, pero eran Océano en manifestación, no alguna especie de entidades separadas que tienen libre albedrío. El libre albedrío no existe; lo único que existe es la voluntad de Océano, cualquiera que sea la manifestación — humana o una montaña.

Vi que todo el movimiento que estaba sucediendo estaba guionizado y yo (en conexión con Océano) conocía el guion y como todo se mueve en las escenas. Cada uno de los detalles simplemente está ocurriendo como Océano quiere que ocurra; es totalmente imposible que ocurra algo que no forme parte del guion.

Mientras iba comprendiendo todo esto, vi que las escenas de mi calle empezaban a cambiar, especialmente la que de alguna manera era mi foco principal. Primero vinieron los vientos extremadamente fuertes y la gente estaba corriendo alrededor buscando refugio; luego vinieron fuertes terremotos que tenían a los autos estacionados rodando por la calle como si fueran juguetes de niños. Mientras estaba presenciando todo esto que ocurre en esta única escena que era mi foco principal, otras escenas de la misma calle al mismo tiempo coexistían felizmente y no estaba ocurriendo mucho en ellas — el tiempo era soleado, la gente caminaba normalmente y los coches pasaban por allí. Eran totalmente inafectados e inconscientes el apocalipsis de mi escena principal. Sin embargo, antes de que los cataclismos comenzaran a ocurrir en mi escena principal, hubo una enorme reorganización energética ocurriendo bajo la superficie. No sé cómo explicarlo, pero fue como si la gente estuviese energéticamente multiplicándose y separándose.

Por ejemplo, hubo un hombre que hizo que dos copias energéticas de él salieran y se separaran/fueran sacadas a dos escenas diferentes. No dejó de existir cuando sus copias fueron extraídas; seguía haciendo lo que estaba haciendo, totalmente inconsciente de que esto estaba ocurriendo. Por lo tanto, no creo que la gente simplemente desaparezca cuando las líneas de tiempo se separen. Ellos continuarán en otras, pero sus versiones/cuerpos en nuestra línea de tiempo serán muertos en los cataclismos. Su espíritu podría incluso ser transferido instantáneamente a su versión encarnada en alguna otra línea de tiempo, pero no lo sé porque no me sentí atraído a explorar esto.

Lo que más me fascinó fue que ni un solo cabello se cae de la cabeza de nadie si no es parte del Plan de Océano. La sensación fue de total seguridad porque estaba conectado a Océano íntimamente y consciente de cómo TODO está siendo orquestado. Estaba siendo uno con este Océano, literalmente lo llevaba puesto y sentía sus mareas internas.

Hoy (18 de octubre) marcó un enorme cambio interno para mí y esta experiencia que he tenido aún perdura. De lo que me he dado cuenta al echar un vistazo es de lo que las Huestes han estado hablando — que solo hay un solo SER en acción en todo momento y que TODO sucede de acuerdo a SU plan.

(Añadió lo siguiente el 20 de octubre):

Sé que para la gente "normal" lo que he dicho aquí suena a locura y ni siquiera intentaría describirles cómo fue mi experiencia. Creo que al menos algunas personas se beneficiarán de que yo comparta esto debido al trabajo de despeje que les ha hecho posible entenderlo en algún nivel. La comprensión total y el momento de "ajá" vendrán solo con la experiencia directa. No hay manera de evitarlo.

Lo que me parece irónico es que una vez que uno está experimentando este Océano de Conciencia, uno se da cuenta de que su naturaleza es de bebé simple, pero a las entidades veladas les parece misterioso y complicado. Sananda no dijo en vano que para entrar en el Reino hay que ser como un niño. La naturaleza básica de Océano es el modo de ser más simple y natural que existe; la complejidad viene en Sus creaciones, pero la base sobre la cual todo está construido es extremadamente simple y hay esta simplicidad de niño en ella.

Océano no es un ser humano y por lo tanto no percibe como lo hacen los humanos. No tiene emociones ni código moral — Está en todas partes y en todo y ES todas partes y todo. Todo está bajo Su control total y absoluto en todo momento, y no hay incertidumbres ni sorpresas porque Océano sabe todo y es todo. Océano es la CAUSA de todo en todo momento — esto es extremadamente importante tenerlo en cuenta. Lo que podríamos percibir como incertidumbres o sorpresas no son más que efectos de las acciones de Océano.

Todavía no estoy en conexión directa con el Océano y todavía tengo preferencias. Preferiría el placer al dolor y al sufrimiento, etc. y esto es normal para los seres humanos; no hay nada malo en ello. Sin embargo, cuando uno se experimenta a sí mismo como un punto de conciencia sin un cuerpo y una identidad formada, las cosas se perciben de manera enormemente diferente. Aquí es donde, en mi opinión, se puede aplicar la característica de "sin preferencias". No quiero que mi cuerpo sea torturado en ninguna densidad, pero desde este superior y no encarnado nivel, todo es bueno en todo momento y el punto de conciencia no se ve afectado por el dolor o las emociones. Aún no sé cómo conciliar esas dos percepciones.

Eso es todo. Espero que algunos de ustedes tengan sus propios vistazos de estos aspectos del Océano. Realmente prefiero la palabra

Océano para el Creador porque hay una cualidad maleable y fluida que refleja en cierto modo las propiedades del agua.

COMENTARIO: Lo que él dijo al final encaja totalmente con lo que me fue mostrado hace muchos años cuando pedí ver "la Mente de Dios".

Se me presentó una superficie ligeramente ondulada auto-luminosa, similar al plasma, que se extendía más allá de lo que podía ver. Todas las cosas emergieron de ella y luego resolvieron hacia atrás en ella de nuevo. Tanto la experiencia de él como la mía también encajan con la descripción del físico David Bohm del movimiento del holograma — hacia arriba desde las capas más profundas del "orden implicado" hasta donde se expresa en la superficie como parte del "orden desplegado", después de lo cual se resuelve de nuevo en el orden implicado.

Las Huestes describieron una similar relación fluida entre Océano/el Creador y Sus manifestaciones en dos Mensajes: "Vayan Con el Flujo: Convirtiéndose en Uno Con la Mente de Dios" y "El Juego de Dios".

Nuestra experiencia de estar separados del Creador/Océano es una ilusión; en algún punto de nuestro viaje a través del tiempo, esa ilusión desaparecerá y experimentaremos directamente lo que se ha descrito en este informe. Espero que esta información les sea útil para llegar a aceptar esa realidad.

En servicio,
Sara/Adonna/Oriole

FRAGMENTO DE "FECHAS, PUERTAS Y PAREJAS, PARTE 2"
22 de octubre de 2011

Muy bien. Hemos pedido hablar con ustedes hoy porque hay algunos puntos que creemos que deben ser tratados en este momento...

En primer lugar, en términos de fechas, queremos reiterar la naturaleza interminable del proceso y del viaje que estás experimentando y que no cambiará, sin importar la forma que tome su experiencia subjetiva particular para ustedes. Fuera del tiempo todas las cosas están simultáneamente presentes en alguna porción de lo que hemos llamado la Mente de Dios. Pueden estar manifestándose realmente o solo estar allí en potencial; todo está siempre emergiendo o resolviéndose de nuevo hacia ese fundamento de la existencia que le da origen.

Es realmente un proceso muy dinámico y complejo, y a menos que uno esté en un estado de conexión plena con esa conciencia de la cual surge todo lo demás, uno no puede realmente apreciar nuestra perspectiva sobre esto, no importa cuántas palabras usemos para tratar de describírtelo en términos que tú puedas entender desde la perspectiva de un ser humano velado que piensa que está separado de todo lo demás.

Realmente no hay "tiempo" tal y como lo entiendes. Como hemos dicho antes, el tiempo es una cantidad vectorial que coloca las cosas dentro del reino físico del continuo espacio/tiempo. Tiene forma — altura, profundidad y anchura — al igual que el "espacio", y sirve de "localizador" pero no tiene una realidad propia separada, aparte de ser útil como modelo mediante el cual se pueden situar las cosas y los acontecimientos en relación de unos con otros.

Sus calendarios y otros dispositivos para marcar o medir el tiempo son solo eso - DISPOSITIVOS que diversos procesos mentales han inventado como herramientas útiles para describir estos fenómenos. Sin embargo, debido a la naturaleza de la experiencia de pensar que eres un ser separado cuya existencia está separada de y en relación con todo lo demás que percibes, tiendes a entender las cosas al revés. En lugar de percibir estos dispositivos como dispositivos, confundes la herramienta de medición con lo que se está midiendo. Tú das una importancia inmerecida tanto a los dispositivos como a las interpretaciones que de ellos hacen otras personas a las que consideras autoridades de algún tipo.

Sus calendarios y otros dispositivos para marcar o medir el tiempo son solo DISPOSITIVOS — herramientas útiles.

Si bien hay significación en CUÁNDO ocurren las cosas que es tan importante como observar QUÉ ocurre, esto a menudo lleva a conclusiones incorrectas cuando no se percibe en el contexto apropiado. A menos que uno perciba directamente las conexiones íntimas entre una cosa o evento y todo lo demás que existe, es fácil atribuir causalidad a los fenómenos mismos, cuando en realidad solo hay una "causa" que es responsable de todo lo que existe.

Y eso nos lleva a nuestro segundo punto — el aparente malentendido de nuestra declaración previa de que el concepto de llamas gemelas, almas gemelas o "gemelos" es una fabricación humana basada en la ilusión de que están separados el uno del otro. Algunas personas no han leído lo que dijimos muy cuidadosamente y han ignorado las descripciones reales que hemos dado sobre la forma en que se llevan a cabo las cosas en Terra, solo uno de los muchos niveles de realidad.

Dijimos que en Terra todo lo que se reproduce sexualmente es parte de una pareja acoplada que hemos llamado díada. También

El concepto de llamas gemelas, almas gemelas o "gemelos" es una fabricación humana, basada en la ilusión de que están separados el uno del otro.

hemos dicho en más de un lugar que las Sobrealmas crean todas las proyecciones que son observables como "vidas" o cuerpos, y que dentro de sí misma, la Sobrealma no tiene género y está completa, así que no hay necesidad de encontrar las otras partes de uno mismo para estar completo. Dijimos que la díada es un mecanismo a través del cual uno puede buscar la unión con el todo. No dijimos que era una unidad fundamental de existencia y queremos dejar claro que NO hay ninguna unidad fundamental de existencia aparte de la ÚNICA VIDA que se está expresando a través de todas las formas que crea.

Puedes llamarlo como quieras llamarlo, cualquier nombre servirá, pero algunos nombres transmitirán significado para otros a tu alrededor, mientras que otros nombres no. En el pasado hemos usado los términos "Dios", "el Creador" y "la Fuente" porque serían entendidos por la mayoría de las personas que entienden los términos y expresiones 3D.

Nuestra transmisión está siendo traducida a palabras físicas por nuestra escriba, quien habla inglés americano como su lengua materna, por lo que nuestras palabras llegan a través de ella en términos que ella usaría para hablar con otros que también entienden inglés americano. Sin embargo, nuestro significado también se filtra a través de la conciencia y las percepciones de aquellos que leen y reciben estas comunicaciones a través de sus escritos y su sitio web, por lo que lo que le llega a cada persona variará de acuerdo a lo que ellos *le aporten* en términos de su comprensión, experiencia y perspectiva.

Uno de nuestros lectores ha inventado recientemente el término "Océano" para esta fuente de la que surge todo lo demás, ya que recientemente experimentó este fundamento de la existencia como un medio líquido que ondulaba como lo hace el océano. Notarás que nuestra escriba ha usado repetidamente imágenes y figuras de habla que se relacionan con el océano, y también hemos usado metáforas a lo largo de esas líneas a través de los Mensajes. Podrías llamarlo "el Océano de la Conciencia".

El punto aquí es que no hay una sola palabra o incluso frase que describa con precisión este fundamento de la experiencia. Debe ser *experimentado* para ser entendido, y hasta que uno esté en conexión plena con ello — ya sea brevemente o como un estado permanente del ser — ninguna cantidad de palabras transmitirá la naturaleza de la experiencia en sí misma O la naturaleza de ese fundamento de la existencia.

Hemos hablado repetidamente sobre este punto. Quizás algunos de ustedes están empezando a entender esto a medida que se mueven hacia su propio "conocimiento" lo suficiente como para empezar a reconocer que no hay secretos entre nosotros aquí. Solo está el velo. A medida que el velo se adelgaza, también cambiarán su relación con nosotros como su fuente de información, reemplazándonos con su propio "conocimiento" y convirtiéndose en seres más independientes y soberanos — nuestros iguales o pares, no nuestros estudiantes.

Todo lo que hemos dicho y hecho en relación con Operación Terra ha tenido como uno de sus objetivos — liberarte de la prisión del "pequeño yo", asistirte y apoyarte para que te muevas hacia tu verdadera naturaleza como una vasta inteligencia auto-consciente que ha precipitado este sector de la realidad a partir de tu propio ser. Nos hemos referido a ese aspecto de ti como un "eloha" (el plural es "elohim"), pero de nuevo las palabras y los nombres realmente son solo dispositivos para tratar de salvar la brecha entre nuestra perspectiva y la tuya. No tienen una realidad propia, aparte de lo que tú les aportas al escuchar las palabras y traducirlas a través de tu propio lente.

Si uno mira hacia atrás a través de las porciones más recientes de la historia humana (que se remontan solo a varios miles de años atrás), se puede ver la adopción de diferentes dispositivos con los que trataron de describir las diversas comprensiones a medida que emergieron en la conciencia humana. Sin embargo, algo interesante ocurrió a medida que se desarrollaba. Los conceptos que se consideraban la "verdad" en un tiempo y entorno dados llegaron a ser aceptados como inmutables, por lo que cualquier cosa que iba más allá de eso se consideraba radical, herejía o algo que había que temer y eliminar.

Lo mismo ocurre hoy en día. Por razones en las que no vamos a ahondar hoy, el pensamiento establecido sobre la naturaleza de este fundamento de la existencia se ve amenazado por nuestra insistencia en que no hay nada intrínsecamente bueno o malo en Aquello que lo crea (a lo que encontramos conveniente referirnos como el Creador, ya que eso describe la acción de crear continuamente todo lo que se manifiesta) — que para el Creador todas Sus creaciones son buenas.

Muchos, si no es que la mayoría o todos ustedes, tienen preferencias personales de acuerdo con su expresión única de la Vida Una que está siendo vivida. Fuiste diseñado por tu Sobrealma con ciertos sesgos, tendencias y lo que podría llamarse propiamente "rasgos de carácter", usando el doble significado de "carácter" para referirse al papel de uno en un drama dado y también para referirse a "de qué está hecho uno" — la cuestión de moralidad, conciencia y sistemas de valores con la que uno está imbuido de los otros "caracteres" con los que uno entra en contacto — desde la concepción, el momento en que el alma entra en el feto y gestación hasta la muerte física o la transformación completa, cualquiera que ocurra para un individuo en particular.

Tus preferencias son parte de la forma en que te defines a ti mismo como siendo diferente o igual que los demás a tu alrededor. Buscas a aquellos que comparten tus valores como una forma de validar tu definición de ti mismo. Sin embargo, desde NUESTRA perspectiva, existe solo "lo que ES". Todo ES simplemente lo que es y cómo es, y no hay nada que sea mejor que otra cosa, nada que sea peor que otra cosa. Solo existe el Creador vistiendo Sus creaciones como muchos trajes puestos a la vez.

Nosotros vemos la realidad desde la perspectiva de conexión plena y por lo tanto podemos experimentar y observar todo en su relación apropiada con todo lo demás. Todo llena un lugar único en el todo para que todas las experiencias posibles estén disponibles al Creador para Su propia experiencia de Sí mismo. No tiene preferencias. Solo quiere experimentar todo lo que es posible.

Por lo tanto, todo es perfecto tal como está en cualquier momento dado. Se está proporcionando la experiencia perfecta para satisfacer el deseo del Creador de tener esa experiencia en particular. El Creador se complace en todas las experiencias que crea. Esto puede ser difícil de entender, pero tu dolor y tu alegría son solo experiencias para el Creador, mediante las cuales Se cumple.

Las personas que aún están veladas no tienen autoridad para hablar de lo que "Dios quiere" para cualquier otra persona. Cada persona únicamente puede saber lo que "Dios quiere" para ella, y en tal caso únicamente si está escuchando en su interior y puede escuchar lo que cada momento le está diciendo. Algunas personas son "llamadas" a un propósito determinado; otras no tienen ni idea de cuál es su propósito en el ser. No importa si saben su propósito o no. Ellos están sirviéndolo simplemente por estar en expresión.

Hay tantas ideas flotando alrededor acerca de cómo uno debe comer, comportarse o creer para lograr un cierto resultado, pero ninguna de esas creencias son válidas en y por sí mismas, al igual que la creencia de que uno necesita a alguien más para completarse no es válida. Es solo una creencia y solo un mecanismo a través del cual uno puede avanzar en su búsqueda para cumplir su propósito, ya sea que uno entienda su propósito o no. Todo está siendo conducido por la Sobrealma. Nada de ello se origina desde dentro del ser humano velado, y hasta que el velo se separa y la conexión plena se alcanza como un estado permanente del ser, nada de esto es entendido apropiadamente por alguien que no esté en ese estado.

No tienen ni idea de cuánta paz viene de estar en conexión plena. Todo es entendido apropiadamente, visto en su contexto correcto y apreciado por su lugar en el todo. Aquellos de ustedes que están haciendo el viaje a Terra en este momento, podrán apreciar más estas palabras cuando recuperen ese estado de conexión plena. Para otros, ellos pueden rechazar lo que decimos aquí porque no es parte de su viaje apreciar la corrección de estas declaraciones en este momento, pero eso también es perfecto porque están solo siendo quienes vinieron a ser. Solo están siendo "en el carácter" de su papel y lugar en el todo.

Si estuvieras viendo una película y uno de los personajes de repente empezara a actuar de maneras que no fueran consistentes con la manera en que ha estado actuando o, más importante aún, de acuerdo con el drama general del que es una parte — la línea narrativa — se sentiría que "no encaja" para cualquiera que lo percibiera. Porque podemos percibir la perfección de todo tal como es y tal como se está desarrollando, podemos aceptarlo todo y hacer solo nuestra parte en el desempeño de nuestros roles dentro del todo. Nuestros roles incluyen tener estas conversaciones con todos ustedes que han sido atraídos a leer nuestras palabras debido a sus roles en el todo.

Por lo tanto, si bien puedes sentirte atraído a encontrar una pareja o incluso disfrutar de estar con la que tienes, esto es solo una parte de la búsqueda general de convertirte en uno con Todo Lo Que Es, ¡no es un componente fundamental del universo! Esperamos haber dejado clara nuestra postura al respecto.

Todo se origina de y es escrito por las Sobrealmas, las cuales a su vez están sirviendo al deseo del Creador de experimentar todas las combinaciones y permutaciones posibles al CREAR todas las combinaciones y permutaciones posibles para que el Creador las experimente. Suena un poco circular y lo es. SOLO existe el Creador-en-expresión y cualquier otra cosa es una ilusión que hace posible que el Creador explore todas las posibilidades disponibles para Ello dentro de los parámetros de una Creación dada.

Dado que los calendarios son solo dispositivos para marcar o medir el tiempo y no DEFINEN el tiempo en sí mismo, todos los métodos para asignar fechas a cualquier cosa son, en el mejor de los casos, aproximaciones y podrían ser simplemente las interpretaciones por parte de alguien que no son universalmente ciertas.

No hace mucho tiempo, en términos humanos, la gente pensó que la Tierra era el centro de todo porque observaron que el sol salía y se ponía, y las estrellas parecían moverse a través de los cielos. Parecía que todos los cuerpos celestes giraban alrededor de la Tierra y había cierta periodicidad en esos movimientos. Se desarrollaron calendarios de muchos tipos para describir esos movimientos y a ciertas posiciones o sucesos se les dio un significado especial por parte de aquellos que eran las autoridades de su tiempo. Sin embargo, no hay nada intrínsecamente válido en todo esto. Son convenios en el mejor de los casos y la mayoría de ellos pronto serán tan inútiles para predecir o marcar cualquier cosa como un reloj sin manecillas ni números que solo muestre la única palabra "AHORA".

Solo hay el "ahora". Incluso nuestra palabra "pronto" es una vaga aproximación y dada en un contexto de MILES DE MILLONES de años. ¿Alguno de ustedes está leyendo esto cansado de esperar a que algo aparezca u ocurra según un calendario dado o predicción?

Te sugerimos que pongas las ideas de "fechas" y "parejas" en el pasado y que entres completamente en el "ahora". Responde a lo que

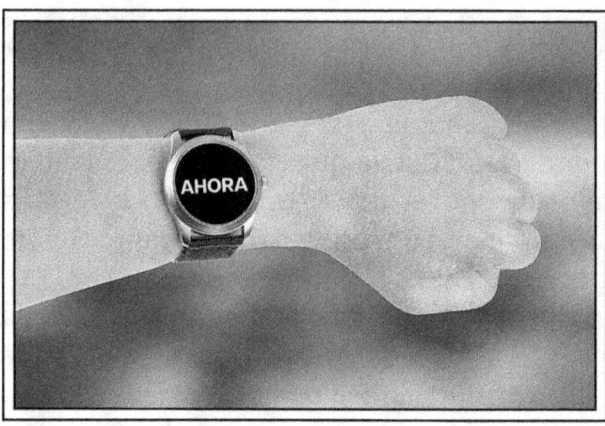

Solo hay el "Ahora".

aparezca, CUÁNDO aparezca, lo mejor que puedas y confía en que el viaje te llevará a donde vas. No puede ser de otra manera, ya que las Sobrealmas lo han creado para que funcione de ese modo, y "tú" (esa parte de ti que piensa que está separada de todo lo demás) ¡no tienes para nada ni voz ni voto en ello! (Perdona nuestra risa, pero desde nuestra perspectiva es realmente bastante humorístico).

Dicho esto, nos queda nuestro tercer punto — el de las "puertas" mismas. Estas también son solo dispositivos o mecanismos — modos de llevar a cabo lo que las Sobrealmas han guionizado/escrito para que ocurra de acuerdo con los deseos del Creador para una nueva Creación. Cada una de estas 12 puertas llevará a los que están en una línea de tiempo dada a su nuevo lugar en la nueva Creación. A pesar de que la mayoría de las personas que no dejan sus cuerpos inmediatamente pensarán que siguen en el mismo planeta como siempre han estado, no lo estarán.

No hay versión de este presente planeta Tierra que pase por ninguno de los agujeros de gusano intacta. Cada versión del planeta Tierra emergerá en un lugar diferente dentro de la nueva Creación. La versión que se convierte en la "nueva Tierra" (a la que nos referimos como Terra) se mudará de su cuerpo 3D y se moverá hacia su expresión 4D. Algunas personas terminarán en un planetario "gemelo" de Terra de polaridad negativa 4D, que no nombraremos. Todas las demás "Tierras" se moverán hacia otros cuerpos planetarios 3D y cada uno de ellos proporcionará más experiencias 3D para aquellos que están guionizados para tenerlas dentro de la nueva Creación.

Las líneas de tiempo ya se están separando unas de otras y lo han estado haciendo durante muchos años. El movimiento no es generalmente aparente e irónicamente, aquellos que salen de tu experiencia pueden continuar en una dirección diferente — una que es paralela a la tuya pero no perceptible por ti. Es como si cada línea de tiempo se hubiera movido hacia un túnel (su propio agujero de gusano) y a medida que las cosas siguen adelante hacia su conclusión, todos los recuerdos de lo que uno dejó atrás se desvanecerán a medida que llegue nueva información y se presenten nuevos escenarios.

Esto ya está en movimiento y puede ser visto como un movimiento global, pero que no se comparte por igual entre todos los seres que ahora están en cuerpos en el planeta presente. Aquellos que desaparecen de tu experiencia pueden o no estar todavía caminando en otra línea de tiempo, pero todo lo que tienes que hacer es seguir con tu mirada puesta en el viaje que es solo tuyo por hacer. De todos modos, ya ha ocurrido todo, así que simplemente disfruta el viaje tanto como puedas, sé bueno contigo mismo y estate listo para responder a lo que aparezca.

Te dejamos ahora en paz, honor y bendición. Amén, Adonoy Sabayoth. Somos las Huestes del Cielo.

ACERCA DE LOS AUTORES

Me di cuenta de la presencia de las Huestes en mi vida en 1994, cuando un terapeuta me animó a escribir mis sentimientos porque parecía estar bastante atascado en ciertos lugares en mi vida. Al principio me resistí a esto, pero la presión por el cambio se acumuló hasta tal punto que finalmente tomé un bolígrafo y comencé a escribir, "Me siento..." Los sentimientos fluyeron libremente y en algún momento escribí una pregunta de algún tipo, me detuve y escuché una respuesta. Para mi sorpresa, la respuesta llegó y la escribí, asombrado por la sabiduría que contenía. Repetí esta experiencia varias veces ese día.

Hice esto de nuevo en dos ocasiones más y finalmente, después de estar bastante impresionado con la sabiduría de las respuestas que se me dieron, pregunté "¿Quién ERES?" porque estaba bastante claro que "yo" no sabía todo eso! Ellos respondieron, "Somos las Huestes del Cielo, tus hermanos y hermanas en los muchos mundos de las mansiones del Único Creador Infinito".

Desde entonces, ellos también se han identificado a sí mismos por otros términos: las "huestes angélicas", las "Legiones de Miguel", y las Huestes que se refieren en la expresión "Señor de las Huestes". (El hebreo para esa expresión es Adonoy Sabayoth, que es parte de la forma en que las Huestes concluyen cada comunicación. "Sabayoth" se traduce como "legiones" o "ejércitos", no "anfitriones" en el sentido de hospitalidad)

También me informaron que residen en las bandas de frecuencia [de quinta densidad] "...que contienen aquellos que ustedes llamarían Maestros, ángeles y arcángeles," y que "trabajan con el Oficio de Cristo". (Este último es un oficio o posición dentro de la jerarquía espiritual, no una persona.)

Estos son nuestros términos, no los suyos, pero se encuentran con nosotros donde podemos encontrarnos con ellos y luego nos ayudan a cambiar nuestra perspectiva de modo que para el momento en que realmente nos reunamos con ellos cara a cara como sus iguales y socios dentro de la "operación" como un todo, habremos avanzado para poder entenderlos como ellos se entienden a sí mismos, y estar más allá de la necesidad de tales etiquetas y términos 3D.

Según las Huestes, las personas a quienes están hablando son todas parte de una gran familia del alma, como han expresado en seis diferentes Mensajes:

Cuando sea el tiempo del levantamiento, estarán listos y su propio amor y alegría serán las fuerzas que les reúnan con su familia espiritual. —"A través de la gran división"

Eres uno de NOSOTROS. Aunque puede que no lo veas de esa manera, nosotros sí. Tú eres NUESTRA "familia", así como nosotros somos TU "familia". Todos nosotros estamos relacionados entre sí — unos más estrechamente que otros, pero todos están conectados y son parte de una gran "familia del alma". Nos traerá a todos una gran alegría cuando volvamos a estar juntos de nuevo. — "Acerca de 'Vision'"

Te sentirás menos conectado con algunas personas, más conectado con otras, a medida que te mueves hacia los polos de tu destino y fusionas tu ser y tus energías con las de tu verdadera familia — tus hermanos y hermanas en los muchos mundos mansión del único e infinito Creador. NOSOTROS somos esa familia y ustedes se están preparando para despojarse de sus viejas pieles y ponerse sus vestiduras de luz. Cuando lo hayan hecho, estarán entre nosotros como iguales y seremos capaces de abrazarnos una vez más. Esperamos ese día tanto como ustedes, porque sabemos cuánta alegría tendremos todos en esa reunión. — "Señales a lo largo del camino"

Si a veces estamos silenciosos, es para que puedas aprender a escuchar tu propio sonido, tu propia voz interna en vez de la nuestra. Somos una familia, tú y nosotros y estamos aquí contigo en cada paso del camino. Pero no queremos que te vuelvas dependiente de oír nuestra voz para saber que estás a salvo y eres amado. Deseamos que tú oigas tu propia voz interior para saber que estás a salvo y eres amado. — "En su camino a casa"

Ya has ascendido "arriba de la escala" a través de varias densidades de experiencia, y desde las densidades superiores respondiste a un llamado para participar en el drama presente. Luego descendiste de nuevo, aceptaste la amnesia parcial que acompaño tu "caída" abajo a través de los niveles hasta arribar en un cuerpo en la Tierra 3D y ahora estás encontrando el camino de vuelta adonde estabas antes. Al final de todo este proceso, aquellos de ustedes que son nuestra familia del alma se encontrarán de vuelta con la experiencia de ser de nuevo conciencias inmensamente expandidas. — "Desplazándose hacia la unidad con Todo Lo Que Es"

Como dijeron, la amnesia fue sólo parcial en nuestro caso y he tenido algunas experiencias directas que me permitieron recordar algunos de los conceptos que luego se expresaron en los Mensajes. En 1992, viajé en el tiempo hasta hace 4.500 millones de años y me experimenté como uno de los 144.000 elohim que se unieron para precipitar este sector de la realidad desde nuestro ser. Yo "vi" y sentí a todos nosotros y cómo éramos en ese entonces, y mientras viajaba atrás a través de los milenios hasta ese momento, también "vi" cómo cada uno de nosotros había encarnado en varios momentos para redirigir el curso de los eventos para que estuvieran de acuerdo con el plan original para este planeta.

Tuve otra experiencia en algún momento a principios de los 90, en la que recordé estaba de pie en un grupo de aproximadamente 30 "seres altos". Estábamos discutiendo quiénes entrarían en la tercera densidad, cuándo lo haría cada uno de nosotros, y cómo nos encontraríamos de nuevo. Yo nos "veía" como siendo muy altos. (Las Huestes son de entre 3 y 3,7 metros en altura.) Llevábamos puestas unas túnicas de cuerpo entero con capuchas que ocultaban nuestras caras. No pienso que estuviera listo para ver más que eso en ese momento, así que no se me permitió ver más.

En 1994, cuando me dijeron que eran mis hermanos y hermanas, lo tomé como una declaración general de afinidad compartida, pero desde entonces he aprendido que es bastante literal en un sentido espiritual. En 2017, tomé conciencia de mi identidad como uno de las Huestes y comencé a firmar con tres nombres: Sara es mi expresión de tercera densidad; Adonna es mi expresión de cuarta densidad; y Oriole es mi expresión de quinta densidad, como una de las Huestes. Ya que las Huestes dicen que nos estamos expresando en todos esos niveles simultáneamente, firmo mi nombre como Sara/Adonna/Oriole, así que puedes elegir dirigirte a mí por cualquiera y/o todos ellos, de acuerdo a lo que sea más cómodo para ti.

En términos de los tipos habituales de entradas en la sección "Acerca del autor" de un libro, puedo mirar atrás y ver cómo todo lo que hice y experimenté en esta vida (y en muchas otras que he recordado) me ha llevado perfectamente a dónde y cómo estoy hoy. Es lo mismo para cada uno de ustedes que está leyendo esto. Los detalles pueden diferir, pero el principio es el mismo. La historia de "Operación Terra" es también NUESTRA historia, y cada uno de nosotros es perfecto tal y como es, proporcionando nuestra contribución única a la historia entera. Cada uno de nosotros es el personaje que se supone que es en la "película" del Creador, y seguiremos desempeñando nuestros papeles, incluso después de que el escenario haya sido despejado y aparezca uno nuevo en la nueva Creación.

Para terminar, quiero desearte lo mejor en todo y espero el momento en que nuestra familia pueda estar junta de nuevo, cara a cara.

Amén, Adonoy Sabayoth. ¡NOSOTROS somos las Huestes del Cielo!

ACERCA DEL EDITOR, INFORMACIÓN DE CONTACTO

Las Huestes se han referido a sí mismas como "seres celestiales", así que como el editor del material de Operación Terra en todas sus formas, he nombrado a mi negocio Celestial Way.

Los planes actuales son que a la Edición de Recuerdo de tapa dura de este libro le siga su publicación en los formatos de e-libro y rústica, en cada uno de los cinco idiomas (inglés, español, francés, alemán y coreano).

La edición en rústica se imprimirá en blanco y negro y tendrá menos ilustraciones; la edición de libro electrónico será casi todo texto.

Mi entendimiento actual es que estaré disponible de alguna manera para los que están en el terreno hasta que se complete la evacuación, pero no sé los detalles sobre cómo lo haré o dónde estaré localizado, así que lo mejor que puedo hacer es darles la siguiente información si quieren contactarme o saber más:

Dirección de correo electrónico: sara@operationterra.com
Sitio web: https://www.operationterra.com/ES

www.ingramcontent.com/pod-product-compliance
Lightning Source LLC
Chambersburg PA
CBHW081738100526

44592CB00015B/2227